개발자를 위한
쉬운 쿠버네티스
신뢰성 있고 확장 가능한 소프트웨어 구축을 위한
쿠버네티스 실무 가이드

개발자를 위한
쉬운 쿠버네티스

신뢰성 있고 확장 가능한 소프트웨어 구축을 위한
쿠버네티스 실무 가이드

지은이 윌리엄 데니스

옮긴이 이준

펴낸이 박찬규 엮은이 전이주 디자인 북누리 표지디자인 Arowa & Arowana

펴낸곳 위키북스 전화 031-955-3658, 3659 팩스 031-955-3660

주소 경기도 파주시 문발로 115 세종출판벤처타운 311호

가격 28,000 페이지 384 책규격 188 x 240mm

초판 발행 2025년 03월 25일
ISBN 979-11-5839-594-0 (93000)

등록번호 제406-2006-000036호 등록일자 2006년 05월 19일
홈페이지 wikibook.co.kr 전자우편 wikibook@wikibook.co.kr

개발자를 위한
쉬운 쿠버네티스

신뢰성 있고 확장 가능한 소프트웨어 구축을 위한
쿠버네티스 실무 가이드

윌리엄 데니스 지음
이준 옮김

위키북스

서문

2016년 크리스마스 연휴 동안, 필자는 쿠버네티스를 학습하기 위해 집에 머물러 있었다. 곧 GKE(Google Kubernetes Engine) 팀에 합류할 예정이었기 때문에 이 플랫폼이 어떻게 동작하는지 빨리 배워야 했다. 기존에 몇 가지 PaaS(Platform as a Service) 환경을 사용해 상태 비저장 애플리케이션을 확장 가능한 방식으로 배포한 경험에 의거해 쿠버네티스가 제공해줄 수 있는 것들에 대한 큰 기대를 걸고 있었다. 쿠버네티스가 컨테이너 형태로 패키징할 수 있는 모든 것을 실행할 수 있다는 유연성과, 상태 비저장(stateless) 애플리케이션, 배치 잡(batch job) 등 다양한 워크로드 구성을 처리할 수 있는 다목적성을 가진 플랫폼이라는 사실 때문이었다. 그러나 처음 배울 때는 약간의 학습 곡선이 존재했다.

2017년 초가 되고, 필자는 어느 정도 지식을 쌓고 GKE 팀의 제품 관리자로서 개발자들과 자주 소통하게 됐다. 그중에는 스타트업 회사의 기반 환경을 PaaS에서 쿠버네티스로 이전하던 필자의 동생도 있었다. 필자가 배운 모든 것을 공유해주며 처음에 겪었던 초보적인 실수들을 피하도록 도왔다. 하지만 이러한 지식을 더 쉽게 전달할 방법이 있기를 바랐다. 처음부터 시스템 전체를 배울 필요 없이 운영 환경에 시스템을 배포하려는 애플리케이션 개발자를 위한 콘텐츠가 필요하다고 느꼈다.

이 책은 본질적으로 그 당시 필자에게 꼭 필요했던 책이다. 쿠버네티스나 컨테이너에 대한 사전지식은 없다고 가정했다. 이 책은 단순하게 컨테이너화된 애플리케이션의 개발 및 배포 과정을 안내하며 온라인 환경에서 무언가를 실행하는 것부터 시작해, 점차 상태 저장 애플리케이션이나 백그라운드 태스크 큐와 같은 추가적인 쿠버네티스 개념들을 쌓아가며 지식을 넓혀갈 수 있도록 구성했다.

필자는 이 책을 통해 쿠버네티스는 어렵다는 편견을 깨고, 여러분이 자신감을 가지고 자기만의 애플리케이션을 쿠버네티스에 배포할 수 있도록 돕고자 한다. 물론 쿠버네티스는 크고 복잡한 시스템이지만 광범위한 기능은 복잡한 워크로드를 배포할 때 매우 유용하다. 모든 것을 한꺼번에 배울 필요는 없다! 사실 상태 비저장 애플리케이션을 배포하는 것은 비교적 간단하므로, 그 부분부터 시작하고 필요에 따라 나머지 기능들을 추가해 나가면 된다.

이 책의 마지막 부분에 이르면, 이 플랫폼의 유연성을 충분히 이해하게 될 것이다. 특히 대부분의 PaaS 환경과 같은 특수 목적의 플랫폼에서는 쉽게 충족되지 않았을 요구사항을 쿠버네티스에서는 쉽게 해결할 수 있음을 느끼게 될 것이라고 기대한다.

사실 기술서적을 집필하는 것은 오랜 시간이 걸릴 것 같아서 다소 걱정스러웠다. 서적을 집필하는 동안 기술이 너무 많이 변화해서 일부 내용이 맞지 않을까봐, 그리고 계속해서 내용을 업데이트해야 할까봐 우려됐다. 다행스럽게도, 이 책에서 다룬 모든 내용은 일반적으로 사용한 개념들, 특히 v1 버전의 쿠버네티스 API에 대한 내용은 여전히 최신 상태를 유지하고 있다. 이 경험은 쿠버네티스를 여러분의 프로젝트에서 사용할 때 안전성과 이 책의 오랜 유효성에 대해 희망을 품게 해준다. 이 책에서는 일반적인 사용 개념이 아닌 API도 다루었는데, 집필 과정에서 그 API들은 상당히 많이 변했다. 다행스럽게도 이 책을 마무리할 때쯤에는 모든 것이 일반적인 사용 개념으로 전환돼 내용을 안정적인 버전으로 업데이트할 수 있었다. 이 경험에 비추어보건대 실험이 목적이 아니라면 베타 버전 API 사용은 피하는 것을 권장한다.

필자가 GKE팀에 합류했을 때 쿠버네티스는 빠르게 인기를 얻고 있었지만 아직 널리 사용되지는 않았다. 중요한 오픈소스 소프트웨어 작업에 참여할 수 있다는 기대감에 들떴지만, 한편으로는 어떻게 전개될지 모르는 것에 대한 불확실성도 존재했다(따라서 긍정적인 영향을 미칠 수 있는 기회도 있다고 생각했다). 그 이후로는 거의 모든 클라우드 플랫폼이 자체 관리형 쿠버네티스 플랫폼을 제공하고 있고, 다행히도 이 제품들 간의 높은 호환성과 소프트웨어 일관성을 유지하는 문화가 형성됐다. 쿠버네티스는 이제 많은 사람들이 운영 환경에서 컨테이너를 오케스트레이션 하는 주요 도구로 자리잡았다. 쿠버네티스 커뮤니티의 일원으로서, 이 중요한 컴퓨팅 플랫폼에서 일할 수 있어서 즐거웠다. 이 책이 여러분의 쿠버네티스에 대한 여정을 시작하는 데 도움이 되기를 바란다!

감사의 글

먼저, 담당 편집자 Elesha Hyde에게 감사의 말을 전하고 싶다. 기술적인 내용을 하나의 이야기로 엮는 방법을 가르쳐 주었고 최종 결과물에 큰 영향을 미쳤다. 기술 개발 편집자인 Shawn Smith에게도 감사를 드린다. 초고를 세심하게 검토해주고, 이야기를 세밀하게 다듬는 데 도움이 되는 제안들을 주었다. 또한 4년 전 이 책을 처음 제안했을 때 믿음을 주신 Michael Stephens에게도 감사드린다. 그리고 이 책이 지금의 모습으로 완성될 수 있도록 도와주신 매닝 출판사의 모든 분들, 프로젝트 편집자 Deirdre Hiam, 교정 편집자 Alisa Larson, 교열자 Mike Beady에게도 감사의 말을 전하고 싶다. 프로젝트를 시작하기 전에는 여러분과 함께 작업하는 것이 이 책의 품질에 얼마나 큰 기여를 할지 알지 못했지만, 그 사실을 곧 깨닫게 되었다.

모든 리뷰어 분들께도 감사의 말씀을 드린다: Amar Manigandan, Andres Sacco, Ariel Gamiño, Atul S. Khot, Becky Huett, Bonnie Malec, Chase Sillevis, Chris Heneghan, Chris Viner, Conor Redmond, David Paccoud, Davide Fiorentino, Deepika, George Thomas, Giuliano Latini, Gregorio Piccoli, Guy Ndjeng, Hans Donner, Harinath Mallepally, Ioannis Polyzos, Javid Asgarov, Juan Jimenez, Julien Pohie, Kamesh Ganesan, Karthikeyarajan Rajendran, Kelum Prabath Senanayake, Kelvin Johnson, Kosmas Chatzimichalis, Krzysztof Kamyczek, Mark Dechamps, Michael Bright, Mike Wright, Mitchell Fox, Najeeb Arif, Pierre-Michel Ansel, Rahul Modpur, Rajaseelan Ganeswaran, Rambabu Posa, Richard Vaughan, Robert Kielty, Satadru Roy, Sebastian Czech, Sergiu Popa, Simeon Leyzerzon, Suhas Krishnayya, Basheeruddin Ahmed, Venkatesh Sundaramoorthy, Waldemar Modzelewski, Zalán Somogyváry. 여러분의 도움 덕분에 이 책이 크게 개선될 수 있었다.

매닝 출판사의 기술 스태프들이 MEAP(Manning Early Access Program)를 지원하는 놀라운 도구를 만들어준 것에 대해서도 깊은 감사의 말씀을 드린다. 덕분에 작업 중인 내용을 공유하고 독자들로부터 이른 피드백을 직접 받을 수 있었다. 또한 이 책이 절반만 완성되었을 때 MEAP를 통해 이 책을 구매해주신 모든 분들께도 감사드린다.

직장의 같은 팀에게도 감사드린다. 동료인 Drew Bradstock와 Yochay Kiriaty는 항상 믿음을 주고 이 프로젝트에 120% 전념할 수 있도록 지원해 주었다. 또한 무언가를 만드는 일이 즐거울 수 있는 환경을 만들어 주어서 감사하다. Tim Hockin, Chen Goldberg, Kelsey Hightower, Eric Brewer, Jeremy Olmsted-Thompson, Jerzy Foryciarz, 그리고 Brian

Grant에게도 큰 영향을 주셔서 감사드리며, 초기에 저에게 기회를 주신 Aparna Sinha에게도 감사드린다.

Tom Edwards는 KubeCon에서 프로필 사진을 찍어준 사진작가이자 SRE 담당 엔지니어이다. 그의 작품은 tomedwardsphotography.com에서 확인할 수 있다. 고맙네, 친구!

마지막으로, 이 프로젝트를 진행하는 동안 저를 믿고 적극적으로 지지해 준 가족들에게 감사의 말을 전하고 싶다. Aaron과 Ashleigh, 너무 어려서 내가 무슨 일을 하고 있는지 알 수 없었겠지만 매일같이 Imua로 함께 산책을 가서 너희들이 주변에서 놀 때 조용히 원고 작업을 했던 그 시간이 매우 소중한 추억으로 남아 있다. 내 아내 Fiona, 모든 일에 대해 적극적으로 지지해 주고, 필요한 순간에 현실을 직시할 수 있게 해줘서 고맙다. Xianqiong에게도 우리 가족을 지원해 줘서 고맙다는 말을 전한다. 당신의 도움이 없었더라면, 아마도 아무런 일도 할 수 없었을 것이다. Julie, Graeme, Laurel, 어린 시절부터 내 기술에 관심을 가져줘서 고맙다. 그리고 형제자매인 Jessica와 Peter, 항상 서로를 위해, 그리고 다양한 도전에 함께해 줘서 고맙다.

책 소개

클라우드에서 운영 수준의 환경에 애플리케이션을 호스팅하고 싶은가? 요구사항이 변화함에 따라 유연하게 대응할 수 있는 힘과 확장 가능성을 갖춘 플랫폼을 원한다면 그에 필요한 내용이 이 책에 담겨 있다. 이 책을 읽고 나면 파이썬, 자바, 루비 등 어떠한 언어로 작성된 애플리케이션이든지 자신 있게 클라우드에 배포할 수 있게 되며, 컨테이너와 쿠버네티스를 사용하여 현재와 미래의 요구사항을 충족시킬 수 있는 전문 플랫폼을 구축할 수 있을 것이다.

배포할 준비가 된 애플리케이션이 없다면, 샘플로 사용할 수 있는 애플리케이션이 함께 제공된다. 도커나 쿠버네티스에 대한 사전 지식은 필요하지 않다. 이 책을 다 읽고 나면 상태 비저장 애플리케이션에서 배치 잡 및 데이터베이스에 이르기까지 다양한 워크로드를 운영 환경에서 쿠버네티스에 배포하는 데 자신감이 생길 것이다.

이 책의 대상 독자

시중에 있는 여러 쿠버네티스 책과 비교하자면, 이 책은 특히 개발자를 대상으로 집필되었으며, 다음과 같은 여정을 다루는 것을 목표로 한다. "내 노트북에 잠든 수많은 코드를 어떻게 하면 세상에 공개하고, 제품이 인기를 끌 경우 확장 가능한 플랫폼에서 공개할 수 있을까?" 쿠버네티스를 처음 학습하던 시절, 코드를 쿠버네티스에 배포하고 업데이트하고, 개입 없이 원활하게 실행하고, 필요한 경우 확장할 준비가 된 상태로 유지하는 방법을 처음부터 끝까지 시연해 줄 자료가 필요했다. 이 책이 여러분에게 그런 도움이 되기를 바란다.

컨테이너 환경에 익숙하지 않다고 해도 걱정할 필요가 없다. 이 책에는 애플리케이션을 컨테이너화하여 배포 준비하는 방법을 설명하는 장이 포함되어 있다. 만약 도커와 컨테이너에 이미 익숙하고 바로 쿠버네티스에 배포를 시작하고 싶다면 3장으로 건너뛰어도 좋다.

이 책의 구성

이 책은 두 부분으로 나뉜다. 1부는 컨테이너를 빌드하고 쿠버네티스에서 실행하는 방법에서 시작해 쿠버네티스의 기본 사항을 배운다. 쿠버네티스의 자동화된 운영을 최대한 활용하기 위해 올바른 리소스를 설정하고 구성하는 방법과 함께 애플리케이션을 업데이트하는 방법을 다룬다. 단순히 쿠버네티스에 상태 비저장 애플리케이션을 배포하는 것이 목표라면 이것만으로 충분하다.

- 1장은 쿠버네티스의 개요와 이를 통해 얻을 수 있는 이점을 심층적으로 설명한다.

- 2장은 애플리케이션 개발자를 위한 도커 기초 사용법을 다룬다. 도커 환경에 이미 익숙하다면 2장은 건너뛰어도 된다.

- 3장에서는 쿠버네티스를 사용한 첫 애플리케이션 배포를 경험한다. 애플리케이션을 배포하고, 외부 환경에 노출하며, 업데이트하는 방법을 학습할 것이다. 3장을 마치고 나면 쿠버네티스를 실제 환경에서 운영할 수 있게 된다.

- 4장에서는 보다 신뢰성 있는 배포를 위해 필수적인 상태 검사(health check) 로직을 추가할 것이다.

- 5장에서는 워크로드에 필요한 자원을 낭비 없이 적절하게 할당하는 방법을 배운다.

2부에서는 쿠버네티스의 운영 환경 측면에 대해 깊이 있게 다룬다. 애플리케이션 스케일링, 내부 서비스 구성, 상태 저장 애플리케이션 및 백그라운드 처리 큐와 같은 워크로드 구조를 배포하는 방법을 배우게 될 것이다. 책의 마지막 부분에서는 설정을 코드화해 관리하는 법, 지속적 배포, 그리고 보안을 위해 고려할 사항에 대해 살펴본다.

- 6장에서는 수동 및 자동으로 노드와 파드를 확장하거나 축소하는 방법을 살펴본다. 스케일링 기능 구현에 필요한 모든 내용을 담았다.

- 7장에서는 내부 서비스와 마이크로서비스 아키텍처를 구성하는 방법을 논의하며, HTTP 기반 로드 밸런싱을 소개한다.

- 8장에서는 워크로드에서 컨테이너의 특정 하드웨어 요구사항을 지정하는 방법과 노드에 파드를 그룹화하거나 분산시키는 방법을 다룬다.

- 9장에서는 데이터베이스와 같은 상태 저장 워크로드를 구성하는 방법을 학습한다.

- 10장에서는 요청/응답 체인 외부에서 발생하는 모든 활동, 예를 들어 태스크 큐와 배치 잡에 대해 다룬다.

- 11장에서는 깃옵스(GitOps)를 소개하고, 서로 다른 환경을 위한 네임스페이스를 사용하는 방법과 설정을 코드화해 관리하는 방법을 소개한다.

- 12장에서는 개발자로서 고려해야 할 여러 보안 관련 주제를 다루며 이 책을 마무리한다.

예제 코드 다운로드

이 책에 나오는 예제 전체 코드는 아래 사이트에서 내려 받을 수 있다.

- 위키북스 깃허브: https://github.com/wikibook/easy-kubernetes

- 위키북스 홈페이지: https://wikibook.co.kr/easy-kubernetes/

- 저자 깃허브: https://github.com/WilliamDenniss/kubernetes-for-developers

- 원서 깃허브: https://www.manning.com/books/kubernetes-for-developers

코드 정보

이 책에 포함된 코드는 아파치 2.0 라이선스 하에 오픈 소스로 제공되며, 전체 코드는 앞에서 안내한 사이트에서 내려받을 수 있다. 예제는 각 장 번호별로 디렉터리에 정리되어 있다. 쿠버네티스 설정 파일은 해당 설정이 등장하는 절이나 하위 절의 번호로 시작하는 하위 디렉터리에 설명을 나타내는 접미사와 함께 저장돼 있다. 예를 들어 3장의 3.2절에 나오는 설정은 Chapter03/3.2_DeployingToKubernetes라는 이름의 디렉터리에서 확인할 수 있다.

예제로 제공한 컨테이너화된 애플리케이션은 이 책 전반에 걸쳐 다루며, 관련 장의 디렉터리에서 찾을 수 있다. 예를 들어, 애플리케이션은 2장에서 처음 등장하며, Chapter02/timeserver 디렉터리에 위치한다. 이후 4장에서 업데이트되며 Chapter04/timeserver2에 위치한다.

각 예제 코드는 파일의 전체 경로가 제목으로 표시되어 있어 쉽게 참조할 수 있다. 예제 커맨드는 항상 기본 디렉터리에서 시작하기 때문에 각 절을 순서대로 따르지 않아도 된다. 새로운 절을 시작할 때는 CLI를 기본 디렉터리로 재설정하면 된다.

이 책에서 제공하는 예제는 맥, 리눅스, 윈도우 등 모든 환경에서 실행 가능하다. 관련 설정 방법은 2장과 3장에서 확인하기 바란다.

구글 클라우드 사용자라면 브라우저 기반의 클라우드 셸(https://cloud.google.com/shell)을 사용해 이 책의 모든 예제 명령을 실행할 수 있다. 도커와 미니큐브를 사용하는 예제들도 대부분 해당되므로 로컬 환경에는 아무것도 설치할 필요가 없다. 단, 도커 데스크톱의 로컬 쿠버네티스 환경을 사용하는 경우에는 미니큐브 설정 지침을 대신 따르면 된다.

이 책에는 번호가 매겨진 예제 코드와 일반 텍스트 내에 소스코드 예제가 많이 포함돼 있다. 두 경우 모두 소스코드는 일반 텍스트와 구분하기 위해 고정폭 글꼴로 서식이 지정된다. 또한 이전 단계에서 변경된 부분을 강조하기 위해 일부 코드는 굵게 표시했다. 예를 들어, 새로운 기능이 기존 코드 행에 추가되는 경우가 그렇다.

대부분의 경우, 원본 소스코드를 책의 페이지 공간에 맞추기 위해 재구성했다. 줄바꿈이 추가 되거나 들여쓰기가 조정된 경우가 있으며, 드물게는 줄 이음 표시(➥)를 사용한 경우도 있다. 또한 코드를 본문에서 다시 설명하는 경우, 소스코드에 포함된 주석을 제거한 경우도 있다. 중 요한 개념을 강조하기 위해 대부분의 예제 코드에는 코드 주석이 함께 제공된다.

추가 온라인 자료

- 쿠버네티스의 공식 문서: https://kubernetes.io/docs/

- 컨테이너 베이스 이미지: https://hub.docker.com/

- StackOverflow의 Kubernetes 관련 질문: https://stackoverflow.com/questions/tagged/kubernetes

쿠버네티스 및 GKE에 대한 저자의 추가 콘텐츠는 https://wdenniss.com/kubernetes에 서 찾아볼 수 있다. 이 책에서 사용한 리소스 아이콘은 쿠버네티스 아이콘 세트(Kubernetes Icons Set)에서 가져온 것으로, Kubernetes Authors에 의해 제작되었으며, CC BY 4.0 라 이선스로 배포된다. 아이콘 세트는 https://github.com/kubernetes/community/에서 확 인할 수 있다. 쿠버네티스 로고 또한 Kubernetes Authors에 의해 제작되었으며, 역시 CC BY 4.0 라이선스로 배포된다. 로고와 함께 쿠버네티스 소스코드는 https://github.com/ kubernetes/kubernetes/에서 다운로드할 수 있다.

저자 소개

윌리엄 데니스(William Denniss)는 구글에서 GKE(Google Kubernetes Engine)를 담당하는 그룹 제품 매니저(Group Product Manager)다. GKE의 오토파일럿 기능 프로젝트를 담당했으며, 기본 컴퓨팅 노드를 관리할 필요 없이 쿠버네티스를 사용할 수 있도록 하는 완전 관리형 쿠버네티스 플랫폼을 구축했다. 또한 업계의 발전을 위한 오픈 표준과 오픈 소스 소프트웨어의 중요성을 강하게 믿고 있다. GKE팀에서의 첫 번째 프로젝트는 쿠버네티스 커뮤니티 및 CNCF(Cloud Native Computing Foundation)와 협력하여 Certified Kubernetes Conformance Program을 만드는 것이었으며, 이를 통해 쿠버네티스 제공업체 간의 광범위한 호환성을 촉진하기 위해 노력해 왔다.

2014년에 구글에 처음 합류한 윌리엄 데니스는 사용자들이 모바일 기기에서 ID 시스템과 상호작용하는 방식을 개선하는 것을 목표로 ID 분야의 업무를 담당했다. 현재 가장 권장되는 OAuth for Native Apps의 문서를 작성했으며, 이는 RFC 8252로 발행됐다. 또한 iOS, 안드로이드, 자바스크립트용 공통 구현을 제공하는 오픈소스 라이브러리인 AppAuth를 공동 설립했다.

그는 배움을 즐기며, 여가 시간의 상당 부분을 코딩과 다양한 프로젝트를 수행하는 데 사용한다. 어떤 환경에서든 기기를 가리지 않고 코딩하는 것을 좋아한다. 고등학교 시절에는 그래픽 계산기, 그 이후로는 윈도우, 리눅스, 맥 환경의 컴퓨터, 2000년대에는 플레이스테이션 포터블, 그리고 아이폰 3G 이후로는 아이폰 환경에서 코딩해왔다. 결국 진행하던 프로젝트들은 서버 구성요소가 필요해졌고, 그로 인해 10여 년 전 처음으로 PaaS(Platform as a Service)에 코드를 배포하게 됐다. 이 경험은 쿠버네티스에 대한 관심을 불러일으켰으며, 비슷한 요구사항을 가진 개발자들의 삶을 더 쉽게 만들기 위한 쿠버네티스 작업에 참여하는 계기가 됐다.

윌리엄의 특별한 강점은 자신이 개발하는 제품의 열렬한 사용자라는 점이다.

표지의 삽화에 대하여

《개발자를 위한 쉬운 쿠버네티스》의 표지 이미지는 1777년에 제작된 Dominic Serres의 "A Seaman with a Man of War's Barge"라는 제목의 삽화이다. 이 삽화는 영국 해군의 다양한 계급의 제복을 묘사한 이미지 컬렉션에 속하며, 해당 컬렉션에는 삽화에 있는 선원에서부터 중간 계급 장교, 그리고 제독의 제복까지 포함된다. 삽화 속의 선원은 천으로 덮인 단추가 일렬로 달린 짧은 파란색 재킷을 입고 있으며, 세 개의 단추로 여미는 물결 모양의 선원 소맷부리를 가지고 있다. 또한, 그는 심플한 흰색 조끼를 착용하고 있다. 그가 입은 페티코트 바지는 허리에서 시작해 종아리 윗부분까지 내려오며, 평범한 흰색 스타킹과 흰색 금속 버클이 달린 신발을 신고 있다.

오늘날 수많은 컴퓨터 관련 서적이 비슷해 보이는 시점에, 매닝은 이와 같은 삽화를 통해 역사적 인물과 과거의 다양한 의상을 되살려 컴퓨터 업계의 창의성과 주도성을 기념한다. 매닝의 책 표지는 이러한 풍부한 역사적 다양성을 바탕으로 제작되어 다른 컴퓨터 서적들과 차별화된 독창적인 모습을 선보이고 있다.

옮긴이 소개

경희대학교 컴퓨터공학과를 졸업하고 동 대학에서 네트워크 분야를 연구하며 석사 학위를 받았다. 졸업 후에는 현대자동차/기아, SK텔레콤 등에서 근무하며 수많은 프로젝트를 통해 클라우드 아키텍처 설계 및 실제 운영 경험을 축적했으며, 이를 바탕으로 최신 기술 서적 번역에 뛰어난 전문성을 키웠다. 현재 삼성SDS에서 클라우드 아키텍트로 일하고 있다.

옮긴이의 말

최근 IT 인프라와 애플리케이션 배포 방식은 확장성, 자동화, 유연성을 갖춘 클라우드 네이티브 아키텍처로 전환하고 있다. 이처럼 변화하는 환경에 발맞춰 오늘날 대부분의 기업은 퍼블릭 클라우드뿐만 아니라 하이브리드 및 온프레미스 환경에서도 쿠버네티스를 활용하고 있다. 이처럼 쿠버네티스의 인기가 높아지고 있지만, 아직 많은 개발자가 쿠버네티스를 단순한 애플리케이션 배포 도구로 여기거나 인프라 영역의 담당자가 수행해야 하는 업무로 한정 짓는 경우가 많다.

그러나 쿠버네티스는 단순히 컨테이너화된 애플리케이션을 배포하는 것을 넘어, 운영 자동화, 네트워크 관리, 보안 정책 적용 등을 포함하는 완전한 플랫폼으로 발전하고 있다. 따라서 과거와 같이 애플리케이션 배포와 운영이 별개의 영역으로 구분되고, 인프라 운영팀만이 쿠버네티스 관리 업무를 수행해야 한다는 인식은 클라우드 네이티브 환경이 자리 잡으면서 점차 바뀔 필요가 있다. 개발자들이 단순히 코드를 작성하는 것에 그치지 않고, 애플리케이션이 실제로 배포되고 운영되는 과정까지 고려하는 역량이 중요한 시대가 된 것이다.

이제 쿠버네티스는 더 이상 인프라 및 운영팀만의 도구가 아니라, 개발자들에게도 친숙하고 유용한 기술로 자리 잡아야 한다. 이 책은 이러한 배경에서 출발했다. 기존의 많은 쿠버네티스 관련 서적이 인프라 중심 시각에서 기술을 설명하고 있다면, 이 책은 개발자 관점에서 쿠버네티스를 실무적으로 활용하는 방법을 다룬다.

쿠버네티스를 배우고자 하는 개발자라면, 단순히 컨테이너를 실행하는 방법에 그치는 것이 아니라 다음과 같은 질문에 대한 답을 찾고 싶을 것이다.

- 쿠버네티스를 활용하면 개발과 배포가 어떻게 더 쉬워질까?
- 로컬에서 개발한 애플리케이션을 쿠버네티스 환경에 배포하려면 어떤 과정이 필요할까?
- 지속적 통합 및 배포(CI/CD) 파이프라인을 구축하여 쿠버네티스 환경에서 자동으로 배포하는 방법은 무엇일까?

이 책은 이러한 질문들에 대해 실질적인 답을 제공하며, 개발자가 쿠버네티스를 단순한 배포 플랫폼이 아니라 개발과 운영(DevOps)을 통합하는 핵심 도구로 자리매김하여 확장성, 자동화, 유연성을 갖춘 클라우드 네이티브 아키텍처로 전환할 수 있는 강력한 도구로 활용할 수 있도록 돕는다.

이 책을 다음과 같은 방법으로 학습하기를 추천한다. 대부분 초심자가 쿠버네티스의 복잡한 명령어를 외우고 따라 하는 것부터 접근한다. 하지만 쿠버네티스는 컨테이너 기반 애플리케이션을 효과적으로 운영하기 위한 철학과 개념을 담고 있는 시스템이다. 따라서 무작정 명령어를 익히기보다 쿠버네티스가 해결하려는 문제와 아키텍처적인 개념을 파악하는 것을 추천한다. 또한 쿠버네티스 기술에 대한 학습은 끝이 아니라 새로운 시작이라는 것에 명심하자. 쿠버네티스는 클라우드 네이티브 아키텍처로 가기 위한 기반 기술일 뿐이며, 거기에 다양한 도구가 결합되면 강력한 플랫폼이 될 수 있다(실제 운영환경에서 어떤 부가 도구들이 함께 사용되는지에 대해 관심을 갖는 것이 중요하다. 이를 위해 쿠버네티스 공식 문서 및 관련 자료를 함께 보기를 추천한다).

쿠버네티스를 배우는 과정은 소프트웨어를 개발하고 운영하는 방식의 변화를 받아들이는 과정이라고 생각한다. 이 책이 여러분이 쿠버네티스를 배우고, 실무에서 효과적으로 활용하는 데 큰 도움이 되기를 바란다.

1부

쿠버네티스 시작하기

쿠버네티스는 컨테이너 오케스트레이션 도구로 널리 사용되는 플랫폼이다. 이 책의 1부에서는 쿠버네티스가 무엇인지, 그리고 왜 유용한지에 대해 자세히 설명한다. 또한 애플리케이션을 컨테이너화하여 이를 쿠버네티스 환경에서 사용하는 방법과 첫 번째로 컨테이너화된 애플리케이션을 쿠버네티스에 배포하고 이를 외부에 노출시키는 과정 같은 기본적인 내용을 다룬다. 이 과정에서 쿠버네티스의 자동화 기능을 활용해 중단 없이 애플리케이션을 실행하도록 구성하는 법, 애플리케이션 업데이트 과정에서 다운타임 없이 운영하는 법, 그리고 각 컨테이너에 할당할 리소스를 결정하는 법을 배우게 될 것이다.

마지막으로, 쿠버네티스로 실행하는 컨테이너화된 상태 비저장 애플리케이션을 구축하고, 원한다면 이를 외부에 공개할 수 있게 될 것이다. 또한 애플리케이션에 충돌이 발생하거나 클러스터가 업그레이드되더라도 쿠버네티스가 이를 유지할 수 있도록 구성하는 방법을 살펴본다. 이를 통해 지속적으로 애플리케이션을 모니터링하지 않아도 안정적으로 애플리케이션 운영이 가능해진다.

쿠버네티스는 사용하기에 다소 복잡하다는 말을 들어본 적이 있을 것이다. 이는 부분적으로 쿠버네티스가 제공하는 많은 기능 때문일 것이다. 하지만 여기서는 실제로 간단한 상태 비저장 애플리케이션을 쿠버네티스 환경에 배포하고 라이브로 게시하는 것이 꽤 쉬운 일임을 보여주고자 한다. 처음부터 쿠버네티스의 모든 복잡한 기능을 배울 필요는 없지만, 필요할 때 사용할 수 있도록 다양한 기능을 알아두면 좋다. 상태 비저장 애플리케이션을 배포하는 과정은 쿠버네티스를 시작하기에 아주 좋은 출발점이 될 것이다.

1 장

애플리케이션 배포를
위한 쿠버네티스

1장에서 다루는 내용은 다음과 같다.

- 애플리케이션을 컨테이너로 패키징할 때의 이점
- 쿠버네티스가 컨테이너 배포를 위한 이상적인 플랫폼인 이유
- 어떤 경우에 쿠버네티스를 사용하는가

금요일 오후 5시, 모두가 퇴근을 기다리는 시간. 갑자기 작년에 작업한 애플리케이션 제품이 입소문을 타면서 애플리케이션을 빠르게 확장해야 하는 상황에 처해 있다고 가정해 보자. 여러분의 애플리케이션과 이를 실행하는 플랫폼은 100배로 확장 가능하여 이 급박한 요구사항에 맞출 준비가 되어 있는가? 아니면, 깨지기 쉬운 코드와 유연하지 못한 플랫폼의 제약으로 인해 그 간의 노력이 무용지물이 될 위기에 놓여 있는가?

만약 여러분의 애플리케이션이 빠른 확장을 지원하기로 유명한 플랫폼 기반의 상태 비저장(stateless) 애플리케이션 형태로 구축됐다면 위와 같은 위급 상황에서도 모든 것이 훌륭하게 잘 동작할 것이다. 그러나 비즈니스 요구 사항이 변경되어 일부 중요한 비즈니스 데이터에 대해서 상태 저장(stateful) 애플리케이션을 실행하거나 야간에 실행되는 배치 처리 파이프라인(batch processing pipeline)을 구성해야 한다고 가정해 보자. 이러한 상황에서 새로운 워크로드는 기존의 워크로드와 원활하게 호환되는가? 아니면 처음부터 다시 구동시키거나 서로 다른 시스템에 패치를 수행해야 하는가?

쿠버네티스는 이와 같은 문제를 해결하고, 다양한 형태 및 크기, 그리고 다양한 규모의 워크로드를 실행하기 위한 업계 표준으로 빠르게 자리잡았다. 쿠버네티스는 빠르게 확장 가능한 컨테이너화 애플리케이션을 구동시킬 뿐만 아니라 상태 비저장 애플리케이션에서부터 상태 저장 애플리케이션인 데이터베이스, 임시 스토리지(ephemeral storage)를 갖춘 배치 작업 등에 이르기까지 다양하고 복잡한 애플리케이션 배포 패턴을 처리한다. 쿠버네티스[1]는 구글에서 개발하고 오픈소스로 공개했으며, 스포티파이(Spotify)[2], 캐피털원(CapitalOne)[3], 오픈AI(OpenAI)[4] 등 수많은 조직에서 사용하고 있다. 쿠버네티스는 운영체제에서 리눅스가 그러한 것처럼 클라우드 환경에서의 배포에 관한 개방적이고 벤더 독립적이며 잘 입증된 플랫폼이다.

그러나 플랫폼이 가져다주는 유연성만큼이나 약간의 러닝 커브도 존재한다. 쿠버네티스는 다양한 배포 구조를 처리할 수 있지만, 이러한 범용적 성격으로 인해 학습하기가 매우 어려울 수 있다. 하지만 필자는 쿠버네티스가 (a) 대부분의 사람이 생각하는 것만큼 어렵지 않으며 (b) 충분히 배울 가치가 있다고 말씀드리고 싶다. (이 책의 구성과 같이) 기본부터 차근차근 쌓아간다면 훨씬 더 접근하기 수월할 것이다. 단지 몇 줄의 YAML 파일을 사용하여 상태 비저장 애플리케이션을 배포하고 해당 YAML 파일을 기반으로 지식을 축적해 나갈 수 있다.

전문가로서 의견을 말하자면, "애플리케이션을 어떠한 방식으로 배포하는 것이 최선인가?"와 같은 문제에 직면했을 때 즉각적으로 문제를 해결할 수 있는 가장 간단한 옵션을 선택하지 말고 시간을 투자하여 현재와 미래의 요구사항을 모두 충족할 수 있는 시스템을 학습하는 것이 정답이라고 생각한다. 이러한 접근 방식이야말로 개발 역량을 쌓으면서 전문적으로 성장할 수 있는 해결책이다. 쿠버네티스는 앞서 설명한 현재와 미래의 요구사항을 모두 충족시킬 수 있는 시스템이다. 쿠버네티스에는 다양한 기능이 있으며, 언제든지 필요한 경우에 이를 학습하고 활용할 수 있는 충분한 자료가 있다. 따라서 몇 시간만 학습에 투자하고 나면 간단한 배포까지 가능해진다.

여러분이 만약 이와 같은 쿠버네티스의 개념을 이미 알고 있다면 2장으로 가서 도커 이미지에 대한 빌드를 시작해볼 것을 추천한다. 또한 이미 도커 컨테이너가 무엇인지 알고 있으며 쿠버네티스에 컨테이너 배포를 바로 시작해보고 싶다면 바로 3장으로 넘어갈 것을 추천한다. 1장의 나머지 부분에서는 쿠버네티스와 컨테이너가 애플리케이션 배포 도구로서 왜 인기 있는지를 설명할 것이다.

---

1   https://cloud.google.com/learn/what-is-kubernetes
2   https://kubernetes.io/case-studies/spotify/
3   https://kubernetes.io/case-studies/capital-one/
4   https://kubernetes.io/case-studies/openai/

1.1 왜 컨테이너인가?

쿠버네티스는 컨테이너를 위한 배포 플랫폼이다. 애플리케이션과 같이 쿠버네티스에 배포되는 모든 코드는 먼저 컨테이너 형태로 패키징해야 한다. 그렇다면 컨테이너란 무엇이며 우리는 1장에서 왜 컨테이너에 대해 다루려고 하는가?

컨테이너는 애플리케이션을 패키징하고 실행하는 가장 현대적인 방법이다. 일반적으로 하나의 물리 서버당 하나의 애플리케이션을 실행(매우 비효율적인 방법)하지 않고 여러 개의 애플리케이션을 하나의 물리 서버나 여러 대의 물리 서버 그룹에 배포하기를 원한다. 왜 이 방식을 선호할까?

가상머신(Virtual Machine, VM) 환경 이전(물리 서버 환경의 경우)에는 각 애플리케이션을 하나의 물리 서버의 서로 다른 디렉터리에 설치하고, 서로 다른 포트를 통해 서비스하는 것이 일반적이었다. 이는 여러 개의 애플리케이션이 CPU, 메모리 및 사용 가능한 포트와 같은 물리 서버의 리소스와 디펜던시(dependency) 등을 공유할 때 어느 정도 서로 상호 작용해야 한다는 점에서 몇 가지 문제를 야기했다. 또한 확장이 어렵다는 문제가 있었다. 갑자기 평소보다 많은 트래픽을 수신하는 애플리케이션이 있는 경우, 다른 애플리케이션은 그대로 유지한 채 특정 애플리케이션만 확장하려면 어떻게 해야 하는가?

위와 같은 문제를 해결하기 위해 VM을 사용해 하나의 VM에 하나의 애플리케이션을 패키징하는 방식이 도입됐다. 이러한 방식을 사용하는 경우 애플리케이션별로 자체적인 운영 환경이 존재하기 때문에 디펜던시들을 격리시키고 리소스(CPU, Memory 등)를 나누어 할당할 수 있다. 그러나 VM의 경우 각 OS 및 애플리케이션에 대한 모든 패키지를 유지 및 관리해야 하기 때문에 운영에 대한 오버헤드가 발생하고 물리 서버만큼이나 복잡성이 존재했다.

이것이 바로 컨테이너(Container)가 출현하게 된 계기다. 컨테이너는 격리된 환경에서 애플리케이션을 호스팅하기 위해 애플리케이션과 이에 필요한 디펜던시만을 패키징하는 방법이다. 컨테이너는 한편으로 VM과 유사하지만, 애플리케이션을 위한 운영체제를 설치하고 관리할 필요가 없는 것이 특징이다.

그림 1.1은 하나의 물리 서버에서 여러 개의 워크로드를 실행하는 것부터, 개별 VM에 독립적인 워크로드 실행, 마지막으로 컨테이너화에 이르기까지 애플리케이션 호스팅의 진화를 보여준다. 컨테이너는 VM의 많은 이점을 제공하지만, 다른 운영체제 커널을 실행하는 데 드는 오버헤드가 없다.

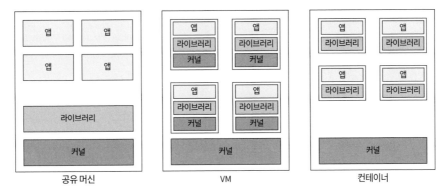

그림 1.1 공유 호스팅 아키텍처의 진화

1.1.1 컨테이너의 이점

사람들이 컨테이너를 선택하는 몇 가지 주요 이유는 언어 유연성(컨테이너 플랫폼에서 모든 언어나 환경을 실행 가능), 경량화된 격리(VM을 사용하지 않아도 애플리케이션 간 간섭이 발생하지 않도록 보호), 개발자 효율성(개발 환경과 운영 환경을 비슷하게 만들고 쉽게 설정할 수 있음), 재현성(컨테이너 빌드 파일에 환경을 생성하는 데 사용된 단계를 기록)이다.

언어 유연성

컨테이너는 개발자들을 특정 언어에 종속시키지 않으며 또한 배포 시스템으로부터 라이브러리 요구사항을 분리한다. 이는 컨테이너 환경에서 어떠한 언어도 사용 가능하며 어떠한 패키지도 쉽게 업데이트할 수 있음을 의미한다. 언어 유연성으로 인해 개발자들은 더 이상 특정 언어 및 버전에 얽매일 필요가 없다. 또한 전통적인 PaaS(Platform as a Service)처럼 오래된 운영체제의 중요한 디펜던시를 계속해서 사용할 필요도 없다.

동일한 호스트에서 실행되는 두 개의 컨테이너 사이에는 공유하는 라이브러리가 존재하지 않는다. 즉, 한 개의 컨테이너 구성이 또 다른 하나의 구성을 방해하지 않는다. 이 환경에서 두 가지 다른 버전의 자바가 필요하거나 임의의 디펜던시가 필요한가? 그렇지 않다. 이러한 컨테이너 환경에서의 격리는 라이브러리 이상으로 그 개념의 범위가 확장된다. 즉, 각 컨테이너는 완전히 다른 베이스 OS 및 패키지 관리자를 사용할 수 있다. 예를 들어, 하나의 컨테이너가 우분투(Ubuntu) 및 APT를 사용하고, 다른 하나의 컨테이너는 CentOS 및 RPM을 사용할 수 있다. 이러한 유연성을 통해 각기 다른 팀에서 팀 자체의 고유 디펜던시나 언어를 사용해 유지 관리하는 서비스들을 하나의 서비스로 쉽게 패키징(마이크로

서비스 패턴화)하는 것이 더 간단해진다. 컨테이너는 서로 다른 애플리케이션 디펜던시들을 서로 격리된 상태로 유지하기 때문에 하나의 호스트에서 여러 개의 애플리케이션을 간단하게 실행할 수 있다(그림 1.2).

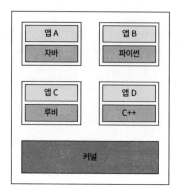

그림 1.2 하나의 호스트를 공유하며 서로 다른 언어를 사용하는 4개의 컨테이너

오버헤드가 없는 격리

과거에는 동일한 호스트에서 실행되는 여러 개의 애플리케이션에 대한 격리를 위해 VM을 사용했다. VM의 경우 OS의 커널 및 상당 부분이 각 VM에 복제되기 때문에 VM 이미지의 크기가 매우 크며 CPU/메모리와 같은 리소스에 대한 오버헤드가 크고 매우 무겁다. 컨테이너는 VM에 비해 보다 경량화됐지만, VM과 동일한 리소스 격리 이점을 제공한다. 쿠버네티스 환경에서는 컨테이너가 호스트의 리소스 중 일부만 사용하도록 제한할 수 있다. 이는 궁극적으로 단일 호스트에 보다 많은 애플리케이션을 실행해 인프라에 대한 비용을 절감할 수 있음을 의미한다(그림 1.3).

그림 1.3 동일한 호스트에서 실행되는 4개의 컨테이너. 완전히 격리되었지만 커널은 공유한다.

개발자 효율성

디펜던시를 분리하여 컨테이너를 운영 환경에 적합하게 만들면 각 디펜던시를 컨테이너가 위치하는 호스트에 구성할 필요 없이 애플리케이션을 개발할 수 있기 때문에 개발 환경에도 매우 적합하다(그림 1.4). 일반적으로 리눅스 애플리케이션은 리눅스 환경으로 개발되지만, 도커를 사용하면 맥OS나 윈도우 워크스테이션에서도 리눅스 애플리케이션을 개발할 수 있다. 이처럼 컨테이너를 활용하면 특정 플랫폼에서 실행되는 애플리케이션에 대한 개발을 수행할 때 개발을 위한 별도의 플랫폼을 구성할 필요가 없다.

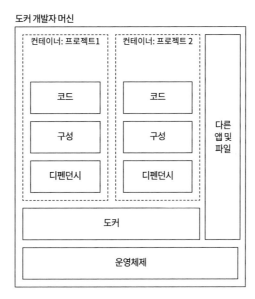

그림 1.4 2개의 컨테이너 기반 프로젝트를 담당한 개발자의 환경

설정 과정이 도커 설치, 코드 복사, 빌드 및 실행과 같이 매우 간단하기 때문에 개발자를 위한 설정 지침 페이지가 더이상 필요하지 않다. 그뿐만 아니라 특정 호스트에 대한 구성 없이도 각 프로젝트가 컨테이너 내부에서 잘 격리되기 때문에 한 팀 또는 여러 개의 팀에서 여러 프로젝트에 대한 작업을 수행하는 것도 매우 간단해진다.

컨테이너를 사용하면 개발 환경과 운영 환경의 애플리케이션이 매우 유사하며 완전히 동일한 컨테이너를 사용할 수 있다. 맥OS에서 MySQL 라이브러리가 다르거나 운영 환경을 위해 패키징하는 방식에 미묘한 차이가 있는 것과 같이 환경별로 특화된 구성 방식이 더이상 존재하지 않는다. 운영 환경의 문제점을 진단하려 하는가? 그렇다면 해당하는 컨테이너 이미지를 다운로드해 개발 환경에서 실행하고 확인하면 된다(그림 1.5).

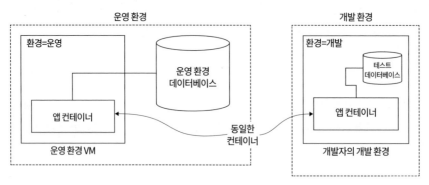

그림 1.5 운영 환경 및 개발 환경에 배포되는 동일한 컨테이너

재현성

컨테이너를 사용하면 애플리케이션 환경을 보다 쉽게 재현할 수 있다. 애플리케이션을 배포한 VM에 안전한 HTTP 연결을 위한 TLS(전송 계층 보안)를 구성해야 한다고 가정해 보자. 운영 환경 호스트에 SSH로 접속하여 TLS 인증서를 특정 디렉터리에 추가할 것이다. 그런데 제대로 동작하지 않으면 TLS 인증서를 다른 디렉터리에도 복사하며 여러 가지 시도를 하게 될 것이다. 결과적으로 TLS 인증서는 3 개의 디렉터리에 복제되고, 이유는 모르지만 잘 동작할 것이다. 1년 후에 TLS 인증서를 업데이트해야 하는 상황을 가정해 보자. 앞서 TLS 인증서를 복사한 3개의 디렉터리 중 어떠한 위치의 인증서를 업데이트해야 할지 기억이 날까?

컨테이너를 사용하면 이러한 문제를 해결할 수 있다. 운영 중인 환경에 SSH로 접속하여 설정 과정을 진행하는 대신, TLS 인증서 설치 과정을 컨테이너 빌드 단계에 추가할 수 있다. 제대로 동작하지 않는 경우 제대로 동작할 때까지 해당 빌드 단계를 조정하면 된다. 여기서 중요한 것은 단지 제대로 동작하지 않는 부분만 수정할 뿐, 잘 동작하는 단계는 그대로 유지된다는 점이다. 이 단계에서 추가된 TLS 인증서 파일은 시스템의 나머지 부분과 잘 분리되어 있기 때문에 필요한 경우 기본 시스템을 바탕으로 변경된 부분(델타)을 캡처할 수 있다. 그러므로 1년 후 인증서 업데이트가 필요한 시점에 단순히 인증서만 교체하고 컨테이너에 대한 빌드를 실행하면 제대로 잘 동작할 것이다.

다음 항목은 도커파일(Dockerfile)의 수도코드(pseudocode) 예제를 보여준다. 이 도커파일은 컨테이너를 구성하는 방법에 대한 수도코드다. (2장에서는 실제 코드를 사용한다.)

예제 코드 1.1 Chapter01/1.1.1_Pseudocode Dockerfile

```
우분투OS 사용
TLS 인증서 복사 및 구성
TLS 인증서 애플리케이션에 복사
```

> **메모**
>
> 컨테이너 생성을 위한 도구인 도커는 재현성이 완벽하지 않다. 디펜던시 설치를 위한 apt-get과 같은 명령은 라이브 시스템에서 동작하기 때문에 apt-get의 종속 시스템(예: apt 저장소)이 빌드 과정에서 변경될 수 있으므로 실제로 동일한 입력에 대해서 동일한 출력 결과를 얻지 못할 수도 있다. 구글에서 오픈소스로 제공하는 바젤(Bazel)처럼 이런 문제를 해결하기 위해 설계된 도구들도 있지만, 시스템의 복잡성으로 인해 보다 정교한 엔터프라이즈 환경 배포에 권장된다. 앞서 설명한 도커의 제약사항에도 불구하고 도커의 빌드 시스템은 1년 전 수행했던 TLS 인증서 설치 과정을 떠올리며 수동으로 작업을 진행하는 것보다 훨씬 더 뛰어난 재현성을 제공하고 있으며, 대부분의 환경 및 프로젝트에 적용하기에 충분하다.

1.2 왜 쿠버네티스인가?

컨테이너는 애플리케이션을 패키징하기 위한 좋은 방법이다. 하지만 컨테이너 환경에는 해당 컨테이너를 실행 및 관리할 수 있는 방법이 필요하다. 물론 여러 개의 다양한 애플리케이션을 디렉터리 및 VM 이미지를 사용하여 실행 및 관리할 수도 있다. 하지만 이와 같이 운영한다면 호스트 구성 및 관리에 손이 많이 가기 때문에 확장 능력이 제한될 우려가 있다.

더 나은 방법은 머신(노드)의 공유 풀(클러스터)을 구성하고 컨테이너에 대한 오케스트레이터(예: 쿠버네티스)를 사용하여 리소스 풀에서 컨테이너를 실행하는 것이다. 이 방식을 사용하면 머신은 하나의 그룹으로 함께 관리되므로 관리가 수월해진다. 만약 하나의 머신이 고장나더라도 다른 머신이 그 역할을 대체한다. 이 방법을 사용하면 개별 머신 단위로 관리할 필요가 없어지기 때문에 적은 인원으로도 큰 규모의 확장이 요구되는 애플리케이션을 관리할 수 있다.

이전에는 대규모 컨테이너 오케스트레이션 시스템은 대기업의 전유물이었다. 쿠버네티스(특히, 퍼블릭 클라우드 환경의 관리형 쿠버네티스 제품)를 사용하면 하나의 머신에서 실행되는 단일 컨테이너 애플리케이션에서부터 15,000개가량의 거대 규모 머신에서 실행되는 마이크로 서비스 집합(각기 서로 다른 팀에서 운영하는)에 이르기까지 다양한 규모의 운영 모델에 대한 관리가 가능하다.

또한 쿠버네티스를 사용하면 애플리케이션의 고가용성을 쉽게 구축할 수 있다. 그림 1.6에서 확인할 수 있듯이 특정 존(zone)에서 다운타임이 발생하더라도 또 다른 가용존을 통해 동일한 서비스를 배포할 수 있다.

수동 배포 시스템을 사용하면 복잡할 수 있지만, 쿠버네티스에서는 단순히 원하는 시스템의 형상을 정의(이 경우 여러 개의 존에 걸쳐 배포된 컨테이너)해 배포 패턴을 빠르게 구성할 수 있다. 관련 내용은 8.2.1항에서 보다 자세하게 다룰 예정이다.

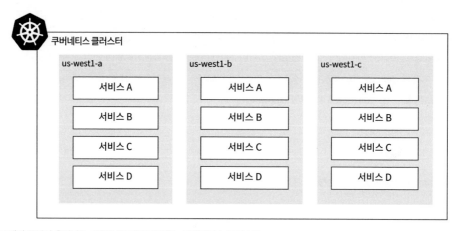

그림 1.6 3개의 존에서 운영되고, 4개의 서비스를 관리하는 쿠버네티스 클러스터

가장 중요한 부분은 쿠버네티스에서 서비스를 업데이트하려면 관리자는 단순히 설정 한 줄만 변경하면 되고, 쿠버네티스는 이 요구사항에 따라 각 존에 대한 업데이트를 롤아웃 처리한다는 것이다. 쿠버네티스 플랫폼에 대한 업데이트 또한 앞서 설명한 자동화 방식과 유사한 형태(이를 쉽게 처리해주는 관리 플랫폼을 사용하는 경우)로 진행된다. 쿠버네티스 플랫폼 업데이트 시 노드는 점진적으로 업데이트 완료 버전으로 대체되고, 다운타임을 방지하기 위해 워크로드(workload)가 마이그레이션된다. 애플리케이션이 여러 존에 걸쳐 배포할 만큼 규모가 크지 않더라도 쿠버네티스는 여전히 유리하다. 쿠버네티스는 작은 규모로도 실행할 수 있으며 필요시 확장할 수 있는 추가적인 이점도 존재한다.

쿠버네티스는 리소스 풀로부터 컨테이너를 스케줄링하고 실행시키는 운영의 상당 부분을 자동화하고 개발자들이 이를 쉽게 사용할 수 있도록 높은 수준의 추상화를 제공함으로써 상당한 인기를 얻었다. 이 추상화의 정도는 개별 머신에 대해 걱정할 만큼 낮은 수준도 아니고 배포할 워크로드를 제약할 만큼 높은 수준도 아니다.

1.2.1 구성 가능한 빌딩 블록

쿠버네티스에서 파드(Pod)는 컨테이너의 집합을 의미한다. 파드를 간략히 설명하자면 함께 스케줄링되고 동일한 단위로 처리되는 컨테이너의 집합이다. 파드는 대부분의 경우 단일 컨테이너 단위로 사용하지만, 애플리케이션이 여러 개의 연결된 부분으로 구성된 경우 여러 개의 컨테이너를 묶어서 하나의 단위로 사용하기도 한다. 개념적으로 파드는 애플리케이션과 해당 애플리케이션의 디펜던시들로 구성된다. 서비스(Service)는 클러스터 내부와 외부 모두에서 파드 그룹에 대한 연결성을 제공하는 데 사용된다. 그림 1.7은 쿠버네티스 클러스터에 배포된 일반적인 애플리케이션의 리소스를 보여준다.

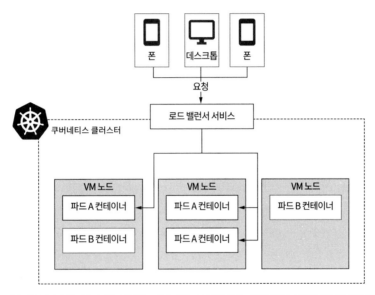

그림 1.7 2개의 서로 다른 애플리케이션 컨테이너를 실행하는 여러 개의 VM이 존재하는 쿠버네티스 클러스터(로드 밸런서를 통해 노출된 상태)

쿠버네티스에는 이 책 전반에 걸쳐 설명된 파드를 캡슐화하는 데 사용하는 여러 고차원적인 워크로드 설정이 존재한다. 상태 비저장 애플리케이션의 경우, 파드의 정의를 감싸는 디플로이먼트(Deployment) 객체를 생성하며 이 객체에는 원하는 복제본(인스턴스)의 수를 지정한다. 쿠버네티스는 사용자의 요구사항에 맞게 클러스터 내에서 파드를 배치할 공간을 찾는 작업을 담당한다.

쿠버네티스 설정으로 사용할 수 있는 워크로드 유형의 범위는 광범위하고 다양하며 다음과 같은 내용을 포함한다.

- 상태 비저장 애플리케이션
- 영속성 상태를 갖는 데이터베이스 및 기타 애플리케이션

- 이전에 VM에 구성된 애플리케이션

- 특정 일정에 따라 실행하고자 하는 배치 프로세스

- 머신러닝 모델 학습과 같이 한 번만 실행하고 싶은 배치 프로세스

위 모든 경우에 애플리케이션은 컨테이너화한 파드 형태로 그룹화될 것이며 설정 파일을 통해 쿠버네티스에게 워크로드 실행 방법을 지시한다.

1.2.2 특징 및 이점

이번 절에서는 사람들이 컨테이너 배포를 위해 쿠버네티스를 선택하는 몇 가지 주요 이유를 살펴보겠다.

자동화된 운영

배포에 대한 구성을 올바르게 진행하면 쿠버네티스로 운영의 다양한 측면을 자동화할 수 있다. 각 쿠버네티스 노드에서 실행 중인 프로세스는 컨테이너에서 충돌(crash)이 발생하면 이를 재시작하고, 활성 프로브(liveness probe) 및 준비성 프로브(readiness probe)는 컨테이너 상태 및 라이브 트래픽 처리 능력을 지속적으로 모니터링한다. 또한 파드 오토스케일러(Pod Autoscaler)를 통해 사용률(utilization)과 같은 메트릭을 기반으로 파드의 복제본 수를 자동으로 증가시키도록 배포 환경을 구성할 수 있다.

쿠버네티스 자체는 컴퓨트 노드 수준의 문제를 해결하지 않는다. 그러나 이러한 자동화를 제공하는 관리형 플랫폼을 선택할 수 있다. 구글 쿠버네티스 엔진의 오토파일럿 모드를 생각해 보자. 오토파일럿 모드 실행 시 파드의 복제본의 수에 따라 컴퓨트 노드 용량을 자동으로 스케일 업/다운하여 프로비저닝하고 필요에 따라 컴퓨트 노드를 복구하고 업그레이드한다.

높은 확장성

애플리케이션의 크기에 관계없이, 애플리케이션을 어떻게 확장할지에 대한 고민은 필요하다. 대규모 엔터프라이즈 애플리케이션을 배포하는 회사든 처음 시작하는 스타트업이든 관계없이 쿠버네티스 환경에 배포한 애플리케이션을 확장할 수 있는 솔루션이 필요할 것이다. 애플리케이션 확장성에 대한 고민은 미리 이루어져야 한다.

성공적인 제품을 만드는 것은 매우 어렵다. 성공의 순간(모든 사람이 여러분이 개발하고 운영하는 제품을 사용하려고 할 때)에 애플리케이션이 오프라인 상태가 되는 것은 가장 피하고 싶은 일이다. 일단 애플리케이션의 서비스를 중단하고 몇 달, 몇 년이 지난다 해도 규모에 맞는 애플리케이션을 완벽하게 재설계하기란 불가능에 가깝다.

쿠버네티스는 모든 규모의 애플리케이션을 처리할 수 있다. 단일 CPU와 다수의 메모리로 구성된 단일 노드 클러스터부터 Pokémon Go[5] 출시 당시 Niantic이 사용한 수만 개의 CPU를 가진 거대 규모 클러스터에 이르기까지 다양한 규모의 클러스터를 구성할 수 있다. 물론 애플리케이션에 확장을 위한 설정이 존재해야 하며 종속성, 특히 데이터베이스도 마찬가지지만 적어도 컴퓨트 플랫폼은 확장에 대한 대비가 필요하다.

워크로드 추상화

운영 단계에서 추상화는 매우 훌륭한 전략이다. 그러나 신경 쓰고 싶지 않은 부분은 추상화하면서 필요한 세부 사항은 추적 관리할 수 있는 도구는 생각보다 많지 않다. 필자의 경험에 비춰보면 쿠버네티스는 이를 가장 정확히 달성하는 도구에 가깝다.

IaaS(Infrastructure as a Service)는 하드웨어 수준의 추상화다. 실제 머신의 디스크 및 네트워크 카드와 상호작용하는 대신 동일한 인터페이스 수준의 소프트웨어를 구현할 수 있는 API와 상호작용한다.

IaaS와 비교하자면 쿠버네티스는 워크로드 수준의 추상화를 제공한다. 이는 쿠버네티스 환경에서 애플리케이션 실행 시 워크로드 관점에서 애플리케이션을 표현하는 것을 의미한다. 예를 들어 다음과 같은 애플리케이션을 생각해 보자.

- 분산 방식으로 실행하는 서버
- 특정 디스크 볼륨에 대한 연결이 필요한 데이터베이스
- 모든 노드에서 실행해야 하는 로깅 유틸리티
- 사용 가능한 가장 저렴한 리소스를 사용하는 애플리케이션

위 예제에서 설명한 모든 애플리케이션 배포 및 기타 구성들은 기본적으로 쿠버네티스 환경에서 관리할 수 있다.

---

5 https://cloud.google.com/blog/products/gcp/bringing-pokemon-go-to-life-on-google-cloud

쿠버네티스는 컴퓨트 인스턴스(VM)의 상위 계층을 제공하기 때문에 개별 머신을 관리하거나 신경 쓸 필요가 없다. 단지 CPU, 메모리, 디스크, GPU 등 컨테이너가 필요한 리소스를 지정하기만 하면 된다. 관리형 쿠버네티스 플랫폼은 일반적으로 워크로드 처리를 위한 컴퓨트 용량 또한 프로비저닝한다. 개별 머신에 대해서는 전혀 신경 쓸 필요가 없지만 영구 로컬 디스크에 쓰기 같은 머신 수준에서 기대할 수 있는 작업(기존 방식의 추상화 수준을 고려했을 때는 불가능했던 작업)을 수행할 수 있다.

또한 추상화 계층은 애플리케이션에 간섭하지 않으며 매우 명확한 상태로 존재한다(그림 1.8). 기존의 수많은 PaaS 환경과는 달리 쿠버네티스는 애플리케이션의 실행 방식을 수정하지 않는다. 예를 들어 쿠버네티스 환경에서 실행하기 위해서 기존 애플리케이션 코드에 추가적인 삽입이나 변경 작업이 필요 없을 뿐만 아니라, 애플리케이션이 수행할 수 있는 작업에 제한이 거의 없다. 애플리케이션이 컨테이너 환경에서 실행될 수 있다면 쿠버네티스 환경에서 또한 실행될 가능성이 매우 높다.

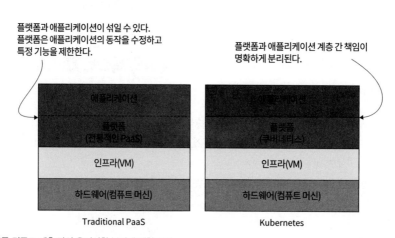

그림 1.8 서로 다른 컴퓨트 계층 간의 우려사항 분리에 대한 그림

선언적 구성

쿠버네티스는 선언적 리소스 모델을 사용한다. 사용자가 설정 파일(주로 YAML 파일)을 통해 워크로드를 표현하면 쿠버네티스 시스템이 이를 실행하고 현실화하기 위해 노력한다. 예를 들어 디플로이먼트에서 로드 밸런서를 통해 외부 세계와 연결되는 애플리케이션의 복제본(사본) 3개를 명시하면 쿠버네티스는 클러스터에서 3개의 복제본을 실행하고 로드 밸런서를 연결할 수 있는 영역을 찾는다. 쿠버네티스는 초기화 작업을 통해 이러한 복제본을 배치할 뿐 아니라 지속적인 모니터링을 통해 충돌이나 장애가 발생하는 경우에도 계속 애플리케이션이 실행될 수 있도록 시도한다.

선언적 구성은 특정 명령을 실행하는 명령적(imperative) 접근 방식(예: 애플리케이션의 복사본 3개 생성)과 다르게 원하는 상태(desired state)를 쿠버네티스에게 쉽게 설명(예: 애플리케이션의 복사본 3개 실행)한다. 따라서 쿠버네티스가 스스로 모니터링하고 조정(현재 실행 중인 애플리케이션의 복제본 수를 쿼리하고 원하는 상태에 맞춰 이를 조정)하여 해당 상태를 유지하는 작업을 수행하기 때문에 매우 유용하다.

비용 효율성

쿠버네티스는 가장 낮은 수준의 컴퓨팅 빌딩 블록(VM)을 사용해 애플리케이션을 관리하기 쉽게 만든다. 과거에는 유지보수의 목적으로 VM당 하나의 애플리케이션만 할당할 수 있었지만, 쿠버네티스 환경에서는 높은 효율성을 위해 단일 호스트에서 여러 개의 애플리케이션 인스턴스를 호스팅(빈 패킹)할 수 있다. 워크로드에 대한 강력한 오케스트레이션 기능과 상용 빌딩 블록(물리 컴퓨트 노드)의 조합은 비용 측면에서 쿠버네티스를 매력적으로 만든다.

빈 패킹 외에도 리소스 풀링은 효율성을 향상시키는 쿠버네티스의 또 다른 이점 중 하나다. 워크로드는 정해진 양의 보장된 리소스를 갖고 사용량이 급증할 때 다른 컨테이너가 예약했지만 현재 시점에 사용하지 않는 용량을 활용하는 방식으로 구성할 수 있다.

확장성

쿠버네티스가 할 수 없는 작업을 수행해야 하는 경우 쿠버네티스 스타일의 API를 직접 작성하거나 구현할 수도 있다. 이 기능은 모든 사용자를 위한 것은 아니며 상태 비저장 또는 상태 저장 웹 애플리케이션과 같은 대부분의 워크로드 배포 시에는 불필요하다. 하지만 이러한 기능은 특정 비즈니스 로직이나 쿠버네티스가 지원하지 않는 일부 새로운 구성을 추가할 때 매우 유용하다. 쿠버네티스에서 제공하는 커스텀 리소스 정의(custom resource definition) 객체 및 오퍼레이터(operator) 패턴을 사용하면 고유한 쿠버네티스 스타일 API를 생성할 수 있다.

오픈소스

쿠버네티스는 오픈소스이며 모든 주요 클라우드 업체에서 관리형 제품으로 제공한다. 쿠버네티스에 대한 다양한 플랫폼, 배포판, 설치 프로그램이 확산되고 있지만 이러한 제품 대부분은 워크로드에 대한 이식성 및 호환성을 제공하기 위해 CNCF(Cloud Native Computing Foundation)의 인증 프로그램[6]을

---

6 https://www.cncf.io/certification/software-conformance/

따른다. 실제로 제품에 쿠버네티스라는 이름을 포함(Google Kubernetes Engine처럼)하는 유일한 방법은 공식적으로 이러한 인증 테스트를 통과하는 것이다.

또한 쿠버네티스를 처음부터 직접 실행할 수도 있다. 쿠버네티스를 직접 실행한다면 코드의 품질이 매우 중요할 것이다. 모든 오픈소스가 동일하게 생성되는 것은 아니다. 오픈소스는 일반적으로 소유권에 대한 락인을 제거하지만, 강력한 커뮤니티가 없다면 결국 사용자 스스로 제품을 유지 관리해야 할 수도 있다. 예외는 리눅스와 같이 잘 관리되는 대규모 오픈소스 프로젝트다. 상당히 많은 사람이 사용하는 오픈소스의 경우에는 개발자가 스스로 유지 관리를 담당할 필요가 없다. 다행스럽게도 최고의 오픈소스 컨테이너 오케스트레이터인 쿠버네티스는 이러한 범주에 속한다.

> **팁**
>
> 퍼블릭 클라우드 환경이나 라즈베리 파이 클러스터를 통해 쿠버네티스를 직접 호스팅하는 것도 가능하지만 필자는 이러한 직접 구성 방식을 운영 환경에 적용(예: 클러스터 관리 방법 학습 외)하는 것은 추천하지 않는다. (애플리케이션 구축과 같이) 여러분이 가장 잘하는 일에 시간을 투자하고 다른 사람(인프라 전문가)이 쿠버네티스 실행과 관련된 상세한 부분을 처리하도록 하는 편이 낫다.

프로젝트 자체가 오픈소스인 것 외에도 쿠버네티스는 커뮤니티가 활발하다는 장점이 있다. 세상에는 다양한 작업을 위한 오픈소스 도구가 존재하며, 일반적으로 관리형 서비스를 사용하거나 오픈소스 도구를 통해 직접 배포할 수 있는 옵션이 존재한다. 이는 모든 유형의 구성 요소에 대한 옵션이 유료였던 과거 PaaS 시스템 위주의 독점 시장과는 완전히 다르다. 상용 제품과 같은 관리형 모니터링 도구를 통해서 가치를 얻고 있는가? 아니면 그냥 직접 관리하고 싶은가? 그렇다면 프로메테우스(Prometheus)를 설치해 보자. 쿠버네티스 커뮤니티는 실무자의 수가 점점 늘어나고 있기 때문에 그 주제가 무엇이든 간에 스택 오버플로(Stack Overflow)나 관련 도서에서 많은 도움을 받을 수 있다.

맞춤형 워크플로

쿠버네티스를 사용한 워크플로 설정 방법은 매우 다양하다. "Git 커맨드만으로 워크플로 배포하기" 같은 워크플로를 원하는가? 이를 위한 수많은 방법이 존재하며, 일부는 최소한의 설정만으로 가능하다. 일반적으로 배포를 위한 간단한 푸시부터 어드미션 컨트롤(admission control)을 통한 복잡한 파이프라인, 시크릿 자동 주입, 보안 스캐닝에 이르기까지 원하는 워크플로를 조립한 여러 CI/CD 빌딩 블록을 사용할 수 있다. 단점은 기존 PaaS만큼 바로 시작할 정도로 단순하지는 않다는 것이다. 하지만 이 책을 참고한다면 그리 어렵지 않을 것이다.

특히 대규모 팀의 경우 이 영역에서 쿠버네티스가 제공하는 유연성이 종종 큰 이점이 된다. 중앙 핵심 플랫폼(Central Core Platform)을 갖추고 있는 회사는 애플리케이션 개발자팀이 사용할 수 있는 독자적인 파이프라인을 만들어 사용할 수 있다. 이 파이프라인은 보안, 리소스 사용과 관련된 특수한 개별 개발 방식을 보장한다.

1.2.3 쿠버네티스 vs PaaS(Platform as a Service)

애플리케이션을 배포함에 있어서 또 다른 접근 방식은 PaaS를 사용하는 것이다. PaaS를 사용하면 패키징 및 배포와 관련된 많은 부분을 지원해주므로 대규모로 애플리케이션 코드를 쉽게 배포할 수 있다. 애플리케이션이 언어, 디펜던시, 상태 처리 방법의 측면에서 PaaS가 제공하는 범위에 적합하다면, 각 애플리케이션을 PaaS를 통해 배포할 수 있으며 머신 하위 계층에 대해서는 신경 쓸 필요가 없다. 그러나 특정 버전의 자바를 사용해야 하는 등 고도의 디펜던시 커스터마이징이 필요한 경우는 어떻게 해야 할까? 상태 비저장 방식의 프런트엔드와 함께 상태 저장 방식의 백엔드를 호스팅할 수 있는가? 그리고 각 애플리케이션이 많은 복제본을 필요로 할 경우 비용 효율적인가? PaaS를 사용하다 보면 특정 시점에는 PaaS의 한계가 엄청 커질 수 있으며 PaaS를 사용하지 않을 경우에는 처음부터 모든 것을 다시 시작해야 한다. 이는 매우 어려운 상황이라고 볼 수 있다.

기존 PaaS의 경우 초기 러닝 커브가 빠른 것을 확인할 수 있지만, 기술에 대한 성숙도가 어느 정도 높아지는 시점이 되면 그 속도가 확연히 느려진다. 또한 애플리케이션 구성의 요구사항이 시스템의 기능을 초과하는 경우 처음부터 다시 구성해야 한다는 잠재적인 위험이 도사리고 있다. 쿠버네티스의 경우 러닝 커브가 처음에는 완만하지만 기술에 대한 성숙도가 증가함에 따라 가파르게 증가한다(그림 1.9).

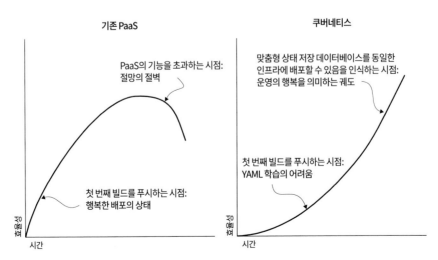

그림 1.9 기존 PaaS 및 쿠버네티스를 사용하는 개발자 효율성 비교

PaaS를 사용하고 있고 모든 것이 잘 진행되고 있다면 쿠버네티스로의 전환이 필요 없을 수도 있다. 그러나 필자의 경험에 비춰본 일반적인 문제는 팀의 요구사항에 대한 복잡도 수준이 항상 PaaS의 제공 범위를 초과하는 수준에 직면한다는 것이다. 이러한 상황에서 가장 무서운 것 중 하나는 문제 해결이 쉽지 않으며, 사용자가 세부적인 것을 직접 제어할 수 있는 권한을 가질 수 없다는 것이다. 시스템을 개발하다 보면 새로 필요한 부분을 구축하기 위해 기존에 잘 동작하던 부분을 버리고 전체 시스템을 재설계해야 하는 경우가 종종 생긴다. 이 책에서는 쿠버네티스로 전용 PaaS에 비해 복잡성이 약간 더해진 PaaS 유형의 워크로드를 실행할 수 있는 방법과 상태 저장 워크로드, 백그라운드 처리, 배치 작업과 같은 다양한 워크로드를 구성 및 실행하는 방법을 다룬다. 그 결과 보다 복잡한 제품 요구사항을 구현할 수 있게 되고, 이는 미래의 성공을 보장할 것이다.

> **단순함에 대한 한마디**
>
> 필자는 단순한 것을 더 쉽게 만들고 복잡한 것을 더 어렵게 만드는 도구를 조심하라고 말하고 싶다. 물론, 빨리 시작하고 실행하는 데 도움이 되는 것이 있으면 좋지만, 작업을 완료함에 있어서 필요한 올바른 지식과 도구가 갖춰진 상태가 더 좋다고 생각한다. 쿠버네티스는 시작하기 쉬울 뿐 아니라 애플리케이션의 성장 및 확장에 따른 요구사항을 쉽게 충족할 만큼 강력하다. 플랫폼을 선택할 때 간단한 작업을 더 쉽게 만드는 것보다 어려운 작업을 가능하게 만드는 데 우선순위를 두자.
>
> 쿠버네티스를 사용하면 간단한 12가지 상태 비저장 애플리케이션을 실행할 수 있다. 이전에 VM에 설치한 맞춤형 상태 저장 애플리케이션을 마이그레이션하거나 심지어 개별 사용자를 위한 데이터베이스를 실행할 수도 있다. 쿠버네티스의 추상화 계층은 사용자가 수행할 수 있는 작업을 제한하지 않으면서 초기에는 필요한 부분만을 사용해 시작할 수 있도록 돕는다.

일부 최신 PaaS는 컨테이너를 지원한다. 따라서 쉬운 배포와 컨테이너가 갖는 유연성이라는 두 장점을 모두 누릴 수 있다. 단점은 최신 버전의 PaaS임에도 불구하고 실행 가능한 워크로드에 제약이 있다는 것이다. 예를 들어, PaaS로 마이그레이션할 대상인 레거시 애플리케이션이 블록 기반 볼륨이 연결된 상태 저장 애플리케이션이거나 관리를 제공하지 않는 맞춤형 데이터베이스일 경우 PaaS 환경에서 실행이 불가능할 것이다. 현재와 미래의 요구사항을 신중하게 고려하고 성장하고 확장할 수 있는 플랫폼을 선택하는 것이 중요하다.

1.2.4 쿠버네티스를 사용해야 할 때와 그렇지 않을 때

대부분의 도구와 마찬가지로, 쿠버네티스의 목표는 효율성(이 경우, 애플리케이션의 배포 관리)을 향상시키는 것이다. 과장된 광고는 무시하고 쿠버네티스가 본인의 서비스 운영에 도움이 될지 방해가 될지를 실질적으로 고려해보는 것이 가장 좋다. 관리형 쿠버네티스 플랫폼은 클러스터 컴포넌트의 원활한 실행을 유지하기 위해 존재하지만, 쿠버네티스와 같은 범용 플랫폼을 실행할 때는 약간의 오버헤드가 있다는 점에 유의해야 한다. 쿠버네티스 적용 시 운영성 태스크에는 컨테이너에 CPU 및 메모리 리소스 할당, 배포 업데이트, 네트워크 구성, 실행 중인 서비스를 중단하지 않고 모든 것을 최신 상태로 유지하는 작업이 포함된다.

만약 현재와 미래의 정확한 비즈니스 요구사항 범위를 예측할 수 있고, 쿠버네티스가 제공하는 유연성이 필요하지 않다면 쿠버네티스가 제공하는 벤더 이식성과 무관하게 애플리케이션 아키텍처를 특정 목적의 플랫폼에 맞춰(쿠버네티스를 사용하지 않고도) 깔끔하게 조정할 수 있다. 솔직히 말해서 쿠버네티스를 사용하는 것보다 더 빠르게 진행될 수도 있다.

일반적으로 완전히 관리되는 수준의 소프트웨어를 배포한다면 쿠버네티스를 사용하지 않는 것이 좋다. 예를 들어, 클라우드 제공업체가 SQL 데이터베이스를 대신 실행 및 관리해 주는데, 군이 쿠버네티스 환경에서 SQL 데이터베이스를 실행할 필요가 있을까?

자체적으로 관리가 필요한 예외 상황을 제외하고, 일반적인 관리형 서비스를 사용할 수 있다면 관리형 서비스를 사용할 것을 권장한다.

한편 쿠버네티스는 다음과 같은 몇 가지 작업에 특히 유용하다. 예를 들어 고밀도로 상태 비저장 애플리케이션을 실행하는 경우, 최신 상태 비저장 애플리케이션과 레거시 상태 저장 모놀리스 애플리케이션을 혼합해서 운영하는 경우, 오래된 시스템에서 통합 플랫폼으로 서비스를 마이그레이션하는 경우, 데이터 분석 및 머신러닝을 위한 일괄 처리 작업과 같은 고성능 컴퓨팅 처리, 여러 마이크로서비스를 실행하는 경우 등이 대표적이다. 이러한 경우에 쿠버네티스는 높은 효율성을 제공하고 호스팅 플랫폼을 통합하며, 시스템을 자동화하고, 배치 작업을 실행하는 등 많은 이점을 제공한다.

쿠버네티스를 사용하면 새로운 수준의 관리 오버헤드가 발생하므로 이 점을 고려해야 한다. 현재 잘 동작하고 있는 작업에 쿠버네티스를 적용할 경우, 하나의 문제가 다른 문제로 대체될 위험이 존재한다. 쿠버네티스 도입을 신중하게 고려해야 하는 경우는 상태 비저장 플랫폼을 교체하는 것이다. 이미 요구사항을 잘 처리하고 있고 SQL 데이터베이스와 같이 잘 확립된 배포 패턴을 갖는 표준화된 상태 저장 워크로드를 마이그레이션하는 경우, 이러한 워크로드가 쿠버네티스 환경에서 갖는 이점이 많지 않을 수 있기 때문에 절충점을 신중하게 고려하는 것이 중요하다.

쿠버네티스 도입을 결정하기 위해 쿠버네티스 관리에 필요한 지식들을 학습하고 컨테이너로 마이그 레이션 시 얻는 이점과 다양한 워크로드에 적합한 하나의 배포 시스템을 중심으로 컴퓨팅 플랫폼을 통합함으로써 얻는 이점 중 무엇이 더 중요한지를 저울질해 보는 것을 추천한다. 관리되지 않는 VM에서 실행되는 서비스가 여러 개 존재하는 경우 쿠버네티스는 좋은 선택지다. 마찬가지로, PaaS의 규모가 너무 커졌거나 최신 도구를 사용해 보다 빠르게 애플리케이션을 배포하기를 원하는 팀이 있다면 쿠버네티스를 선택하기를 권장한다. 하지만 맞춤형 클러스터링 설정을 통해 99.99%의 안전성을 갖춘 MySQL 클러스터인 경우 쿠버네티스 환경을 적용할 필요가 없다.

쿠버네티스 도입 및 적용에 대해서 이분법적 사고를 할 필요는 없다. 가장 적합한 워크로드부터 시작하여 여러분과 여러분의 팀이 쿠버네티스 운영에 대한 지식을 쌓으면서 점진적으로 마이그레이션을 수행하는 것이 좋다.

요약

- 컨테이너는 동일한 호스트에서 실행되는 여러 애플리케이션 간에 격리를 제공하고 VM에 비해 낮은 오버헤드로 애플리케이션을 실행하는 현대적인 방법이다.

- 쿠버네티스는 컨테이너화된 애플리케이션을 위한 배포 플랫폼이다.

- 쿠버네티스에는 약간의 러닝 커브가 존재하지만 다양한 형태의 배포 구성을 표현하고 인프라 구성 및 애플리케이션 실행을 유지 관리할 수 있다.

- 호스팅된 플랫폼(예: Google Kubernetes Engine)은 쿠버네티스 관리에 대한 부담을 없애고 애플리케이션 배포에 집중할 수 있게 도와준다.

- 애플리케이션 개발자는 쿠버네티스 용어를 통해 애플리케이션 구성을 설명하는 데 집중할 수 있으며, 이후 시스템은 개발자가 설명한 방식대로 애플리케이션을 실행해야 한다.

- 쿠버네티스의 주요 이점은 요구사항이 발전함에 따라 성장할 수 있다는 것이다. 자체 로컬 상태가 필요한 애플리케이션과 같은 새로운 요구사항으로 인해 플랫폼을 변경할 필요가 없다.

- 수요 증가로 인한 확장이 필요한 경우 쿠버네티스를 사용하면 효율적인 확장이 가능하다.

2장

애플리케이션
컨테이너화

2장에서 다루는 내용은 다음과 같다.

- 애플리케이션을 컨테이너화하는 방법
- 로컬 환경에서 컨테이너 실행 방법
- 컨테이너 컨텍스트에서 명령 실행 방법

애플리케이션 컨테이너화(애플리케이션과 관련 디펜던시들을 실행 가능한 컨테이너로 패키징하는 과정)는 쿠버네티스를 적용하기 전에 반드시 수행해야 할 필수 단계다. 한 가지 좋은 소식은 애플리케이션을 컨테이너화하는 것은 애플리케이션을 쿠버네티스에 배포하는 것 이상으로 많은 이점을 준다는 것이다. 애플리케이션의 디펜던시들을 패키징하면 호스트 머신에 해당 디펜던시들을 설치할 필요가 없어지므로 어느 환경에서나 해당 애플리케이션을 실행할 수 있다. 따라서 애플리케이션 컨테이너화는 그자체만으로도 매우 가치 있는 작업이다.

애플리케이션을 배포하는 방법에 관계없이 애플리케이션을 컨테이너화하면 개발자가 도커(Docker)를 사용해 로컬 환경에서 작업할 수 있게 된다. 이는 컨테이너 애플리케이션 개발 시 도커만 설치하면 별다른 설정 없이 새 프로젝트를 시작할 수 있다는 뜻이다. 환경이 완전히 격리되어 있기 때문에 서로 다른 애플리케이션 개발자가 작업 중인 다양한 애플리케이션 환경 간에 쉽게 컨텍스트 스위칭이 가능하다(그림 2.1). 이러한 속성은 컨테이너를 사용하여 애플리케이션 개발 시 운영 환경에 배포하지 않더라도(아마도 여러분은 그렇게 하고 싶겠지만) 개발자 생산성을 향상시킬 수 있는 좋은 방법이다.

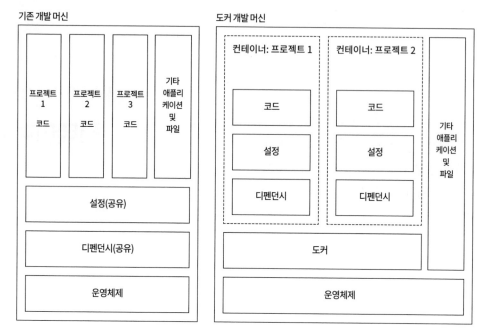

그림 2.1 컨테이너화 적용 유무에 따른 개발 머신의 여러 프로젝트 비교

애플리케이션을 컨테이너로 패키징한다는 것은 모든 디펜던시 및 설정이 컨테이너 설정 파일인 도커파일(Dockerfile)에 의해 캡처된다는 것을 의미한다. 이와 같은 방법을 통해 상호 간섭에 대한 걱정없이 단일 호스트 시스템에 여러 개의 애플리케이션을 배포할 수 있다. 또한 컨테이너 기술을 사용하면 가상화 방식에 비해 성능은 향상되고 오버헤드는 오히려 감소한다.

2.1 도커 컨테이너 빌드하기

애플리케이션을 가져와서 컨테이너로 만들어보자.

2.1.1 개발 환경 설정

도커는 도커 데스크톱(Docker Desktop)(https://www.docker.com/products/docker-desktop)과 같이 대부분의 플랫폼에서 사용할 수 있는 개발자 도구로 배포된다. 이 개발자 도구에는 로컬 쿠버네티스 환경(3장에서 다룰 예정)과 같은 몇 가지 편리한 유틸리티가 포함돼 있다. 리눅스(WSL 포함)의 경우 도커 엔진을 독립 실행형 모드(standalone)로 설치할 수 있다.

맥(MAC)

맥 환경에서는 단순히 도커 데스크톱을 설치한다.

윈도우(WINDOWS)

윈도우 환경에서는 우선 WSL(https://learn.microsoft.com/en-us/windows/wsl/install)을 구성
하는 것을 추천한다. WSL 2를 사용하는 경우 쉽게 도커를 설치할 수 있다. 또한 우분투(http://mng.
bz/pP40)와 같은 리눅스 배포판도 쉽게 설치할 수 있다. WSL은 배시셸을 제공하며 윈도우 환경에서
이번 절에서 설명하는 샘플을 실행할 수 있는 가장 편리한 방법이다. WSL이 구성되면 도커 데스크톱
을 설치한다.

리눅스

리눅스 환경의 경우 도커 데스크톱 외에 또 다른 옵션인 도커 엔진이 존재한다. 우분투를 포함한 다양
한 플랫폼에 대한 가이드는 https://docs.docker.com/engine/install/ubuntu/에서 확인할 수 있
다. 도커 엔진은 WSL을 통해 리눅스 환경을 구성하는 경우에도 사용할 수 있다.

2.1.2 도커에서 명령 실행하기

애플리케이션 컨테이너를 빌드하기 전에 도커의 동작 원리를 알아보기 위해 다음과 같이 도커에서 컨
테이너화된 리눅스 셸을 불러와 보자.

```
$ docker run -it ubuntu bash
root@18e78382b32e:/#
```

위 실행 명령은 베이스 우분투 이미지를 다운로드해 컨테이너를 구동시키고 해당 컨테이너에 대해
bash 명령을 실행시킨다. -it 매개변수를 사용하면 대화형 배시 터미널이 실행된다. 이제 컨테이너 내
부에 진입했으며, 실행하는 모든 작업은 컨테이너 내부에서 수행된다.

우분투 환경에서 애플리케이션을 구축할 예정이기 때문에 먼저 개발 언어와 관련된 패키지를 설치하겠
다. 2장의 예제 대부분은 파이썬을 사용해 진행할 예정이며 본 예제에서 설명하는 애플리케이션 구축
과정은 다른 언어에서도 동일하게 적용된다. 컨테이너 셸에서 다음과 같은 두 명령을 실행한다.

```
apt-get update
apt-get install -y python3
```

이제 파이썬을 대화형으로 시험해 볼 수 있다. 예를 들면 다음과 같다.

```
# python3
>>> print("Hello Docker")
Hello Docker
>>> exit()
#
```

가장 기본적인 출력 명령을 파이썬 스크립트에 작성할 수 있다.

```
# echo 'print("Hello Docker")' > hello.py
# python3 hello.py
Hello Docker
```

해당 컨테이너를 다 사용한 후에는 exit 명령을 사용해 종료한다.

도커 컨테이너를 사용할 때의 장점은 로컬 시스템이 아닌 컨테이너 내부에 파이썬을 설치하고 파이썬 명령을 실행한다는 것이다. 도커 실행 명령이 이미지로부터 컨테이너를 생성했다. 우분투 이미지는 컨테이너 프로세스가 실행되는 사전 빌드된 파일 시스템이다. 컨테이너와 연결된 대화형 세션을 종료시키면 컨테이너가 중지된다. 하지만 docker ps -a 명령을 사용해 컨테이너의 ID를 확인할 수 있으며, docker start $CONTAINER_ID 명령을 사용해 중지된 컨테이너를 재기동하고 docker attachment $CONTAINER_ID 명령을 사용해 셸에 다시 연결할 수 있다.

```
$ docker ps -a
CONTAINER ID    IMAGE      COMMAND     CREATED          STATUS
c5e023cab033    ubuntu.    "bash"      5.minutes ago    Exited (0) 1 second ago

$ CONTAINER_ID=c5e023cab033
$ docker start $CONTAINER_ID
$ docker attach $CONTAINER_ID
# echo "run more commands"
# exit
```

도커 컨테이너를 여러 번 실행하고 나면 중지된 컨테이너 목록이 점점 많아지게 된다(그리고 또한 하드 드라이브 공간도 많이 차지한다). 일반적으로 더이상 사용되지 않는 이미지를 정리하고자 한다면 다음과 같은 명령을 실행한다.

```
docker system prune -a
```

컨테이너 이미지 vs 컨테이너 인스턴스

도커 용어에서 컨테이너 이미지는 (이번 절에서 설명한 바와 같이 레지스트리로부터 다운로드되거나 로컬에서 빌드되는) 파일 아티팩트이고 컨테이너 인스턴스(또는 그냥 컨테이너)는 컨테이너의 실행된 형태를 의미한다. 쿠버네티스에서 설정은 이미지만을 참조하는 반면, 컨테이너 인스턴스는 런타임에 생성되고 본질적으로는 임시적이다(파드가 중지되는 경우 컨테이너는 삭제된다). 도커를 로컬 환경에서 사용하는 경우 인스턴스 개념이 매우 중요하다. 특히 모든 실행의 형태가 지속적으로 유지되는 컨테이너 인스턴스를 생성하기 때문에 디스크 공간을 복구하려면 결국 컨테이너 인스턴스를 정리해야 한다.

앞서 설명한 도커 환경 구축 단계를 통해 이제 로컬 머신에 도커만 설치하면 여러 명령을 테스트 및 실행해 볼 수 있는 리눅스 환경을 구축할 수 있다. 설정이 서로 다른 두 개의 리눅스 컨테이너 환경을 가지기를 원하는가? 이제 걱정할 필요가 없다. 서로 다른 두 개의 컨테이너를 실행하기만 하면 된다.

이전에 가상머신(VM)을 설정해본 경험이 있다면 도커 컨테이너 환경을 구축하는 것이 얼마나 빠른지 알게 될 것이다. 컨테이너는 매우 간단하게 생성할 수 있다. 또한 다음 절에서 볼 수 있듯이 쉽게 빌드 및 확장할 수 있다.

2.1.3 자신만의 이미지 빌드하기

이전 절에서는 리눅스 컨테이너를 구동시킨 후 파이썬을 설치하고 간단한 파이썬 스크립트를 작성해 컨테이너 내부에서 실행시켰다. 이러한 동작을 재사용 가능하게 만들고 싶다고 가정해 보자. 즉, 컨테이너 설정 부분(파이썬 설치)과 애플리케이션(파이썬 스크립트)을 컨테이너 이미지에 캡처하려고 한다. 이러한 컨테이너 이미지 생성 시 장점은 애플리케이션 설정 시 필수적으로 수행해야 할 단계를 개발자가 기억할 필요가 없다는 것이다. 또한 다른 사람도 해당 애플리케이션을 쉽게 구축할 수 있어 매우 유용해질 것이다.

이 예제에서는 간단한 파이썬 스크립트를 사용하지만 애플리케이션은 얼마든지 크고 복잡해질 수 있다. 또한 꼭 파이썬으로 작성할 필요도 없다. 앞서 설명한 단계는 모든 인터프리터(interpreter) 언어에 적용된다(컴파일된 애플리케이션을 처리하는 방법은 2.1.7항을 참고하기 바란다). 사용 중인 언어에 맞게 컨테이너 설정(파이썬 설치) 부분을 대체한다.

재사용 가능한 애플리케이션의 배포를 위해서는 컨테이너 이미지를 빌드하는 프로세스에서 도커파일이라고 하는 컨테이너 설정 파일을 사용한다. 도커파일은 컨테이너를 빌드하는 데 사용되는 일련의 절차에 대한 집합이다. 애플리케이션과 관련 디펜던시들을 사용해 VM 이미지를 구성하는 배시 스크립트라고 생각하면 쉽다. 단 빌드의 결과만 컨테이너 이미지인 것이다.

예제 실행하기

이 책에 나열된 도커 애플리케이션 및 쿠버네티스 설정에 대한 예제는 소스코드 저장소를 통해 제공된다. 다음과 같이 소스코드 저장소를 복제하고 해당 명령을 사용해 루트 디렉터리로 변경을 수행한다.

```
git clone https://github.com/WilliamDenniss/kubernetes-for-developers.git
cd kubernetes-for-developers
```

예제는 장과 절별로 정리되어 있다. 예를 들어, 2장의 코드는 Chapter02이라는 디렉터리에 들어 있고, 2.1.3항의 예제는 2.1.3_Dockerfile이라는 디렉터리에 포함되어 있다. 각 예제 코드에는 샘플 파일을 찾을 수 있는 경로가 포함돼 있다.

제공된 셸 명령이 루트 샘플 코드 디렉터리(앞서 소개된 명령에 따라 소스코드 저장소를 복제했다면 kubernetes-for-developers가 된다)에서 시작하기 때문에 예제를 실행하거나 코드를 탐색한 후 다음 예제를 실행해야 한다면 반드시 해당 디렉터리로 경로를 위치시켜야 한다.

다음 예제 코드와 같이 이전 절에서 작성한 파이썬 프로그램에 대한 컨테이너를 생성해 보자.

예제 코드 2.1 Chapter02/2.1.3_Dockerfile/hello.py

```
print("Hello Docker")
```

위 스크립트를 실행하는 컨테이너 이미지를 빌드하려면 도커파일 작성이 필요하다. 우선 사용할 베이스 컨테이너 이미지를 선택하고 파이썬을 설정한 후 앞서 살펴본 프로그램을 추가하면 된다. 지금부터는 컨테이너화된 리눅스 환경을 제공하는 일반적인 베이스 우분투 이미지를 사용하겠다. 다음 예제 코드는 앞서 설명한 단계를 캡처하기 위한 도커파일이다.

예제 코드 2.2 Chapter02/2.1.3_Dockerfile/Dockerfile

```
FROM ubuntu            ◄── 베이스 컨테이너 이미지 명시
RUN apt-get update
                       │ 환경 설정
RUN apt-get install -y python3
COPY . /app            ◄── 컨테이너에 애플리케이션 복사
WORKDIR /app           ◄── 현재 작업 디렉터리 설정
```

컨테이너를 빌드하고 다음과 같이 hello라는 이름을 지정(태그)한다.

```
cd Chapter02/2.1.3_Dockerfile/
docker build . -t hello
```

일단 빌드되면 다음과 같이 hello라는 컨테이너에서 **python3 hello.py** 명령을 수행할 수 있다.

```
$ docker run hello python3 hello.py
Hello Docker
```

도커파일에 명시된 명령이 이전 절에서 애플리케이션 설정 및 실행에 사용된 명령과 기본적으로 동일하다는 점에 유의하자. 우분투 컨테이너 이미지를 직접 구동시키는 대신 도커파일에서 베이스 이미지로 사용했다. 그런 다음 이전과 동일하게 **apt-get** 명령을 실행해 파이썬을 설치하고 파이썬 스크립트를 이미지에 복사한 후 명령이 실행될 위치를 나타내는 기본 작업 디렉터리를 지정했다. 파이썬 코드를 실행하는 명령은 **python3 hello.py**로 이전과 동일하다.

이제 도커파일 및 빌드를 통해 구축한 환경과 스크립트를 직접 실행할 수 있고 다른 사람과도 공유할 수 있는 깔끔한 패키지 형태로 캡슐화했다. 컨테이너의 놀라운 점은 프로그램 자체와 함께 설정 과정을 캡슐화할 수 있다는 것이다. 가장 좋은 점은 우분투 베이스 이미지가 업데이트되는 경우 해당 빌드 명령을 다시 실행하여 컨테이너 이미지를 다시 빌드할 수 있다는 것이다.

이를 개발자 머신에 파이썬을 설치하고 모든 것을 로컬에서 실행하는 상황과 비교해 보자. 물론 이 경우에도 파이썬은 쉽게 설치될 수 있다. 그러나 수십 개의 도구와 라이브러리를 사용하는 보다 복잡한 애플리케이션을 상상해 보자. 정말로 이 모든 것을 로컬 개발 머신에 설치하기를 원하는가? 또한 고유한 디펜던시를 갖거나 동일한 디펜던시를 갖지만 서로 다른 버전의 디펜던시를 필요로 하는 여러 개의 애플리케이션을 개발하는 경우는 어떠한가? 여러 개의 애플리케이션이 요구하는 디펜던시를 동시에 충족하는 것은 불가능에 가깝다.

컨테이너는 컨테이너 이미지를 통해 애플리케이션과 관련된 디펜던시들을 함께 격리해 이러한 문제를 해결한다. 개발팀 간의 도커파일 공유를 통해 여러 프로젝트에서 즐겁게 작업하고, 개발자들의 로컬 머신을 망칠 필요 없이 운영 환경에 컨테이너 이미지를 쉽게 업로드할 수 있다.

루비 같은 다른 언어의 경우에도 다음 예제 코드에서 보는 바와 같이 구성이 상당히 유사하다.

예제 코드 2.3 Chapter02-ruby/2.1.3_Dockerfile/hello.rb

```ruby
puts "Hello Docker"
```

예제 코드 2.4 Chapter02-ruby/2.1.3_Dockerfile/Dockerfile

```dockerfile
FROM ubuntu
RUN apt-get update
RUN apt-get install -y ruby
COPY . /app
WORKDIR /app
```

실행 시 유일한 차이점은 언어 특성에 맞게 전달되는 명령이다.

```
$ cd Chapter02-ruby/2.1.3_Dockerfile
$ docker build . -t hello_ruby
$ docker run hello_ruby ruby hello.rb
Hello Docker
```

2.1.4 베이스 이미지 사용하기

이전 절에서는 우분투를 컨테이너 베이스 이미지로 사용해 리눅스 기반 애플리케이션을 구성했다. 우분투, CentOS 및 alpine과 같은 기타 배포판을 포함한 베이스 이미지는 리눅스 기반 애플리케이션을 구성하기 위한 좋은 시작점이 될 것이다. 그러나 편의를 위해 컨테이너 커뮤니티에서는 다양한 언어 및 환경에 맞게 설계된 몇 가지 보다 구체적인 이미지를 제작했다.

파이썬을 우분투 베이스 이미지에 직접 설치하는 대신 베이스 이미지를 파이썬으로 선택하면 몇 가지 단계를 생략할 수 있다. 몇 가지 추가적인 장점은 이러한 베이스 이미지의 경우 일반적으로 전문가들이 제작하기 때문에 파이썬 애플리케이션을 실행하기에 잘 구성되어 있다는 것이다. 다음 예제 코드는 동일한 동작을 수행하는 도커파일을 보여준다. 베이스 이미지로 우분투가 아닌 파이썬을 지정했다.

예제 코드 2.5 Chapter02/2.1.4_BaseImage/Dockerfile

```dockerfile
FROM python:3
COPY . /app
WORKDIR /app
```

빌드 및 실행 방법은 이전과 동일하나 도커파일은 보다 간단해졌다.

```
$ cd Chapter02/2.1.4_BaseImage
$ docker build . -t hello2
$ docker run hello2 python3 hello.py
Hello Docker
```

베이스 이미지란 무엇인가?

이 예제에 사용된 베이스 이미지인 파이썬은 도커파일을 통해 빌드됐으며 파이썬 프로그램을 실행하는 데 필요한 모든 것을 갖춘 환경을 제공한다. 도커 허브(Docker Hub)에서 제공하는 컨테이너 이미지의 경우 도커파일 출처가 연결돼 있어 그 구성 방식을 확인할 수 있다. 베이스 이미지로 스크래치(scratch)라는 아무 파일도 없는 완전히 비어 있는 특별한 이미지를 사용할 수도 있지만 일반적으로 기타 다른 베이스 이미지(예: 파이썬, 우분투 등)로 시작하는 경우가 대부분이다.

파이썬 대신 루비를 사용해도 설정은 매우 유사하다. 다음 두 예제 코드에서 제공하는 바와 같이 베이스 이미지로 루비를 사용해 보자.

예제 코드 2.6 Chapter02-ruby/2.1.4_BaseImage/hello.rb

```
puts "Hello Docker"
```

예제 코드 2.7 Chapter02-ruby/2.1.4_BaseImage/Dockerfile

```
FROM ruby
COPY . /app
WORKDIR /app
```

빌드 및 실행을 위해 다음과 같은 명령을 수행한다.

```
$ cd Chapter02-ruby/2.1.4_BaseImage
$ docker build . -t hello_ruby2
$ docker run hello_ruby2 ruby hello.rb
Hello Docker
```

운영체제 및 개발 언어에 특화된 베이스 이미지가 존재한다. 아파치(Apache) 같은 환경을 사용하는 경우 httpd 베이스 이미지로 시작해 볼 수 있다. 때로는 기본적인 동작을 위해서 여러 개의 베이스 이미지가 필요한 상황이 생길 것이다. 가장 좋은 방법은 설정 시간을 가장 많이 절약할 수 있는 방법을 선택하는 것이다. (그리고 필요한 부분은 언제든지 다른 도커파일에서 가져와 사용하면 된다.)

도커 허브에는 대부분의 보편적으로 사용되는 개발 언어, 환경 및 오픈소스 애플리케이션에 대한 베이스 이미지가 존재한다. (또는 복사해서 사용할 수 있는 수많은 예제가 공개되어 있다.) 컨테이너 이미지를 처음부터 빌드하기보다는 도커 허브나 구글에서 검색해 여러분이 사용하고자 하는 환경에 대해 적합한 베이스 이미지가 제공되고 있는지 확인해보는 편이 좋다.

2.1.5 기본 명령 추가하기

일반적으로 애플리케이션 실행을 위해 컨테이너에서 수행해야 하는 명령은 (앞서 살펴본 파이썬 예제의 python3 hello.py와 같이) 매번 동일하다. 동일한 명령을 매번 반복하는 대신 도커파일에 이를 명시해 사용할 수 있다.

예제 코드 2.8 Chapter02/2.1.5_DefaultCommand/Dockerfile

```
FROM python:3
COPY . /app
WORKDIR /app
CMD python3 hello.py
```

컨테이너를 빌드 및 실행하기 위해 명령행에서 다음과 같은 내용을 입력한다.

```
$ cd Chapter02/2.1.5_DefaultCommand
$ docker build . -t hello3
$ docker run hello3
Hello Docker
```

지금까지 사용했던 도커파일 내 다른 행의 명령들과는 달리, CMD의 경우 컨테이너가 빌드되는 방식을 실제로 변경하지 않는다는 점에서 매우 독특하다고 할 수 있다. 도커파일 내 CMD는 사용자가 특별히 지정된 커맨드 없이 docker run을 호출하는 경우 실행될 기본 명령만 포함하고 있다. CMD 항목에는 런타임 시 이를 재정의해 다른 명령을 실행하는 것 또한 가능하다. 이제 도커파일에 명시된 명령을 사용하여 루비 버전의 프로그램을 빌드하고 실행하기 위해 간단히 docker run $IMAGE_NAME 명령을 수행해 보자.

```
$ cd Chapter02-ruby/2.1.5_DefaultCommand
$ docker build . -t hello_ruby3
$ docker run hello_ruby3
Hello Docker
```

2.1.6 디펜던시 추가하기

대부분의 중요 애플리케이션의 경우 베이스 이미지에는 포함되지 않는 자체적인 디펜던시가 존재한다. 이러한 디펜던시를 로드하려면 컨테이너 빌드 프로세스 중 디펜던시 설치 관련 명령을 실행하도록 하여 컨테이너 이미지를 구성하면 된다. 바로 이전 예제에서 리눅스 베이스 이미지에 파이썬 패키지를 설치한 것이 이러한 방법이며, 이 방법을 사용하여 애플리케이션에 필요한 모든 디펜던시를 설치할 수 있다. 애플리케이션이 MariaDB 데이터베이스에 대한 데이터베이스 연결 수립이 필요한 경우 다음 예제 코드 2.9와 같이 도커파일을 작성해 컨테이너를 구성한다.

예제 코드 2.9 Chapter02/2.1.6_Dependencies/Dockerfile

```
FROM python:3
RUN apt-get update
RUN apt-get install -y mariadb-client COPY . /app
WORKDIR /app
CMD python3 hello.py
```

애플리케이션에 필요한 모든 것을 포함한 리눅스 컨테이너를 설정하려면 apt-get 명령을 사용한다.

파이썬 베이스 이미지는 널리 사용되는 리눅스 배포판인 데비안(Debian)을 기반(apt-get 패키지 관리자를 사용)으로 빌드됐다. 따라서 **apt-get** 명령을 사용하면 애플리케이션에 필요한 대부분의 디펜던시를 설치할 수 있다.

물론 반드시 **apt-get** 명령을 사용할 필요는 없다. 가령 PDF 파일을 생성하는 서비스가 있고, 유니코드(Unicode) 글꼴이 필요하다고 가정하자. 이 경우 다음 예제 코드 2.10과 같이 구글에서 무료 글꼴을 다운로드해 이미지를 만들 수도 있다.

예제 코드 2.10 Chapter02/2.1.6_Dependencies-2/Dockerfile

```
FROM python:3
RUN apt-get update
RUN apt-get install -y libarchive-tools     ◄── 설치
RUN mkdir -p ~/.fonts; cd ~/.fonts          ◄──────
RUN curl "https://noto-website-2.storage.googleapis\
.com/pkgs/Noto-hinted.zip" | bsdtar -xvf-
RUN fc-cache -f -v     ◄── 글꼴을 설치한다.
COPY . /app Installs
WORKDIR /app thefonts
CMD python3 hello.py
```

새로운 디렉터리를 만들고 해당 경로로 이동한다. 여러 개의 명령이 어떻게 결합돼 사용될 수 있는지 꼭 확인하자.

글꼴 패키지를 다운로드하고 압축을 해제한다.

컨테이너에는 수많은 디펜던시가 존재하는 것이 일반적이며 위와 같은 방식으로 글꼴이나 TLS 인증서와 같은 운영체제에 필요한 모든 부분을 설치 및 구성할 수 있다.

2.1.7 도커 내부에서 코드 컴파일하기

그렇다면 자바, .NET, 스위프트(Swift) 및 C++와 같이 컴파일이 필요한 프로그램은 어떻게 도커파일을 설정할까? 사전에 컴파일된 바이너리 파일이 존재하지 않을 경우 도커파일 내에 COPY 명령을 쓰는 것만으로는 충분하지 않다.

애플리케이션을 로컬 환경에서 미리 컴파일하는 것도 하나의 옵션이지만 도커를 사용해 애플리케이션을 컴파일하는 것을 추천한다. 다음 두 개의 예제 코드에서 보는 바와 같이 "Hello World" 예제를 자바로 구현하고 이를 컨테이너 환경에서 컴파일해 보겠다.

예제 코드 2.11 Chapter02/2.1.7_CompiledCode/Hello.java

```
class Hello {
  public static void main(String[] args) {
    System.out.println("Hello Docker");
  }
}
```

예제 코드 2.12 Chapter02/2.1.7_CompiledCode/Dockerfile

```
FROM openjdk
COPY . /app
WORKDIR /app
RUN javac Hello.java    ←── 컴파일 명령
CMD java Hello
```

이 도커파일은 앞선 예제에서 작성한 도커파일과 유사하다. OpenJDK(openjdk)를 베이스 이미지로 시작점에 활용하고 COPY 명령을 통해 애플리케이션을 복사한다. 또한 애플리케이션 빌드 및 후속 작업(실행)이 수행되는 위치를 지정하기 위해 WORKDIR 명령을 사용한다.

위 도커파일 예제를 빌드하고 실행하기 위해서는 다음과 같은 명령이 필요하다.

```
$ cd Chapter02/2.1.7_CompiledCode
$ docker build . -t compiled_code
$ docker run compiled_code
Hello Docker
```

서버 측 스위프트 애플리케이션을 컴파일하는 또 다른 예제는 Chapter02-swift/2.1.7_ CompiledCode 디렉터리에서 확인해 볼 수 있다. 동일한 방식으로 빌드 및 실행할 수 있다.

2.1.8 다단계 빌드로 코드 컴파일하기

앞서 작성한 도커파일을 살펴보면 WORKDIR을 통해 커맨드가 실행될 경로를 설정한다. 그런 다음 해당 경로 내에 존재하는 소스코드와 RUN을 사용하여 코드를 컴파일하거나 기타 다른 작업을 수행하는 것이 가능하다. 그러나 이 방식의 단점은 작업 디렉터리 내 소스코드가 빌드되는 최종 컨테이너 이미지에 포함된다는 것이다.

예를 들어, 이전 절에서 빌드한 이미지를 기반으로 생성한 컨테이너에 ls 명령을 실행해보면 결과는 다음과 같다.

```
$ docker run compiled_code ls
Dockerfile
Hello.class
Hello.java
```

이 경우 컨테이너 내부에 소스코드가 남아있는 것을 확인할 수 있다. 또한 자바 컴파일러(javac)는 다시 사용할 필요가 없음(애플리케이션을 실행할 때는 컴파일러가 필요하지 않다)에도 불구하고 여전히 컨테이너 이미지에 존재한다.

하나의 컨테이너 이미지가 빌드 및 실행 역할을 모두 담당하는 것은 이상적이지 않다. 불필요한 바이너리 파일들은 컨테이너 이미지의 크기를 키울 뿐만 아니라 손쉽게 공격에 노출될 수 있다(컨테이너에서 실행되는 모든 프로세스에서 컴파일러를 실행할 수 있기 때문에). 여러 가지 추가 도커 명령(예: 소스코드 삭제, 더이상 필요하지 않은 도구 제거 등)을 사용해 컨테이너를 정리할 수도 있지만 실용적인 방법은 아니다.

이러한 문제를 해결하기 위한 보다 좋은 방법은 다단계 컨테이너 빌드(multi-stage container build) (그림 2.2)를 사용하는 것이다. 다단계 빌드 과정은 다음과 같다. 우선 프로그램을 빌드하는 데 필요한 모든 것이 포함된 임시 컨테이너를 구성한 다음 프로그램을 실행하는 데 필요한 모든 것이 포함된 최종 컨테이너를 구성한다. 이렇게 하면 프로그램 빌드와 실행의 역할을 분리해 프로그램 실행에 해당하는 컨테이너를 깔끔하게 격리시킬 수 있다.

다단계 도커파일을 작성하고 빌드하기 위해 이전 절에서 수행했던 예제를 다시 한번 살펴보겠다.

예제 코드 2.13 Chapter02/2.1.8_MultiStage/Dockerfile

```
FROM openjdk:11 AS buildstage    ◀── 빌드 컨테이너의 이름은 buildstage이며 코드의 빌드를 담당하는 역할을 수행한다.
COPY . /app
WORKDIR /app
RUN javac Hello.java


FROM openjdk:11-jre-slim         ◀── 런타임 컨테이너는 컴파일 도구를 포함하지 않은 경량화된 베이스 이미지를 사용한다.
COPY --from=buildstage /app/Hello.class /app/    ◀── --from=은 빌드 컨테이너의 파일을 참조하는 데 사용한다.
WORKDIR /app
CMD java Hello
```

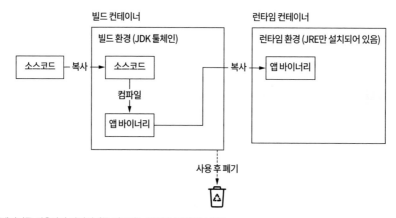

그림 2.2 중간 컨테이너를 사용하여 바이너리를 빌드하는 다단계 컨테이너 빌드

이 예제는 하나의 파일에 두 개의 도커파일이 존재하는 것처럼 보인다(각각의 도커파일은 FROM 명령으로 시작함). 첫 번째 도커파일은 자바 컴파일러가 포함된 openjdk 베이스 이미지를 사용해 단순히 애플리케이션을 컴파일하기 위해 구성 및 빌드됐으며, 두 번째는 애플리케이션 실행을 위한 최소한의 기능만 포함(JRE: Java Runtime Environment)된 jre 베이스 이미지를 기반으로 빌드됐다.

이 도커파일은 컴파일된 자바 클래스 및 이를 실행하는 데 필요한 디펜던시를 포함하는 운영 환경의 컨테이너를 최종 아티팩트(artifact)로 생성한다. 애플리케이션을 빌드하는 데 사용한 첫 번째 컨테이너, 중간 아티팩트는 빌드가 완료된 후에 효과적으로 삭제된다(기술적인 관점에서 보면 도커 캐시에 저장되지만 운영 환경에서 사용할 최종 아티팩트에는 어떤 부분도 포함되지 않는다).

이 예제를 실행하려면 다음과 같은 명령을 수행한다.

8

```
$ cd Chapter02/2.1.8_MultiStage
$ docker build . -t compiled_code2
$ docker run compiled_code2
Hello Docker
```

새롭게 빌드 및 실행된 컨테이너에서 ls 명령을 수행할 경우, 이제 컴파일된 코드만 존재함을 확인할 수 있다.

```
$ docker run compiled_code2 ls
Hello.class
```

다단계 빌드 프로세스를 사용해 서버 측 스위프트 애플리케이션을 컴파일하는 또 다른 예제는 Chapter02-swift/2.1.8_MultiStage 디렉터리에서 확인할 수 있다. 또한 동일한 방식으로 빌드와 실행이 가능하다.

2.2 서버 애플리케이션 컨테이너화하기

지금까지 살펴본 모든 예제는 한 번 실행 후 종료되는 간단한 프로그램이었다. 이는 명령행 (command-line) 프로그램 및 배치 워크로드와 같은 컨테이너 사용이나 FaaS(Function as a Service) 환경에서 요청을 처리하는 데도 사용될 수 있다. 그러나 쿠버네티스에 배포되는 가장 일반적인 워크로드 중 하나는 웹서버와 같은 HTTP 서비스(들어오는 요청을 수신하고 처리하는 애플리케이션)이다.

서버 애플리케이션은 도커 관점에서 다른 애플리케이션과 다르지 않다. 다만 (요청을 처리할 수 있도록) 컨테이너를 계속 실행하고 있어야 하기 때문에 컨테이너를 구동시키고 해당 컨테이너에 연결(접속)하는 방법에 몇 가지 차이가 존재한다. 또한 해당 컨테이너에 연결할 수 있도록 로컬 머신의 포트를 포워딩해야 할 수도 있다.

2.2.1 애플리케이션 서버 컨테이너화하기

지금까지 살펴본 예제 프로그램은 기본적인 "Hello World" 파이썬 스크립트였다. HTTP 서버를 컨테이너화하는 방법을 시연하려면 우선 HTTP 서버가 필요하다. 다음 예제 코드 2.14는 현재의 날짜와 시

간을 반환하는 파이썬으로 작성된 기본 HTTP 서버 예제다. 코드 내용 자체에 대해서는 크게 걱정할
필요가 없다. 이 책은 언어에 크게 구애받지 않으며 여기서 사용된 파이썬 코드는 단순한 예제이다. 예
제 코드 2.14에서 소개하는 도커파일의 작성 원칙은 모든 HTTP 서버에 적용할 수 있다.

예제 코드 2.14 Chapter02/timeserver/server.py

```python
from http.server import ThreadingHTTPServer, BaseHTTPRequestHandler
from datetime import datetime


class RequestHandler(BaseHTTPRequestHandler):
    def do_GET(self):
        self.send_response(200)
        self.send_header('Content-type', 'text/plain')
        self.end_headers()
        now = datetime.now()
        response_string = now.strftime("The time is %-I:%M %p, UTC.")
        self.wfile.write(bytes(response_string, "utf-8"))


def startServer():
    try:
        server = ThreadingHTTPServer(('', 80), RequestHandler)
        print("Listening on " + ":".join(map(str, server.server_address)))
        server.serve_forever()
    except KeyboardInterrupt:
        server.shutdown()


if __name__== "__main__":
    startServer()
```

위 서버 애플리케이션을 컨테이너화하는 방법은 다음과 같이 이전 예제의 명령행 프로그램을 컨테이너
화하는 방법과 매우 유사하다.

예제 코드 2.15 Chapter02/timeserver/Dockerfile

```dockerfile
FROM python:3.12
ENV PYTHONUNBUFFERED 1
COPY . /app
WORKDIR /app
CMD python3 server.py
```

직접 개발한 애플리케이션을 컨테이너화하는 경우 다음과 같은 일반적인 단계에 따라 수행한다.

1. 가능한 한 많은 설정 환경을 제공하는 이상적인 베이스 이미지를 찾는다. Ruby on Rails 애플리케이션의 경우 일반적인 우분투가 아닌 베이스 이미지로 루비를 사용하여 시작한다. Django의 경우 파이썬을 베이스 이미지로 사용한다.
2. 필요한 애플리케이션별 디펜던시를 구성한다. (이전에 했던 것과 같이 RUN 구문을 사용한다.)
3. 애플리케이션을 복사한다.

필자는 구글 검색이야말로 진정한 개발자의 친구라는 것을 알게 됐다. 완전히 새로운 일을 하지 않는 이상 누군가는 프레임워크를 사용해 애플리케이션을 구성하는 방법에 대한 도커파일 예제를 작성하고 이를 공유했을 것이다. Django, Ruby on Rails, WordPress, Node.JS 또는 SpringBoot와 같은 인기 있는 프레임워크를 사용하고 있다면 활용할 수 있는 리소스가 굉장히 많을 것이라고 확신할 수 있다. 다만 애플리케이션마다 필요한 세부 내용은 약간씩 다르다. 여러분이 필요한 디펜던시가 항상 다른 사람의 것과 정확히 일치하지는 않는다. 그러나 구글 검색을 통해 다른 활용 사례를 살펴본다면 큰 도움을 얻을 수 있을 것이다.

이제 HTTP 서버 애플리케이션이 있기 때문에 평소와 같이 이를 빌드할 수 있다.

```
$ cd Chapter02/timeserver
$ docker build . -t timeserver
```

이번 예제에서는 호스트 머신에서 컨테이너로 포트 포워딩을 수행하기 때문에 실행 방법이 약간 다르다. 따라서 실제로 브라우저를 통해 이 애플리케이션을 사용해 볼 수 있다. 로컬 머신의 8080번 포트를 애플리케이션이 리스닝 중인 컨테이너의 80번 포트로 포워딩해 보겠다.

```
$ docker run -it -p 8080:80 timeserver
Listening on 0.0.0.0:80
```

이제 웹브라우저에서 http://localhost:8080으로 접속하여 애플리케이션을 확인해 볼 수 있다. 또는 curl 커맨드를 사용할 수도 있다. 실행 방법은 다음과 같다.

```
$ curl http://localhost:8080
The time is 1:30 PM, UTC.
```

-it 매개변수(실제로는 두 개의 매개변수이나 일반적으로 함께 사용됨)를 사용해 컨테이너를 실행하는 경우 SIGTERM(주로 Ctrl/Command+C)을 전송해 실행되는 컨테이너를 종료할 수 있다. 이는 빌

드-실행-수정-반복의 일반적인 개발자 루프를 쉽게 만들어 준다(실행, Ctrl+C, 수정, 반복). 또한 `docker run -d -p 8080:80 timeserver` 명령을 실행하여 백그라운드에서 도커를 실행할 수 있다. `-it` 매개변수를 사용하지 않으면 프로세스를 수동으로 중지해야 한다. 실행 중인 도커 프로세스를 나열하려면 `docker ps` 명령을 사용하고 특정 도커 프로세스를 중지하려면 `docker stop $CONTAINER_ID` 명령을 사용한다. 또한 실행 중인 모든 컨테이너를 중지하려면 `docker stop $(docker ps -q)` 명령을 사용한다.

필자는 보다 깔끔한 개발 루프를 위해 이미지를 한 번에 빌드하고 실행할 수 있도록 다음과 같은 단일 명령행을 사용하는 것을 선호한다. 다시 빌드해야 하는 경우 Ctrl+C(또는 이와 동등한 역할을 하는 기능)를 누르고, 위쪽 화살표 키를 눌러 마지막으로 사용했던 명령을 확인한 다음 엔터(Enter) 키를 입력해 이전에 실행한 명령을 재실행한다. 빌드 단계에 에러가 있는지는 콘솔 출력을 통해 확인하자. 에러가 발생했음에도 불구하고 실행된다면 마지막으로 성공적으로 빌드된 이미지가 실행된 것이다.

```
docker build . -t timeserver; docker run -it -p 8080:80 timeserver
```

앞서 설명한 과정이 도커 컨테이너 빌드 및 실행 과정의 전부다! 이제 도커에서 실행되는 컨테이너화된 애플리케이션을 갖게 됐다. 2.3절에서는 도커 컴포즈(docker compose)를 사용해 로컬 디버그 설정을 구성하고 실행하는 방법을 다룬다(애플리케이션이 서로 다른 컨테이너들로 구성된 경우에 매우 유용하다). 다음 장에서는 이 웹 애플리케이션을 쿠버네티스에 배포하는 방법을 살펴볼 것이다.

2.2.2 디버깅

도커파일을 구성한 후 앱을 실행하는 데 문제가 있다면 컨테이너 환경에서 셸을 실행해 무엇이 잘못됐는지 확인하는 것이 유용할 수 있다. 이전에 설명했던 내용에 따라, 다음과 같이 컨테이너가 실행되는 동안 새로운 콘솔창을 띄워서 컨테이너의 셸에 접속해 보자.

```
$ docker ps
CONTAINER ID     IMAGE          COMMAND                  CREATED          STATUS
6989d3097d6b     timeserver     "/bin/sh -c 'python3..."   2 minutes ago    Up 2 min

$ CONTAINER_ID=6989d3097d6b
$ docker exec -it $CONTAINER_ID sh # ls
Dockerfile server.py
# exit
$
```

sh 이외의 다른 명령을 실행하는 것도 가능하다. 예를 들어 Ruby on Rails 프로젝트에서는 bundle exec rails console 명령을 실행하여 중간 단계 없이 직접 Rails 콘솔을 불러올 수 있다.

상세한 커맨드는 도커 공식 문서를 참조하기 바란다. 이 책에서는 도커 명령을 일일이 나열하지는 않겠다. 그러나 디버깅에 특히 유용한 또 다른 명령 docker cp는 살펴보고 넘어가자. 이 커맨드는 호스트와 컨테이너 간에 파일을 복사하는 커맨드다. 이에 대한 예제는 다음과 같다.

```
docker cp server.py $CONTAINER_ID:/app
```

또한 컨테이너 내부에서 호스트 머신으로 파일을 복사하려면 다음과 같은 명령을 수행한다.

```
docker cp $CONTAINER_ID:/app/server.py
```

exec 명령을 통해 무엇인가를 수정하거나 파일을 복사하는 경우 도커파일에 이 변경 사항을 반영해야 한다. 컨테이너 사용을 위한 주된 명세서는 컨테이너 인스턴스가 아닌 도커파일이기 때문이다. 컨테이너 인스턴스를 수동으로 변경하는 방법에 의존하는 경우 오래된 방식인 'VM에 셸로 접속하여 변경을 수행하는' 모델에 비해 도커를 사용한다고 해도 이점이 없다.

2.3 테스트를 위해 로컬 환경에 도커 컴포즈 사용하기

이제 컨테이너 이미지 빌드를 완료했기 때문에 쿠버네티스를 본격적으로 사용할 준비가 됐다. 원한다면 즉시 다음 장으로 이동하여 클라우드나 로컬 쿠버네티스 환경에 컨테이너를 배포해볼 수 있다. 이번 섹션에서는 쿠버네티스에 컨테이너를 배포하기에 앞서 로컬 환경에 테스트 및 개발을 목적으로 도커 컴포즈를 사용하는 방법을 학습할 것이다.

이전 섹션에서는 도커를 사용해 애플리케이션을 실행하고 테스트를 위해 호스트로 포트 포워딩을 적용해봤다. 개발 과정에서 테스트를 목적으로 이러한 접근 방식을 사용하는 것은 몇 가지 단점이 존재한다. 매번 포트 포워딩을 설정할 포트를 지정해야 하며, 여러 개의 컨테이너로 구성된 애플리케이션을 개발하는 경우 일일이 포트 포워딩을 설정하고 실행해야 하는데, 이는 꽤 번거로운 일이다.

이것이 바로 도커 컴포즈가 등장한 배경이다. 컴포즈는 논리 그룹으로 구성된 여러 개의 컨테이너를 구성하거나 해제하고, 실행 과정에서 런타임 설정을 보존할 수 있는 작은 규모의 오케스트레이터다. 도커 컴포즈는 로컬 환경의 테스트에 매우 유용하다. 도커 컴포즈를 사용해 2.2.1항의 웹서버 컨테이너를 실행하려면 다음 예제 코드 2.16과 같이 docker-compose.yaml 파일을 구성한다.

예제 코드 2.16 Chapter02/2.3_Compose/docker-compose.yaml

```
services:
  web:
    build: ../timeserver          ◀── 빌드할 도커 컨테이너가 사용하는 디렉터리의 경로
    command: python3 server.py    ◀── 컨테이너 시작 시 실행될 명령이다. 도커파일에서 CMD를 지정하는 경우 이를 생략할 수 있다.
    ports:                        로컬 머신에서 컨테이너로 포워딩할 포트를 정의한다.
      - "8080:80"                 이 경우 로컬 시스템의 포트 8080번이 컨테이너 포트 80번으로 포워딩된다.
```

컨테이너를 빌드하고 실행하려면 다음과 같은 명령을 실행한다.[1]

```
cd Chapter02/2.3_Compose

docker compose build
docker compose up
```

필자는 개발 과정에서 긴밀한 재빌드 루프를 구축할 수 있도록 빌드 및 실행 단계를 하나로 합쳐서 실행하는 경향이 있다.

```
docker compose build; docker compose up
```

이처럼 docker-compose.yaml 파일에 간단한 설정을 해두면 애플리케이션을 구동하고 테스트하기 위한 특정 도커 명령을 기억할 필요가 없다. 모든 명령이 컴포즈 파일 내에 깔끔하게 저장된다. 이 예제는 매우 간단하지만, 보다 많은 설정과 디펜던시를 추가하는 경우 도커 컴포즈의 이점이 보다 분명해질 것이다.

2.3.1 디렉터리를 로컬에 매핑하기

이전에는 docker cp 커맨드를 사용해 컨테이너 인스턴스 안팎으로 파일을 복사했다. 컴포즈의 유용한 기능 중 하나는 실제로 존재하는 로컬 디렉터리를 컨테이너에 바로 매핑할 수 있다는 점이다. 즉, 컨테이너에 애플리케이션의 복사본이 있는 대신 로컬 머신의 하드 드라이브의 애플리케이션 디렉터리에 연

---

1   (옮긴이) 해당 실습을 위해서는 도커 컴포즈 2.x 버전 설치를 필요로 한다. 도커 컴포즈 1.x 버전 사용 시 실행 커맨드는 docker-compose다.

결된다. 개발 과정에서 이 기능을 사용하면 별도의 파일 복사나 컨테이너 재빌드 과정 없이 로컬 머신에서 컨테이너 내부의 파일을 직접 수정할 수 있기 때문에 매우 편리하다.

예제 코드 2.15의 도커파일에서 서버 애플리케이션이 컨테이너 내부의 /app 디렉터리에 복사됐던 것을 다시 생각해 보자. 이제 원하는 것은 다음과 같이 볼륨 바인딩(volume binding)을 사용하여 동일한 디렉터리의 컨테이너에 로컬 디렉터리를 마운트하는 것이다.

예제 코드 2.17 Chapter02/2.3.1_VolumeMount/docker-compose.yaml

```yaml
services:
  frontend:
    build: .
    command: python3 server.py
    volumes:
      - type: bind          로컬 환경의 컨테이너 빌드 디렉터리를
        source: .           컨테이너 내부의 /app 디렉터리에
        target: /app        바인딩 한다(도커파일과 일치).
    environment:
      PYTHONDONTWRITEBYTECODE: 1    ◀── 파이썬이 소스를 다시 로드할 수 있도록 새 환경 변수를 설정한다.
    ports:
      - "8080:80"
```

볼륨 바인딩을 사용하면 컨테이너를 빌드할 때 복제된 파일 대신 로컬 머신의 파일이 사용된다. 해당 파일을 로컬 머신에서 업데이트하면 컨테이너를 다시 빌드하지 않고도 컨테이너에 변경 사항을 즉시 반영할 수 있다. 이와 같은 특성을 활용하여 파이썬, 루비, PHP와 같은 인터프리터 언어와 HTML 및 CSS와 같은 마크업 언어는 편집기를 통해 파일을 편집하고 웹 브라우저에서 페이지를 다시 로드하면서 매우 긴밀한 개발 루프를 설정할 수 있다.

> **메모**
>
> 컴파일된 코드의 경우 볼륨 바인딩 기능이 별로 도움이 되지 않을 수 있다. 바이너리를 로컬에서 빌드하여 컨테이너에서 해당 바이너리를 교체할 수 있지만 도커를 통해 모든 것을 빌드하려고 하는 경우(또는 로컬 환경과 컨테이너 간에 아키텍처 차이가 존재하는 경우) 볼륨 바인딩은 큰 도움이 되지 않는다. 컴파일된 코드의 경우 Skaffold[2]와 같은 다른 개발자 도구를 사용해 긴밀한 개발 루프를 구축하는 것이 효과적이다.

2 https://skaffold.dev/

그러나 이와 같은 기능이 샘플 애플리케이션에서 동작하도록 하는 트릭이 존재한다. 기본적으로 파이썬 코드는 변경 사항이 있을 때 디스크에서 다시 로드되지 않는다. 따라서 소스코드를 수정할 수는 있지만 막상 컨테이너가 실행되고 있는 경우라면 아무런 영향을 미치지 않는다. 이는 수많은 빌드 시스템에서도 마찬가지이다.

실행 중에 코드를 다시 로드할 수 있도록 timeserver 파이썬 애플리케이션을 업데이트하고 컴포즈에서 로컬 마운트를 구성해 보겠다. 이 단계는 개발 언어 및 프레임워크에 따라 다르다. 파이썬의 경우 reloading 라이브러리를 사용해 새로운 요청이 있을 때마다 디스크에서 GET 함수를 다시 로드할 수 있다.

예제 코드 2.18 Chapter02/2.3.1_VolumeMount/server.py

```
from reloading import reloading
from http.server import ThreadingHTTPServer, BaseHTTPRequestHandler
from datetime import datetime
class RequestHandler(BaseHTTPRequestHandler):
    @reloading          ◀── 메소드에 @reloading 태그를 추가하면 실행될 때마다 디스크로부터
    def do_GET(self):        다시 로드되기 때문에 실행 중에 do_GET 함수를 변경할 수 있다.
        self.send_response(200)
        self.send_header('Content-type', 'text/plain')
        self.end_headers()
        now = datetime.now()
        response_string = now.strftime("The time is %-I:%M %p, UTC.")
        self.wfile.write(bytes(response_string,"utf-8"))

def startServer():
    try:
        server = ThreadingHTTPServer(('',80), RequestHandler)
        print("Listening on " + ":".join(map(str, server.server_address)))
        server.serve_forever()
    except KeyboardInterrupt:
        server.shutdown()

if __name__== "__main__":
    startServer()
```

새로운 라이브러리를 사용하고 있기 때문에 도커파일에도 해당 디펜던시를 추가해야 한다.

예제 코드 2.19 Chapter02/2.3.1_VolumeMount/Dockerfile

```
FROM python:3
RUN pip install reloading
ENV PYTHONUNBUFFERED 1
COPY . /app
WORKDIR /app
CMD python3 server.py
```

디스크에서 파일을 다시 로드하도록 구성된 애플리케이션을 사용하면 이전처럼 컴포즈를 사용해 실행할 수 있다.

```
$ cd Chapter02/2.3.1_VolumeMount
$ docker compose build; docker compose up
Creating network "231_volumemount_default" with the default driver
Creating 231_volumemount_frontend_1 ... done
Attaching to 231_volumemount_frontend_1
```

이전과 마찬가지로 브라우저 주소창에 http://localhost:8080/을 입력해 애플리케이션을 탐색해 볼 수 있다. 이번에는 2.3.1_VolumeMount/server.py 코드(예제 코드 2.18)를 열고 응답 내용을 변경한다. 예를 들어, 12번째 행을 다음과 같이 변경해 24시간짜리 포맷으로 변경할 수 있다.

편집기를 통해 파일을 수정 및 저장하고 페이지를 다시 로드해 보자. 응답으로 새로운 텍스트가 표시될 것이다.

```
$ curl http://localhost:8080
The time is 17:23, UTC.
```

앞선 예제에서는 변경 사항이 제대로 동작하도록 몇 가지 코드를 변경해야 했다. 하지만 표준 개발 프레임워크를 사용하는 경우에는 자동으로 다시 로드되게 구성돼 있기 때문에 그럴 필요가 없다.

로컬 디렉터리를 컨테이너에 매핑하고 코드 편집기를 사용하여 수정 및 저장한 다음 브라우저를 통해 다시 로드해보는 것처럼 빠른 개발 루프를 생성할 수 있는 기능은 필자가 도커 컴포즈 및 컨테이너에서 제일 좋아하는 기능 중 하나다. 이러한 기능을 통해 개발자 도구를 로컬 환경에 설치하는 어려움을 겪을 필요가 없으며 빌드 단계 없이 로컬에서 실행하는 것과 동일한 효율성으로 컨테이너의 모든 이점을 누릴 수 있다.

바인딩은 양방향으로 동작한다. 컨테이너에서 바인딩된 볼륨 내 파일을 변경하면 로컬 디스크에 반영된다. 이는 컨테이너에서 명령을 실행하고 실행 결과를 저장하려는 경우 매우 유용하다. 실제로 이러한 접근 방식을 사용하면 로컬 머신에 개발자 도구를 설치하지 않고도 개발을 수행할 수 있다. 예를 들어 레일즈 개발자는 프로젝트 디렉터리에서 `gem update rails` 명령을 실행하여 프레임워크를 최신 상태로 유지할 수 있다. 볼륨 바인딩을 사용하면 컨테이너 내부에서 해당 명령을 사용하고 변경된 패키지 목록을 로컬 하드 드라이브에 남김으로써 버전 관리를 수행하면 된다.

2.3.2 서비스 디펜던시 추가하기

애플리케이션이 완전히 독립형 모드로 동작하는 경우 모든 작업이 끝났다고 볼 수 있다. 그러나 대부분의 경우 애플리케이션과 함께 동작하는 다른 서비스를 구축해야 하는 경우가 많다. 이는 사용자가 직접 구축한 별도의 다른 서버이거나 데이터베이스와 같이 클라우드 공급업체가 제공하는 표준 컴포넌트일 수 있다. 두 경우 모두 컴포즈에 이러한 디펜던시 항목을 추가하여 로컬 개발 환경을 구축한다.

> **로컬 개발 환경 구성을 위해서는 컴포즈와 쿠버네티스 중 무엇이 더 적합한가?**
>
> 개발 환경에서 서비스 디펜던시 추가를 위해 쿠버네티스가 아닌 컴포즈를 사용하거나 고려하는 이유는 무엇인가? 쿠버네티스는 확실히 로컬 개발 환경 구성을 위해 사용될 수 있으며 개발 환경을 운영 환경으로 복제하려는 경우 최선의 선택일 것이다(3장에 로컬 개발 환경 구성에 대한 섹션이 포함되어 있다). 하지만 이러한 작업에 컴포즈가 인기를 끄는 이유는 바로 단순성 때문이다.
>
> 컴포즈는 소수의 서비스 디펜던시만을 필요로 하는 경우(대부분의 간단한 애플리케이션의 경우) 로컬 사용을 위해 쉽게 설정할 수 있다. 하나의 머신에 몇 개의 인스턴스 서비스를 실행하는 구성보다 큰 운영 환경의 경우 쿠버네티스가 좀 더 적합하다고 볼 수 있다.
>
> 이러한 특성에 비춰볼 때 로컬 개발용은 컴포즈, 운영 환경에는 쿠버네티스가 적합하다고 할 수 있다. 이는 런타임 설정이 기본적으로 중복된다는 것을 의미하지만, 이 설정은 두 가지 다른 목적(개발 및 운영 환경)을 가진다. 따라서 모든 환경이 쿠버네티스에 있다고 해도 동일해 보이지 않을 것이다. 필자는 단지 개발자로서의 삶을 보다 쉽게 만드는 접근 방식을 추천할 뿐이다.

여러 서비스를 컴포즈에 쉽게 추가할 수 있다. 이는 표준 이미지(MySQL과 같은 디펜던시)나 동일 머신에 존재하는 다른 프로젝트를 참조할 수 있다. 일반적인 프로젝트 구조는 모든 서비스에 대해 하나의 루트 디렉터리를 갖는 것이다. 각 서비스는 하위 디렉터리에 체크아웃되고 모든 서비스를 참조할 수 있는 도커 컴포즈 파일이 존재한다.

예제 코드 2.20은 두 개의 컨테이너화된 서비스(로컬에서 빌드된 애플리케이션과 공용 MySQL 컨테이너 이미지를 사용하는 데이터베이스 인스턴스)가 포함된 컴포즈 파일 예제이다. 이 예제의 데모 애플리케이션은 실제로 MySQL을 사용하지 않지만, 애플리케이션에 필요한 서비스 디펜던시를 추가하는 것이 얼마나 쉬운지 보여주기 위해 예제로 다뤘다. 로컬에서 빌드된 여러 컨테이너와 외부 이미지를 포함해 필요한 모든 서비스를 이 파일에 추가할 수 있다.

예제 코드 2.20 Chapter02/2.3.2_MultipleServices/docker-compose.yaml

```
services:
  frontend:
    build: ../timeserver
    command: python3 server.py
    environment:
      PYTHONDONTWRITEBYTECODE: 1
    ports:
      - "8080:80"
  db:
    image: mysql:5.7
    volumes:
      - db_data:/var/lib/mysql
    restart: always
    environment:
      MYSQL_ROOT_PASSWORD: <슈퍼 사용자의 비밀번호 입력>
      MYSQL_DATABASE: my_database
      MYSQL_USER: dev_user
      MYSQL_PASSWORD: <기타 다른 사용자의 비밀번호 입력>
    volumes:
      db_data:
```

로컬에서 빌드된 애플리케이션이다. 로컬에서 빌드할 애플리케이션은 하나의 파일에 여러 개 작성할 수 있다.

공용 이미지를 실행하는 서비스이다. 이러한 서비스 또한 여러 개 작성할 수 있다.

컨테이너가 재기동되어도 지속될 수 있도록 개발용 데이터베이스에 대한 볼륨 정의

이 부분이 바로 로컬 테스트 시 도커가 아닌 컴포즈를 사용하는 주요 이유 중 하나이다. 단일 명령을 통해 완전한 테스트 환경을 구축하고 해체할 수 있는 기능을 의미한다.

팁

로컬 개발 및 운영 환경을 위해 애플리케이션을 구성할 때 모든 설정 변경은 환경 변수를 통해 이루어져야 한다. 환경별 설정 파일을 각각 작성해 놓고 사용할 설정 파일을 선택하기 위한 prod 또는 dev를 나타내는 환경 변수를 사용해도 좋다. 그러나 환경 간에 수정이 필요한 방식으로 설정을 컨테이너에 적용해서는 안 된다. 이를 통해 모든 환경에서 동일한 컨테이너를 재사용하게 되면 개발 환경에서 운영 환경에 적용될 컨테이너를 테스트하고 있음을 의미한다.

2.3.3 외부 디펜던시 속이기

지금까지 원격 디펜던시(예: 클라우드 저장소 API)에 대해 테스트해 왔다면 이제 해당 원격 디펜던시를 페이크(fake)로 대체할 수 있는지 알아보는 좋은 시간이 될 것이다. 여기서 페이크란 외부 디펜던시와 동일한 API를 가볍게 구현한 것으로, 로컬 서비스를 제공하여 개발 및 테스트 속도를 높일 수 있다.

과거에는 애플리케이션과 동일한 언어로 작성된 페이크를 쓰도록 제약(하나의 프로젝트에서 여러 다양한 환경을 지원하고 싶지 않은 등의 실질적인 이유로)을 받았을 수도 있다. 컨테이너의 이점 중 하나는 사용하는 클라우드 서비스가 어떤 언어로 작성됐는지 신경 쓰지 않아도 되는 것과 마찬가지로 페이크도 어떤 언어로 작성됐는지 더이상 신경 쓸 필요가 없다는 점이다. 페이크는 자체 컨테이너 형태로 동작한다.

이는 또한 운영 환경에서 사용할 디펜던시와 동일한 수준의 API를 보다 쉽고 가볍게 구현한 고품질의 페이크를 적용할 수 있는 기회를 제공한다. (페이크가 아닌) 실제 MySQL 컨테이너를 사용한 예제 코드 2.20과 마찬가지로, Google Cloud Storage나 Amazon S3와 같은 클라우드 제공업체의 특정 서비스를 사용하는 경우에도 테스트하는 것이 가능하다.

오브젝트 스토리지(object storage)를 예로 들면, 애플리케이션이 S3 호환 API(예: S3 자체 또는 Google Cloud Storage와 같이 API를 지원하는 수많은 오브젝트 스토리지 중 하나)를 클라우드 저장소로 이용한다고 가정해 보겠다. 빠른 개발자 루프 수행을 위해서 로컬 환경에 페이크를 설정하려면 어도비(Adobe)의 S3Mock2[3]와 같은 컨테이너를 적용하는 방법이 있지만, 컨테이너를 사용하기 때문에 MinIO[4]와 같은 모든 기능을 갖춘 S3 호환 스토리지를 적용하는 것도 매우 쉽다. 여기서 MinIO는 페이크가 아니다. 자체적으로 해당 스토리지 서비스를 관리하려는 경우 실제 운영 환경에 배포할 수도 있겠지만, 앞서 설명한 고품질의 페이크를 사용하여 굉장히 많은 이점을 얻을 수 있다.

오브젝트 스토리지용 S3 API의 편재성

표준화된 SQL 데이터베이스 쿼리 언어와 마찬가지로 S3의 API는 오브젝트 스토리지 공급업체들에게 놀라울 정도로 인기가 높다. 예를 들어 구글 클라우드, 애저(Azure) 및 AWS에 이르기까지 대부분의 클라우드 제공업체 및 베어메탈 스토리지 업체들의 오브젝트 스토리지에는 S3 API가 적용되어 있다. 이러한 편재성의 장점은 사용하고 있는 오브젝트 스토리지 서비스를 제공업체 간에 쉽게 전환할 수 있고 로컬 환경에서 개발 시 선택할 수 있는 페이크가 많다는 점이다.

---

3   https://github.com/adobe/S3Mock
4   https://min.io/

지금까지 컨테이너를 통해 자체 환경에서 실행되는 서비스를 쉬운 방식으로 다양하게 구성하고 여러 환경에 일관되게 적용하는 방법을 논의했다. 이번 절에서는 이러한 능력을 통해 보다 나은 개발 환경을 구성하는 방법을 살펴보자. 스스로 페이크를 구현하거나 환경에 맞는 경량화된 페이크를 찾는 대신 운영 환경과 동일한 서비스(예: MySQL)를 로컬 환경에서 사용하거나 사용하고 있는 클라우드 서비스 (예: MySQL)와 동일한 수준의 대체품을 찾는 것(예: 클라우드의 오브젝트 스토리지 서비스의 대체로 MinIO를 사용하는 것)도 가능하다. 도커 컴포즈 파일에 또 다른 서비스로 MinIO를 추가해 보겠다.

예제 코드 2.21 Chapter02/2.3.3_Fakes/docker-compose.yaml

```
services:
  storage:
    image: minio/minio
    command: minio server /data
    volumes:
      - storage_data:/data
    restart: always                              새로운 페이크 스토리지
    environment:
      MINIO_ACCESS_KEY: fakeaccesskey
      MINIO_SECRET_KEY: fakesecretkey
    ports:
      - "9000:9000"
  frontend:
    build: ../timeserver
    command: python3 server.py
    environment:
      PYTHONDONTWRITEBYTECODE: 1
      S3_ENDPOINT: http://storage:9000
      S3_USE_PATH_STYLE: 1                        새로운 페이크를 사용할 수 있게 하는 애플리케이션 설정
      S3_ACCESS_KEY_ID: fakeaccesskey
      S3_SECRET_ACCESS_KEY: fakesecretkey
    ports:
      - "8080:80"
  volumes:
    db_data:
    storage_data:
```

일반적으로 MinIO와 같은 가짜 서비스를 사용할 때는 MinIO에서 허용할 access key를 지정한 다음 환경 변수를 사용하여 애플리케이션에 동일한 access key를 설정해야 한다.

요약

- 컨테이너화는 애플리케이션의 빌드, 환경 및 설정을 표준화된 방식으로 캡처한다. VM과 유사한 격리를 제공하지만 VM에 존재하는 오버헤드 없이 실행할 수 있다.

- 컨테이너화는 쿠버네티스를 채택하기 위한 필수 단계이다.

- 컨테이너는 운영 환경의 이점뿐만 아니라 개발자가 환경 충돌이나 복잡한 설정 지침 없이도 여러 프로젝트를 동시에 작업할 수 있게 도와준다.

- 컨테이너 이미지를 빌드하는 프로세스에는 도커파일이라는 설정 파일을 사용한다. 도커파일에는 컨테이너를 빌드하는 데 필요한 일련의 절차에 대한 지침이 포함돼 있다.

- 도커파일을 구성하려면 요구사항에 가장 적합한 베이스 이미지를 선택하고 그다음 애플리케이션과 관련 디펜던시를 구성한다.

- 다단계 빌드는 컴파일되는 형태의 애플리케이션에 매우 유용하다.

- 다단계 컨테이너 빌드에서는 먼저 프로그램 빌드에 필요한 모든 것을 갖추고 있는 임시 컨테이너를 구성한다. 그런 다음 프로그램을 실행하는 데 필요한 모든 것을 포함하고 있는 또 다른 컨테이너를 구성한다. 이렇게 하면 작업 과정이 분리되어 자체 컨테이너를 깔끔하게 격리할 수 있다.

- 도커 컴포즈는 경량화된 컨테이너 오케스트레이터다. 또한 도커 컴포즈는 여러 서비스에 대해 빠르게 컨테이너 기반 개발 환경을 제공할 수 있다는 이점이 있다.

- 컴포즈를 사용하여 디렉터리를 로컬 머신에 매핑하면 컴파일되지 않은 애플리케이션을 실시간으로 편집할 수 있어 긴밀한 개발 루프가 생성된다.

- 테스트 과정에서 컨테이너를 사용하면 외부 디펜던시에 대해서 고품질의 페이크(컨테이너 형상의 MySQL이나 실제 오브젝트 스토리지 서비스와 동일한 수준의 API를 제공하는 경량화된 디펜던시)를 적용할 수 있다.

3장

쿠버네티스에
배포하기

3장에서 다루는 내용은 다음과 같다.

- 애플리케이션 명세서 작성 및 호스팅과 관련된 쿠버네티스의 개념
- 클라우드 플랫폼에서 쿠버네티스를 통해 컨테이너화된 애플리케이션 배포하기
- 애플리케이션 컨테이너를 새로운 버전으로 배포 업데이트하는 법
- 테스트 및 개발을 위한 로컬 환경에서 쿠버네티스를 실행하는 법

2장에서는 애플리케이션을 컨테이너화하는 방법을 학습했다. 지금까지 학습한 내용을 개발 환경에 적용하는 것만으로도 개발자들이 손쉽게 설정할 수 있을 뿐만 아니라 어디든지 이식과 재현이 가능한 애플리케이션 환경을 갖게 될 것이다. 그러나 운영 환경으로 넘어갈 경우 애플리케이션 확장 과정에서 문제가 있을 수 있다.

가상머신(VM)당 하나의 컨테이너를 실행해도 상관없는 매우 간단한 배포 형태에서는 컨테이너를 VM에 직접 배포한 다음, 필요에 따라 VM을 확장할 수 있다. 이렇게 하면 간편한 패키징 등 컨테이너의 몇 가지 장점을 얻을 수 있다. 그러나 배포할 서비스가 여러 개인 대부분의 경우 좀더 유연한 배포 환경이 필요할 것이다.

이것이 바로 쿠버네티스와 같은 컨테이너 오케스트레이터가 탄생한 배경이다. 컨테이너 오케스트레이션(Container orchestration)이란 무엇일까? 단지 다양한 머신 환경에 여러 개의 컨테이너를 스케줄링하고 모니터링하는 도구를 멋지게 표현한 단어일 뿐이다. 컨테이너 오케스트레이션을 사용하면 근간이 되는 컴퓨트 노드 구성에는 지나치게 신경 쓸 필요가 없으며 주로 애플리케이션 배포 관점(컨테이너 및 컨테이너의 복제본 수와 같은 해당 컨테이너의 배포 속성) 및 고가용성(장애 도메인의 분산), 서비스 네트워킹과 같은 요구사항 측면에만 관심을 가지고 작업을 수행할 수 있다.

컨테이너 오케스트레이터를 사용하면 공유된 컴퓨팅 리소스 풀을 통해 여러 서비스를 편리하게 관리할 수 있으며 이와 같은 특징을 통해 여러 개의 애플리케이션을 실행하거나 애플리케이션의 다양한 부분이 별도로 배포 및 관리되는 마이크로서비스와 같은 패턴을 채택할 때 매우 효율적이다.

3.1 쿠버네티스 아키텍처

쿠버네티스는 VM(또는 베어메탈 머신) 및 로드 밸런서와 같은 저수준의 컴퓨팅 기본 요소 위의 워크로드 레벨에 위치하는 추상화 계층이다. 쿠버네티스에서는 이 VM을 **노드(Node)**라고 일컬으며 **클러스터** 형태로 배포된다. (하나 또는 여러 개의) 컨테이너가 **파드(Pod)**라는 스케줄링 단위로 그룹화된다. 네트워킹은 **서비스(Service)**를 통해 구성된다. 또한 **디플로이먼트(Deployment)**와 같은 고차원적인 빌딩 블록이 존재하여 파드를 보다 쉽게 관리할 수 있다. 쿠버네티스에 첫 번째 워크로드를 배포하기 전에 쿠버네티스 아키텍처의 기본 빌딩 블록(구성 요소) 중 일부를 살펴보자.

3.1.1 쿠버네티스 클러스터

쿠버네티스 클러스터는 컨테이너가 실행되는 컴퓨트 인스턴스인 노드의 집합이다. 가장 일반적으로 이 노드는 가상머신이지만 베어메탈 머신(가상화가 적용되지 않은 상태)일 수도 있다. 이러한 각 노드에는 **쿠블릿(kubelet)**이라고 하는 특수한 쿠버네티스 프로세스가 실행된다. 쿠블릿은 컨트롤 플레인(쿠버네티스 오케스트레이션 프로세스)과 통신하고 컨테이너 런타임을 통해 노드에서 실행되는 컨테이너의 라이프사이클 관리를 담당하는 역할을 한다. 운영체제, 쿠블릿, 컨테이너 런타임 외에, 자체 워크로드 및 로깅 및 모니터링을 담당하는 일부 시스템 구성요소를 포함한 나머지 프로세스는 그림 3.1과 같이 컨테이너 형태로 실행된다.

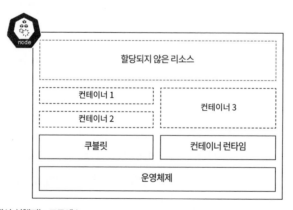

그림 3.1 쿠버네티스 노드(VM)에서 실행되는 프로세스

그림 3.2와 같이 클러스터에서는 하나 이상의 노드(고가용성 모드로 동작하는 경우)가 특별한 역할을 맡게 된다. 쿠버네티스 오케스트레이터 프로그램 자체를 실행해 보자. 컨트롤 플레인을 구성하는 특수한 노드는 다음과 같은 역할을 담당한다.

- 쿠버네티스 명령행 인터페이스(CLI, Command Line Interface)와 같은 도구를 사용하여 클러스터와 상호작용할 수 있도록 API를 실행

- 클러스터의 상태를 저장

- 클러스터 내의 모든 노드와 조정을 통해 컨테이너 스케줄링(시작, 중지, 재시작)

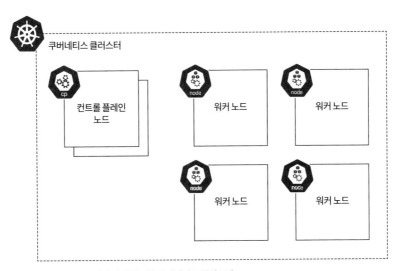

그림 3.2 컨트롤 플레인 및 워커 노드로 구성된 자체 관리형 쿠버네티스 클러스터

대부분의 클라우드 환경에서 컨트롤 플레인은 관리형 서비스로 제공된다. 이러한 환경에서 컨트롤 플레인은 일반적으로 사용자에게 노출되지 않으며 컨트롤 플레인이 노드에서 실행될 수 있다는 사실은 구현의 세부적인 내용이다. 클라우드 환경에서는 일반적으로 그림 3.3과 같이 클러스터를 워커 노드가 존재하는 관리형 컨트롤 플레인으로 간주한다.

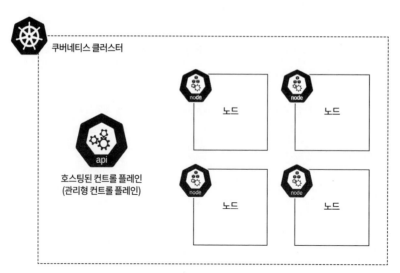

그림 3.3 호스팅된 컨트롤 플레인에 연결되어 있는 노드로 구성된 클라우드 기반 쿠버네티스 클러스터

워커 노드(이하 간단히 **노드**라고 칭함)는 컨테이너 시작 및 중지와 같은 작업을 포함하여 실행되는 컨테이너의 라이프사이클을 관리하는 역할을 담당한다. 컨트롤 플레인은 노드에 특정 컨테이너를 실행하도록 지시하지만, 컨테이너의 실제 실행은 노드의 역할이다. 또한 노드는 충돌이 발생한 컨테이너를 재시작하거나 노드의 리소스가 부족할 때 메모리를 회수하는 등의 일부 작업을 컨트롤 플레인에 질의하지 않고 자체적으로 수행한다.

전체적으로 봤을 때 컨트롤 플레인과 노드는 **쿠버네티스 클러스터**를 구성하고 워크로드를 스케줄링할 수 있는 쿠버네티스 플랫폼을 제공한다. 클러스터 자체는 쿠버네티스를 실행하는 데 사용하는 플랫폼 공급자(platform provider)에 의해 프로비저닝되고 관리된다. 이 플랫폼 공급자는 노드와 같은 클러스터 리소스를 생성하는 역할을 담당한다. 이 책은 주로 개발자를 대상으로 하기 때문에 플랫폼 프로바이더의 작업 관점(클라우드 제공업체 도메인)보다는 쿠버네티스 클러스터를 사용하여 워크로드를 실행하는 데 초점을 맞춰 설명하겠다.

3.1.2 쿠버네티스 객체

클러스터가 생성되면 주로 쿠버네티스 API를 통해 상호작용하며 쿠버네티스 객체(object)를 생성, 검사, 수정한다. 이러한 각 객체는 시스템의 특정 배포 구성을 나타낸다. 예를 들어 컨테이너의 그룹을 나타내는 객체(파드), 파드의 그룹을 나타내는 객체(디플로이먼트), 네트워크 서비스용 객체 등이 존재한다. 심지어 노드에 대해서도 사용 중인 리소스 양과 같은 측면을 확인하기 위해 쿼리할 수 있는 객체로 표시된다. 일반적인 상태 비저장 웹 애플리케이션을 클러스터에 배포하려면 파드, 디플로이먼트 (파드를 캡슐화하는 객체), 서비스라는 세 개의 객체를 사용한다.

파드

파드는 단순히 컨테이너의 집합이라 할 수 있다. 주로 파드는 단일 컨테이너로 구성되어 있지만, 긴밀하게 결합된 컨테이너를 함께 배포하는 경우에는 파드를 여러 개의 컨테이너로 구성할 수도 있다(그림 3.4).

그림 3.4 한 개 이상의 컨테이너로 구성된 쿠버네티스 파드

파드는 쿠버네티스에서 주된 스케줄링 단위로 사용된다. 애플리케이션과 해당 컨테이너를 포괄하는 개념인 파드는 쿠버네티스가 요청한 리소스에 따라 노드에 스케줄링을 수행하는 컴퓨팅 단위다. 예를 들어 워크로드를 실행하는 데 두 개의 CPU 코어가 필요한 경우, 파드 정의 시 이를 명시하면 쿠버네티스는 두 개의 사용 가능한 CPU 리소스가 존재하는 머신을 찾을 것이다.

파드에는 몇 개 정도의 컨테이너가 존재하는 것이 적절한가?

여러 컨테이너 간에 긴밀하게 결합된 디펜던시가 존재하는 경우를 제외하면 대부분의 컨테이너는 파드당 하나의 컨테이너로 배포된다. 하나의 파드에 여러 개의 컨테이너가 존재할 수 있는 일반적인 상황은 다음과 같다.

- 사이드카 패턴으로 배포되어 두 번째 컨테이너가 인증, 로깅 또는 기타 기능으로 사용될 때
- 여러 컨테이너가 긴밀하게 결합되어 함께 배포되면 이점을 얻을 수 있는 상황일 때

노드에서 실행 중인 프로세스를 검사해 보면 파드 자체가 표시되지 않고 컨테이너에 대한 프로세스 집합만 표시된다(그림 3.5). 파드는 컨테이너의 논리적인 그룹일 뿐이다. 이처럼 컨테이너를 서로 결합해 공통적인 라이프사이클을 갖도록 보장하는 것이 바로 쿠버네티스다. 파드를 구성하는 컨테이너들은 함께 생성된다. 하나가 실패하는 경우 모두 함께 재시작된다. 또한 동일한 파드에 속하는 컨테이너들은 함께 종료된다.

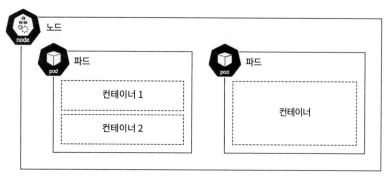

그림 3.5 하나의 노드에서 실행 중인 여러 개의 파드

디플로이먼트

쿠버네티스에 파드를 직접 실행하도록 명령을 내릴 수 있지만 일반적으로 그렇게 하는 경우는 거의 없다. 애플리케이션이 다운되고 머신에 장애가 발생하는 경우 파드를 재시작하거나 스케줄링을 변경해야 하기 때문이다. 이러한 관리를 위해 파드를 직접 스케줄링하는 대신 파드에 대한 라이프사이클을 관리하는 상위 객체로 래핑하는 것이 좋다.

지속적으로 실행해야 하는 웹서버 같은 애플리케이션에서는 **디플로이먼트**를 상위 객체로 사용한다. 다른 선택지로는 배치 프로세스 처리를 가능케 하는 **잡(Job)**이 있으며, 이는 10장에서 자세히 다룰 예정이다. 디플로이먼트에는 실행하려고 하는 파드의 복제본 수와 업데이트 시 사용할 롤아웃 방법 같은 기타 정보를 명시해야 한다.

쿠버네티스의 모든 객체와 마찬가지로 디플로이먼트(그림 3.6)는 쿠버네티스에서 동작하는 시스템의 원하는 상태(desired state)에 대한 명세서이다. 파드의 복제본 수와 같은 항목을 명시할 수 있으며, 이후 장에서 다루겠지만 파드가 클러스터에 분산되는 방식에 대한 세부 요구사항도 명시할 수 있다. 쿠버네티스는 사용자가 요청한 내용을 기억하고 관찰된 상태(observed state)를 원하는 상태로 유지하기 위해 지속적인 노력을 기울인다. 예를 들어 파드가 배포된 이후 어느 특정 시점에 사용할 수 없게 되는 경우(예: 파드가 실행 중이던 노드에 장애가 발생하는 경우) 쿠버네티스는 원하는 상태(명시된 파드의 복제본의 수)보다 관찰된 상태(관찰된 파드의 수)가 적은 것을 발견하고 사용자의 요구사항을 충족시키기 위해 새로운 파드를 스케줄링한다. 이러한 자동화된 확장 및 복구 작업은 파드를 직접 실행하지 않고 디플로이먼트를 사용해 서비스의 라이프사이클을 관리하는 주된 이유다.

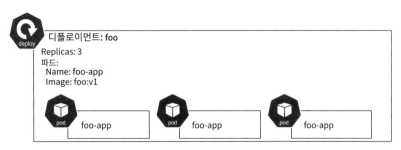

그림 3.6 파드: foo–app의 복제본 3개가 포함된 디플로이먼트 foo

서비스

서비스는 파드 집합에서 실행 중인 애플리케이션을 네트워크 서비스로 노출하는 방법이다. 서비스는 단일 주소 지정 메커니즘을 제공하고 파드 전체에 로드를 분산시킨다(그림 3.7). 서비스에는 내부 IP 주소와 DNS 레코드가 할당되기 때문에 클러스터 내부의 다른 파드에서 참조할 수 있다. 또한 서비스에는 외부(external) IP 주소가 할당된다.

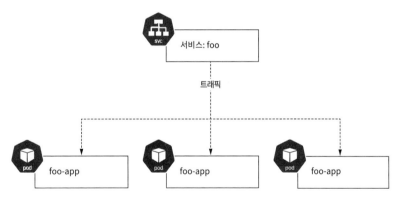

그림 3.7 쿠버네티스 서비스

3.2 애플리케이션 배포하기

애플리케이션을 배포하고 인터넷에서 사용할 수 있도록 만드는 과정부터 시작해 보자. 그리고 나중에 이 애플리케이션을 새 버전으로 업데이트해 볼 것이다. 즉, 이번 실습에서는 쿠버네티스를 사용하여 기본적인 애플리케이션 개발 – 릴리즈 – 업데이트의 사이클을 수행한다. 전체 과정에서는 이전 섹션에서 설명했던 객체들을 사용할 것이다. **파드**는 **디플로이먼트**에 의해 관리되고 **서비스**에 의해 노출된다.

3.2.1 클러스터 생성하기

애플리케이션을 배포하기 전에 사용할 쿠버네티스 클러스터가 필요하다. 설정이 덜 번거롭고 배포하는 모든 서비스에 대해 공용 IP를 사용할 수 있어 다른 사람들이 배포되는 애플리케이션을 즉시 확인할 수 있는 퍼블릭 클라우드에 클러스터를 생성하는 것이 좋다. 대부분의 클라우드 제공업체는 학습하는 동안 비용을 절감할 수 있도록 무료 평가판을 제공한다.

로컬 개발 환경에 쿠버네티스 클러스터를 설치하여 애플리케이션을 배포하는 것 또한 하나의 옵션이다. 하지만 로드 밸런서와 같은 측면을 볼 때 로컬 환경에 구성한 쿠버네티스 클러스터와 퍼블릭 클라우드 기반의 쿠버네티스 클러스터 환경 사이에는 몇 가지 본질적인 차이점이 존재한다. 필자는 처음부터 운영 환경으로 사용 가능한 환경에서 학습하는 것을 선호하기 때문에 적절한 클라우드 제공업체를 선택하고 해당 클라우드에 쿠버네티스 클러스터를 구성하겠다.

> **로컬 환경에서 쿠버네티스 클러스터를 사용하고 싶은 경우**
>
> 물론 쿠버네티스의 로컬 배포판을 사용하는 방법도 설명하겠다. 3.4절에서 제공하는 단계에 따라 kubectl 명령을 로컬 클러스터에 연결한 다음 '3.2.3 쿠버네티스에 배포하기'로 돌아와 계속 진행한다.
>
> 로컬 환경에 빌드된 컨테이너 이미지를 배포할 때는 쿠버네티스가 해당 이미지를 제대로 찾을 수 있게 하기 위해 몇 가지 고려할 사항이 있다. 이는 3.4절에서 다룬다. 또한 로컬 환경의 쿠버네티스를 사용하는 경우 공용 로드 밸런서의 부재로 서비스에 접근하는 방법이 달라진다(이 또한 해당 절에서 다룬다).

결국 이 책에서 제공하는 모든 예제를 실행하기 위해 필요한 것은 어딘가에 호스팅된 쿠버네티스 클러스터와 해당 클러스터를 사용할 수 있도록 인증된 쿠버네티스 명령행 도구인 kubectl뿐이다. 다음 두 단계에서는 구글 클라우드(Google Cloud)를 사용하는 방법을 설명하겠다. 그리고 해당 플랫폼을 대체할 수 있는 몇 가지 지침도 다룬다.

Google Kubernetes Engine

Google Kubernetes Engine(GKE)은 시장에 출시된 최초의 쿠버네티스 제품이며 성숙도와 사용 편의성으로 인해 쿠버네티스를 선택할 때 매우 인기 있는 플랫폼이다. 필자는 GKE 팀에서 일하고 있기 때문에 해당 플랫폼을 가장 잘 알고 있다고 할 수 있다. 따라서 이 책에서 플랫폼별 요구사항이 필요한 몇 군데에서 GKE를 사용할 것이다. 필자는 모든 환경의 쿠버네티스에 적용할 수 있도록 이 책을 집필했다. 따라서 이 책은 GKE, OpenShift, AKS(Azure Kubernetes Service), EKS(Elastic

Kubernetes Service) 등 어떠한 쿠버네티스 플랫폼 및 배포판을 사용하든 상관없이 쿠버네티스를 배우는 데 유용하다. 이 책에서 설명할 때 어떠한 플랫폼을 사용하는지가 중요한 부분이 몇 군데 있다(지금처럼 클러스터를 생성할 때). 그러한 경우에는 GKE에 대한 가이드를 통해 작업을 시연하고 다른 플랫폼에서도 해당 기능에 상응하는 기능을 찾는 방법에 대한 지침을 설명하겠다.

모든 클라우드 환경에서 쿠버네티스 클러스터 생성하기

3장에서 이번 설정 섹션 이후의 모든 예제를 실행하는 데 필요한 것은 선택된 쿠버네티스 클러스터와 인증된 kubectl 도구뿐이다. kubectl을 생성하고 인증하는 것이 목표이며, GKE를 통해 확인할 수 있듯이 이는 두 가지 명령을 통해 이루어진다. GKE 외의 여러분이 선택한 플랫폼에 대해서는 동등한 클러스터 생성 및 인증을 위한 커맨드가 약간 다를 수 있다.

선택한 클라우드 환경에서 다음 예제를 실행하려면 우선 선택한 클라우드 환경에 대한 클러스터 생성 가이드를 참고하여 3.2.2항을 진행하면 된다. 컨테이너 이미지 업로드는 클라우드 환경별로 약간 달라지는 작업이지만, 모든 플랫폼에서 이를 수행할 수 있는 방법에 대한 몇 가지 범용적인 팁을 설명하겠다.

GKE를 통해 시작하는 경우, 구글 계정이 필요하다(@gmail.com 이메일 주소가 있으면 이미 구글 계정이 있는 것이다). https://console.cloud.google.com/로 이동하여 계정을 선택하고 약관을 검토한다. 이 사이트가 아직 활성화되지 않은 경우 무료 평가판을 활성화하거나 청구 정보를 추가하여 다음 샘플을 실행해볼 수 있다. (다시 한 번 설명하지만, 이 책에서 제공하는 샘플을 로컬 환경에서 실행하려면 3.4절에서 제공하는 단계에 따라 로컬 환경 전용 클러스터를 구축하기 바란다.)

계정이 설정되면 콘솔에서 GKE로 이동한다(주소: https://console.cloud.google.com/kubernetes). 그리고 클러스터를 생성한다. 노드 프로비저닝 및 관리를 자동으로 처리하는 오토파일럿(Autopilot) 모드를 사용할 것을 추천한다. 오토파일럿 모드를 사용하면 이름을 설정하고 리전(region)을 선택한 다음(그림 3.8에서 수행한 것처럼) 네트워킹 및 고급 설정을 기본값으로 둘 수 있다.

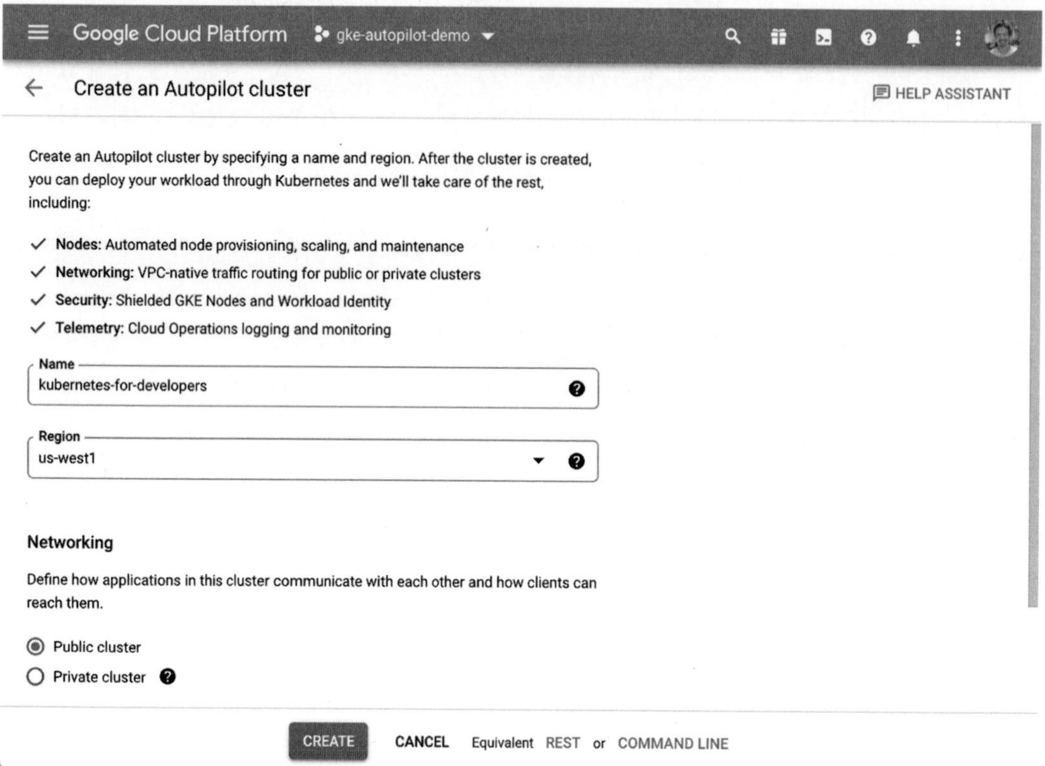

그림 3.8 GKE 오토파일럿의 클러스터 생성 UI

다음으로 명령행 도구를 설정한다. 클러스터 생성 및 인증과 같은 클러스터 단위의 작업을 수행하려면 클라우드 제공업체 CLI(이 경우, 구글 클라우드용 gcloud)가 필요하고, 쿠버네티스 API와 상호작용하려면 kubectl이 필요하다. https://cloud.google.com/sdk/install 링크를 통해 gcloud CLI를 다운로드하고 설치 지침을 따른다.

gcloud CLI를 설치한 후에, `gcloud init` 명령을 실행하여 로그인을 수행한다. 구글 계정이 두 개 이상인 경우 이전에 클러스터를 생성했던 것과 동일한 계정을 선택해야 한다.

```
gcloud init
```

쿠버네티스 CLI인 kubectl은 독립 실행 모드(https://kubernetes.io/docs/tasks/tools/에서 제공하는 지침에 따라)나 gcloud를 통해 설치할 수 있다. 어떻게 설치하는지는 중요하지 않지만, 이 책에서 제공하는 예제에서는 gcloud를 사용하기 때문에 다음과 같이 gcloud를 사용하여 kubectl을 쉽고 편리하게 설치할 수 있다.

```
gcloud components install kubectl
```

클러스터가 준비되고 `gcloud`에 대한 설정이 완료되면 UI상에서 Connect를 클릭하고 제공되는 gcloud 명령(그림 3.9 참고)을 셀에 복사하여 `kubectl`에 대한 인증을 진행한다. 또는 클러스터 자체의 세부 정보를 사용하여 다음과 같은 명령을 실행한다.

```
CLUSTER_NAME=my-cluster
REGION=us-west1
gcloud container clusters get-credentials $CLUSTER_NAME --region $REGION
```

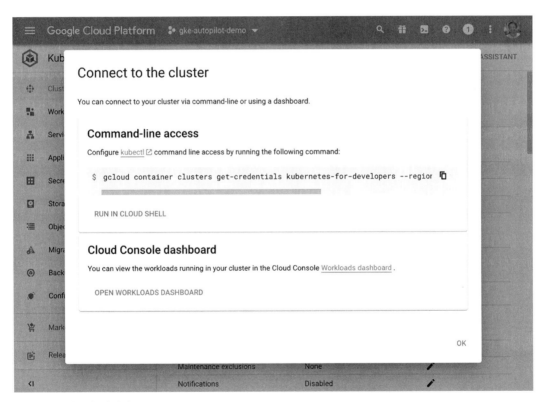

그림 3.9 GKE의 클러스터 연결 UI

이 커맨드는 구글 클라우드 세계와 쿠버네티스 세계를 연결하는 역할을 하며 올바른 사용자 인증 정보로 GKE 클러스터에 접근하기 위해 `kubectl` CLI에 대한 인증을 수행한다.

CLI를 통해 쿠버네티스 클러스터 생성하기

UI를 사용하는 대신 다음과 같이 CLI를 통해 클러스터에 대한 생성 및 연결 단계 모두를 수행할 수 있다.

```
CLUSTER_NAME=my-cluster
REGION=us-west1
gcloud container clusters create-auto $CLUSTER_NAME --region $REGION
gcloud container clusters get-credentials $CLUSTER_NAME --region $REGION
```

새 쿠버네티스 클러스터가 생성되고 kubectl이 인증됐다면 첫 번째 애플리케이션을 배포할 준비가 됐다! 모든 것이 잘 동작하는지 확인하려면 kubectl get pods 명령을 실행해 보자. 리소스가 없다고 콘솔 화면에 출력돼야 한다. (아직 그 어떠한 파드도 배포하지 않았기 때문이다.)

```
$ kubectl get pods
No resources found in default namespace.
```

에러가 발생한다면 클러스터가 올바르게 생성되지 않았거나 인증에 실패했을 가능성이 높다. 이전 단계를 반복해서 수행해 보거나 에러 메시지를 참고해 해결한다.

3.2.2 컨테이너 업로드하기

지금까지 생성해 본 컨테이너는 로컬 머신에 저장되고 실행됐다. 클라우드 환경에서 실행되는 쿠버네티스에 컨테이너를 배포하려면 먼저 로컬에서 빌드된 컨테이너 이미지를 컨테이너 레지스트리(Container Registry)에 업로드해야 한다. 컨테이너 레지스트리는 단순히 컨테이너 이미지 데이터를 저장하고 쿠버네티스가 이미지를 가져오는 방법을 제공하는 장소다. 대부분의 레지스트리는 누구나 사용할 수 있는 공용(public) 이미지 옵션(오픈소스 프로젝트 및 이 책에서 제공하는 샘플과 같이)이나 인증이 필요한 사설(private) 이미지 옵션(여러분이 직접 개발한 애플리케이션을 위한)을 제공한다.

원한다면 이 단계를 건너뛰고 다음 예제에서 참조하는 공개적으로 사용 가능한 이미지만을 사용할 수 있다. 그러나 여러분이 사용할 자신만의 컨테이너를 빌드하고 업로드해 필요한 시점에 자신만의 애플리케이션을 배포하는 것이 좋다.

도커 허브(Docker Hub)는 특히 공용 컨테이너 이미지를 사용할 때 컨테이너 레지스트리로 널리 선택된다. 도커 허브에는 베이스 이미지(이전 장에서 컨테이너 이미지를 빌드할 때 사용했던 것과 같은), MariaDB와 같은 오픈소스, 또는 세상에 공유하고 싶은 자체 개발 소프트웨어 및 데모가 포함돼 있다.

컨테이너 이미지를 **비공개**로 유지하고자 하는 대부분의 사용자를 위한 기본 옵션은 바로 클라우드 공급 업체에서 제공하는 컨테이너 레지스트리를 사용하는 것이다. 이는 일반적으로 이미지를 가져오는 시간, 네트워크 비용 절감 및 인증 단순화 측면에서 효율성을 제공하기 때문이다. 구글 클라우드의 아티팩트 레지스트리(Artifact Registry), 아마존 웹 서비스(AWS)의 아마존 엘라스틱 컨테이너 레지스트리(Amazon Elastic Container Registry), 애저(Azure)의 애저 컨테이너 레지스트리 등이 있다.

원하는 위치를 선택한 후 다음 단계에 따라 컨테이너를 업로드한다.

계정 설정

시작하려면 우선 선호하는 클라우드 제공업체에 계정을 생성해야 한다(아직 계정이 없는 경우). 그런 다음 이미지를 업로드할 저장소를 생성한다. 도커허브의 경우 https://hub.docker.com/에 접속하여 저장소 생성 메뉴로 이동한다.

아티팩트 레지스트리의 경우 https://console.cloud.google.com/artifacts 경로로 이동하여 원하는 위치에 도커 타입의 새로운 리포지토리를 생성한다. `us-docker.pkg.dev/my-project/my-repository`와 같이 생성된 경로를 기록해 둔다.

인증

다음으로 새롭게 생성된 리포지토리에 이미지를 업로드할 수 있도록 도커 명령행 도구를 인증하려고 한다. 도커 명령행 도구에 대한 인증을 진행하려면 컨테이너 레지스트리에 대한 지침을 따른다. 도커허브에서 이 작업을 수행하려면 다음과 같은 명령을 실행한다.

```
docker login
```

아티팩트 레지스트리의 경우 이전에 생성한 경로를 기억하고 있어야 한다. 해당 경로의 호스트 부분(예: `us-docker.pkg.dev`)을 선택하고 다음과 같은 명령을 실행하여 도커에 자격 증명 도구를 설치하면 아티팩트 레지스트에 이미지를 업로드할 수 있다. 사용하는 호스트에서 한 번만 실행하면 지속적으로 이미지를 업로드할 수 있게 된다.

```
HOST_NAME=us-docker.pkg.dev
gcloud auth configure-docker $HOST_NAME
```

> **팁**
>
> 선택한 클라우드 제공업체에서 도커를 인증하는 것은 일반적으로 손쉬운 작업이다. 올바른 자격 증명을 통해 도커 CLI를 설정하려면 클라우드 제공업체별로 특화된 명령을 알아둬야 한다. "authenticate docker with [클라우드 공급업체] container registry"라는 검색어가 도움될 것이다.

태그

이미지를 빌드하면 82ca16cefe84와 같은 랜덤의 해시 기반 이름이 할당된다. 일반적으로 직접 빌드한 이미지를 쉽게 참조할 수 있도록 의미 있는 자신만의 태그를 추가하는 것이 좋다. 이전 장에서는 태그를 사용하여 docker run 82ca16cefe84 대신 docker run timeserver와 같은 멋진 이름을 사용하여 빌드한 이미지를 로컬에서 실행했다.

컨테이너 이미지를 컨테이너 레지스트리에 업로드하면 태그는 추가적인 의미를 갖는다. 이미지를 저장할 계정과 경로를 쉽게 알 수 있도록 컨테이너 레지스트리에 지정한 특정 경로 규칙을 따르는 이름으로 이미지에 대한 태그를 지정해야 한다. (그리고 로컬 도커 클라이언트가 어떠한 레지스트리에 업로드해야 할지 알 수 있도록) 이미지 저장소에 업로드할 때 timeserver와 같은 간단한 이름으로 이미지에 태그를 지정하는 경우 제대로 동작하지 않는다.

도커 허브에서 사용되는 규약은 다음과 같다.

```
docker.io/$USERNAME/$REPOSITORY_NAME:$VERSION_TAG
```

여기서 $USERNAME은 도커 사용자 이름이고, $REPOSITORY_NAME은 도커 허브에서 생성한 리포지토리의 이름이다. 그리고 $VESRSION_TAG는 임의의 문자열(일반적으로 숫자 포함)이다. 필자의 경우 사용자 이름이 "wdenniss"이고 리포지토리의 이름이 "timeserver"다. 따라서 도커 허브에서 사용되는 컨벤션은 docker.io/wdenniss/timeserver:1이다.

> **버전 태그**
>
> 버전 태그는 이미지의 버전을 참조하는 데 사용되는 구조화되지 않은 문자열이다. 버전 태그에 대한 규약은 버전 번호(대개 major.minor.patch로 구성됨)를 사용하고 선택적으로 접미사를 사용(예: 2.2.1, 2.1.5, 2.1.5-beta)하는 것이다. 컨테이너를 실행할 때 최신 버전의 이미지를 참조할 때 사용하는 특수 버전 태그인 latest를 사용하는 것도 가능하다. 그러나 컨테이너 이미지를 업로드할 때 컨테이너 레지스트리에 의해 자동으로 latest 태그가 적용되기 때문에 이를 굳이 명시할 필요는 없다.

클라우드의 각 리포지토리에 따라 고유한 형식이 존재한다. 구글 클라우드 아티팩트 레지스트리의 경우 지원되는 형식은 다음과 같다.

```
$LOCATION-docker.pkg.dev/$PROJECT_ID/$REPOSITORY_NAME/$IMAGE_NAME:$VERSION_TAG
```

UI 콘솔을 통해 아티팩트 레지스트리 리포지토리를 생성한 후 위 형식의 첫 번째 부분(예: us-docker.pkg.dev/wdenniss/ts)이 표시돼야 하며, 필요에 따라 이를 복사하여 사용할 수 있다. 이 접두사에 timeserver:1과 같이 사용자가 원하는 이미지 이름 및 태그를 추가한다. 이를 합쳐보면 다음과 같은 결과를 얻을 수 있다.

```
us-docker.pkg.dev/wdenniss/ts/timeserver:1
```

컨테이너 레지스트리 태그 규약

모든 사설 컨테이너 레지스트리에는 올바른 태그를 생성하는 데 필요한 자체 태그 규약이 존재하며, 이는 클라우드 환경에 따라 모두 다르다. 예를 들어 애저[1]는 $REGISTRY_NAME.azurecr.io/$REPOSITORY_NAME:$VERSION_TAG라는 패턴의 태그 규약을, AWS[2]는 $AWS_ACCOUNT_ID.dkr.ecr.$REGION.amazonaws.com/$REPOSITORY_NAME:$VERSION_TAG 라는 패턴의 태그 규약을 사용한다. 분명한 것은 사용 중인 클라우드 환경의 컨테이너 레지스트리 지침을 반드시 따라야 한다는 것이다. 지침을 제대로 따르지 않는 경우 쿠버네티스가 어느 클라우드 환경에 이미지를 푸시했는지 알 수 없게 된다. 클라우드 환경별 컨테이너 레지스트리 지침을 확인하기 위해 필자가 사용하는 검색어는 "[클라우드 공급업체] registry container tag name"이다.

사용할 올바른 이미지 태그 형식(나머지 예제에서는 $IMAGE_TAG라고 할 예정)을 결정하고 나면 업로드할 기존 도커 이미지에 태그를 지정할 수 있다. 이전 장에서 빌드했던 이미지를 컨테이너 레지스트리에 업로드하려면 이전에 이미지를 빌드할 때 생성했던 태그를 참조하고 컨테이너 레지스트리 태그를 추가하면 된다(이미지에는 여러 개의 태그가 존재할 수 있다). docker build . -t timeserver 명령을 사용하여 2.2.1항의 예제를 빌드한 경우 빌드된 이미지에는 timeserver 태그가 존재한다. 따라서 컨테이너 레지스트리에 업로드를 목적으로 해당 이미지에 태그를 재정의할 수 있다.

```
IMAGE_TAG=us-docker.pkg.dev/wdenniss/ts/timeserver:1
docker tag timeserver $IMAGE_TAG
```

1 http://mng.bz/o1YD
2 http://mng.bz/nWOd

> **메모**
>
> 위 커맨드 실행 시 "No such image"라는 에러가 발생하는 경우, 이미지를 처음부터 다시 빌드할 예정이기 때문에 에러는 무시한 채 이 책의 진도를 계속 진행하기 바란다.

다음 명령을 통해 이미지 목록을 확인해 볼 수 있다.

```
$ docker images
REPOSITORY                                  TAG      IMAGE ID        CREATED
timeserver                                  latest   c07e34564aa0    2 minutes ago
us-docker.pkg.dev/wdenniss/ts/timeserver    1        c07e34564aa0    2 minutes ago
python                                      3.10     cf0643aafe49    1 days ago
```

기존에 존재하는 이미지를 찾아 이미지 ID를 기준으로 태그를 지정(docker tag $IMAGE_ID $IMAGE_TAG)할 수도 있지만, 혼동을 피하기 위해 빌드를 수행할 때 태그를 지정할 것을 추천한다. 사실 일반적으로 봤을 때 올바른 이미지 ID를 찾으려고 노력하는 것보다 단순히 이미지를 재빌드하는 것이 더 빠른 경우가 많다.

예제 컨테이너를 빌드하고 태그를 지정하려면 $IMAGE_TAG를 여러분의 리포지토리 이미지 이름으로 변경한 후 예제의 루트 디렉터리에서 다음과 같은 명령을 수행한다.

```
IMAGE_TAG=us-docker.pkg.dev/wdenniss/ts/timeserver:1
cd Chapter02/timeserver
docker build . -t $IMAGE_TAG
```

푸시

리포지토리가 설정된 후, 도커가 인증되고 이미지에 태그가 지정되면 다음과 같은 명령을 사용하여 이미지를 리포지토리에 푸시(push)할 수 있다.

```
docker push $IMAGE_TAG
```

이전 인증 단계에서는 도커가 클라우드 환경의 컨테이너 레지스트리와 통신할 수 있도록 도커 설정에 도우미(helper)를 설치했다. 도커가 올바르게 인증되지 않았거나 이미지 태그 문자열 구성이 잘못된 경우 권한 거부(Permission Denied) 에러가 발생할 것이다. 이 경우 도커를 올바른 레지스트리에 인증했는지 확인하고 올바른 형식으로 이미지 태그를 설정한다. 인증 및 태그 지정에 대한 지침은 선택한 레지스트리의 최신 문서를 참고하기 바란다.

이미지가 잘 업로드됐다면 다음과 같은 출력 결과가 표시될 것이다. 인증 관련 에러가 표시됐던 마지막 줄을 특히 주의깊게 살펴보자.

```
$ docker push $IMAGE_TAG
The push refers to repository [us-docker.pkg.dev/wdenniss/ts/timeserver] 9ab1337ca015: Pushed
3eaafa0b4285: Layer already exists
a6a5635d5171: Layer already exists
8c25977a7f15: Layer already exists
1cad4dc57058: Layer already exists
4ff8844d474a: Layer already exists
b77487480ddb: Layer already exists
cd247c0fb37b: Layer already exists
cfdd5c3bd77e: Layer already exists
870a241bfebd: Layer already exists
1: digest: sha256:edb99776ae47b...97f7a9f1864afe7 size: 2425
```

이미지가 정상적으로 업로드됐다면 이제 여러분이 작성한 코드를 쿠버네티스에 배포할 준비가 끝난 것이다.

3.2.3 쿠버네티스에 배포하기

쿠버네티스 클러스터가 생성됐고 kubectl이 정상적으로 인증됐다면 이제 여러분의 첫 번째 애플리케이션을 배포할 수 있다. 애플리케이션을 쿠버네티스에 배포하기 위해 적절한 이름의 디플로이먼트 객체를 생성한다. 쿠버네티스는 설정 파일에 원하는 상태(예: 클러스터에 실행 중인 컨테이너의 복제본 3개가 유지되기를 원한다)를 선언하는 선언적 구성(declarative configuration) 방법을 사용한다. 그런 다음 해당 설정을 쿠버네티스에 제출하면 쿠버네티스는 사용자가 명시한 요구사항을 충족시키기 위해 노력한다.

설정 파일의 경우 개발자가 수동으로 편집하는 것이 더 쉽기 때문에 YAML 형식을 사용한다. JSON 형식은 또 다른 옵션이며, 일부 설정은 명령형(imperative)으로 생성할 수 있다(3.3절에서 설명할 예정). 예제 코드 3.1은 2장에서 구성한 timeserver 애플리케이션에 대한 최소한의 구성으로 작성한 디플로이먼트 명세서이다. 해당 명세서는 샘플 애플리케이션을 포함하여 빌드한 후 도커 허브에 푸시한 필자의 공용 이미지를 참조하고 있다. 만약 이전 섹션의 실습을 완료하여 여러분의 컨테이너 레지스트리에 푸시된 자체 이미지가 존재한다면 파일의 해당 부분을 편집해 본인의 이미지 경로로 변경해 사용하자.

예제 코드 3.1 Chapter03/3.2_DeployingToKubernetes/deploy.yaml

```
apiVersion: apps/v1
kind: Deployment
metadata:
  name: timeserver
spec:
  replicas: 3   ◀── 배포할 파드 복제본(인스턴스)의 수
  selector:
  matchLabels:
    pod: timeserver-pod
  template:
    metadata:
      labels:
        pod: timeserver-pod
    spec:
      containers:
      - name: timeserver-container
        image: docker.io/wdenniss/timeserver:1   ◀── 배포하고 실행할 컨테이너 이미지
```

이 매니페스트(manifest)는 컨테이너의 복제본 3개를 생성한다. 나중에 이 세 개의 실행 중인 인스턴스에 대해 수신되는 요청(request)을 분할케 하는 로드 밸런서 구성 방법을 살펴보겠다. 위와 같이 최소한으로 작성한 디플로이먼트 설정 예제에서 가장 중요한 세 줄은 디플로이먼트에 대한 검사, 수정, 삭제 시 필요한 name, replicas, container name이다. 나머지 부분은 모든 기능을 잘 동작시키기 위한 필드들이다(나머지 필드들에 대한 내용은 추후에 설명하겠다).

컨테이너 이미지 경로는 컨테이너 이미지를 찾을 위치를 참조하는 URL과 같다. 이전 절의 지침에 따라 컨테이너 이미지를 업로드한 경우 이미 해당 경로에 이미지가 존재할 것이다. docker.io의 접두사가 있는 필자의 컨테이너 이미지는 베이스 이미지를 포함하여 공용 이미지를 호스팅하는 데 가장 인기 있는 장소인 도커 허브에서 다운로드할 수 있다. 한 가지 주목할 점은 ubuntu나 wdenniss/timeserver와 같이 도메인이 존재하지 않고 이미지 경로만 표시되는 경우 단순히 도커 허브에 호스팅된 이미지의 약어일 뿐이라는 것이다.

지금까지 작성했던 것이 바로 디플로이먼트에 대한 명세서이다. 이제 클러스터에 객체를 생성할 차례다. 샘플 디렉터리의 루트 경로에서 다음과 같은 명령을 실행한다.

```
cd Chapter03/3.2_DeployingToKubernetes/
kubectl create -f deploy.yaml
```

위 명령은 설정 파일에 정의된 객체를 생성하도록 쿠버네티스에 지시를 내린다. 배포된 후 설정 변경이 필요하다면(예: 이미지의 버전 변경) 로컬 환경에서 설정 파일을 변경하고 다음과 같은 명령을 사용하여 클러스터의 디플로이먼트를 업데이트할 수 있다.

```
kubectl apply -f deploy.yaml
```

디플로이먼트의 상태를 관찰하기 위해서는 다음과 같은 명령을 실행한다.

```
$ kubectl get deploy
NAME         READY    UP-TO-DATE    AVAILABLE    AGE
timeserver   3/3      3             3            36s
```

앞서 언급한 바와 같이, 디플로이먼트는 원하는 요구사항에 대한 선언문(declarative statement)이다(예: 파드의 복제본 3개). 디플로이먼트를 생성하고 시스템이 '성공'으로 응답을 반환하면 이는 단순히 쿠버네티스가 디플로이먼트에 대한 스케줄링을 수락한다는 것을 의미할 뿐, 원하는 방식으로 스케줄링을 완료했음을 의미하지 않는다. kubectl get 명령을 사용해 디플로이먼트에 대한 쿼리를 수행하면 트래픽을 처리하기 위해 얼마만큼의 파드가 준비 상태로 됐는지 확인할 수 있다(READY 칼럼의 숫자). 또한 나중에 디플로이먼트를 업데이트하는 경우에도 새 버전으로 롤아웃하는 과정에서 최신 버전으로 실행되고 있는 파드의 수를 확인할 수 있다(UP-TO-DATE 칼럼의 숫자). 디플로이먼트를 구성하는 파드에 대해 보다 자세한 내용을 살펴보려면 파드 자체에 대한 쿼리를 수행해 보자.

```
$ kubectl get pods
NAME                         READY    STATUS     RESTARTS    AGE
timeserver-6df7df9cbb-7g4tx  1/1      Running    0           68s
timeserver-6df7df9cbb-kjg4d  1/1      Running    0           68s
timeserver-6df7df9cbb-lfq6w  1/1      Running    0           68s
```

> **메모**
>
> 파드 자체에 대한 쿼리 수행 결과 파드의 상태가 pending으로 표시된다면 클러스터에 리소스가 충분하지 않다는 의미일 수도 있다. 클러스터가 동적으로 프로비저닝된 환경의 경우 몇 분 정도 기다리면 파드가 정상적으로 스케줄링된 것을 확인할 수 있을 것이다. 계속해서 pending 상태인 경우에는 이 책의 "문제 해결: 무한 PENDING 상태"에 나오는 조언을 참고해 해결하자.

kubectl get pods 명령은 활성화된 네임스페이스(namespace)에 존재하는 모든 파드의 상태를 반환한다. 따라서 수많은 디플로이먼트가 배포되어 있다면, 이 명령은 다소 오랜 시간이 소요될 수 있다. 대신 파드의 레이블(3.2.4항에서 설명)을 셀렉터(selector)로 전달하는 보다 상세한 양식을 사용할 수 있다. 다음은 디플로이먼트 정보 조회 시 레이블을 사용하는 방법에 대한 구체적인 예제이다.

```
$ kubectl get pods --selector=pod=timeserver-pod
NAME                             READY   STATUS    RESTARTS   AGE
timeserver-6df7df9cbb-7g4tx      1/1     Running   0          2m13s
timeserver-6df7df9cbb-kjg4d      1/1     Running   0          2m13s
timeserver-6df7df9cbb-lfq6w      1/1     Running   0          2m13s
```

일단 파드가 실행되면 파드와 상호작용이 가능해진다. 공용 IP를 생성하기 전에 새롭게 생성된 디플로이먼트에 연결하고 배포한 서버에 접속하기 위해서는 단순히 다음과 같이 로컬 머신에서 컨테이너로 포트 포워딩을 수행하면 된다.

```
$ kubectl port-forward deploy/timeserver 8080:80
Forwarding from 127.0.0.1:8080 -> 80
Forwarding from [::1]:8080 -> 80
```

위와 같은 포트 포워딩 설정을 통해 http://localhost:8080에 접속하여 로컬 호스트에서 배포한 디플로이먼트로 연결을 수행할 수 있다. 새로운 명령행 셸을 통해 컨테이너화된 애플리케이션에서 출력되는 로그를 확인해 보자.

```
$ kubectl logs -f deploy/timeserver
Found 3 pods, using pod/timeserver-8bbb895dc-kgl8l
Listening on 0.0.0.0:80
127.0.0.1 - - [09:59:08] "GET / HTTP/1.1" 200
```

-f(follow) 매개변수를 사용하는 logs 명령을 사용하면 디플로이먼트에 속하는 파드 중 하나에서 로그를 스트리밍한다. 위 출력 결과 "Listening on 0.0.0.0:80"와 같이 애플리케이션 시작 시 stdout로 출력되는 내용을 기록(로깅)하는 것이 좋다. 이렇게 하면 컨테이너가 예상대로 잘 구동됐는지 확인 가능하다.

쿠버네티스에서 수행하는 대부분의 작업이 즉각적으로 이뤄지지 않는다. 파드를 생성하면 새로운 컴퓨팅 용량을 프로비저닝하는 데 다소 시간이 걸릴 것이며(사용 중인 쿠버네티스 플랫폼에 따라 다르겠지만), 컨테이너 레지스트리에서 컨테이너를 다운로드하고 해당 컨테이너를 부팅한다. 이 모든 것이 순조롭게 진행된다면 몇 분 안에 컨테이너가 실행될 것이다.

배포 작업이 성공하면(kubectl get pods 명령을 통해 쿼리 시) 디플로이먼트의 파드는 Running 상태(status)임을 리포트할 것이다. 파드 할당을 위한 리소스가 할당되기를 기다린다면 Pending과 같은 상태 메시지가 표시될 수 있으며 컨테이너가 노드에 스케줄링되고 부팅 중에 있다면 ContainerCreating과 같은 상태 메시지가 출력될 것이다. 가끔씩 파드가 무한 Pending 상태(약간 모호한 상태)에 빠지거나 다른 에러가 표시되는 등 혼란스러운 상황이 발생할 수 있다. 다음은 일반적인 에러 상황에 대한 목록이다.

문제 해결: IMAGE PULL ERROR (ERRIMAGEPULL/ERRIMAGEPULLBACKOFF)

이 에러는 쿠버네티스가 컨테이너 이미지를 다운로드할 수 없음을 의미한다. 이는 일반적으로 설정 과정에서 이미지 이름의 철자가 잘못되었거나, 이미지가 이미지 리포지토리에 존재하지 않거나, 클러스터가 리포지토리에 접근하는 데 필요한 자격 증명이 존재하지 않을 때 발생한다.

문제 해결을 위해 먼저 이미지의 철자를 확인하고 리포지토리에 이미지가 실제로 존재하는지 확인한다. 디플로이먼트를 실행하기 위한 간단한 수정을 위해 필자가 제공했던 것과 같은 공용 컨테이너 이미지를 사용해보자. 디플로이먼트 설정에 대한 모든 수정 사항은 kubectl apply -f deploy.yaml 명령을 사용하여 적용할 수 있다.

문제 해결: 무한 PENDING 상태

파드가 1분 이상 Pending 상태로 멈춰 있다면 이는 일반적으로 쿠버네티스 스케줄러가 클러스터에 파드를 배포할 공간을 찾을 수 없다는 것을 의미한다. 이는 추가적인 컴퓨트 노드나 용량이 더 큰 노드와 같은 여분의 리소스를 클러스터에 추가하면 문제를 해결할 수 있는 경우가 많다.

다음과 같이 describe 명령을 통해 Pending 상태인 파드의 세부 내용을 확인할 수 있다.

```
$ kubectl get pods
NAME                            READY   STATUS    RESTARTS   AGE
timeserver-6df7df9cbb-7g4tx     1/1     Pending   0          1m16s

$ POD_NAME=timeserver-6df7df9cbb-7g4tx
$ kubectl describe pod $POD_NAME
```

위 커맨드를 실행하면 출력되는 결과 로그의 Events 섹션에 쿠버네티스에서 발생한 에러 목록이 포함돼 있다. 디플로이먼트에 대한 스케줄링을 시도했지만 사용 가능한 리소스가 없다면 FailedScheduling과 같은 경고(warning) 메시지가 출력될 것이다. 쿠버네티스가 파드에 대해 스케줄링을 시도했을 때 리소스가 충분하지 않을 경우 출력되는 이벤트 텍스트는 다음과 같다.

```
Warning FailedScheduling 26s (x2 over 26s) default-scheduler
➡ 0/2 nodes are available: 2 Insufficient cpu.
```

여러 개의 파드 중 적어도 하나 이상이 Running 상태인 지금은 크게 걱정할 필요가 없다. 요청에 응답할 수 있는 한 개의 파드만 존재하면 서비스는 계속 실행될 수 있기 때문이다. 그러나 모든 파드의 상태가 Pending일 경우 더 많은 컴퓨트 리소스를 추가하는 등의 조치가 필요하다.

문제 해결: 컨테이너 충돌(CRASHLOOPBACKOFF)

또 다른 일반적인 에러는 컨테이너 충돌(crash)이다. 컨테이너가 제대로 시작되지 못하거나(예: 설정상의 오류로 인해) 컨테이너의 시작 후 곧 충돌이 발생하는 등 컨테이너 충돌에는 다양한 이유가 있을 수 있다.

쿠버네티스 배포의 목적에 따르면 **충돌**은 종료되는 모든 컨테이너 프로세스를 의미한다(성공적인 종료 코드로 종료되는 프로세스도 마찬가지이다). 디플로이먼트는 일회성 태스크가 아닌 장기적으로 실행되는 프로세스를 위해 설계됐다. (쿠버네티스에서 파드에 대한 명세서를 작성하는 방법은 3.2.4항에서 설명할 예정이며, 이때 파드를 일회성 태스크로 실행되도록 스케줄링하는 방법이 있다. 이것이 바로 10장에서 다룰 잡 객체이다.)

앞선 예제에서 배포했던 것과 같이 디플로이먼트 객체에 의해 관리되는 파드는 가끔 충돌이 발생할 때 재시작하면 정상적으로 처리된다. 실제로 kubectl get pods 명령을 실행하면 컨테이너가 몇 번이나 재시작됐는지 확인할 수 있다. 매시간 단위로 충돌이 발생하는 컨테이너가 있을 수는 있겠지만, 쿠버네티스에 의해 관리되는 한 계속해서 재시작될 것이고 잘 동작할 것이다.

그러나 부팅 즉시 또는 부팅 직후에 충돌이 발생하는 경우 컨테이너는 기하급수적인 백오프 루프(exponential backoff loop)에 들어가게 된다. 기하급수적 백오프 루프란 계속해서 컨테이너를 다시 시작하는 대신(시스템의 리소스가 소모됨) 쿠버네티스가 재시작 시도 사이에 기하급수적으로 증가하는 지연을 도입(예: 10초, 20초, 40초 등)하는 것을 말한다.

컨테이너에서 처음으로 충돌이 발생하면 RunContainerError(시작 시 에러가 발생한 컨테이너의 경우)와 같은 상태 메시지를 확인할 수 있으며, 종료된 컨테이너의 경우 Completed라는 상태 메시지를 확인할 수 있다. 충돌이 여러 번 반복되면 상태가 CrashLoopBackOff로 변경된다. CrashLoopBackOff 상태의 컨테이너는 주의 깊게 살펴볼 문제가 있을 수 있다. 또 한 가지 가능성은 외부 디펜던시(예: 데이터베이스)와 같은 조건이 충족되지 않을 때 컨테이너가 종료될 수 있다는 것이다. 이 경우 외부 서비스가 정상적으로 실행 중인지 또는 연결 가능한지 확인해야 한다.

충돌이 발생한 컨테이너를 디버깅하려면 이전에 발생했던 문제와 마찬가지로 kubectl describe pod $POD_NAME 명령을 활용해 이벤트 섹션에서 단서를 발견해야 한다. 컨테이너의 로그는 확인하기 좋은 또 다른 단서가 된다. kubectl logs $POD_NAME 명령을 통해 해당 파드에서 발생하는 로그를 확인해 볼 수 있다. 컨테이너가 충돌할 때는 충돌 원인을 파악하기 위해 컨테이너가 재시작되기 전의 이전 인스턴스의 로그를 확인하고 싶을 수 있다. 이러한 로그에는 충돌 시 출력된 오류가 포함되어 있어 대개 문제의 원인을 알려준다.이처럼 충돌이 발생하기 전의 컨테이너 에러를 확인하기 위해서는 로그 요청 시 –previous(또는 -p) 매개변수를 추가한다.

```
kubectl logs -p $POD_NAME
```

3.2.4 파드 스펙

디플로이먼트는 자체 명세를 가진 파드 객체를 캡슐화하기 때문에 잠시 시간을 내어 배포 객체가 어떻게 구성되는지 이해하고 넘어가자. 잡과 같은 쿠버네티스의 다른 상위 워크로드 유형에서 해당 패턴이 반복되는 것을 확인할 수 있다. 또한 서비스에서 디플로이먼트를 노출하는 방식이 실제로는 디플로이먼트가 아닌 파드를 참조하기 때문에 관련성이 있다.

실제로 3개의 복제본으로 구성된 디플로이먼트를 생성하면 쿠버네티스 디플로이먼트 컨트롤러에 3개의 파드를 생성하고 관리하도록 지시한다. 디플로이먼트 컨트롤러는 이 3개의 파드에 대한 라이프사이클을 관리한다. 라이프사이클 관리에는 새로운 컨테이너로 디플로이먼트를 업데이트할 때 최신 버전으로 교체하고 계획되거나 계획되지 않은 유지관리 이벤트가 발생하여 제거(evicted)되는 파드를 다시 스케줄링하는 것이 포함된다. 그림 3.10은 이 객체의 구성을 시각적으로 보여준다.

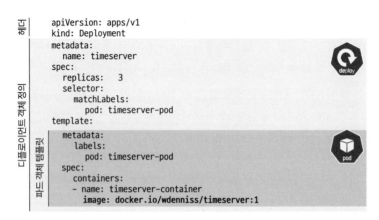

그림 3.10 디플로이먼트 객체에 포함된 파드 객체

파드 객체 템플릿은 쿠버네티스 API 문서에서 PodSpec이라는 항목으로 확인할 수 있다. 실제로 PodSpec 부분을 추출하여 그 자체만으로도 실행할 수 있다(디플로이먼트가 아닌 파드 자체만을 생성). 이렇게 하려면 해당 객체가 디플로이먼트가 아닌 파드 타입임을 명시하는 헤더를 작성해야 한다. 그리고 나서 예제 코드 3.2에 표시된 바와 같이 파드 객체 템플릿 아래의 전체 내용을 루트에 복사한다.

예제 코드 3.2 Chapter03/3.2.4_ThePodSpec/pod.yaml

```
apiVersion: v1
kind: Pod
metadata:
  name: timeserver
  labels:
    pod: timeserver-pod
spec:
  containers:
  - name: timeserver-container
    image: docker.io/wdenniss/timeserver:1
```

위 예제 코드와 같은 파드 명세서를 사용하면 파드를 직접 생성할 수 있다. 이러한 파드는 쿠버네티스 컨트롤러에 의해 관리되지 않는다. 물론 파드에서 충돌이 발생하는 경우 재부팅되지만, 업그레이드 이벤트나 노드 장애 등의 원인으로 인해 제거된 파드의 경우 다시 스케줄링되지 않는다. 따라서 일반적으로 파드를 직접 스케줄링하지 않고 디플로이먼트와 같은 고차원 객체나 이후 장에서 다룰 스테이트풀셋(StatefulSet), 잡(Job) 등을 사용한다.

> **메모**
>
> 쿠버네티스에서 이 객체 구성의 주요 내용 중 하나는 배포와 같은 객체 명세서에 존재하는 PodSpec이다. 이 PodSpec은 파드의 모든 기능을 명시하여 쿠버네티스 컨트롤러에 전달한다.

PodSpec에는 애플리케이션을 구성하는 컨테이너를 포함한 애플리케이션에 대한 주요 정보가 적혀 있다. 각 컨테이너에는 고유한 이름(이를 통해 여러 개의 컨테이너로 구성된 파드 환경에서 개별 컨테이너를 참조한다)과 가장 중요한 필드인 컨테이너 이미지 경로가 존재한다. 다음 장에서 다루게 될 상태 확인(health check) 및 리소스 요구사항을 지정하는 몇 가지 중요한 필드를 포함하여 수많은 옵션 필드가 존재한다.

또한 디플로이먼트 및 여기에 포함된 PodSpec에는 반복적으로 보이는 레이블도 존재한다. 디플로이먼트의 명세에는 `selector → matchLabels` 섹션이 있고 PodSpec에는 `metadata → labels` 섹션이 있다. 둘 다 동일한 키–값 쌍(`pod:timeserver-pod`)을 포함한다. 여기서는 무슨 일이 일어나고 있는 것일까?

파드 객체는 실제로 생성 후에 별도로 존재하기 때문에(디플로이먼트 컨트롤러에 의해 관리되는 별도의 객체로 생성됨) 각각의 파드를 참조할 방법이 필요하다. 쿠버네티스는 각 파드가 레이블 정보(임의의 키–값 쌍)를 가지게 해 이를 해결하고 있으며 디플로이먼트에서 동일한 레이블을 참조(선택)한다. 이것은 본질적으로 두 객체를 함께 묶는 접착제 역할을 한다. 그림 3.11과 같이 다이어그램으로 시각화하는 것이 더 쉽다.

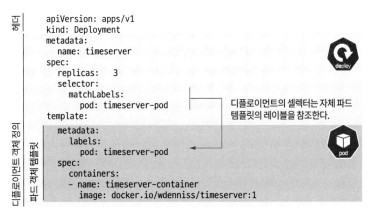

그림 3.11 디플로이먼트의 셀렉터와 파드 템플릿 레이블의 관계

이러한 프로세스가 불필요해 보일 수도 있다. PodSpec이 디플로이먼트에 포함돼 있으니 쿠버네티스가 대신 디플로이먼트와 파드 객체에 대한 연결까지 수행할 수는 없을까? 이처럼 레이블을 수동으로 지정하는 이유는 다른 객체에서 파드를 직접 참조할 때 중요한 역할을 하기 때문이다. 예를 들어 네트워크를 구성하는 다음 섹션에서는 디플로이먼트 자체가 아닌 디플로이먼트 내부의 파드를 직접 참조한다. PDB(Pod Disruption Budge)와 같은 이 책의 후반부에서 다루는 개념의 경우에도 마찬가지이다. 파드의 레이블을 지정하면 이처럼 다른 객체에서 어떤 레이블이 참조되고 있는지 쉽게 알 수 있다. 파드는 쿠버네티스의 기본 실행 및 스케줄링 단위이며 디플로이먼트는 파드를 생성, 관리 및 상호작용하는 하나의 객체일 뿐이다.

키-값 레이블 자체는 완전히 임의적이다. 쿠버네티스 환경에서 모든 객체에 `foo:bar` 레이블을 설정해 사용할 수도 있다. 필자의 경우 다른 객체에서 파드를 선택할 때 가독성이 좋아지도록 `pod:timeserver-pod`를 사용했다. 대부분의 문서에서는 `app:timeserver`와 같은 형태의 레이블을 사용한다. 디플로이먼트의 이름이 파드의 레이블과 관련 있다는 오해를 불러일으키지 않기 위해 파드 레이블의 값으로 디플로이먼트 이름(`timeserver`)을 반복해 사용하지 않았다.

지금까지 내장된 PodSpec을 사용하여 디플로이먼트 객체를 구성하는 방법을 다뤘다. 디플로이먼트 객체를 구성하는 방식과 디플로이먼트가 파드를 참조하는 방법을 이해하는 데 도움되기를 바란다. 다음 섹션에서는 레이블을 통해 파드를 참조하여 디플로이먼트를 외부에 노출하는 방법을 설명하겠다.

3.2.5 서비스 게시하기

컨테이너가 성공적으로 배포되면, 해당 컨테이너와 상호작용하며 관리하고 싶을 것이다. 각 파드에는 클러스터 내에서 파드 간 통신에 사용할 수 있는 자체 클러스터-로컬(내부) IP 주소가 할당된다. 파드를 노드의 IP 주소를 통해 노출(`hostPort` 필드 사용)할 수 있으며 파드를 직접 외부 환경에 노출시키는 것도 가능하다. 그러나 실시간 게임 서버를 개발하지 않는 한 파드를 직접 외부에 노출할 일은 거의 없다. 일반적으로, 특히 디플로이먼트가 사용되는 경우에는 내부 IP(및 선택적으로 외부 IP를 사용)가 존재하는 단일 액세스 포인트인 서비스를 사용해 파드를 하나로 묶고 요청에 대해 각 파드로 로드 밸런싱을 수행한다. 심지어 단일 파드로 구성된 디플로이먼트의 경우에도 외부 노출을 위해 서비스를 생성해야 할 수도 있다.

서비스는 로드 밸런싱 외에도 어떤 파드가 실행 중이고 트래픽을 수신할 수 있는지 추적할 수 있는 기능을 제공한다. 예를 들어, 디플로이먼트에 3개의 복제본을 지정한다고 해서 항상 3개의 복제본을 모두 사용할 수 있는 것은 아니다. 노드의 업그레이드로 인해 2개의 복제본만 존재할 수도 있고 디플로이먼트를 새로운 버전으로 롤아웃하는 과정에서 3개 이상의 복제본이 존재할 수도 있다. 서비스는 실행 중인 파드로만 트래픽을 라우팅한다(다음 장에서는 원활한 동작을 위해 제공해야 하는 몇 가지 주요 정보를 살펴볼 것이다).

서비스는 클러스터 내에서 내부적으로 사용되어 여러 애플리케이션 간의 통신을 가능하게 하며 (마이크로 서비스 아키텍처라고 불림) 애플리케이션 간 통신을 위해 서비스 디스커버리(Service Discovery)와 같은 편리한 기능을 제공한다. 서비스 디스커버리에 대한 보다 자세한 내용은 7장에서 다룰 예정이다. 지금은 서비스 사용에 중점을 두고 로드 밸런서 유형 서비스를 지정해 새로운 애플리케이션을 외부에 노출해 보자. 디플로이먼트와 마찬가지로 YAML 구성부터 시작하겠다.

예제 코드 3.3 Chapter03/3.2_DeployingToKubernetes/service.yaml

```
apiVersion: v1
kind: Service
metadata:
  name: timeserver
spec:
  selector:
    pod: timeserver-pod          트래픽이 해당 레이블을 갖고
                                  있는 파드로 라우팅된다.
  ports:
  - port: 80              ◀──  서비스가 노출될 포트
    targetPort: 80        ◀──  트래픽이 포워딩될 컨테이너의 목적지 포트
    protocol: TCP         ◀──  네트워크 프로토콜
  type: LoadBalancer      ◀──  서비스 유형: 이 경우, 외부 로드 밸런서
```

port 리스트를 사용하면 서비스 사용자에게 노출할 포트(port)와 트래픽이 포워딩될 파드의 포트(targetPort)를 설정할 수 있다. 위 예제 코드와 같은 설정을 통해 80번 포트(기본 HTTP 포트)로 서비스를 노출하고 이를 8080번 포트에서 실행되는 컨테이너 애플리케이션에 연결할 수 있다.

쿠버네티스에서 각 파드 및 서비스에는 자체 내부 클러스터 IP가 할당되어 있기 때문에 파드 간 포트 충돌에 대해서는 걱정할 필요가 없다. 따라서 원하는 포트(예: HTTP 서비스의 경우 80번 포트)에서 애플리케이션을 실행할 수 있으며 단순화를 위해 이전 예제와 마찬가지로 port 및 targetPort에 대해서 동일한 번호를 사용할 수 있다.

모든 서비스(9장에서 다룰 예정인 헤드리스 서비스 제외)에는 클러스터 내부에서 파드가 사용하는 클러스터-로컬 IP가 할당된다. 이전 예제와 같이 **type: LoadBalancer**로 설정하면 외부 IP 주소도 추가로 프로비저닝할 수 있다.

또한 서비스에는 디플로이먼트와 마찬가지로 셀렉터라고 하는 섹션이 존재한다. 서비스는 디플로이먼트를 참조하지 않으며 실제로도 디플로이먼트의 존재에 대해 알지 못한다. 대신 지정된 레이블이 있는 파드의 집합을 참조하게 된다. (이 경우, 디플로이먼트에 의해 생성된 파드를 참조한다.) 다시 한번 그림 3.12와 같이 시각화해 보면 이해하기가 더 쉬워진다.

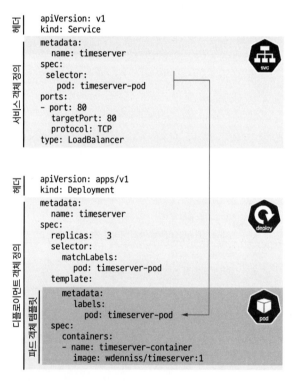

그림 3.12 서비스와 서비스가 대상(선택)으로 삼는 파드 사이의 관계

디플로이먼트 객체와 달리 서비스의 **selector** 섹션에는 **matchLabels** 같은 하위 섹션이 존재하지 않는다. 그러나 디플로이먼트와 서비스의 셀렉터는 동일하다. 단지 디플로이먼트가 쿠버네티스에서 보다 새롭고 이해하기 쉬운 구문을 사용하는 것일 뿐이다. 디플로이먼트와 서비스의 셀렉터는 동일한 역할(객체가 참조하는 파드 집합을 지정하는 것)을 한다.

다음과 같은 명령을 사용하여 클러스터에 서비스 객체를 생성해 보자.

```
cd Chapter03/3.2_DeployingToKubernetes
kubectl create -f service.yaml
```

생성 명령(kubectl create)이 서비스와 디플로이먼트에서 얼마나 같은지 보일 것이다. 모든 쿠버네티스 객체는 4개의 kubectl 커맨드(kubectl create, kubectl get, kubectl apply 및 kubectl delete)를 사용하여 생성, 읽기, 업데이트 및 삭제(CRUD 작업)를 할 수 있다.

생성된 서비스의 상태를 확인하려면 다음과 같이 객체 유형에 대해 kubectl get 명령을 실행하면 된다.

```
$ kubectl get service
NAME         TYPE          CLUSTER-IP     EXTERNAL-IP     PORT(S)       AGE
kubernetes   ClusterIP     10.22.128.1    <none>          443/TCP       1h
timeserver   LoadBalancer  10.22.129.13   203.0.113.16    80:30701/TCP  26m
```

위 명령 실행 결과 여러분이 생성한 서비스(이 예제에서의 timeserver)와 kubernetes라는 다른 서비스가 나열된다. kubernetes 서비스에 대한 출력은 무시해도 된다. 이는 클러스터에서 실행되고 있는 쿠버네티스 API의 자체 서비스이기 때문이다. 또한 kubectl get service $SERVICE_NAME 명령을 실행하여 관심 있는 서비스만 지정해 출력할 수 있다.

출력된 결과에서 External IP가 Pending으로 표시되는 경우 이는 외부 IP가 로드 밸런서가 온라인 상태로 변경될 때까지 기다리고 있다는 의미이다. 이 작업은 1~2분 정도 소요되는 것이 일반적이므로 오랫동안 Pending 상태가 아닌 이상 디버깅하기 위해 서두를 필요가 없다. 이전의 get 명령을 반복하여 사용하는 대신 –watch/w 플래그를 추가하면(예: kubectl get service -w) 상태에 대한 변경 사항을 스트리밍할 수 있다. 해당 명령을 실행하여 관찰하다 보면 몇 분 이내로 서비스에 외부 IP가 할당되는 것이 확인된다.

> **메모**
>
> 외부 IP를 프로비저닝하기 위해서는 퍼블릭 클라우드 환경에서 쿠버네티스를 실행하는 것이 좋다. 퍼블릭 클라우드를 사용하는 경우 클라우드 제공업체가 외부에서 라우팅 가능한 로드 밸런서를 배후에 프로비저닝하기 때문이다. 로컬 환경에서 개발 중이라면 3.4.3항을 참고하여 kubectl port-forward와 같은 도구를 사용하는 연결 방법을 확인하자.

IP가 온라인 상태가 되면 해당 URL을 방문하여 서비스에 접근해 보자. 이전 예제의 출력 결과에 따르면 접속 URL은 http://203.0.113.16이다. (여러분 환경의 경우 kubectl get service 명령 실행 결과 출력되는 외부 IP를 사용한다.) curl은 명령행 인터페이스에서 HTTP 요청을 테스트하는 데 매우 유용한 도구다(curl http://203.0.113.16). 브라우저에서 접속해도 마찬가지로 동작한다.

```
$ curl http://203.0.113.16
The time is 7:01 PM, UTC.
```

문제 해결: UNABLE TO CONNECT

Unable to Connect 에러가 발생하는 일반적인 두 가지 이유는 (1) 셀렉터가 올바르지 않거나 (2) 포트가 잘못되어 있기 때문이다. 셀렉터가 디플로이먼트의 파드 템플릿 내 레이블과 일치하는지 여러 번 확인하자. 타깃 포트(target port)가 실제로 컨테이너가 리스닝 중인 포트인지 확인한다(컨테이너 내부에서 부팅 시 디버그 메시지를 통해 포트를 출력해 보는 것도 좋은 방법이다). 또한 브라우저에서 올바른 포트로 연결을 수행하는지 확인한다.

kubectl의 포트 포워딩 기능을 사용하여 파드의 targetPort 중 하나에 직접 연결할 수 있는지 확인한다. 파드에 직접 연결이 불가능하다면 파드에 문제가 있을 가능성이 높다. 연결이 된다면 문제는 잘못된 서비스 정의에 있을 수 있다. 이 경우 다음과 같은 명령을 사용하여 디플로이먼트 내 파드 중 하나로 포트 포워딩을 설정할 수 있다.

```
kubectl port-forward deploy/$DEPLOYMENT_NAME $FROM_PORT:$TO_PORT
```

여기서 $FROM_PORT는 로컬 환경에서 사용할 포트이고 $TO_PORT는 서비스 명세서에서 정의한 targetPort에 해당한다. 이전에 살펴봤던 예제를 사용하면 다음과 같다.

```
kubectl port-forward deploy/timeserver 8080:80
```

그런 다음 브라우저를 통해 http://localhost:8080으로 연결을 수행한다. 그러면 디플로이먼트의 파드 중 하나가 자동으로 선택될 것이다(서비스를 우회함). 또한 직접 연결을 수행할 특정 파드도 지정이 가능하다.

```
kubectl port-forward pod/$POD_NAME $FROM_PORT:$TO_PORT
```

문제 해결: 외부 IP의 무한 PENDING 현상

외부 IP 주소를 할당받기까지 다소 시간이 소요될 수 있기 때문에 몇 분 정도 기다려본다. 클라우드 환경에서 LoadBalancer 타입의 서비스를 생성할 때 외부 IP가 제대로 프로비저닝되는지 확인이 필요하다. 쿠버네티스의 로드 밸런서 설정에 대한 추가 정보는 각 클라우드 제공업체별 문서를 확인해야 한다.

쿠버네티스 클러스터를 로컬 환경에서 실행 중이거나 외부 IP를 할당하지 않고 서비스를 시험해 보고 싶다면 다음과 같이 로컬 머신의 포트를 서비스로 포워딩할 수 있다.

```
kubectl port-forward service/$SERVICE_NAME $FROM_PORT:$TO_PORT
```

3.2.6 디플로이먼트와 상호작용하기

이전 장의 실습에 따르면, 개발 과정에서 컨테이너와의 상호 작용을 통해 명령을 실행하거나 파일을 컨테이너 내/외부로 복사하는 방법이 매우 편리했던 것을 기억할 것이다. 다행스럽게도 쿠버네티스에서 이와 같은 기능을 도커만큼이나 쉽게 수행할 수 있다.

일회성 명령 실행

docker exec 명령(2장에서 설명)을 사용하여 도커 이미지에서 일회성 명령을 실행할 수 있는 것처럼 쿠버네티스에서 kubectl exec 명령을 사용하면 파드에서 일회성 명령을 실행할 수 있다. 컨테이너 내부에서 발생하는 문제를 진단하는 데 사용하는 일반적인 커맨드는 sh이다. sh 명령을 실행하면 컨테이너에 대화형 셸(interactive shell)이 제공된다(컨테이너에서 sh 명령이 제공되는 경우). 이와 같은 대화형 셸을 통해 컨테이너 내부에서 수행해야 하는 디버깅 단계를 수행할 수 있다.

기술적으로 kubectl exec 명령은 파드에 대해 실행되지만, 특정 파드 대신 디플로이먼트를 지정할 수도 있다. 디플로이먼트를 지정하는 경우 kubectl은 무작위로 하나의 파드를 선정하여 exec 명령을 실행한다.

```
$ kubectl exec -it deploy/timeserver -- sh
# echo "Testing exec"
Testing exec
```

다음과 같은 방법을 사용하면 컨테이너 내부에서 모든 명령을 실행할 수 있다.

```
$ kubectl exec -it deploy/timeserver -- echo "Testing exec"
Testing exec
```

컨테이너 내/외부로 파일 복사

다시 한번 말하지만, 도커와 유사하게 kubectl에는 로컬 머신과 컨테이너 간에 파일을 복사할 수 있는 cp 명령이 존재한다. 이 명령을 사용하려면 컨테이너 이미지에 tar 바이너리가 존재해야 한다. 이는 애플리케이션 로그 및 기타 진단 정보를 로컬 머신에 다운로드하려는 경우 매우 유용하다. 기본 경로는 컨테이너의 작업 디렉터리(working directory)이기 때문에 컨테이너 내부에 'example.txt'라는 이름의 파일이 존재하는 경우 다음과 같은 명령을 통해 로컬 머신으로 복사할 수 있다.

```
kubectl cp $POD_NAME:example.txt example.txt
```

반대 방향(로컬 머신 → 컨테이너 내부)으로 파일 복사도 가능하다.

```
kubectl cp example.txt $POD_NAME:.
```

3.2.7 애플리케이션 업데이트하기

이제 애플리케이션이 외부에 노출됐기 때문에 해당 애플리케이션을 업데이트하고 싶을 것이다. 샘플 애플리케이션의 코드를 변경한 다음, 컨테이너 이미지를 빌드하고 새로운 버전 태그를 사용해 컨테이너 레지스트리에 푸시해 보자. 예를 들어 이전에 us-docker.pkg.dev/wdenniss/ts/timeserver:1 이미지를 사용했다면 새로운 버전의 이미지는 us-docker.pkg.dev/wdenniss/ts/timeserver:2일 수 있다. 이미지에 붙이는 태그는 사용자가 원하는 대로 만들 수 있지만, 가급적 이미지 넘버를 사용하는 것이 좋은 규약이다.

컨테이너 이미지가 리포지토리에 푸시되면(3.2.2항에서 수행했던 바와 같이) 예제 코드 3.1의 deploy.yaml 파일을 다음 예제에서 강조된 부분과 같이 새로운 이미지로 업데이트한다.

예제 코드 3.4 Chapter03/3.2.7_Updating/deploy.yaml

```
apiVersion: apps/v1
kind: Deployment
metadata:
```

```
    name: timeserver
spec:
    replicas: 3
selector:
  matchLabels:
    pod: timeserver-pod
template:
  metadata:
    labels:
      pod: timeserver-pod
  spec:
    containers:
    - name: timeserver-container
      image: docker.io/wdenniss/timeserver:2    ← 새로운 이미지 버전
```

파일을 저장하고 다음과 같은 명령을 통해 클러스터에 변경 사항을 적용한다.

```
$ kubectl apply -f deploy.yaml
deployment.apps/timeserver configured
```

위 명령을 통해 변경 사항을 적용하면 흥미로운 일이 발생한다. 앞서 설명했던 쿠버네티스가 시스템에서 관찰된 상태를 원하는 상태로 유도하면서 지속적으로 여러분의 요구사항을 어떻게 실현시키는지 기억하는가? 현재 모든 파드의 태그가 1로 지정되어 있는 상태에서 디플로이먼트의 이미지 버전 태그에 대한 정의를 2로 새롭게 선언했기 때문에 쿠버네티스는 모든 파드를 새롭게 선언된 이미지 버전 태그와 동일하게 맞추도록 업데이트할 것이다.

`kubectl get deploy` 명령을 통해 이를 실제로 확인할 수 있다. 다음은 몇 가지 출력된 예제이다.

```
$ kubectl get deploy
NAME          READY   UP-TO-DATE   AVAILABLE   AGE
timeserver    3/3     1            3           10m
```

READY 칼럼에는 트래픽을 처리 중인 파드의 수와 요청한 파드의 수가 표시된다. 위 경우, 3개의 파드가 모두 준비 상태임을 알 수 있다. 그러나 UP-TO-DATE 칼럼은 3개의 파드 중 오직 1개만이 현재 버전과 동일한 파드임을 보여준다. 이는 모든 파드를 한 번에 교체하여 애플리케이션에 약간의 다운타임을 발생시키는 대신, 기본적으로 파드가 소위 말하는 롤링 업데이트 전략(한 번에 한 개씩 또는 여러 개씩 업데이트하는 전략)을 사용하기 때문이다.

롤링 업데이트 및 기타 롤아웃 전략은 다음 장에서 보다 자세히 살펴볼 것이다. 아울러 롤아웃 과정에서 결함 방지를 위해 설정해야 하는 상태 검사(health check)도 설명할 것이다. 지금은 단순히 쿠버네티스가 변경 사항을 적용하고 오래된 v1 파드를 새로운 v2 파드로 교체한다는 사실만 알고 있으면 충분하다.

UP-TO-DATE 칼럼의 개수가 READY 칼럼의 개수와 동일해지면 롤아웃이 완료됐다는 뜻이다. 또한 kubectl get pods 명령을 통해 생성 및 교체되는 개별 파드를 관찰할 수도 있다. 해당 명령 수행 시 디플로이먼트를 구성하는 새로운 파드와 기존 파드 목록이 모두 표시된다.

롤아웃 모니터링하기

kubectl get 명령 실행 시 출력되는 결과는 그 순간의 정보가 표시되지만 디플로이먼트는 지속적으로 변경되기 때문에 대부분의 운영자는 동일한 명령을 지속적으로 다시 실행할 필요 없이 자동화된 방식으로 디플로이먼트를 모니터링한다. 쿠버네티스는 kubectl get pods -w 및 kubectl get deploy -w 처럼 대부분의 kubectl 커맨드에 추가할 수 있는 --watch/-w 플래그 옵션을 제공한다. 명령에 watch 옵션을 사용하면 상태에 대한 모든 변경 사항을 콘솔 출력으로 실시간 확인이 가능하다.

watch 플래그의 단점은 출력 결과가 뒤섞인다는 것이다. 변경되는 파드가 많은 경우 결과가 한 줄씩 인쇄되므로 시스템의 현재 상태를 놓치기 쉽다. 따라서 필자는 리눅스의 watch 명령을 사용하는 것을 선호한다. watch 플래그와 달리, watch 명령은 전체 출력 결과를 새로 고침하고 현재와 마지막 업데이트 사이에 변경된 내용을 표시한다. 이 명령은 대부분의 리눅스 배포판, 맥OS 및 WSL(Windows Subsystem for Linux)에서 사용 가능하며 패키지를 통해 설치할 수 있다.

watch가 설치되면 다음과 같이 kubectl 명령 앞에 간단히 추가하여 사용할 수 있다.

```
watch kubectl get deploy
```

필자가 가장 선호하는 watch 명령의 플래그는 -d이다. 이 옵션을 사용할 경우 모든 변경 사항이 강조 표시된다.

```
watch -d kubectl get deploy
```

각 명령을 확인해 볼 수 있는 터미널 창(또는 tmux 세션 창)을 열고 watch와 kubectl 명령만으로 실시간 상태 대시보드를 구성할 수 있다.

디플로이먼트 조회하기

이전에 설명한 `kubectl get deploy` 및 `kubectl get pods` 명령은 실행 시 현재 네임스페이스에 존재하는 모든 디플로이먼트 및 파드를 각각 반환한다. 네임스페이스에 많은 디플로이먼트가 존재하는 경우 관심 있는 리소스만을 지정하여 조회해 볼 수 있다.

```
kubectl get deploy $DEPLOYMENT_NAME
```

객체의 이름은 파일 상단의 `metadata` 섹션에 있는 `name` 필드에서 확인할 수 있다. 단일 디플로이먼트에서 모든 파드를 조회하는 것은 좀 더 까다롭다. 이때 레이블 셀렉터를 사용하면 파드 집합의 상태를 조회해 볼 수 있다.

```
kubectl get pods --selector=pod=timeserver-pod
```

여기서 `pod=timeserver-pod`는 디플로이먼트에 명시된 레이블 셀렉터이다.

3.2.8 정리하기

앞서 생성한 객체를 정리하는 방법에는 여러 가지가 존재한다. 객체 유형 및 이름별로 삭제할 수 있다.

```
$ kubectl delete deploy timeserver
deployment.apps "timeserver" deleted
$ kubectl delete service timeserver
service "timeserver" deleted
$ kubectl delete pod timeserver
pod "timeserver" deleted
```

> **메모**
>
> 디플로이먼트와 같이 다른 객체가 관리하고 있는 파드의 경우 일일히 삭제할 필요가 없다. 디플로이먼트를 삭제하면 해당 디플로이먼트가 관리하는 모든 파드가 자동으로 삭제된다. 그러나 수동으로 생성한 파드에 대해서는 삭제가 필요하다.

또는 개별 설정 파일이나 설정 파일이 위치한 디렉터리를 참조하여 객체를 삭제할 수 있다.

```
$ kubectl delete -f 3.2_DeployingToKubernetes
deployment.apps "timeserver" deleted
```

```
service "timeserver" deleted
$ kubectl delete -f 3.2.4_ThePodSpec/pod.yaml
pod "timeserver" deleted
```

삭제 진행 후 마음이 바뀐다면 다시 생성하면 된다(예: `kubectl create -f 3.2_`
`DeployingToKubernetes`). 이것이 파일에 설정을 기록할 때의 장점이다. 모든 변경 사항은 설정 파일
에 업데이트되기 때문에 라이브 상태에 적용했던 사항을 기억할 필요가 없다.

클라우드 환경에서 쿠버네티스 클러스터를 사용하는 경우, 클러스터 자체에 요금이 부과되는 경우가
많기 때문에 하루 일과를 마친 후에는 클러스터를 삭제하는 것도 고려해 봄 직하다. 이는 대부분의 클
라우드 업체가 제공하는 UI 콘솔을 사용해 수행할 수 있다. 만약 명령행 도구를 통해 GKE를 사용하는
경우 `gcloud container clusters delete $CLUSTER_NAME --region $REGION` 명령을 통해 클러스터
를 삭제할 수 있다. 클러스터에서 실행되는 파드나 서비스가 존재하지 않더라도 클러스터를 구성하는
노드 자체에 일반적으로 요금이 부과된다(GKE Autopilot과 같은 플랫폼을 사용하는 경우에는 신경
쓰지 않아도 된다). 따라서 클러스터 삭제를 통해 노드를 정리해야 한다. 클러스터를 삭제하지 않고 유
지하면서 노드에 대한 비용을 청구하는 플랫폼을 사용하는 경우, 쿠버네티스 객체 외에 노드 리소스에
도 주의를 기울여 필요한 부분만 확보하여 사용할 수 있도록 한다.

> **팁**
> 이 책의 나머지 부분에서는 유지하고 싶지 않은 리소스를 삭제하는 방법을 알고 있다고 가정하고 설명할 것이다.
> 이 책의 예제를 실습할 때는 앞서 설명했던 단계를 염두에 두고 생성한 객체를 모두 삭제한다. 그렇게 하면 리소
> 스를 확보하거나 비용을 줄이려는 노력을 하지 않아도 된다.

3.3 명령형 커맨드

쿠버네티스는 시스템과 상호작용하기 위한 두 가지 접근 방식을 제공한다. 선언적으로 설정 파일에 원
하는 상태를 명시(선언)하고 해당 설정을 클러스터에 적용하는 방식과 명령적으로 API에 원하는 동작
에 대한 하나의 명령을 지시하는 방식이다. 설정 기반 선언형 모델은 대부분의 실무자(필자 포함)가 매
우 선호하는 접근 방식이며 실제 운영 환경에서 가장 자주 접하게 될 접근 방식이다.

명령형 커맨드(Imperative commands)를 사용하면 컨테이너 형태로 디플로이먼트를 생성하고 서비스를 생성하여 외부에 노출시키는 것이 가능하다. 이를 수행하는 방법은 다음과 같다(3.2.8항의 정리하기 단계에 따라 이전 예제가 삭제되어 있는 경우).

1. 디플로이먼트 생성하기

```
$ kubectl create deployment timeserver \
        --image=docker.io/wdenniss/timeserver:1
deployment.apps/timeserver created
```

2. 서비스 노출을 위해 80번 포트로 LoadBalancer 유형의 서비스 생성하기

```
$ kubectl expose deployment timeserver --type=LoadBalancer --port 80
service/timeserver exposed
```

3. 결과 관찰하기

```
$ kubectl get deploy,svc
NAME                            READY     UP-TO-DATE    AVAILABLE    AGE
deployment.apps/timeserver      1/1       1             1            4m49s


NAME                    TYPE            CLUSTER-IP       EXTERNAL-IP    AGE
service/kubernetes      ClusterIP       10.22.128.1      <none>         5m2
service/timeserver      LoadBalancer    10.22.130.202    <pending>      31s
```

4. 디플로이먼트의 컨테이너를 새로운 버전으로 업데이트하기

```
$ kubectl set image deployment timeserver timeserver=wdenniss/timeserver:2
deployment.apps/timeserver image updated
```

이러한 방법(명령형 커맨드)은 긴 설정 파일을 사용해 쿠버네티스를 제어하는 것과 비교할 때 처음에는 보다 더 간단해 보인다. 그러나 설정 파일 기반 접근 방식을 선호하는 데는 몇 가지 타당한 이유가 있다. 첫 번째는 재생산성(Reproducibility)이다. 운영 환경과 검증 환경을 분리하는 매우 일반적인 사용 사례가 대표적이다. 이처럼 서로 다른 환경에 설정을 재생성해야 한다고 가정하자. 선언적 접근 방식을 사용하면 (필요한 일부 조정을 통해) 동일한 설정을 새로운 환경에 쉽게 적용할 수 있다. 명령적 접근 방식을 사용하면 실행한 명령을 기억했다가 다시 명령줄에 순서대로 작성하기 위해 배시 스크립트에 해당 명령을 저장해 관리해야 할 것이다.

설정을 변경하는 것 또한 더 어렵다. 설정 파일을 사용하면 구성을 변경해야 하는 경우 설정 파일의 내용을 업데이트하고 다시 적용하기만 하면 쿠버네티스가 개발자가 원하는 대로 동작한다. 그러나 명령 기반 접근 방식을 사용하면 각 변경 사항 자체가 각기 다른 명령에 의해 수행된다. `kubectl set image` 명령은 이미지를 변경하고 `kubectl scale` 명령은 복제본의 수를 변경한다. 또한 네트워크 타임아웃으로 인해 명령 수행이 실패할 위험이 있지만 설정 파일을 사용하면 변경 사항이 다음에 apply 명령이 실행될 때 적용될 수 있다. 11장에서는 설정 파일을 애플리케이션의 소스코드처럼 다루는 방법, 즉 GitOps 또는 Configuration as Code 방법론에 대해서 살펴볼 것이다.

오래전에 명령형 커맨드로 구축된 시스템을 발견하더라도 걱정할 필요가 전혀 없다. `kubectl get -o yaml $RESOURCE_TYPE $RESOURCE_NAME` 명령을 사용하면 클러스터에서 설정을 내보낼 수 있다. 라이브 클러스터에서 이와 같은 설정 파일을 내보낼 때는 제거해야 할 몇 가지 관련 없는 필드가 존재한다 (11.1.2항에서 다룰 예정). 다행스럽게도 선언적 방식을 사용하든 명령적 방식을 사용하든 쿠버네티스는 동일한 방식으로 객체를 저장하기 때문에 쉽게 방식을 전환할 수 있다.

3.4 로컬 쿠버네티스 환경

3장에서는 지금까지 클라우드 환경에서 제공하는 쿠버네티스를 배포 환경으로 사용했다. 물론 로컬에서도 쿠버네티스를 실행할 수 있다. 그러나 이 책을 학습하고 있는 여러분 대부분의 목표는 서비스를 게시하고 해당 서비스를 외부에서 접근할 수 있도록 구성하는 것이다. 따라서 필자는 쿠버네티스에 배포하는 방법을 시연하기 위해 로컬 개발 클러스터 대신 퍼블릭 클라우드 제공업체를 선택했다. 3장의 예제를 순서대로 잘 따라오고 있다면 축하한다! 이제 쿠버네티스를 사용하여 애플리케이션을 배포하고 이를 외부에 노출시킬 수 있다. 이후 장에서는 애플리케이션을 운영하고 확장하는 방법 등을 학습하게 될 것이다.

그러나 로컬 쿠버네티스 개발 클러스터 역시 중요한 부분을 차지한다. 애플리케이션이 쿠버네티스 클러스터에서 실행될 때 코드를 반복적으로 수정 및 배포하려는 개발 과정에서 매우 유용하다. 특히 애플리케이션이 여러 개의 다른 서비스로 구성되어 있는 경우 더욱 유용하다. 로컬 환경은 클라우드 서비스 비용을 지불하지 않고도 쿠버네티스 구성을 시험해볼 수 있는 좋은 장소이며, 배포 설정을 로컬에서 테스트해 볼 수 있는 편리한 옵션이다.

동적 프로비저닝이 포함된 운영 환경에 적합한 클라우드 서비스와 비교하여 고정된 리소스 집합으로 구성되어 운영 환경에 적합하지 않은 환경의 머신에서 로컬로 쿠버네티스를 사용하는 데에는 많은 차이점이 존재한다. 로컬 머신에 쿠버네티스를 구축하는 경우 리소스에 대한 제약이 존재하지만, 클라우드 환경에서는 지리적으로 분산된 영역에 위치한 여러 개의 머신을 사용하여 대규모로 확장할 수 있다. 또한 클라우드 환경에서는 서비스에 대해 라우팅 가능한 공용 IP를 할당받을 수 있다. 이러한 차이점 등으로 인해 운영 대상이 되는 클라우드 환경에서 직접 학습하는 것이 더 효율적이라고 생각한다. 따라서 이 책에서는 운영 환경에 적합한 클러스터 환경에 초점을 맞춰 설명할 것이다. 이러한 차이점을 이해하고 있다면 로컬 환경의 개발 클러스터는 실제로 매우 유용한 도구가 될 수 있다.

애플리케이션 개발을 위한 쿠버네티스 클러스터가 필요할까?

애플리케이션을 쿠버네티스로 구성된 운영 환경에 배포한다는 이유만으로 개발 과정에서까지 쿠버네티스를 사용할 필요는 없다. 필자가 경험한 바에 따르면 일반적인 애플리케이션 개발 패턴은 로컬 환경 개발 및 테스트를 위해 도커 컴포즈(2.3절에서 설명)를 사용하고 개발 및 테스트를 거친 애플리케이션을 쿠버네티스로 구성된 운영 환경에 배포하는 것이다.

도커 컴포즈는 소수의 서비스 간 의존성만 존재하는 애플리케이션 개발에 매우 적합하다. 단점은 애플리케이션에 대한 설정을 두 번 정의해야 한다는 것이다(한 번은 도커 컴포즈를 사용하는 개발 환경용으로, 또 한 번은 쿠버네티스를 사용하는 운영 환경용으로). 그러나 서비스 간 의존성이 작은 경우에 설정에 따르는 오버헤드는 매우 미미하다. 장점은 도커가 개발을 위한 몇 가지 유용한 도구를 가지고 있다는 것이다. 특히 로컬 디렉터리를 컨테이너에 마운트할 수 있다. 이는 특히 파이썬 및 루비와 같은 인터프리터 언어의 경우 컨테이너를 다시 빌드하지 않고도 코드를 변경할 수 있음을 의미한다. 또한 복제본의 수 및 리소스 요구사항과 같은 모든 운영 환경과 관련된 설정을 건너뛸 수 있기 때문에 구성도 매우 간단하다.

로컬 앱 디렉터리를 읽기/쓰기 볼륨으로 마운트하고, 컨테이너를 다시 빌드하지 않고도 코드를 편집하고, 로그 파일처럼 컨테이너에서 실행하는 명령의 출력 결과를 가져오고, 개발 디렉터리에서 바로 데이터베이스에 대한 업그레이드를 수행할 수 있는 도커 컴포즈의 유용성은 과소평가할 수 없다. 쿠버네티스에도 긴밀한 개발 루프를 제공하는 Skaffold 와 같은 도구가 있지만, 여러 가지 이유로 도커는 개발자들 사이에서 최고의 평판을 얻고 있다.

필자가 항상 말했듯이 작업에 가장 적합한 도구를 사용한다. 로컬 쿠버네티스 클러스터나 도커 컴포즈 구성 중 어떤 것이 애플리케이션 개발에 가장 적합한지 결정하고 자신에게 가장 적합한 것을 사용하자. 애플리케이션 개발을 위해 도커 컴포즈를 사용하기로 한 경우에도 배포 테스트를 위해서는 로컬 환경에 설치한 쿠버네티스 클러스터를 계속 활용할 수 있다.

로컬 환경에 쿠버네티스 클러스터를 실행하는 다양한 옵션이 있다. 가장 인기 있는 두 가지는 도커 데스크톱(Docker Desktop)과 미니큐브(Minikube)다. 실제로 여러분의 환경에 도커 데스크톱이 설치

되어 있다면 이는 이미 로컬 환경에 단일 노드로 구성된 쿠버네티스 클러스터가 있는 것이나 마찬가지
이다. 쿠버네티스 프로젝트에 의해 탄생한 미니큐브는 설정도 간단하고 멀티 노드 구성과 같은 몇 가지
고급 옵션을 제공한다. 이는 파드 분산 및 어피니티(affinity)(8장에서 다룰 예정)와 같은 고급 쿠버네
티스 설정을 테스트할 때 유용하다.

3.4.1 도커 데스크톱의 쿠버네티스 클러스터

도커 데스크톱은 단일 노드의 쿠버네티스 개발 환경과 함께 제공된다. 앞서 설명한 바와 같이 도커 데
스크톱이 설치되어 있다면 이미 로컬 쿠버네티스 개발 환경이 있는 것이나 마찬가지다. 쿠버네티스 설
치를 위해 https://docs.docker.com/desktop/kubernetes/의 지침에 따라 간단한 두 단계를 진행
한다.

1. 도커 데스크톱 설정에서 쿠버네티스를 활성화하고 실행 중인지 확인한다.

2. kubectl을 사용하여 컨텍스트를 도커 데스크톱 클러스터로 전환한다.

> **메모**
> 도커의 로컬 쿠버네티스 옵션은 '도커 데스크톱' 제품과 함께 패키징돼 있다. 리눅스 환경에서 도커 엔진 설치를
> 통해 도커를 사용하고 있다면 해당 기능은 포함되어 있지 않다.

쿠버네티스가 활성화된 상태로 도커 데스크톱이 실행되는 경우 컨텍스트를 확인하여 전환할 수 있다.

```
kubectl config get-contexts
kubectl config use-context docker-desktop
```

실제로 이러한 명령을 사용하여 3장의 이전 예제에서 사용했던 클라우드 플랫폼을 포함하여 이전에 연
결했던 모든 클러스터로 전환할 수 있다. 클러스터를 전환하려면 언제든지 다음과 같은 명령을 수행할
수 있다.

```
kubectl config get-contexts
kubectl config use-context $CONTEXT
```

클러스터 간 컨텍스트 전환이 잦을 경우 위와 같은 두 명령을 입력하는 것이 다소 번거로울 수 있기 때
문에 훨씬 더 빠르게 수행할 수 있는 kubectx라는 도구(https://github.com/ahmetb/kubectx) 사
용을 적극 권장한다. kubectx를 통해 컨텍스트 전환을 하려면 다음 명령을 수행한다.

```
kubectx
kubectx $CONTEXT
```

도커 데스크톱에 문제가 있는 경우 디버그 메뉴에 있는 Restart Kubernetes Cluster 및 Clean/Purge Data 옵션을 사용한다.

3.4.2 미니큐브

미니큐브(Minikube)는 로컬 환경에서 테스트를 위한 또 다른 훌륭한 옵션이며 멀티 노드 환경을 제공하여 보다 많은 쿠버네티스 기능을 테스트할 수 있다. 미니큐브는 오픈소스 쿠버네티스 커뮤니티에 의해 유지 관리된다. https://minikube.sigs.k8s.io/docs/start/의 지침에 따라 시스템에 미니큐브를 설치하자. 설치 후 멀티 노드 클러스터(운영 환경과 유사하기 때문에 권장함)를 부팅하려면 minikube start 명령 실행 시 원하는 노드의 수를 함께 전달해야 한다.

```
minikube start --nodes 3
```

start 명령은 kubectl이 미니큐브 컨텍스트를 사용하도록 자동으로 설정한다. 즉, 모든 kubectl 명령이 미니큐브 클러스터를 대상으로 실행되는 것을 의미한다. 컨텍스트를 운영 환경 클러스터와 같은 다른 클러스터로 다시 변경하려면 이전 섹션에서 설명했던 바와 같이 kubectl config나 kubectx 명령을 사용한다.

3장의 지침에 따라 미니큐브가 실행되면 일반적인 쿠버네티스 클러스터와 같이 사용할 수 있다. 본격적으로 사용하기에 앞서 모든 것이 잘 동작하고 있는지 확인하려면 kubectl get nodes와 같은 명령을 실행하여 클러스터에 연결할 수 있는지 확인한다.

```
$ kubectl get nodes
NAME           STATUS   ROLES           AGE     VERSION
minikube       Ready    control-plane   4m54s   v1.24.3
minikube-m02   Ready    <none>          4m32s   v1.24.3
minikube-m03   Ready    <none>          3m58s   v1.24.3
```

미니큐브 사용을 마치고 머신의 CPU 및 메모리 리소스를 반환하려면 minikube stop 명령을 실행한다. 모든 데이터를 삭제하고 다른 설정(예: 노드 수 변경)으로 새로운 미니큐브 클러스터를 위한 공간을 생성하려면 minikube delete 명령을 실행한다.

3.4.3 로컬 쿠버네티스 클러스터 사용하기

선호하는 로컬 쿠버네티스 클러스터를 가리키도록 kubectl을 구성한 뒤 3장의 앞 부분에서 설명했던 것과 동일한 kubectl 명령을 사용하여 애플리케이션을 로컬 환경에 배포할 수 있다. 그러나 서비스를 외부에 노출하고 접근하는 방법과 로컬에 빌드된 컨테이너 이미지를 참조하는 방법에 중요한 차이가 있다. 3장의 샘플 애플리케이션을 로컬 환경에 배포하려면 샘플 루트 디렉터리에서 다음과 같은 명령을 실행한다.

```
$ cd Chapter03/3.2_DeployingToKubernetes
$ kubectl create -f .
deployment.apps/timeserver created
service/timeserver created
```

선언적 설정의 이점

이 책 전반에 걸쳐 제공되는 예제는 명령형 커맨드가 아닌 선언적 설정을 사용한다. 즉, 디플로이먼트를 생성하려면 kubectl을 사용하여 디플로이먼트를 직접 생성하지 않고 먼저 디플로이먼트에 대한 설정 파일을 작성한 다음 적용한다.

이러한 접근 방식의 많은 이점 중 하나는 여러 일회성 명령을 기억할 필요가 없으며 설정을 로컬에서 테스트한 다음 동일한 설정으로 운영 환경에 배포할 수 있다는 것이다. 동일한 설정 파일을 갖고 어떻게 로컬 클러스터와 운영 클러스터에 배포할 수 있는지 확인해 보자.

서비스에 접근하기

클라우드 환경의 쿠버네티스에서 개발할 때와 달리 로컬 환경에서는 LoadBalancer 유형의 서비스를 생성하면 외부 IP를 할당받지 못한다. 도커 데스크톱, 미니큐브 및 실제 모든 쿠버네티스 클러스터의 경우 kubectl을 사용하여 로컬 시스템의 포트를 클러스터 내부 서비스로도 포워딩할 수 있다. 이는 로컬 환경의 쿠버네티스 클러스터에 대해 테스트하고 클라우드 환경의 클러스터를 디버깅할 때 매우 유용하다. 서비스를 로컬에 노출시키려면 다음과 같은 명령을 사용한다.

```
kubectl port-forward service/$SERVICE_NAME $FROM_PORT:$TO_PORT
```

여기서 FROM_PORT는 로컬에서 서비스에 접근할 포트 번호이고 TO_PORT는 서비스의 포트 번호이다. 실습 시 8080번 포트를 FROM_PORT로 선택할 경우 포워딩 명령은 다음과 같다.

```
kubectl port-forward service/timeserver 8080:80
```

그런 다음 브라우저를 통해 http://localhost:8080으로 접속하여 서비스에 연결할 수 있다. 모든 네트워크 인터페이스에 바인딩되어 네트워크상의 다른 장치에서 전달된 서비스에 접근할 수 있도록 하는(방화벽이 허용되어 있는 경우) --address 0.0.0.0을 포함하여 kubectl port-forward와 관련되어 유용하게 쓸 수 있는 다양한 플래그[3]가 존재한다. 포트 포워딩은 클라우드 환경의 쿠버네티스 플랫폼에서 실행되는 서비스를 디버깅하는 데에도 유용하게 사용된다.

미니큐브는 트래픽을 서비스로 라우팅하기 위한 추가적인 방법[4]을 제공한다. 다음과 같은 명령을 사용하여 이를 적용할 수 있다.

```
minikube service $SERVICE_NAME
```

이전 섹션에서 설명한 샘플의 경우 적용되는 명령은 다음과 같다.

```
minikube service timeserver
```

도커에서 로컬 쿠버네티스 서비스로 접근하기

쿠버네티스 외부에서 실행되는 도커 컨테이너에서 쿠버네티스 내부에서 실행되는 서비스에 직접 접근하려고 하는가? 예를 들어 도커에서 빠른 반복 작업을 수행하고 있으며 쿠버네티스에 설정된 서비스에 접근하려고 하는 경우를 생각해 보자.

해결책은 매우 쉽다. 앞서 설명한 바와 같이 로컬 머신에서 포트를 열고 서비스로 포워딩한다. 그런 다음 포워딩을 설정한 포트에 관계없이 host.docker.internal을 사용하여 도커에서 실행되는 컨테이너에서 직접 서비스를 참조할 수 있다. host.docker.internal은 컨테이너가 로컬 시스템의 서비스와 통신할 수 있는 방법이며 포트를 로컬 머신에 전달했기 때문에 연결이 이루어질 수 있다.

예를 들어 쿠버네티스에 레디스(Redis)를 배포하고(9장 참고) kubectl port-forward service/timeserver 6379:6379 명령을 사용하여 포트를 포워딩하고 있다고 가정하자. 그런 다음 redis-py 라이브러리를 사용하는 파이썬을 실행하여 도커의 로컬 컨테이너에서 연결을 시도하고자 한다면 redis.Redis(host='host.docker.internal', port= '6379') 주소로 접속할 수 있다.

---

3 https://kubernetes.io/docs/reference/generated/kubectl/kubectl-commands#port-forward
4 https://kubernetes.io/docs/setup/learning-environment/minikube/#services

로컬 이미지 배포하기

기본적으로 로컬 쿠버네티스 클러스터는 인터넷에서 컨테이너 이미지를 가져오려고 시도할 것이다 (운영 환경의 쿠버네티스 클러스터와 동일하게 동작한다). 우분투나 필자가 제공하는 docker.io/ wdenniss/timeserver와 같은 공용 이미지의 경우 잘 동작할 것이다. 그러나 로컬에서 빌드된 이미지를 로컬 클러스터에게 제공하기 위해서는 몇 가지 추가 단계가 필요하다. 물론, 운영 환경과 마찬가지로 공용 컨테이너 레지스트리에 이미지를 업로드할 수도 있다. 그렇게 하면 로컬 클러스터가 운영 환경 클러스터처럼 원하는 이미지를 가져올 것이다.

그러나 개발 과정에서 빌드한 모든 이미지를 업로드하는 것은 다소 번거로운 작업이다. 이미지를 푸시/풀(pull)하는 과정에서 개발 속도가 느려진다. 또한 공용 이미지를 사용하지 않을 경우 로컬 클러스터가 컨테이너 레지스트리에 접근할 수 있도록 자격 증명을 거쳐야 한다. (클라우드 환경에서 제공하는 컨테이너 레지스트리에서 사설 이미지를 가져올 때 일반적으로 거치는 단계이다.)

로컬 클러스터가 로컬 이미지를 사용하도록 하려면 쿠버네티스의 디플로이먼트 설정을 두 가지 변경해야 한다. 먼저, imagePullPolicy 매개변수를 추가하고 Never로 설정한다. 그런 다음 리포지토리를 가리키는 접두사 없이 로컬 이미지 이름을 사용하여 이미지를 참조한다.

로컬에서 빌드된 이미지의 경로는 단순히 리포지토리 및 버전 태그이며 리포지토리 URL 접두사는 존재하지 않는다. 2장에서 수행했던 바와 같이 docker build . -t timeserver 명령을 사용하여 이미지를 빌드한 경우 설정 파일의 Pod Spec 부분을 image: timeserver:latest로 변경하여 로컬에서 빌드된 이미지를 참조한다(latest 버전 태그를 사용하면 가장 최근에 빌드된 이미지가 제공된다). 사용 가능한 로컬 이미지 목록을 확인하려면 docker images 명령을 실행한다. 다음은 로컬에서 빌드된 이미지를 참조하는 디플로이먼트의 예제다.

예제 코드 3.5 Chapter03/3.4.3_LocalDevelopment/deploy.yaml

```
apiVersion: apps/v1
kind: Deployment
metadata:
  name: timeserver
spec:
  replicas: 3
selector:
  matchLabels:
    pod: timeserver-pod
```

```
template:
  metadata:
    labels:
      pod: timeserver-pod
  spec:
    containers:
    - name: timeserver-container
      image: timeserver:latest      ◀─── 로컬에서 사용 가능한 이미지 참조
      imagePullPolicy: Never      ◀─── ImagePullPolicy는 쿠버네티스가 로컬 이미지를 원격에서 가져오려고 시도하는 것을 방지한다.
```

> **팁**
>
> 로컬에서 가져오려는 이미지에만 imagePullPolicy: Never 설정을 적용한다. 해당 설정이 적용된 상태에서 원격에서 이미지를 가져오려고 한다면 ErrImageNeverPull 에러가 발생할 것이다. 해당 에러가 표시되면 이미지를 로컬에서 사용할 수 없지만, 디플로이먼트가 로컬 이미지를 사용하도록 설정되어 있음을 의미한다.

미니큐브를 사용하는 경우 한 가지 단계가 더 존재한다. 도커 데스크톱은 도커를 사용하여 로컬에서 빌드한 모든 이미지에 접근할 수 있지만 미니큐브는 그렇지 않다(자체적인 독립 컨테이너 런타임을 가지며 로컬에 설치된 도커와 이미지를 공유하지 않는다). 미니큐브에 사용하려는 로컬 이미지를 푸시하려면 다음과 같은 명령을 실행한다.

```
minikube image load $REPOSITORY:$TAG
```

자세한 예제는 다음과 같다.

```
minikube image load timeserver:latest
```

그런 다음 이전과 같이 kubectl을 사용하여 변경 사항을 적용한다.

```
kubectl apply -f deploy.yaml
```

요약

- 쿠버네티스 클러스터는 컨트롤 플레인과 컨테이너가 실행되는 노드로 구성되어 있다.

- 일반적으로 명령행 도구는 kubectl을 사용하며 쿠버네티스 API를 통해 클러스터와 상호작용한다.

- 쿠버네티스에 자체적으로 개발한 애플리케이션을 배포하려면 먼저 컨테이너 이미지를 컨테이너 리포지토리에 업로드해야 한다.

- 워크로드는 컨테이너를 정의하는 파드, 파드를 캡슐화하는 디플로이먼트 등의 객체를 사용해 명시된다.

- 서비스는 네트워크 엔드포인트를 생성하고 컨테이너를 외부에 노출시키는 데 사용된다.

- 파드는 레이블을 통해 디플로이먼트 및 서비스와 같은 다른 객체로부터 참조된다.

- 쿠버네티스는 선언적 설정을 사용하며, 일반적으로 설정 파일은 YAML 형식으로 작성한다.

- 설정 파일을 통해 요구사항을 명시하면 쿠버네티스 컨트롤러가 상태를 지속적으로 관찰하고 충족시키기 위해 노력한다.

- 애플리케이션에 대한 업데이트는 새로운 컨테이너 버전으로 설정 파일을 수정하고 변경 사항을 클러스터에 적용하는 과정으로, 매우 간단하다.

- 쿠버네티스는 설정 파일 전체의 변경 사항을 비교하여 명시된 변경 사항을 적용한다.

4장

운영
자동화

쿠버네티스를 사용하면 컨테이너에서 충돌 발생 시 이를 재시작하거나 하드웨어에서 장애가 발생하는 경우 애플리케이션을 마이그레이션하는 등 많은 작업을 자동화할 수 있다. 따라서 쿠버네티스는 24/7 모니터링 체계를 구축할 필요 없이 배포의 신뢰성을 높이는 데 도움이 된다. 이러한 운영 자동화는 쿠버네티스가 가져다주는 핵심 가치 중 하나다. 따라서 이를 이해하는 것은 쿠버네티스가 제공하는 모든 기능을 최대한 활용하는 데 있어 필수적인 과정이다.

또한 쿠버네티스는 새 버전을 부팅하고 이전 버전을 제거하기 전에 상태를 모니터링하여 트래픽을 처리할 준비가 되었는지 확인함으로써 중단이나 결함 없이 애플리케이션을 업데이트하는 데 도움을 준다.

쿠버네티스가 일반적인 운영 및 업그레이드 과정 중에 다운타임 없이 애플리케이션을 계속 실행하게 하려면 상태 검사(health check)라는 프로세스를 통해 애플리케이션 상태에 대한 특정 정보를 얻어야 한다. 다음 절에서는 애플리케이션에 다양한 상태 검사 프로세스를 추가하는 방법을 살펴볼 것이다. 그리고 이후 절에서는, 쿠버네티스의 기본 롤아웃 전략을 설명하고 이를 사용하여 결함이나 다운타임 없이 애플리케이션을 업데이트하는 방법을 살펴볼 것이다.

4.1 상태 검사를 사용해 업타임 자동으로 감지하기

쿠버네티스가 자체적으로 감지하고 복구할 수 있는 몇 가지 조건이 존재한다. 애플리케이션에서 충돌이 발생하면 쿠버네티스가 이를 자동으로 재시작한다. 마찬가지로 실행 중인 노드에서 컨테이너에 장애가 발생해 삭제되는 경우 쿠버네티스는 디플로이먼트의 복제본 누락을 인지하고 클러스터에서의 가용 공간에 새로운 복제본을 부팅할 것이다.

하지만 프로세스가 멈춰있는 경우, 커넥션이 맺어지지 않은 웹 서비스, 접근이 불가능한 외부 서비스에 의존하는 애플리케이션 등 다른 유형의 애플리케이션 에러는 어떻게 처리해야 할까? 쿠버네티스를 사용하면 이러한 모든 조건을 적절하게 감지하고 장애 발생 시 복구 시도를 할 수 있다. 그러나 이를 위해 쿠버네티스가 애플리케이션에 대한 상태와 트래픽을 수신할 준비가 되었는지에 대한 신호를 제공해야 한다. 이러한 신호를 제공하는 데 사용되는 프로세스가 바로 **상태 검사**이다. 쿠버네티스에서는 이러한 상태 검사 프로세스를 **활성 프로브(liveness probe)** 및 **준비성 프로브(readiness probe)**라고 부른다.

쿠버네티스는 플랫폼에서 실행되는 모든 서비스의 상태가 활성화인지 비활성화인지, 트래픽을 수신할 준비가 되었는지 아닌지를 알 수 없기 때문에 애플리케이션 자체에서 이를 확인하는 테스트를 구현해야 한다. 간단히 말해서 프로브는 컨테이너의 상태를 쿼리하고 컨테이너는 자체 내부 상태를 확인하여 모든 것이 정상일 경우 성공 코드를 반환한다. Request Timeout이 발생(예: 애플리케이션에 너무 많은 로드가 걸려 있는 경우)하거나 컨테이너 자체에 문제가 있다고 판단(중요한 디펜던시와 같은 곳에서 문제 발생)하는 경우 프로브는 실패로 간주된다.

4.1.1 활성 및 준비성 프로브

쿠버네티스에서 컨테이너의 상태는 두 가지의 별도 프로브에 의해 결정된다. 컨테이너가 실행 중인지 여부를 결정하는 활성 상태 프로브와 컨테이너가 트래픽을 수신할 수 있는지 여부를 결정하는 준비성 프로브다. 두 프로브 모두 동일한 기술을 사용하여 검사를 수행하지만 쿠버네티스가 프로브 결과를 사용하는 방식은 다르다(표 4.1 참고).

표 4.1 활성 및 준비성 프로브의 차이점

	활성	준비성
의미	컨테이너가 실행 중인가?	컨테이너가 트래픽을 수신할 준비가 되었는가?
임곗값을 초과하는 프로브 실패의 의미	파드가 종료되고 교체된다.	프로브가 통과할 때까지 파드는 트래픽 수신 대상에서 제외된다.
실패한 프로브에서 복구하는 데 걸리는 시간	느리다: 실패 시 파드가 다시 스케줄링되며 부팅하는 데 시간이 필요하다.	빠르다: 파드는 이미 실행 중이며 프로브 통과 시 즉시 트래픽을 수신할 준비가 됐다.
컨테이너 부팅 시 기본 상태	통과(live)	실패(unready)

쿠버네티스가 두 개의 프로브 유형을 사용하는 이유를 살펴보자. 하나는 부팅 시 상태를 확인하기 위해서다. 컨테이너 부팅 시 활성 상태 프로브는 통과(live) 상태(컨테이너는 파드가 그렇지 않다는 것을 증명할 때까지 활성 상태인 것으로 간주된다)인 반면에 준비성 프로브는 실패(unready) 상태로 시작됨(컨테이너는 트래픽을 처리할 수 있다는 것이 입증될 때까지 트래픽을 처리할 수 없는 것으로 간주된다)에 유의하자.

준비성 검사가 없으면 쿠버네티스는 컨테이너가 트래픽을 수신할 준비가 되었는지 알 수 없다. 따라서 컨테이너가 구동되는 순간 준비 상태로 가정하며 서비스의 로드 밸런싱 로테이션에 즉시 추가될 것이다. 대부분의 컨테이너는 시작하는 데 수십 초에서 심지어 몇 분이 소요되기도 한다. 따라서 막 시작된 컨테이너에 트래픽을 즉시 전송하면 컨테이너 구동 과정에서 일부 트래픽 손실이 발생할 수 있다. 준비성 검사는 내부 테스트가 통과한 경우에만 'Ready' 상태를 보고해 이와 같은 문제를 해결한다.

마찬가지로, 활성 검사를 통해 컨테이너가 재시작돼야 하는 조건은 컨테이너가 트래픽을 수신할 준비가 되지 않았음을 나타내는 조건과 다를 수 있다. 가장 좋은 예는 데이터베이스 연결과 같은 외부 의존성을 기다리고 있는 컨테이너다. 컨테이너가 데이터베이스에 연결될 때까지는 트래픽을 처리해서는 안 되지만(UnReady 상태), 내부적으로는 정상으로 작동한다. 따라서 이 컨테이너를 너무 성급하게 교체하면 의존하고 있는 데이터베이스에 대한 연결을 충분히 설정할 시간이 없기 때문에 이를 교체하지 않도록 주의해야 한다.

두 가지 유형의 프로브를 사용하는 또 다른 이유는 감도(sensitivity)와 복구 시간(recovery time) 때문이다. 준비성 검사는 일반적으로 로드 밸런서에서 파드를 신속하게 제거하고(초기화하는 작업이 빠르고 간단하기 때문에) 검사가 다시 통과되면 다시 추가하도록 튜닝되는 반면, 활성 검사는 컨테이너를 재시작하는 데 필요한 시간이 길기 때문에 자주 발생되지 않도록 튜닝되는 경우가 일반적이다.

4.1.2 준비성 프로브 추가하기

웹 서비스를 예로 들면, 기본적인 상태 점검을 통해 '서비스가 트래픽을 처리하고 있는지'를 테스트할 수 있다. 서비스에 대한 전용 상태 검사 엔드포인트(endpoint)를 구축하는 대신, 서비스에서 HTTP 200 상태 코드를 반환하는 엔드포인트를 찾아서 이를 상태 검사로 사용할 수 있다.

루트 경로가 모든 응답으로 HTTP 200 상태 코드를 반환하는 경우 이를 상태 검사 엔드포인트로 사용할 수 있다. 이 책의 예제로 제공된 컨테이너의 경우 루트 경로가 HTTP 200 상태 코드를 반환하기 때문에 다음에 작성한 준비성 프로브는 제대로 동작할 것이다.

예제 코드 4.1 Chapter04/4.1.2_Readiness/deploy.yaml

```yaml
apiVersion: apps/v1
kind: Deployment
metadata:
  name: timeserver
spec:
  replicas: 3
selector:
  matchLabels:
    pod: timeserver-pod
template:
  metadata:
    labels:
      pod: timeserver-pod
  spec:
    containers:
    - name: timeserver-container
      image: docker.io/wdenniss/timeserver:1
      readinessProbe:
        initialDelaySeconds: 15      ◀── 초기 지연 시간 후
        periodSeconds: 30            ◀── 30초마다
        httpGet:
          path: /                    이 HTTP 요청을 수행
          port: 80
          scheme: HTTP
        timeoutSeconds: 2            ◀── 2초 후에 타임아웃 발생
        failureThreshold: 1          ◀── 컨테이너가 준비되지 않았음을 나타내는 에러 응답 하나를 고려한다.
        successThreshold: 1  ◀── 컨테이너가 준비되지 않은 것으로 간주된 후 준비되었음을 의미하는 성공 응답 하나를 고려한다.
```

루트 디렉터리에서 다음과 같은 명령을 사용하여 `timeserver` 디플로이먼트를 업데이트한다.

```
cd Chapter04/4.1.2_Readiness
kubectl apply -f deploy.yaml
```

이제 컨테이너가 준비성 검사에 응답하지 못할 때마다 해당 파드는 서비스에서 일시적으로 제거된다. 파드의 복제본이 3개 있는데, 그중 하나가 응답에 실패했다고 가정해 보자. 서비스에 대한 모든 트래픽은 나머지 두 개의 정상 파드로 라우팅된다. 파드가 성공을 반환하면(위 예제의 경우 HTTP 200 응답) 서비스에 다시 추가된다.

이 준비성 검사는 업데이트 과정에 특히 중요하다. 이는 파드가 부팅하는 동안 트래픽을 수신하는 것을 원치 않기 때문이다(이러한 과정에서 요청은 실패하기 때문에). 올바르게 구현된 준비성 검사를 사용하면 트래픽 요청이 생성 중인 파드가 아니라 준비된 파드로만 라우팅되기 때문에 다운타임 없이 업데이트를 수행할 수 있다.

차이점 관찰하기

실험을 통해 준비성 검사를 하는 것과 그렇지 않은 것의 차이점을 확인하고 싶다면 다음과 같은 테스트를 시도해 보자. 하나의 창을 열고 셀을 실행시킨 후 준비성 검사가 없는 디플로이먼트를 생성한다(3장의 내용 참고).

```
cd Chapter03/3.2_DeployingToKubernetes
kubectl create -f .
```

서비스에 외부 IP가 할당될 때까지 기다린다.

```
kubectl get svc -w
```

이제 별도의 콘솔 창에서 IP를 할당하고 서비스 엔드포인트에 대한 모니터링을 수행한다.

```
EXTERNAL_IP=203.0.113.16
watch -n 0.25 -d curl http://$EXTERNAL_IP
```

첫 번째 창으로 돌아가서 롤아웃을 수행한다.

```
kubectl rollout restart deploy timeserver
```

파드가 재시작되면, curl을 수행하고 있는 창에서 간헐적으로 커넥션 관련 문제가 발생한다.

이제 준비성 검사가 포함된(이번 절과 동일한) 버전으로 디플로이먼트를 업데이트하고 적용한다.

```
cd ../../
cd Chapter04/4.1.2_Readiness
kubectl apply -f deploy.yaml
```

이번에는 디플로이먼트에 준비성 검사 기능이 있기 때문에 curl을 수행하는 창에서 커넥션 관련 문제가 출력되지 않을 것이다.

4.1.3 활성 프로브 추가하기

활성 프로브는 준비성 프로브와 스펙이 동일하며 키가 **livenessProbe**로 명시된다. 반면에 프로브를 사용하는 방법은 상당히 다르다. 준비성 프로브의 결과는 파드가 트래픽을 수신할 수 있는지 여부를 결정하는 반면, 활성 프로브에 실패하는 경우 파드가 재시작된다(실패에 대한 임계치를 충족시키는 경우).

이전 절에서 디플로이먼트에 추가한 준비성 검사는 상태 확인을 위한 전용 엔드포인트가 아니라 서비스의 루트 경로만을 사용했다는 점에서 상당히 기초적인 내용이었다. 당분간은 이 설정을 계속 사용하겠다. 활성 프로브 예제에서 준비성 프로브와 동일한 엔드포인트를 사용하면서도 약간의 변경을 통해 실패에 대한 허용 범위를 높일 수 있다. 활성 프로브의 실패 횟수가 임계치(threshold)에 도달하면 컨테이너가 재시작되고 원래 상태로 다시 돌아오는 데 다시 시간이 걸릴 수 있기 때문에 활성 프로브가 즉시 실패하는 것(임계치 설정을 낮게 하는 것)은 원치 않는다. 180초 동안 실패하면(30초 간격으로 6번 실패) 재시작하는 활성 프로브를 추가해보겠다.

예제 코드 4.2 Chapter04/4.1.3_Liveness/deploy.yaml

```
apiVersion: apps/v1
kind: Deployment
metadata:
  name: timeserver
spec:
  replicas: 3
selector:
  matchLabels:
    pod: timeserver-pod
template:
  metadata:
    labels:
```

```
      pod: timeserver-pod
  spec:
    containers:
    - name: timeserver-container
      image: docker.io/wdenniss/timeserver:1
      readinessProbe:
        initialDelaySeconds: 15
        periodSeconds: 30
        httpGet:
          path: /
          port: 80
          scheme: HTTP
        timeoutSeconds: 2
        failureThreshold: 1
        successThreshold: 1
      livenessProbe:              ◄── 이번에는 활성 프로브를 명시한다.
        initialDelaySeconds: 30   ◄── 30초의 초기 지연 시간 후
        periodSeconds: 30         ◄── 30초마다 수행
        httpGet:
          path: /
          port: 80               │  HTTP 요청을 수행
          scheme: HTTP
        timeoutSeconds: 5         ◄── 5초 후에 타임아웃이 발생한다. (준비성 검사에 비해 실패에 관대함)
        failureThreshold: 10      ◄── 10번의 응답 에러 발생시 컨테이너의 상태가 준비되지 않았다고 여긴다.
        successThreshold: 1       ◄────────── 컨테이너가 준비되지 않은 상태에서 1개의 성공적인 응답을
                                              받았을 경우 컨테이너가 준비된 것으로 간주한다.
```

다음과 같은 명령을 통해 timeserver 디플로이먼트를 최신 사항으로 업데이트한다.

```
cd Chapter04/4.1.3_Liveness
kubectl apply -f deploy.yaml
```

이제 여러분의 디플로이먼트에는 준비성 프로브 및 활성 프로브가 존재한다. 이러한 기본적인 프로브 설정만으로도 디플로이먼트의 신뢰성을 크게 향상시킨다. 여기서 설정을 멈추더라도 기본적인 애플리케이션에는 충분할 것이다. 다음 절에서는 운영 환경에 적합한 프로브 설정을 위한 몇 가지 추가 설계 고려 사항을 자세히 설명하겠다.

4.1.4 올바른 상태 확인 설계하기

이전 두 절에서 했던 것처럼 기존 엔드포인트를 사용하는 것은 상태 확인 경로가 없는 것보다는 낫겠지만, 일반적으로는 애플리케이션에 상태 확인을 위한 전용 엔드포인트를 추가하는 편이 더 좋다. 전용으로 구성된 상태 확인 엔드포인트는 준비성 및 활성 프로브의 의미를 제대로 구현하며 최대한 경량화되어 있어야 한다. 활성 프로브와 준비성 프로브가 갖는 의미적 차이를 제대로 이해하지 못한 채 사용하게 되면, 과도한 재시작과 연속적인 실패로 인해 오히려 애플리케이션이 불안정해질 수 있다. 게다가 다른 엔드포인트를 재사용하는 경우 필요한 것보다 더 무거울 가능성이 존재한다. 간단한 HTTP 헤더 응답으로 충분한 것을 왜 전체 HTML 페이지를 렌더링하는 비용을 지불해야 하는가?

상태 검사를 구현하기 위한 HTTP 엔드포인트를 생성할 때는 테스트 중인 외부 의존성을 고려하는 것이 중요하다. 일반적으로 활성 프로브에서 외부 의존성을 확인하는 것은 원하지 않을 것이다. 오히려 컨테이너 자체가 실행 중인지 여부만을 테스트해야 한다(컨테이너가 외부 의존성에 대한 연결을 다시 시도한다고 가정한다). 정상적으로 실행되고 있는 컨테이너를 재시작하거나 문제가 있는 다른 서비스에 연결할 수 없다는 이유만으로 컨테이너를 재시작하는 것은 실제로 아무런 가치가 없다. 이로 인해 불필요한 재시작 및 이탈이 발생해 연속적인 장애로도 이어질 수 있다. 특히, 의존성 그래프(dependency graph)가 복잡한 경우에 더욱 문제가 된다. 그러나 활성 프로브에서 의존성을 테스트하지 않는다는 원칙에는 예외가 존재한다. 이에 대해서는 이번 절의 후반부에서 보다 자세히 다루겠다.

활성 프로브는 서버가 응답하는지 여부만 테스트하기 때문에 그 결과는 매우 간단해도 되고, 그래야만 한다. 일반적으로, 본문 텍스트가 존재하지 않는 HTTP 200 상태 응답을 사용한다. 요청이 서버의 코드를 실행한다면 해당 요청은 실시간이어야 하며, 이는 상태 확인을 위한 충분한 정보가 된다.

반면에 준비성 프로브의 경우, 일반적으로 데이터베이스 연결과 같은 외부 의존성을 테스트하는 것이 바람직하다(그림 4.1 참고). 파드의 복제본이 3개 있고 그중 2개의 복제본만이 데이터베이스에 연결됐다고 가정해보자. 로드 밸런서의 로테이션에는 잘 동작하고 있는 두 개의 파드만 포함하는 것이 합리적이다. 커넥션을 테스트하는 한 가지 방법은 준비성 검사에서 데이터베이스의 단일 행을 조회해보는 것이다.

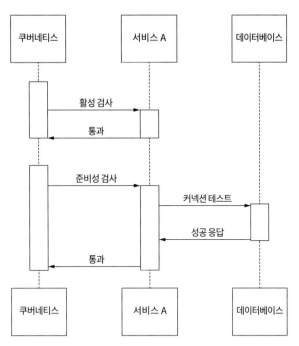

그림 4.1 활성 및 준비성 검사, 그리고 외부 의존성

예를 들어, 데이터베이스 연결 확인을 위한 수도코드(pseudo code)는 다음과 같다.

```
result = sql.execute("SELECT id FROM users LIMIT 1;")
if result:
  http_response(200, "Ready")
else:
  http_response(503, "Not Ready")
```

데이터베이스가 연결되고 제대로 응답하는지 확인하려면 간단한 SQL 쿼리를 수행하는 것만으로도 충분하다. SELECT 쿼리를 사용하는 대신 다른 데이터베이스 작업을 수행할 수 있지만 개인적으로 SELECT 문은 신뢰할 만하다고 생각한다. SELECT 쿼리가 잘 동작하면 다른 쿼리도 잘 동작할 것이라고 확신한다.

파이썬으로 작성된 timeserver 예제 애플리케이션에는 데이터베이스 의존성이 존재하지 않는다. 그러나 프로브를 위한 전용 엔드포인트를 가지는 것이 모범 사례이기 때문에 /healthz 및 /readyz라는 이름을 가진 특정 경로를 포함하도록 코드를 리팩터링하겠다.

예제 코드 4.3 Chapter04/timeserver2/server.py

```python
from http.server import ThreadingHTTPServer, BaseHTTPRequestHandler
from datetime import datetime
class RequestHandler(BaseHTTPRequestHandler):
    def do_GET(self):
        match self.path:
            case '/':
                now = datetime.now()
                response_string = now.strftime("The time is %-I:%M %p, UTC.")
                self.respond_with(200, response_string)
            case '/healthz':
                self.respond_with(200, "Healthy")
            case '/readyz':
                dependencies_connected = True
                # TODO: actually verify any dependencies
                if (dependencies_connected):
                    self.respond_with(200, "Ready")
                else:
                    self.respond_with(503, "Not Ready")
            case _:
                self.respond_with(404, "Not Found")

    def respond_with(self, status_code: int, content: str) -> None:
        self.send_response(status_code)
        self.send_header('Content-type', 'text/plain')
        self.end_headers()
        self.wfile.write(bytes(content, "utf-8"))

def startServer():
    try:
        server = ThreadingHTTPServer(('', 80), RequestHandler)
        print("Listening on " + ":".join(map(str, server.server_address)))
        server.serve_forever()
    except KeyboardInterrupt:
        server.shutdown()

if __name__ == "__main__":
    startServer()
```

이러한 새로운 엔드포인트에 대한 디플로이먼트 설정을 업데이트하자.

예제 코드 4.4 Chapter04/4.1.4_GoodHealthChecks/deploy.yaml

```
template:
  metadata:
    labels:
      pod: timeserver-pod
  spec:
    containers:
    - name: timeserver-container
      image: docker.io/wdenniss/timeserver:1
      readinessProbe:
        initialDelaySeconds: 15
        periodSeconds: 30
        httpGet:
          path: /readyz          ◄──────────┐
          port: 80                           │
          scheme: HTTP                       │
        timeoutSeconds: 2                     │   업데이트된 엔드포인트
        failureThreshold: 1                   │
        successThreshold: 1                   │
      livenessProbe:                          │
        initialDelaySeconds: 30               │
        periodSeconds: 30                     │
        httpGet:                              │
          path: /healthz        ◄────────────┘
          port: 80
          scheme: HTTP
        timeoutSeconds: 5
        failureThreshold: 3    ◄──  이제 활성 프로브가 보다 경량화되었기 때문에 실패에 대한 임계치를 줄일 수 있다.
        successThreshold: 1
```

지금까지 구성한 새로운 설정을 일반적인 방법으로 적용해 보자. 여러분의 애플리케이션에 보다 복잡한 준비성 및 활성 로직이 있을 수 있다. 여기서 작성한 healthz 엔드포인트는 아마 대부분의 HTTP 애플리케이션에서 동작할 것이다. (단순하게 HTTP 서버가 요청에 응답하는지 테스트하는 것만으로 충분하다.)

그러나 데이터베이스와 같은 의존성이 있는 모든 애플리케이션은 자체적으로 준비성 테스트를 정의해 애플리케이션이 실제로 사용자 요청을 처리할 준비가 되었는지 확인해야 한다.

4.1.5 준비되지 않은 컨테이너 재스케줄링

이전 절에서는 쿠버네티스에서 활성 및 준비성 검사를 설정하는 표준 방법에 대해 자세히 설명했으며, 준비성 검사에서만 서비스 의존성을 확인했다. 활성 검사에서 의존성을 테스트하지 않으면 발생할 수 있는 문제 상황이 하나 존재한다. 고려해야 할 사항을 준비성('컨테이너가 트래픽을 수신할 준비가 되었는가?')과 활성('컨테이너가 실행 중인가?')으로 분리하여, 컨테이너가 실행 중이지만 컨테이너의 재시도 로직 버그로 인해 외부 연결이 해결되지 않는 상황이 있을 수 있다. 즉, 컨테이너가 영원히 준비되지 않은 상태로 남아 있을 수 있으며, 이는 컨테이너를 재시작해 문제를 해결해야 한다.

활성 검사에서는 일반적으로 준비성을 테스트하지 않는다는 점을 기억하자. 이로 인해 파드가 너무 빨리 재생성되며 외부 의존성에 대한 부분을 해결할 충분한 시간이 제공되지 않을 수 있다. 하지만 너무 오랫동안 준비되지 않은 상태로 유지되고 있다면 해당 파드를 재생성하는 것이 합리적일 수도 있다. 때로는 전원을 껐다가 다시 켜는 것이 가장 좋은 방법이다.

안타깝게도 쿠버네티스에는 이러한 논리를 직접 표현할 수 있는 방법이 존재하지 않는다. 그러나 파드가 일정 시간 내에 준비되지 않으면 실패하도록 자체 활성 검사에 추가하는 방법은 쉽다. 각 준비성 응답 성공 시간을 간단히 기록한 다음 너무 많은 시간(예: 5분)이 지나면 활성 검사에 실패할 수 있다. 다음 예제 코드는 `timeserver` 컨테이너에 대해 앞서 설명한 로직을 간단히 구현한 예제를 제공한다.

예제 코드 4.5 Chapter04/timeserver3/server.py

```python
from http.server import ThreadingHTTPServer, BaseHTTPRequestHandler
from datetime import datetime, timedelta


last_ready_time = datetime.now()    ←── '마지막 준비' 시간을 구동 후 5분으로 설정하도록 현재 시간으로 초기화한다.
class RequestHandler(BaseHTTPRequestHandler):
    def do_GET(self):
        global last_ready_time

        match self.path:
            case '/':
                now = datetime.now()
```

```
            response_string = now.strftime("The time is %-I:%M %p, UTC.")
            self.respond_with(200, response_string)
        case '/healthz':
            if (datetime.now() > last_ready_time + timedelta(minutes=5)):
                self.respond_with(503, "Not Healthy")
            else:
                self.respond_with(200, "Healthy")
        case '/readyz':
            dependencies_connected = True
            # TODO: actually verify any dependencies
            if (dependencies_connected):
                last_ready_time = datetime.now()
                self.respond_with(200, "Ready")
            else:
                self.respond_with(503, "Not Ready")
        case _:
            self.respond_with(404, "Not Found")

    def respond_with(self, status_code: int, content: str) -> None:
        self.send_response(status_code)
        self.send_header('Content-type', 'text/plain')
        self.end_headers()
        self.wfile.write(bytes(content, "utf-8"))


def startServer():
    try:
        server = ThreadingHTTPServer(('', 80), RequestHandler)
        print("Listening on " + ":".join(map(str, server.server_address)))
        server.serve_forever()
    except KeyboardInterrupt:
        server.shutdown()


if __name__ == "__main__":
    startServer()
```

> 마지막 성공한 준비성 검사 결과 이후(또는 부팅 이후) 5분이 지나면 활성 검사가 실패한다.

> 준비성 검사가 성공할 때마다 시간이 업데이트된다.

지정된 시간 내에 컨테이너가 준비 상태가 도달하지 않으면 결국 활성 검사가 실패해 컨테이너가 재시작된다. 이제 두 가지 최선책을 모두 갖췄다. 즉, 활성 검사에서 외부 의존성을 테스트하지 않지만, 준비성 검사에서 테스트를 수행한다. 이는 의존성이 연결되지 않은 경우 컨테이너가 트래픽을 수신하지 못하지만 자가 치유할 시간이 제공되며 재부팅시키지 않는다는 의미이다. 그러나 5분 후에도 컨테이너가 준비 상태가 아니면 활성 검사에 실패하고 컨테이너는 재시작된다.

이를 달성(장시간 준비 상태로 되지 않은 컨테이너를 재시작)하기 위한 대안적인 접근 방식은 활성 및 준비성 프로브 모두에 대해 준비성 엔드포인트를 사용하고 실패의 기준을 다르게 적용하는 것이다. 가령 준비성 검사는 30초 후에 실패하도록 설정하고 활성 검사는 5분 후에 실패하도록 하는 것이다. 이 접근 방식은 컨테이너의 다운타임(컨테이너 자체에 문제가 있음을 나타내는)이 계속되는 경우 해당 컨테이너를 재부팅하기 전에 컨테이너에 상호 의존적인 서비스를 해결할 수 있는 시간을 제공한다. 이 기술은 활성 검사에서 의존성을 테스트하고 있기 때문에 기술적인 관점에서 범용적인 쿠버네티스 사용 사례는 아니지만 원하는 작업을 수행할 수 있다.

결론적으로, 이 두 가지 프로브는 쿠버네티스가 애플리케이션의 신뢰성 확보를 위한 운영 자동화에 있어서 필요한 정보를 제공하는 데 매우 중요하다. 두 가지 프로브 사이의 차이점을 인지하고 애플리케이션의 특정 세부사항을 고려한 적절한 검사 로직을 구현하는 것이 중요하다.

4.1.6 프로브 유형

지금까지 예제는 HTTP 서비스를 가정했다. 따라서 프로브도 HTTP 요청으로 구현했다. 쿠버네티스는 서비스 엔드포인트가 존재하지 않는 배치 잡뿐만 아니라 다양한 유형의 서비스를 호스팅하는 데 사용된다. 다행스럽게도 상태 검사를 노출하는 방법에는 여러 가지가 존재한다.

HTTP

HTTP 서비스를 제공하는 모든 컨테이너에는 HTTP가 권장된다. 서비스는 /healthz와 같은 엔드포인트를 노출한다. HTTP 200 응답은 성공을 나타낸다. 그 외 다른 응답(또는 타임아웃)은 실패를 의미한다.

TCP

HTTP 이외의 TCP 기반 서비스(예: SMTP 서비스)에는 TCP가 권장된다. 커넥션이 맺어지는 경우 프로브가 성공으로 간주된다.

```
readinessProbe:
  initialDelaySeconds: 15
```

```
periodSeconds: 30
tcpSocket:
  port: 25        │ TCP 프로브 명세서
successThreshold: 1
failureThreshold: 1
```

배시 스크립트

HTTP나 TCP 서비스를 제공하지 않는 컨테이너(서비스 엔드포인트를 실행하지 않는 배치 잡과 같은)에는 배시 스크립트(bash script)가 권장된다. 쿠버네티스는 사용자가 명시한 스크립트를 실행해 상태 검사를 위해 필요한 모든 테스트를 수행할 수 있도록 한다. 0이 아닌 종료 코드는 실패를 의미한다. 10.4절 에서는 백그라운드 태스크(background task)에 대한 활성 프로브 예제를 설명할 것이다.

4.2 라이브 애플리케이션 업데이트하기

준비성 검사에 대한 구현 후에는 다운타임 없이 애플리케이션에 대한 변경 사항을 롤아웃할 수 있다. 쿠버네티스는 업데이트 과정에서 준비성 검사를 통해 새로운 파드가 트래픽을 수신할 준비가 되었는지 확인하고 설정한 매개변수에 따라 롤아웃 비율을 제어한다. 각각 고유한 특성을 지닌 여러 가지 롤아웃 전략 중에서 선택해 사용할 수 있다.

4.2.1 롤링 업데이트 전략

쿠버네티스가 제공하는 기본적인 제로 다운타임(zero-downtime) 업데이트 전략은 롤링 업데이트(rolling update)이다. 롤링 업데이트에서는 새로운 버전으로 구성된 파드가 그룹으로 생성된다(크기 조정 가능). 쿠버네티스는 새로운 파드 그룹이 사용 가능할 때까지 기다린 다음 이전 버전을 실행하고 있는 동일한 개수의 파드를 종료시키고 모든 파드가 새 버전을 실행할 때까지 이 과정을 반복한다(그림 4.2).

이러한 전략의 목표는 두 가지이다.

- 롤아웃 과정에서 연속적인 서비스(지속적인 업타임) 제공
- 업데이트 과정에서 가능한 추가 리소스를 최대한 작게 사용

여기서 중요한 점은, 이러한 전략을 사용하면 애플리케이션의 두 버전(구버전과 신버전)이 한동안 동시에 실행될 수 있어야 한다는 것이다. 즉, 백엔드나 기타 디펜던시가 이러한 두 가지 다른 버전을 처리할 수 있어야 하며 사용자는 각기 다른 요청을 통해 다른 버전을 제공받을 수 있어야 한다. 페이지를 로드하여 새로운 버전을 본 후에 다시 로드하여 이전 버전을 본다고 상상해 보자. 실행된 복제본의 수에 따라 롤링 업데이트를 완료하는 데 다소 시간이 걸릴 수 있다. (따라서 롤백에도 어느 정도 시간이 걸릴 수 있음에 유의한다.)

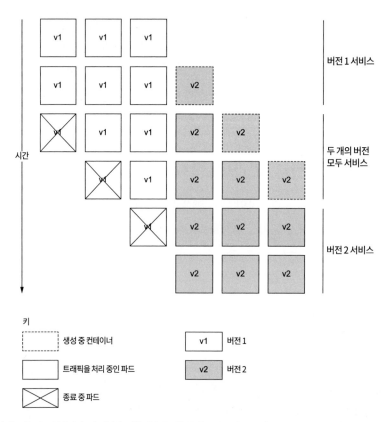

그림 4.2 롤링 업데이트 중 파드 상태이다. 이 전략을 사용하면 롤아웃이 완료될 때까지 앱의 구버전이나 신버전을 통해 요청을 처리할 수 있다.

다음 예제 코드에서 롤링 업데이트 전략을 사용하도록 디플로이먼트를 구성해보겠다.

예제 코드 4.6 Chapter04/4.2.1_RollingUpdate/deploy.yaml

```
apiVersion: apps/v1
kind: Deployment
metadata:
```

```
    name: timeserver
  spec:
    replicas: 3
    selector:
      matchLabels:
        pod: timeserver-pod
    strategy:
      type: RollingUpdate    ←─── 롤링 업데이트 전략
      rollingUpdate:
        maxSurge: 2                    선택적 설정
        maxUnavailable: 1
    template:
      metadata:
        labels:
          pod: timeserver-pod
      spec:
        containers:
        - name: timeserver-container
          image: docker.io/wdenniss/timeserver:3
```

maxSurge 및 maxUnavailable 옵션을 사용하여 롤아웃 속도를 조정할 수 있다.

maxSurge

maxSurge라는 옵션으로 롤아웃 과정에서 추가적으로 생성하려는 파드의 수를 조정할 수 있다. 예를 들어 replicas를 5로 설정하고 maxSurge를 2로 설정하면 (서로 다른 버전을 가진) 7개의 파드를 스케줄링할 수 있다. maxSurge 값이 클수록 롤아웃이 보다 빨리 완료되나, (일시적으로) 많은 리소스를 사용하게 되는 트레이드오프(trade-off) 관계가 존재한다. 비용을 최적화하고 싶다면 maxSurge의 값을 0으로 설정하면 된다. 또는 대안으로 대규모 배포 시 롤아웃 과정에서 노드를 추가하여 사용 가능한 리소스를 일시적으로 늘리고 롤아웃이 완료되면 이를 제거하는 방법도 있다.

maxUnavailable

maxUnavailable은 업데이트 과정에서 사용할 수 없는 파드의 최대 개수를 설정한다(백분율 값도 허용되며 백분율 값 사용 시 가장 가까운 정수로 내림 연산된다). 예상되는 트래픽 양에 맞춰 복제본의 수(replicas)를 조정한 경우, maxUnavailable 값을 0보다 높게 설정하면 업데이트 과정에서 서비스 품

질이 저하될 가능성이 있으므로 신중해야 한다. 여기서는 maxUnavailable 값이 높을수록 한 번에 더 많은 파드를 교체할 수 있어 롤아웃이 빨리 수행되지만, 트래픽을 처리할 수 있는 준비 상태의 파드가 줄어드는 트레이드오프 관계가 존재한다.

롤아웃은 노드 장애와 같이 가용성을 낮추는 다른 이벤트와 동시에 발생할 수 있다. 따라서 운영 환경의 워크로드의 경우 maxUnavailable 값을 0으로 설정할 것을 추천한다. maxUnavailable 값을 0으로 설정했을 때 주의할 점은 클러스터에 스케줄링 가능한 리소스가 부족할 경우 롤아웃을 멈추고 리소스가 충분해질 때까지 파드가 Pending 상태에 빠지게 된다는 점이다. maxUnavailable이 0인 경우 maxSurge의 값도 0이 될 수는 없다. 전체 가용성 유지를 위해 시스템은 새로운 파드가 준비될 시간을 허용하기 위해 복제본의 수를 일시적으로 늘려야 한다.

권고 사항

롤링 업데이트는 대부분의 서비스에 적합한 전략이다. 운영 환경의 서비스의 경우 maxUnavailable을 0으로 설정하는 것이 가장 좋다. 시스템의 여유 용량이 충분하고 빠른 롤아웃을 원하는 경우 maxSurge 는 1 이상으로 설정해야 한다.

롤링 업데이트를 통한 변경 사항 배포하기

디플로이먼트가 롤링 업데이트를 사용하도록 설정했다면 변경 사항을 배포하는 것은 디플로이먼트 매니페스트(manifest)(예: 새로운 컨테이너 버전)를 업데이트하고 kubectl apply 명령을 사용하여 변경 사항을 적용하는 것만큼이나 간단하다. 준비성 및 활성 검사를 포함한 배포에 대한 대부분의 변경 사항은 버전이 지정되며 새로운 컨테이너 이미지 버전을 적용했을 때처럼 롤아웃된다. 필요한 경우 kubectl rollout restart deploy $DEPLOYMENT_NAME 명령을 통해 아무런 변경 사항 없이 롤아웃을 강제로 수행할 수 있다.

4.2.2 재생성 전략

또 다른 접근 방식은(이전에 논의한 접근 방식과 비슷하다고 생각할 수도 있지만) 이전 버전의 모든 파드를 삭제하고 새로운 버전의 대체 파드를 스케줄링하는 것이다. 앞서 논의했던 롤링 업데이트 전략과는 다르게, 이 접근 방식은 제로 다운타임 방식이 **아니다**(서비스의 다운타임이 존재함). 이 방법은 어느 정도 가용성 문제가 발생할 수도 있다(그림 4.3).

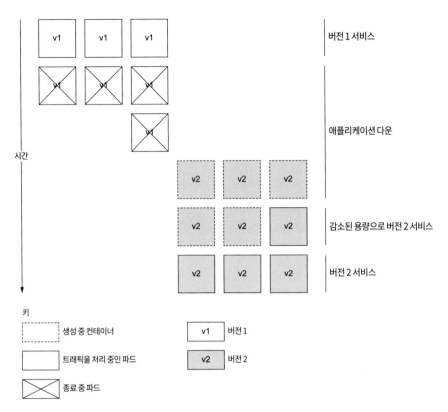

그림 4.3 재생성 전략을 사용한 롤아웃 중의 파드 상태. 이러한 유형의 롤아웃 과정에서는 전체 다운타임 및 용량 저하를 겪게 된다.

준비성 검사가 올바르게 이루어진 경우 해당 시점에 클라이언트 트래픽을 처리할 수 있다는 가정하에 다운타임은 첫 번째 파드가 부팅되는 시간만큼 짧을 수 있다. 재생성 전략의 장점은 신버전과 구버전을 동시 지원해야 하는 호환성 이슈가 없으며(두 버전이 동시에 실행되지 않음) 추가적인 컴퓨팅 용량이 필요하지 않다(두 버전이 직접 교체되기 때문에)는 점이다.

이 전략은 롤링 업데이트를 처리하기 위해 컴퓨팅 용량을 과도하게 프로비저닝할 필요가 없고 업데이트의 속도를 높일 수 있기 때문에 개발 및 검증 환경에 유용할 수 있다. 그러나 운영 환경에 적용하는 것은 일반적으로 피해야 한다. 재생성 전략을 사용하려면 예제 코드 4.6에서 제공된 **strategy** 필드를 다음과 같이 명시해야 한다.

```
strategy:
  type: Recreate
```

4.2.3 블루/그린 전략

블루/그린 전략은 새로운 애플리케이션 버전이 기존 버전과 함께 배포되는 롤아웃 전략이다(그림 4.4). 이러한 버전에는 '블루'와 '그린'이라는 이름이 주어진다.

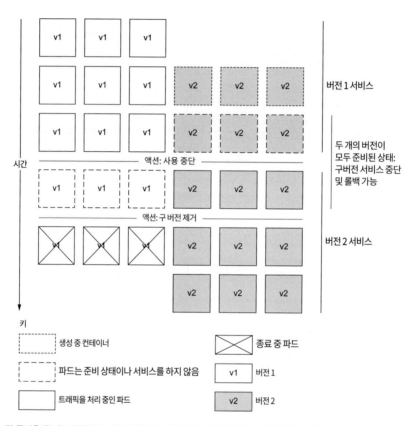

그림 4.4 블루/그린 롤아웃 중 파드 상태이다. 이전 전략들과는 달리 다른 시스템(관리자 포함)에서 결정을 내려야 하는 액션 포인트가 존재한다.

새로운 버전이 완전히 배포 및 테스트되고, 서비스할 준비가 되고 나면 구 버전의 애플리케이션은 사용이 중단되고 새로운 버전을 통해 서비스된다. 문제가 발생할 경우 이 액션은 즉시 취소될 수 있다. 시간이 지난 후 모든 것이 안정되면 이전 버전을 모두 제거하면 된다. 앞서 설명한 두 개의 전략과 달리 이전 버전은 계속 서비스를 제공할 준비가 되어 있으며 새로운 버전으로의 서비스가 검증된 경우에만 제거된다. (종종 담당자의 의사결정이 반영된다.)

블루/그린 전략의 이점은 다음과 같다.

- 일괄된 사용자 경험을 위해 한 번에 하나의 애플리케이션 버전만 실행된다.

- 롤아웃 속도가 빠르다. (몇 초 이내에 수행)

- 롤백 속도도 마찬가지로 빠르다.

이 전략이 갖는 단점은 다음과 같다.

- 일시적으로 컴퓨팅 리소스를 두 배로 소모한다.

- 쿠버네티스 디플로이먼트에서는 직접 지원되지 않는다.

이러한 접근 방식은 대규모 배포 환경에서 사용되는 진보된 롤아웃 전략이다. 이러한 배포를 위해서는 주로 몇 가지 다른 프로세스가 포함돼야 한다. 예를 들어 새로운 버전이 준비되면 내부 사용자 그룹이 우선적으로 테스트한다. 그런 다음 구버전을 신버전으로 완전히 대체하기 전에 트래픽 분할을 통해 외부 사용자에게 공개되는 비율을 결정할 수 있다. 이를 **카나리 분석(canary analysis)**이라고 한다. 업데이트 과정에서 구버전의 사용이 완전히 중단되고 구버전을 축소하기 전에 새로운 버전에 대한 지속적인 평가 기간이 존재하는 경우가 많다(이 기간은 몇 일 동안 지속될 수도 있음). 물론 두 개의 버전을 그대로 유지한다면 해당 기간 동안 리소스 사용량이 두 배로 늘어나지만, 장애 발생 시 즉각적인 롤백이 가능하다는 장점이 존재한다.

앞서 설명한 두 가지 전략(롤링 업데이트 및 재생성 전략)과 달리 블루/그린은 기본적으로 쿠버네티스에서 지원하지 않는다. 일반적으로 이러한 복잡한 롤아웃을 수행하기 위해 추가적인 도구를 사용한다. 추가적인 도구에는 세분화된 수준으로 트래픽을 분할하는 이스티오(istio) 및 카나리 분석을 통해 배포 파이프라인을 자동화하는 데 도움이 되는 스피네이커(Spinnaker)가 많이 사용된다.

쿠버네티스에서 기본적으로 블루/그린 롤아웃을 지원하지 않음에도 불구하고 이를 쿠버네티스에서 수행하는 것이 가능하다. 또한 앞서 설명한 파이프라인 및 트래픽 분할 도구가 없다고 해도 크게 걱정할 필요는 없다. 약간의 수동 프로세스를 거치면 쿠버네티스에서 블루/그린 롤아웃을 수행할 수 있다(단 운영 환경의 일부 트래픽을 사용해 카나리 분석을 수행하는 등의 이점은 존재하지 않는다).

3장에서 배포한 디플로이먼트 및 서비스를 떠올려 보자. 이 애플리케이션에 블루/그린 전략을 사용하려면 또 하나의 추가 디플로이먼트가 필요하다. 디플로이먼트를 복제하고 하나에는 -blue 접미사 또 다른 하나에는 -green 접미사를 지정한다. 이 접미사는 디플로이먼트의 이름과 파드의 레이블에 적용돼야 한다. 그런 다음 -blue 또는 -green 레이블이 지정된 파드를 선택하여 서비스에서 트래픽을 포워딩한다.

이 경우 디플로이먼트 설정에 지정할 업데이트 전략은 재생성이다. 비활성 디플로이먼트의 파드만 업데이트되기 때문에 구버전을 모두 삭제하고 신버전으로 파드를 생성하면 다운타임이 발생하지 않으며 롤링 업데이트보다 빠르게 수행된다.

서비스 셀렉터는 트래픽을 라우팅할 버전을 결정하는 데 사용된다(그림 4.5). 이 두 개의 디플로이먼트 시스템에서 한 버전은 활성 상태이고, 다른 버전은 특정 시점에는 비활성 상태이다. 서비스는 레이블 셀렉터를 사용하여 활성 상태에 있는 디플로이먼트의 파드를 선택한다.

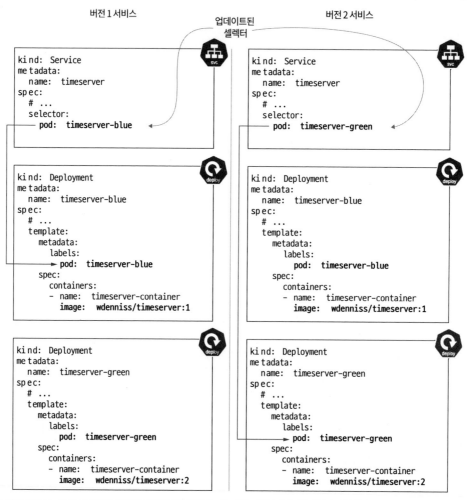

그림 4.5 단일 서비스는 각각 서로 다른 버전의 컨테이너를 사용하는 두 개의 디플로이먼트를 번갈아 사용한다.

블루/그린 전략을 통해 새로운 버전으로 롤아웃을 수행하는 단계는 다음과 같다.

1. 비활성 상태의 (서비스에서 선택하지 않은) 디플로이먼트를 식별한다.

2. 비활성 상태의 디플로이먼트의 이미지 경로를 새로운 컨테이너 이미지 버전으로 업데이트한다.

3. 디플로이먼트가 완전히 롤아웃될 때까지 기다린다. (`kubectl get deploy` 명령 사용)

4. 새로운 버전의 파드 레이블을 가리키도록 서비스 셀렉터를 업데이트한다.

업데이트 단계는 해당 리소스에 대한 YAML 설정을 수정하고 `kubectl apply` 명령을 통해 변경 사항을 적용하여 수행된다. 향후에 이 애플리케이션에 대한 변경 사항을 롤아웃하려는 경우 단계는 동일하면서 레이블이 반대로 적용돼야 한다(마지막 업데이트 시 블루가 활성 상태였다면, 다음 번에는 그린이 활성 상태여야 한다).

앞서 언급했던 바와 같이 이 전략은 디플로이먼트에서 사용하는 파드의 수를 두 배로 늘려 전체 리소스 사용량에 영향을 미칠 수 있다. 리소스 비용을 최소화하려면 롤아웃을 수행하지 않을 때는 비활성 디플로이먼트를 축소시키고 롤아웃을 수행하려고 할 때 활성 상태의 버전과 일치하도록 비활성 디플로이먼트를 다시 확장시키면 된다. 클러스터의 노드 수를 조정해야 하는 경우도 있다(6장에서 보다 자세히 설명할 예정이다).

4.2.4 롤아웃 전략 선택하기

대부분의 배포 상황에서는 쿠버네티스에서 기본적으로 제공하는 롤아웃 전략만으로 충분하다. 쿠버네티스에서 다운타임 없이 업데이트하는 가장 쉬운 방법으로 **롤링 업데이트** 전략을 사용한다. 제로 다운타임 업데이트를 수행하려면 준비성 검사 도구도 구현해야 한다. 그렇지 않으면 컨테이너가 완전히 부팅되기 전에 트래픽이 컨테이너로 포워딩될 수 있기 때문이다. 두 가지 버전의 애플리케이션이 동시에 트래픽을 처리할 수 있기 때문에 호환성을 고려하여 데이터 포맷과 같은 속성도 설계해야 한다. 적어도 현재 버전과 이전 버전을 모두 지원할 수 있으면 문제가 발생하는 경우 이전 버전으로 쉽게 롤백할 수 있기 때문이다.

재생성은 동시에 두 개의 애플리케이션 버전을 실행하고 싶지 않을 때 유용한 전략이다. 이는 한 번에 하나의 복사본만 존재할 수 있는 레거시 단일 인스턴스 서버와 같은 작업에 유용할 수 있다.

블루/그린은 추가적인 도구나 프로세스가 필요하지만 앞서 설명한 두 가지 전략의 장점을 모두 제공하는 동시에 즉각적인 컷 오버(구버전을 완전히 중단시키고 신버전으로 서비스하는 것)의 장점을 제공하는 진보된 전략이다. 기본적으로 쿠버네티스에서 제공하는 업데이트 전략을 사용하는 것이 좋지만, 필요한 경우 블루/그린 전략도 고려해보기 바란다.

요약

- 쿠버네티스는 배포한 애플리케이션을 지속적으로 실행시키고 업데이트하는 데 도움이 되는 다양한 도구를 제공한다.

- 쿠버네티스가 멈춰 있거나 응답하지 않는 컨테이너를 재부팅하는 데 도움이 되는 신호를 제공할 수 있게 하려면 상태 점검 정의가 필요하다.

- 활성 프로브는 쿠버네티스가 애플리케이션을 재시작하는 시기를 결정하는 데 사용된다.

- 준비성 프로브는 서비스로부터 트래픽을 전달받을 파드의 복제본을 조정한다. 이는 특히 업데이트 과정에서 요청이 누락되는 것을 방지하기 위해 중요하다.

- 쿠버네티스는 다운타임 없이 애플리케이션을 업데이트하는 데 도움을 줄 수 있다.

- **롤링 업데이트**는 쿠버네티스에서 제공하는 기본적인 롤아웃 전략이다. 최소한의 추가 리소스를 사용하여 다운타임 없는 롤아웃을 수행할 수 있다.

- **재생성**은 약간의 다운타임이 존재하지만 추가 리소스를 사용하지 않고 전체 업데이트를 수행할 수 있는 롤아웃 전략이다.

- 블루/그린은 쿠버네티스에서 직접 지원되지는 않지만 표준 쿠버네티스 구성을 사용해 업데이트를 수행할 수 있는 롤아웃 전략이다.

- 블루/그린은 업데이트 전략에 있어서 최고의 품질을 보장하지만 다소 구성이 복잡하고 배포에 필요한 리소스가 일시적으로 두 배로 늘어나게 된다.

5장 리소스 관리

5장에서 다루는 내용은 다음과 같다.

- 쿠버네티스가 클러스터의 리소스를 할당하는 방법
- 필요한 리소스만 요청하도록 워크로드를 설정하는 방법
- 비용/성능 비율을 개선하기 위해 오버커밋하는 방법
- 파드 복제본의 수와 내부 동시성 간의 균형을 맞추는 방법

2장에서는 리소스를 보유한 컨테이너들이 어떠한 격리 수준을 가지는지 다뤘고, 3장에서는 쿠버네티스에서 스케줄이 가능한 단위인 파드(컨테이너의 집합을 의미함)에 대해서 살펴봤다. 5장에서는 리소스 요구사항을 기반으로 파드에 필요한 리소스를 할당하기 위해서 시스템에 제공해야 하는 정보들을 학습할 것이다. 파드가 노드에 할당되는 방법을 알게 되면 리소스 요청, 버스팅(burstig), 오버커밋(overcommit), 가용성 및 신뢰성(reliability) 관점에서 보다 나은 아키텍처를 구성하는 데 도움이 된다.

5.1 파드 스케줄링

쿠버네티스 스케줄러는 파드를 노드에 할당할 때 리소스 기반 작업을 수행하며 실제로 전체 시스템의 두뇌 역할을 담당한다. 파드 할당을 위해 작성한 설정을 쿠버네티스에 제출(3장과 4장에서 수행했던 것과 동일하게)하면 클러스터에서 적합한 노드를 찾고 파드에서 컨테이너를 부팅하고 실행하는 것이 스케줄러의 역할이다.

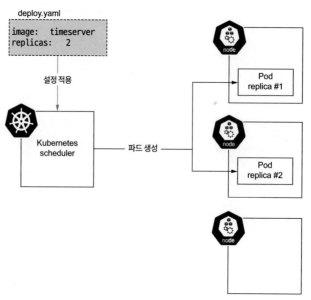

그림 5.1 사용자가 적용한 설정에 대한 응답으로 스케줄러는 노드에 파드 복제본을 생성한다.

스케줄러 및 관련 컴포넌트의 작업은 여기서 멈추지 않는다. 디플로이먼트 객체의 경우(지금까지 이 책에서 사용해 봤던), 시스템 상태를 사용자가 요청한 대로 만들기 위해 시스템을 지속적으로 모니터 링한다. 즉, 디플로이먼트가 파드의 복제본 2개를 요청하는 경우 스케줄러는 해당 복제본을 생성한 다음 이를 잊지 않고 2개의 복제본이 여전히 실행 중인지 지속적인 관찰을 수행한다. 어떤 일이 발생하는 경우(예: 일부 장애로 노드가 사라져 파드에 영향을 미치는 경우) 원하는 상태(이 예제의 경우 2개의 복제본)가 충족되도록 파드를 스케줄링할 새로운 노드를 찾으려고 시도할 것이다(그림 5.2).

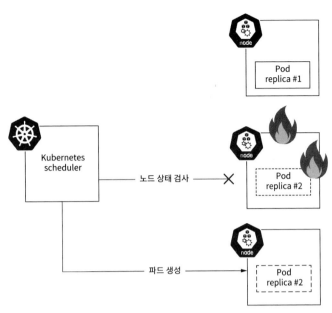

그림 5.2 노드 중 하나에 문제가 발생하는 경우 쿠버네티스 컨트롤 플레인에서 수행되는 상태 감시에 실패한다. 따라서 스케줄러는 정상적인 노드에 새로운 파드 복제본을 생성한다.

노드 장애 시 스케줄러에 의해 파드가 재생성되는 과정은 4장에서 다룬 파드 재시작과는 다른 동작이다. 활성 및 준비성 검사 실패로 인한 파드 재시작은 쿠블릿에 의해 노드에서 로컬로 처리되는 작업이다. 한편 스케줄러는 노드의 상태를 모니터링하고 문제가 감지되면 파드를 재할당한다.

클러스터의 각 노드에는 사용 가능한 리소스에 대해 제약이 존재하고 파드 자체에서 리소스 요구사항이 다를 수 있기 때문에 스케줄러는 파드를 실행할 수 있는 충분한 공간을 찾는 중요한 역할을 하게 된다(그림 5.3). 그림 5.2에서 설명했던 바와 같이 컨테이너를 처음 배포할 때와 장애로 인한 대응으로 클러스터에서 파드의 컨테이너 위치에 대한 배치를 결정할 때 스케줄러는 다각도로 스케줄링에 대한 고려를 진행한다.

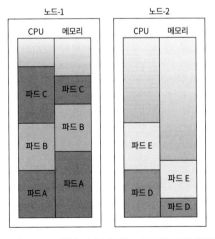

그림 5.3 리소스 요구사항에 따라 2개의 노드에 5개의 컨테이너가 할당됨

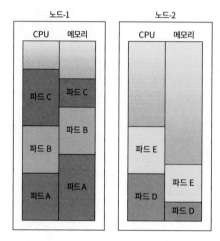

그림 5.3 리소스 요구사항에 따라 2개의 노드에 5개의 컨테이너가 할당됨

스케줄러는 리소스에 대한 요구사항(8장에서 다룰 예정)과 기타 배치에 대한 요구사항을 기반으로 클러스터에서 파드를 위해 적합하고 올바른 위치를 찾는 작업을 수행한다. 클러스터에 배치할 수 없는 모든 파드의 경우 `Pending` 상태로 변경된다(파드가 Pending 상태로 너무 오랫동안 멈춰있는 경우, 3장의 '문제 해결: 무한 PENDING 상태' 부분을 참고하자).

5.1.1 파드 리소스 명시하기

디플로이먼트 매니페스트(및 파드 사양이 내장된 기타 다른 워크로드 유형)에서 resource requests를 명시하면 스케줄링에 대한 의사 결정을 내리는 데 필요한 정보를 제공할 수 있다. 지금까지 이 책의 예제에서는 리소스에 대한 요구사항을 명시하지 않았지만 운영 환경에 배포 시 이러한 정보를 추가해야 한다. 하나의 CPU의 코어에 대해 20%의 할당과 200MiB의 메모리 할당이 필요한 파드는 다음 예제 코드와 같이 정의된다.

예제 코드 5.1 Chapter05/5.1.1_PodResources/deploy_requests.yaml

```
apiVersion: apps/v1
kind: Deployment
metadata:
  name: timeserver
spec:
  replicas: 3
  selector:
```

```
    matchLabels:
      pod: timeserver-pod
  template:
    metadata:
      labels:
        pod: timeserver-pod
    spec:
      containers:
      - name: timeserver-container
        image: docker.io/wdenniss/timeserver:3
        resources:
          requests:
            cpu: 200m           컨테이너의 리소스 요청
            memory: 250Mi
```

이 예제에서 **200m**은 200millicores, 즉 코어 1개의 20%를 의미한다. 또는 부동 소수점 숫자(floating point number)(예: **0.2**)를 사용해도 된다. 그러나 쿠버네티스 실무자들 사이에서는 millicores를 사용하는 표기법이 일반적이다. 메모리에 사용되는 접미사 Mi는 메비바이트(MiB)를 나타내며 Gi는 기가바이트(1,024의 거듭제곱 형태)를 의미한다. M과 G는 각각 메가바이트와 기가바이트(1,000의 거듭제곱 형태)를 의미한다.

리소스를 명시하는 것은 쿠버네티스에게 노드의 용량과 파드의 요구사항을 매치하는 데 필요한 정보를 제공하기 때문에 중요하다. 파드에 대한 리소스를 명시하지 않으면 노드의 리소스가 랜덤하게 할당된다. 그림 5.4에 나와 있는 두 개의 그림을 비교해 보자. 왼쪽 그림에는 요구사항에 따라 두 개의 노드에 배치된 5개의 파드가 있는 반면에, 오른쪽 그림에 배치된 3개의 파드는 리소스가 명시되어 있지 않기 때문에 동일한 노드에 배치된다. 리소스가 명시되지 않았을 때 5개의 파드에 어떻게 리소스의 절반가량이 할당됐는지 확인해 보자. 파드에 리소스에 대한 명세가 없을 때 위험 요인은 리소스가 부족해지거나 노드에서 사용 가능한 것보다 더 많은 메모리를 사용하는 경우 해당 파드가 제거될 수 있다는 점이다.

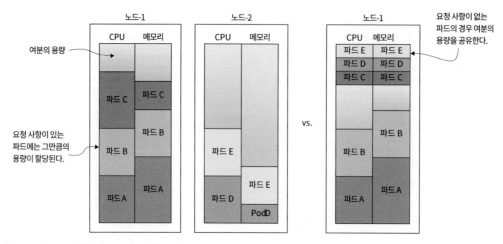

그림 5.4 모든 파드에 대한 리소스 요청 사항이 있는 경우와 일부 파드에 대해서만 리소스 요청 사항이 있는 경우의 파드 할당 비교. 리소스 요청 사항이 없는 파드의 경우 실제 요구사항에 관계없이 best-effort 방식을 기반으로 여분의 용량을 공유한다.

지금까지 살펴본 쿠버네티스의 파드 배치는 상당히 간단해 보인다. 단순히 요청 사항을 리소스와 연결하는 것뿐이다. 실제로 **버스트**(요청한 것보다 더 많은 리소스를 소비하는 기능) 기능이 아니라면 간단할 것이다. 실제로는 프로세스에서 요청한 모든 리소스보다 적은 리소스만 실제로 사용하는 경우가 더 많다. 이때 동일한 노드에 위치한 다른 파드가 일시적으로 여유분의 용량을 사용할 수 있다면 좋지 않을까? 이것이 바로 쿠버네티스가 제공하는 기능이며 `limits` 설정을 통해 구성할 수 있다. 파드(다음 예제 코드와 같은)는 `requests` 설정을 통해 스케줄링에 사용되는 요청 리소스를 선언하고 파드가 스케줄링되고 실행되면 실제로 사용되는 리소스의 양을 제한하는 `limits`를 설정한다.

예제 코드 5.2 Chapter05/5.1.1_PodResources/deploy_requests_limits.yaml

```
apiVersion: apps/v1
kind: Deployment
metadata:
  name: timeserver
spec:
  replicas: 3
  selector:
    matchLabels:
      pod: timeserver-pod
template:
  metadata:
    labels:
```

```
    pod: timeserver-pod
  spec:
    containers:
    - name: timeserver-container
      image: docker.io/wdenniss/timeserver:3
      resources:
        requests:
          cpu: 200m
          memory: 250Mi
        limits:
          cpu: 300m
          memory: 400Mi
```

이 컨테이너의 리소스 제한을 명시한다.
CPU 코어의 최대 30%와 400MiB 메모리를 사용할 수 있다.

파드를 노드에 배치할 때 스케줄러는 파드의 요청 사항(requests)만을 고려한다(스케줄링 시 limits 값은 전혀 고려되지 않는다). 그러나 requests와 limits 두 값 모두 실행 중인 파드 성능에 영향을 미친다. 일단 실행되면 메모리 제한값을 초과한 파드는 재시작되고 CPU 제한값을 초과한 파드는 강제적으로 사용량을 낮춘다.

리소스 경합이 발생하는 경우, 메모리의 요청값을 초과하는 파드는 제거될 수 있으며(해당 파드를 제거하는 방법은 5.1.3항을 참고한다), CPU 요청값을 초과하는 파드는 요청값과 동일한 수준으로 CPU 사용이 제한된다.

앞서 설명한 바와 같이 이러한 값들은 파드가 스케줄링되고 실행되는 방식에 매우 중요한 역할을 하기 때문에 파드의 컨테이너에 대해 requests와 limits를 모두 설정하는 것이 가장 좋다. 하지만 무엇을 설정할지는 어떤 기준으로 결정해야 할까? requests와 limits가 상호작용하는 QoS(Quality of Service) 등급을 형성하는 방법과 애플리케이션에 대한 성능 측정을 진행해 설정할 값을 결정하는 방법을 이해해 보자.

5.1.2 서비스의 품질

requests보다 높은 limits를 설정하거나 limits를 전혀 설정하지 않으면 새로운 문제가 발생한다. 이러한 유형의 파드의 경우 너무 많은 리소스(동작하면서 너무 많은 메모리를 소비함)를 소비한다. 노드의 리소스가 부족해지고, 리소스를 회수하기 위해 이런 파드를 강제로 제거해야 하는 경우 어떻게 해야 하는가? 이 문제를 해결하기 위해 쿠버네티스는 파드에 순위를 지정하여 먼저 제거할 파드를 선택한다.

워크로드를 계획할 때 해당 워크로드가 필요로 하는 서비스의 품질을 고려한다. 쿠버네티스는 세 가지의 서비스 품질 수준(Guaranteed, Burstable, BestEffort)을 제공한다.

GUARANTEED 클래스

Guaranteed 클래스 파드에서는 limits와 requests가 동일하게 설정된다. 이 설정은 파드가 요청한 리소스만큼을 각 파드가 사용하도록 보장하기 때문에 가장 안정적이다. 파드에 여러 개의 컨테이너가 존재하는 경우 파드가 Guaranteed 클래스로 간주되기 위해서는 모든 limits와 request에 동일한 값이 설정돼야 한다.

Guaranteed 클래스 파드는 다양한 조건에서 항상 동일한 리소스를 사용할 수 있으며, 스케줄링된 것보다 많은 리소스는 사용할 수 없기 때문에 노드에서 제거되지 않는다.

BURSTABLE 클래스

Burstable 클래스 파드의 경우 requests보다 limits을 높게 설정한다. 리소스에 여유가 있는 경우(예: 노드의 다른 파드에서 요청한 리소스를 모두 사용하지 않고 있거나 노드에 아직 할당되지 않은 여유분의 리소스가 있는 경우) 일시적으로 '버스트'해 사용할 수 있다. 다만 의도치 않게 버스트 기능을 사용하는 등 예기치 못한 결과가 발생할 수 있기 때문에 이러한 파드를 사용할 때는 주의가 필요하다. 파드가 비어 있는 노드에 배치돼서 버스트 기능을 양껏 사용할 수 있다고 가정해 보자. 그러던 중 리소스가 더 적은 다른 노드로 재스케줄링된다면 해당 파드의 성능은 크게 달라질 것이다. 따라서 다양한 조건에서 Burstable 클래스 파드를 테스트하는 것이 중요하다. 여러 개의 컨테이너로 구성된 파드의 경우 컨테이너 중 하나라도 requests보다 limits가 높게 설정돼 있다면 해당 파드는 Burstable 클래스로 간주된다. 이러한 파드는 메모리와 같은 리소스 요청을 초과하지 않는 한 파드 축출(eviction)로부터 안전하다.

BEST EFFORT

reqeusts나 limit 값이 설정되지 않은 파드는 Best Effort로 간주되며 쿠버네티스가 원하는 곳에 스케줄링된다. 매우 낮은 request를 갖는 Burstable 클래스와 비슷하게 동작한다. 그러나 이 설정은 클래스 중 가장 낮은 등급에 속하기 때문에 이 패턴을 사용하지 않는 것이 좋다.

파드의 안정성을 고려할 때 항상 리소스 요청량을 실행할 수 있을 만큼 높은 값으로 설정하고 Best Effort처럼 request를 설정하지 않는 패턴은 피하는 것이 좋다. 우선순위가 높고, 중요한 워크로드에는 성능을 보장하기 위해 requests 및 limits에 대한 설정을 해야 한다. Best Effort와 같은 파드는 리소스 경합이 발생하면 노드에서 가장 먼저 축출(eviction)된다.

5.1.3 축출, 우선순위, 선점

메모리와 같은 유한한 리소스에 대해 경합이 발생하는 경우(예: 한꺼번에 너무 많은 파드가 메모리에 대한 버스트 기능을 사용하려고 하는 경우), 쿠버네티스는 **축출(Eviction)**이라는 프로세스를 통해 요청된 값 이상으로 리소스를 사용하는 파드를 제거하여 리소스를 회수한다. 따라서 파드의 리소스를 적절하게 지정하는 것은 매우 중요하다. 디플로이먼트와 같은 관리형 워크로드 구성에 속해 있는 파드가 제거된 경우, 일반적으로 다른 노드에 다시 스케줄링된다. 하지만 파드가 너무 자주 축출되면 워크로드의 가용성이 줄어들 수 있으며 이때는 리소스의 요청값을 늘려야 한다.

축출

Guaranteed 클래스 파드는 리소스 경합 시 절대적으로 제거되지 않는다. 따라서 방어적인 배포를 위해서는 항상 파드의 requests와 limits를 동일하게 설정한다. 이번 절의 나머지 부분에서는 축출을 고려할 때 Guaranteed 클래스 파드 외의 비보장 파드에 대해 순위를 지정하는 방법과 이 순위에 영향을 주는 방법을 설명하겠다.

축출할 파드를 찾을 때 쿠버네티스는 먼저 파드가 요청한 값보다 더 많은 리소스를 사용하는 파드를 고려하고 우선순위 번호에 따라 정렬한다. 그런 다음 파드가 요청한 것 이상으로 얼마나 더 많은 리소스(경합 중인 리소스 중)를 사용하고 있는지 기준으로 정렬한다. BestEffort QoS 클래스 파드에는 requests가 설정되지 않았기 때문에 가장 먼저 축출된다(가장 많은 리소스를 사용하는 파드부터 축출이 시작된다). 기본적으로 그림 5.5에 표시된 바와 같이 우선순위 번호(0)가 동일한 파드와 우선순위가 동일한 파드의 경우 요청값 이상의 리소스 사용량을 가지고 순위를 매긴다.

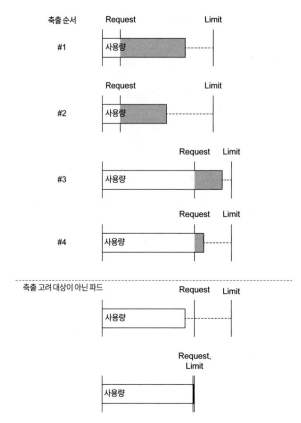

그림 5.5 동일한 우선순위를 가진 파드들의 축출 순서

축출 오류 상태

파드의 상태를 쿼리했을 때 Evicted 상태가 표시된다면 이 파드는 요청한 것보다 더 많은 리소스를 사용했기 때문에 스케줄러에 의해 축출됐음을 의미한다. 이런 상황은 가끔 발생하는 경우에는 용납되지만 축출이 자주 발생하는 경우 컨테이너에서 요청하는 리소스 값을 늘리고 클러스터의 컴퓨팅 용량을 늘리는 것에 대해 검토해봐야 한다.

우선순위

우선순위는 순위를 조정하기 위해 priority 클래스를 통해 파드에 할당할 수 있는 정수(0~1,000,000,000)이다. 그림 5.6은 그림 5.5에서 살펴본 파드에 우선순위 번호가 할당됐을 때의 축출 순서를 보여준다. 보는 바와 같이 축출 순서는 먼저 우선순위에 따라 정렬된 다음 사용량이 요청값보다 많은지를 고려해 정렬된다. 요청값보다 덜 사용하는 파드는 우선순위에 관계없이 축출 대상에 포함되지 않는다.

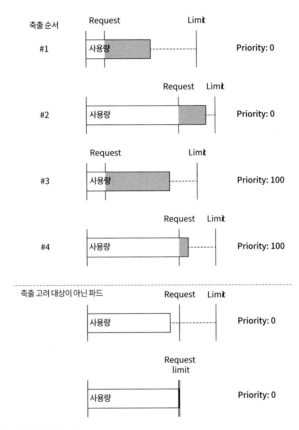

그림 5.6 다양한 우선순위를 갖는 파드들의 축출 순서

자신만의 우선순위 레벨을 만들려면 먼저 PriorityClass 객체를 생성해야 한다.

예제 코드 5.3 Chapter05/5.1.3_Priority/priorityclass.yaml

```
apiVersion: scheduling.k8s.io/v1
kind: PriorityClass
metadata:
  name: high-priority
value: 1000000
preemptionPolicy: Never    ◀── 우선순위 클래스는 클러스터에 사용 가능한 용량이 없는 경우 우선순위가 낮은 파드를 제거하지 않음
globalDefault: false       ◀── 우선순위 클래스가 기본값인지 여부를 설정
description: "Critical services."
```

그런 다음 PriorityClass 객체를 파드에 할당한다.

예제 코드 5.4 Chapter05/5.1.3_Priority/deploy.yaml

```
apiVersion: apps/v1
kind: Deployment
metadata:
  name: timeserver
spec:
  replicas: 3
  selector:
    matchLabels:
      pod: timeserver-pod
  template:
    metadata:
      labels:
        pod: timeserver-pod
    spec:
      priorityClassName: high-priority    ← 해당 디플로이먼트에 사용할 우선순위 클래스
      containers:
      - name: timeserver-container
        image: docker.io/wdenniss/timeserver:3
        resources:
          requests:
            cpu: 200m
            memory: 250Mi
```

또한 우선순위 번호는 스케줄링 중에도 사용된다. 스케줄링을 위해 대기 중인 파드가 많은 경우 스케줄러는 우선순위가 가장 높은 파드를 우선적으로 스케줄링한다. 우선순위를 사용하여 스케줄링을 조정하는 것은 특히 어떤 배치 잡(batch job)을 먼저 실행해야 하는지 순위를 지정할 때 유용하다(배치 잡은 10장에서 다룰 예정이다).

선점

우선순위가 단독으로 사용될 경우, 보다 중요한 워크로드가 먼저 스케줄링되고 최대한 마지막에 제거되도록 워크로드에 순위를 매길 때 유용하다. 그러나 클러스터에 일정 기간 동안 리소스가 충분하지 않아 우선순위가 높은 파드가 Pending 상태에 빠져있고 우선순위가 낮은 파드는 이미 실행 중인 상황이 있을 수 있다.

이때 용량이 확보될 때까지 기다리지 않고 우선순위가 높은 워크로드가 우선순위가 낮은 워크로드를 밀어내고 실행되게 하려면 다음 예제 코드에 표시된 바와 같이 PriorityClass의 preemptionPolicy 필드를 변경해 선점 동작을 추가하면 된다.

예제 코드 5.5 Chapter05/5.1.3_Priority/priorityclass-preemption.yaml

```
apiVersion: scheduling.k8s.io/v1
kind: PriorityClass
metadata:
  name: high-priority-preemption value: 1000000
preemptionPolicy: PreemptLowerPriority     ←     이 우선순위 클래스는 클러스터에 사용 가능한 용량이 없는
globalDefault: false                             경우 우선순위가 낮은 파드를 제거한다.
description: "Critical services."
```

다행스럽게도 디플로이먼트나 다른 관리형 워크로드 유형에 속하는 파드가 자원 부족으로 축출되거나 기타 선점으로 인해 축출됐을 경우 쿠버네티스는 해당 파드를 잊지 않고 다시 스케줄링한다. 축출된 파드는 Pending 상태가 되고 클러스터의 용량이 충분해지면 해당 클러스터에 다시 스케줄링된다. 이것이 바로 디플로이먼트와 같은 워크로드 설정을 항상 사용해야 하는 중요한 이유다. 디플로이먼트와 같은 관리형 워크로드 유형에 속하지 않고 독립적으로 실행된 파드의 경우 축출된 상황에서 다시 스케줄링 되지 않는다.

우선순위 및 선점을 사용해야 하는 시점

우선순위와 선점은 매우 유용한 쿠버네티스의 기능이다. 이 속성들이 축출 및 스케줄링에 미치는 영향은 이해하고 있는 것이 좋다. 모든 디플로이먼트를 우선순위로 설정하는 데 너무 많은 시간을 소비하기 전에, 파드의 request와 limits 설정이 적절한지 확인하는 것이 가장 중요하다.

실제 운영 환경에서 수많은 디플로이먼트를 다룰 때 우선순위와 선점은 매우 중요한 역할을 한다. 그리고 오버커밋을 통해 모든 컴퓨팅 비용을 절약해 사용한다. 이와 같은 오버커밋 환경에서 발생하는 리소스 경합을 해결하기 위해서 파드의 상대적 중요성을 알리는 방법이 필요하다. 그러나 이 경우 복잡성이 추가되므로 시작은 이와 같은 설계를 피하는 것이 좋다. 가장 간단하게 시작하는 방법은 모든 워크로드를 충분히 스케줄링할 수 있도록 충분한 리소스를 할당하고 나중에 세부 조정으로 클러스터의 효율성을 높이는 것이다. 다시 한번 강조하지만, 중요한 서비스의 성능을 보장하는 가장 간단한 방법은 리소스 요청값을 적절하게 설정하고 모든 서비스를 스케줄링할 수 있도록 클러스터에 충분한 노드를 배치하는 것이다.

5.2 파드 리소스 계산하기

이전 섹션에서는 안정적인 운영 환경을 위해 파드에 대해 적절한 리소스 요청값과 제한값을 설정하는 것이 왜 중요한지를 논의했다. 하지만 최고의 가치가 무엇인지를 어떻게 결정할 수 있는가? 핵심은 파드를 실행하고 관찰하는 것이다.

쿠버네티스는 사용량 모니터링 도구인 kubectl top을 함께 제공한다. 이 커맨드를 사용하면 파드 및 노드에서 사용 중인 리소스를 확인할 수 있다. 올바른 리소스 요청값을 설정하기 위해 알아야 할 파드의 세부 내용에 초점을 맞춰 살펴보자.

우선 리소스 요청값이 과하다 싶을 정도로 높은 파드를 배포한다. 이 파드는 이미 운영 환경에 배포되어 있을 수도 있다. 사실, 필요한 리소스를 과하게 설정하는 것은 성능 측면에서(예산 측면에서는 아니지만) 괜찮은 접근 방식이다. 이번 예제의 목표는 리소스 요청값이 과한 수준으로 시작하여 파드의 실제 사용량을 관찰한 다음 요청값을 재조정하면서 올바른 리소스를 프로비저닝하고 낭비를 방지하는 것이다.

파드에 필요한 리소스 양을 확실히 파악할 때까지는 제한값을 설정하지 않는 것이 좋다(노드의 모든 예비 리소스를 사용할 수 있도록). 사용자 입장에서는 필요한 것 이상의 전용 용량을 할당 받는 것을 선호하기 때문에 일부 리소스 요청값을 설정해야 하는 필요성을 완전히 해결할 수는 없다.

예제 코드 5.6 Chapter05/5.2_ResourceUsageTest/deploy.yaml

```
apiVersion: apps/v1
kind: Deployment
metadata:
  name: timeserver
spec:
  replicas: 1        ◀── 부하 테스트를 위해 복제본의 수를 1로 설정함
  selector:
  matchLabels:
    pod: timeserver-pod
  template:
    metadata:
      labels:
        pod: timeserver-pod
    spec:
      containers:
```

```
- name: timeserver-container
  image: docker.io/wdenniss/timeserver:3
  resources:        ◄── 테스트 중인 파드. 사용량을 분석할 수 있도록 리소스 제한값이 설정돼 있지 않음.
    requests:
      cpu: 200m
      memory: 250Mi
```

`kubectl top pods` 명령을 실행하고(데이터를 확인하려면 1~2분 정도 기다려야 할 수 있음) 시작 리소스 사용량, 특히 메모리를 기록해 둔다. Burstable QoS를 사용하기로 선택한 경우 이 리소스 설정이 낮기 때문에 파드를 부팅하는 데 필요한 리소스에 대해 스냅숏을 가지면 유용하다.

> **메모**
>
> 만약 미니큐브를 사용하고 error: Metrics API not available과 같은 에러가 발생한다면, 메트릭 서버를 활성화하는 미니큐브 애드온을 통해 메트릭 수집을 활성화할 수 있다.

이제 파드에 실제 운영 환경을 시뮬레이션하기에 충분한 부하를 가한다. 아파치 벤치(Apache bench)[1]와 같은 성능 측정 도구가 도움이 될 것이다. 다음은 20개의 스레드를 사용하여 총 10,000개의 요청을 생성하는 아파치 벤치의 수행 명령이다. 일반적인 최고점을 더 쉽게 관찰할 수 있도록 잠시 동안(예: 5분) 이 테스트를 실행해 보자.

```
kubectl get svc
EXTERNAL_IP=203.0.113.16
ab -n 10000 -c 20 http://$EXTERNAL_IP/
```

파드가 일반적인 운영 환경과 동일한 수준의 부하를 견디는 것이 관찰된다. 필요한 리소스가 얼마만큼인지 파악될 때까지 운영 환경에서 파드를 과도하게 억제하고 싶지 않다면, 먼저 리소스 요청값을 넉넉하게 설정한 다음 실제 사용량을 측정하면 된다. 실제 요구사항을 파악한 후에는 요청값을 적절한 크기로 조정하면 된다.

파드가 로드된 상태에서 kubectl top pods 명령을 다시 실행해 보자(최신 값을 반영하는 데 1~2분 정도 걸릴 수 있기 때문에 부하 시뮬레이터를 계속 실행한다). 출력 결과는 다음과 같다.

---

1 https://httpd.apache.org/docs/2.4/install.html

```
$ kubectl top pod
NAME                        CPU(cores)     MEMORY(bytes)
timeserver-dd88988f5-tq2d9   145m           11Mi
```

파드에 대한 테스트가 완료되면 표 5.1에 표시된 것과 같은 값을 얻게 될 것이다(이 표의 데이터는 단지 예시일 뿐이다).

표 5.1 시작 시점부터 로드 발생 시까지 메모리 및 CPU 사용량

	CPU(cores)	Memory(bytes)
시작 시	20m	200Mi
보통의 부하 발생 시	200m	400Mi

이 프로세스를 몇 번 더 반복하면 다양한 부하 조건(예: 낮은 트래픽, 보통 트래픽, 높은 트래픽) 및 해당 트래픽 발생 기간 동안 필요한 리소스 정보를 파드로부터 얻을 수 있다. 여러 기간(예: 부팅 직후, 부팅 후 1시간, 부팅 후 1일)은 잠재적인 사용량 증가(예: 메모리 누수)를 판별할 때 매우 유용하다. 따라서 표 5.2와 같은 결과를 얻기 위해 노력해야 한다.

표 5.2 테스트 과정에서 메모리 및 CPU 사용량

	CPU(cores)	Memory(bytes)
시작 시	20m	200Mi
보통의 부하 발생 시	200m	400Mi
높은 부하 발생 시	850m	503Mi
부팅 후 1시간 후	210m	505Mi
부팅 후 1일 후	200m	600Mi

5.2.1 메모리 요청 및 제한 구성하기

위와 같은 데이터 확보를 완료했다면 리소스 요청값은 어떻게 설정해야 할까? 이제 메모리의 하한(lower bound)이 400MiB임을 알게 됐다. 리소스 요청값만을 설정하고 보통의 부하 발생 시 파드가 400MiB의 메모리를 사용한다는 것을 알고 있기 때문에 제한값을 낮게 설정하면 파드에서 OOM-Killed(메모리 부족으로 종료됨)가 발생할 가능성이 높다. 리소스 제한값을 높게 설정하면 메모리 부족 현상이 발생하지 않을 수 있지만, 메모리가 필요할 때 이러한 여유 용량에 의존하고 싶지 않을 수 있다.

그렇다면 400MiB는 올바른 요청값인가? 아마 그렇지 않을 것이다. 첫째, 메모리 용량 산정 시 10% 정도의 버퍼가 필요하다. 또한 1시간 후에 메모리 사용량이 505MiB 정도인 것을 확인했다. 따라서 505MiB(버퍼를 고려하기 전) 정도가 하한으로 설정하기 좋은 시작점이 될 수 있다. 그렇다면 부팅 후 하루가 지난 시점에 파드에서 사용한 메모리를 봤을 때 600MiB가 필요한가? 그러나 이와 같은 현상은 메모리 누수로 발생했을 가능성이 크다. 분명한 것은 메모리 제한값을 높게 설정할 수 있고, 그러면 파드가 하루종일 실행되는 것을 보장할 수 있을 것이다. 그러나 쿠버네티스의 충돌이 발생한 컨테이너를 자동으로 재시작하는 기능을 사용해, 메모리 회수를 위해 하루가 지나면 해당 시스템을 재부팅하는 것이 더 바람직할 수도 있다.

메모리 누수가 괜찮은 경우

인스타그램[2]은 CPU 성능 10% 향상을 위해 파이썬의 가비지 컬렉션(garbage collection)을 비활성화한 것으로 유명하다. 이 패턴이 모든 서비스에 해당되는 것은 아니겠지만 한 번은 고려해볼 만한 흥미로운 패턴이다. 모든 것이 자동으로 운영되고 수천 개의 복제본이 있다면 시간이 지나면서 프로세스가 비대해지고 재부팅되는 것이 큰 문제가 될까?

쿠버네티스를 사용하면 충돌이 발생한 컨테이너(메모리 부족으로 시스템이 컨테이너를 제거해 충돌이 발생한 경우를 포함)를 자동으로 재시작하므로 이러한 패턴을 매우 쉽게 구현할 수 있다. 철저한 사전 조사 없이는 이러한 전략을 권장하지 않지만 애플리케이션에서 발생하는 메모리 누수의 속도가 느린 경우 수정해야 할 최우선 순위의 버그가 아닐 수도 있다고 생각한다.

중요한 것은 컨테이너에 한동안 부팅하고 실행할 수 있는 충분한 리소스를 제공해야 한다는 것이다. 그렇지 않은 경우 OOMKill 충돌 루프에 빠질 수도 있다. 사용자가 장애를 인지하지 못하도록 하려면 충분한 복제본을 확보하는 것(다음 절에서 설명할 예정)도 중요하다.

수집한 데이터를 사용해 부하를 받고 있는 파드의 메모리 사용량을 확인하여 하한값을 확인하면서 합리적인 버퍼(최소 10%)를 추가한다. 앞서 살펴본 예제 데이터에 따르면, 505MiB * 1.1 = 555MiB를 선택해야 한다. 약간의 여유 시간을 갖고 최소 한 시간 동안은 부하가 걸린 상태에서 파드를 실행해 봐야 충분한 결과가 나온다. 또한 예산 및 리스크에 따라 이 수치는 적절하게 조정할 수 있다(높을수록 위험은 낮아지지만 비용은 올라간다).

따라서 요청값은 최소한 파드의 안정적인 상태를 지원할 수 있어야 한다. 메모리 제한은 어떠한가? 앞서 작성한 데이터 시트가 견고해 모든 경우의 수를 포함하고 있다고 가정하자(예: 관찰 기간 동안 많은 메모리를 소비하는 코드가 존재하지 않음). 1일 동안 모니터링한 값보다 너무 높게는 설정하지 않을 것

---

2 https://instagram-engineering.com/dismissing-python-garbage-collection-at-instagram-4dca40b29172

이다. 실제로 하루 동안 파드에 필요한 메모리 양을 측정했기 때문에 제한값을 너무 과도하게 설정하는 (필요치의 두 배 이상으로) 것은 별로 도움이 되지 않을 것이다. 메모리 누수가 있는 경우 파드가 메모리를 과도하게 소비하는 것을 허용하는 것보다 어느 정도 도달했을 때 시스템이 파드를 재시작시키는 것이 더 효율적일 수 있다.

대안은 Guaranteed QoS 클래스처럼 요청값과 동일하게 제한값을 설정하는 것이다. 이 전략은 노드에 실행 중인 다른 파드에 관계없이 파드에게 지속적인 성능을 제공한다는 이점이 있다. 이 경우, 요청된 양을 초과하는 순간 파드가 종료될 수 있기 때문에 파드에 약간의 추가 버퍼를 설정하는 것이 좋다.

5.2.2 CPU 요청 및 제한 구성하기

메모리와 달리 쿠버네티스에서 CPU는 **압축 가능(compressible)**한 리소스이다. 즉, 애플리케이션이 필요한 CPU 리소스를 모두 확보하지 못하면 애플리케이션의 실행 속도가 느려진다. 이는 메모리와 상당히 다르다. 애플리케이션에 메모리가 부족하면 충돌이 발생한다. 여러분은 아마 애플리케이션에 충분한 CPU 리소스를 제공하고 싶을 것이다. CPU 리스소가 부족한 경우 성능 저하가 발생하지만 메모리만큼 추가 용량의 버퍼를 확보할 필요는 없다.

표 5.2에 표시된 애플리케이션의 예제 데이터를 보면 애플리케이션의 안정적인 상태는 약 200m CPU임을 알 수 있다. 이는 CPU 요청값을 설정하는 데 좋은 출발점이 될 수 있다. 비용을 절약해야 하고 약간의 성능 저하도 괜찮다면 조금 더 낮게 설정할 수도 있다.

CPU 제한은 쿠버네티스가 리소스 효율성을 향상시킬 수 있는 영역이다. 제한값을 요청값보다 높게 설정하여 버스트가 필요한 경우 애플리케이션이 노드에서 사용되지 않는 리소스를 소비하도록 할 수 있기 때문이다. 메모리와 마찬가지로 쿠버네티스는 요청된 CPU를 보장한다. 그러나 파드가 노드에서 사용되지 않은 리소스 자원을 활용해 좀 더 빠르게 실행시키는 편이 좋은 경우가 많다. 외부 의존성을 기다리는 데 많은 시간을 소비하는 웹 애플리케이션의 경우(예: 데이터베이스의 응답을 기다리는 것) 노드에서 여분의 CPU 용량을 사용할 수 있는 경우가 많은데, 이를 활성화된 요청에 이용할 수 있다.

메모리와 마찬가지로 제한값을 요청값보다 높게 설정하면(예: Burstable QoS 클래스) 성능이 일정하지 않다는 단점이 존재한다. 비어 있는 노드에서 실행된 Burstable 파드는 다른 파드들로 가득찬 노드보다 훨씬 더 많은 리소스를 사용할 수 있다. 일반적으로 노드에서 사용되지 않은 용량을 소비하여 트래픽 급증을 처리할 수 있으면 좋지만, 지속적인 성능이 중요하다면 요청값과 동일한 제한값을 설정하는 것이 올바른 선택일 수 있다.

5.2.3 CPU 오버커밋을 통해 비용 절감하기

비용을 줄이기 위한 또 다른 전략은 노드의 CPU 리소스를 오버커밋하는 것이다. 여기서 오버커밋이란 무엇을 의미할까? CPU 요청값을 낮게 설정(파드에 실제로 필요한 것보다 낮은 값을 설정)해 CPU 요청값을 실제 사용량으로 설정할 때보다 많은 파드를 노드에 배치하는 전략이다.

이 전략은 비용을 절약할 수 있지만 명백한 성능상의 단점이 있다. 그러나 **버스트가 매우 자주 발생**하는 워크로드에서는 바람직한 전략이 될 수 있다. 트래픽 양이 적은 수백 개의 웹사이트를 호스팅한다고 가정해 보자. 각각의 애플리케이션은 한 시간에 단 몇 개의 요청만을 수신할 수 있으며, 해당 시간 동안에만 CPU 리소스가 필요하다. 이러한 배포의 경우, 각 애플리케이션의 CPU 요청값은 50m(1개의 코어당 20개의 파드가 스케줄링 가능)이고 제한값은 1000m(일시적으로 전체 코어 사용 가능)일 수 있다.

이 작업과 같은 오버커밋 전략을 만드는 핵심은 동일한 머신에서 실행 중인 다른 파드들에 대해 자세히 인지하는 것이다. 대부분의 웹사이트가 상당 시간 동안 유휴 상태일 것이라고 확신하는 경우 이와 같은 접근 방식이 효과적일 수 있다. 그러나 모든 파드의 컨테이너를 동시에 버스트해야 할 경우 성능 저하가 발생할 수 있다. 이러한 유형의 설정은 컨테이너가 서로 격리되지 않았음을 의미한다. 이제 이러한 부분을 인지하고 노드를 구성해야 한다.

물론 가장 안전한 접근 방식은 오버커밋을 전혀 하지 않는 것이다. 그러나 어느 정도 합리적인 타협점은 일정 부분의 파드에만 오버커밋을 적용하는 것이다. 파드에 약간의 추가 CPU를 제공(리소스 제한값을 요청값보다 높게 설정하여)하면 지연 시간을 줄이는 데 도움이 될 수 있다. 그러나 이러한 초과 용량 설정에 의존하지 않고 합리적으로 기본 부하를 처리할 수 있을 만큼 CPU 리소스에 대한 요청값을 어느 정도 높게 설정해야 한다.

5.2.4 파드의 복제본과 내부 파드 동시성 균형 맞추기

이제 리소스 요청이 파드의 스케줄링 방식과 리소스 획득 방식에 어떠한 영향을 미치는지 파악했기 때문에 파드 내 동시성(concurrency)을 고려해 볼 시간이다. 파드의 동시성(예: 실행 중인 애플리케이션의 프로세스/스레드 수)은 리소스 크기에 영향을 미친다. 따라서 파드 내부에서 동시성을 사용하는 것과 파드의 복제본을 사용하는 것 사이에는 효율성과 내구성(durability)의 트레이드오프 관계가 존재한다.

서버에 대한 도입이나 인스턴스 구성 등 애플리케이션 설치에 많은 비용이 발생하는 경우, 스레드나 포크와 같은 내부 동시성을 사용해 애플리케이션을 구성했을 가능성이 높다. 이는 주로 들어오는 요청을 동시에 처리하는 데 사용되는 워커(worker)의 수로 설명할 수 있다. 동시에 실행되는 워커는 리소스 효율성으로 인해 쿠버네티스 환경에서도 여전한 이점을 가지고 있다. 워커가 10개인 단일 파드를 사용하지 않고 각각 1개의 워커를 갖는 10개의 복제본을 배포하는 상황을 고려해 보자. 포크는 애플리케이션 바이너리에서 사용하는 메모리의 일부를 공유하고 스레드는 더 많은 메모리를 공유하기 때문에 컨테이너의 내부 동시성은 메모리 측면에서 매우 효율적이다. 또한 CPU는 워커 간의 자원 풀로 사용된다. 이는 외부 의존성을 기다리는 데 많은 시간을 소비하는 일반적인 웹 애플리케이션에 매우 유용하다. 즉, 한 번에 많은 요청을 처리하는 데 여유 용량을 사용하는 경우가 많다.

단일 파드에서 동시에 실행되는 워커와 여러 개의 복제본에서 실행되는 워커 간의 트레이드오프 관계에서 보다 이점을 갖기 위해서는 파드의 복제본 수를 높여 내구성을 높여야 한다. 예를 들어 그림 5.7과 같이 총 26개의 동시 연결을 처리하기 위해 각각 18개의 워커가 존재하는 2개의 파드 복제본이 있다고 가정해 보자. 해당 파드 중 하나에서 충돌이 발생하는 경우(또는 4장에서 설정한 상태 검사에 실패하여 재시작되는 경우) 파드가 재시작되기 전까지 전체 용량의 절반이 오프라인 상태가 된다. 보다 나은 접근 방식은 6개의 워커를 갖는 6개의 파드 복제본을 배치하는 것이다. 이는 시스템에 중복성(redundancy)을 추가할 뿐만 아니라 컨테이너의 동시성을 일부 유지한다.

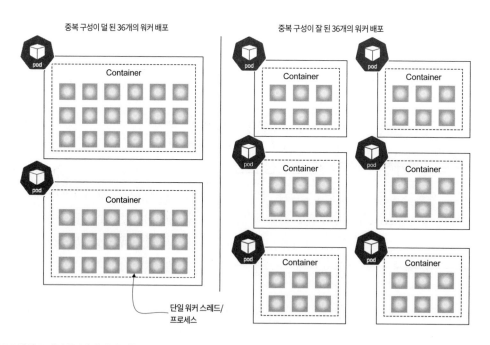

그림 5.7 전체 36개의 워커에 대해 가능한 두 가지 배포 방법 비교

올바른 균형을 유지하기 위해 간단한 경험적 방법을 사용할 수 있다. 사용자에게 서비스를 제공하는 데 있어 필요한 전체 워커의 수와 특정 시간에 일부 워커가 오프라인 상태일 경우 사용자 영향 없이 서비스할 수 있는 워커의 수를 고려한다. 오프라인 상태가 가능한 워커의 수를 계산하면(이전 예제를 살펴봤을 때 36개의 워커 중 16%가 오프라인 상태로 변경돼도 서비스에 영향이 없다고 가정함) 단일 파드에 배포할 수 있는 최대 워커의 수는 6개(16%)가 된다.

즉, 파드의 복제본이 많을수록 설계는 더 안전해지지만, 리소스 사용 측면에서는 효율성이 떨어진다. 따라서 가용성과 리소스 요구사항 사이에 균형을 맞추는 방법을 고려해 봐야 한다.

보유하고 있는 파드 복제본 수의 균형을 맞춘 뒤 가용성을 높이는 또 다른 중요한 방법은 파드를 최대한 여러 노드에 걸쳐 분산시키는 것이다. 여러 개의 복제본을 가지도록 설계했더라도 모든 복제본이 하나의 동일한 노드에서 실행된다면 해당 노드가 문제에 빠질 경우(단일 실패 지점으로 인해) 여전히 위험한 상황에 처하게 된다. 다행스럽게도 대부분의 쿠버네티스 플랫폼(Google Kubernetes Engine 포함)은 파드를 사용 가능한 모든 노드와 여러 개의 존(zone)(지역 단위의 클러스터의 경우)에 분산시키는 정책을 지원한다. 이 설정을 기본값으로 사용하려면 클러스터가 서로 다른 존에 걸쳐 배포되어 있고 여러 개의 노드로 구성되어 있는지 확인해야 한다. 노드의 배치 및 파드 확산 토폴로지에 대한 내용은 8장에서 더 자세히 다룰 예정이다.

요약

- 쿠버네티스 스케줄러는 시스템의 핵심부에 위치하며 인프라에서 디플로이먼트의 파드의 적합한 위치를 찾는 중요한 작업을 수행한다.
- 스케줄러는 주어진 노드에 가능한 한 많은 파드를 스케줄링하려고 노력한다. 이때 파드의 컨테이너에는 리소스에 대한 요청값이 적절하게 설정돼야 한다.
- 쿠버네티스에서는 파드의 리소스 요청 및 제한값을 사용하여 리소스 할당, 오버커밋 및 회수 방법 등을 조정한다.
- 버스팅을 사용하여 리소스를 오버커밋하면 리소스를 절약할 수 있지만, 성능에 대한 변동이 발생한다.
- 워크로드별 요청 및 제한 사양에 따라 수신할 수 있는 QoS가 설정된다.
- 워크로드를 설계할 때 가용성/리소스 사용량(복제본의 수와 파드의 내부 스레드/프로세스 워커 수) 사이에 트레이드오프 관계가 존재함에 유의해야 한다.
- 대부분의 쿠버네티스 플랫폼은 파드의 복제본이 일반적으로 동일한 노드에 배치되지 않도록 파드 확산 정책이 활성화돼 있다. 따라서 노드 장애에 의한 단일 실패 지점(SPOF, Single Point of Failure) 문제를 방지한다. 보다 높은 가용성을 확보하기 위해서는 클러스터에 몇 개의 노드가 존재하는지 확인해야 한다.

Memo

## 2부

운영 환경으로의
전환

지금까지 컨테이너 생성 및 배포, 리소스 제한 설정, 자동화를 위한 활성 및 준비성 프로브 설정과 같은 쿠버네티스의 기본 지식을 배웠다. 이제 한 단계 더 나아갈 때다. 2부에서는 운영 환경에서 쿠버네티스를 기반으로 시스템을 구축하는 데 필요한 핵심 내용을 다룰 것이다. 여기에는 애플리케이션을 수동 또는 자동으로 확장하는 방법과 애플리케이션이 처음부터 확장 가능하도록 설계하는 방법이 포함된다. 또한 여러 서비스(특히 각 서비스가 서로 다른 팀에서 관리될 때)를 연결하는 방법과 쿠버네티스 설정 파일을 코드와 함께 저장하고 지속적으로 업데이트해 보안을 유지하는 방법도 살펴볼 것이다.

1부에서 다룬 상태 비저장 유형 애플리케이션의 배포 외에 상태 저장이 필요한 워크로드(예: 디스크가 부착된 워크로드), 백그라운드 큐, 배치 잡, 그리고 데몬 파드 등 추가적으로 배포가 가능한 워크로드 유형을 설명할 것이다. 또한 쿠버네티스에 스케줄링 요구사항(예: 파드를 분산시키거나 함께 배치)을 지시하는 방법, 특정 하드웨어 요구사항(예: ARM 아키텍처, GPU, 및 Spot 컴퓨팅 등)을 타기팅하는 방법을 다룬다.

6장

스케일링 업

6장에서 다루는 내용은 다음과 같다.

- 파드와 노드를 수동으로 확장하는 방법
- CPU 사용률 및 기타 지표를 사용해 파드 복제본을 동적으로 확장하는 방법
- 관리형 플랫폼을 활용해 파드에 필요한 리소스를 기반으로 노드를 추가 및 제거하는 방법
- 우선순위가 낮은 플레이스홀더(placeholder) 파드를 사용해 버스트 용량을 프로비저닝하는 방법
- 확장 가능한 애플리케이션을 설계하는 방법

지금까지 애플리케이션을 배포하고 상태 검사를 통해 별도의 개입 없이 지속적인 실행이 가능하도록 만들었다. 이제 어떻게 규모를 확장할 것인지 살펴보기에 좋은 시간이다. 필자는 6장의 제목을 '스케일링 업(scaling up)'으로 명명했다. 그 이유는 많은 사람들이 애플리케이션이 크게 성공하여 새로운 사용자들을 수용해야 할 때 시스템 아키텍처가 이를 처리할 수 있을지 여부에 대해 큰 관심을 가지고 있기 때문이다. 하지만 걱정할 필요는 없다. 애플리케이션에 대한 요청이 없을 때 비용을 절약할 수 있도록 축소(scaling down) 방법 또한 다룰 것이기 때문이다.

궁극적인 목표는 자동 확장 기능을 사용해 배포한 애플리케이션을 운영하는 것이다. 그러면 애플리케이션 운영자는 언제든지 맘 편히 휴식을 취할 수 있으며, 쿠버네티스 환경에 배포한 애플리케이션은 급증하는 트래픽에 동적으로 대응할 수 있다. 이러한 경지에 도달하려면 애플리케이션이 확장 가능한지 확인하고, 쿠버네티스 클러스터에서 파드와 노드 간 확장 상호작용을 이해하고 오토스케일러(autoscaler)가 확장과 관련된 모든 작업을 수행할 수 있게 하는 올바른 메트릭을 결정해야 한다.

6.1 파드 및 노드 확장하기

애플리케이션을 컨테이너화하고 쿠버네티스에 애플리케이션을 배포하는 것은 확장 및 성장 지원이 가능한 애플리케이션 구축을 위한 중요한 단계이다. 이제 성공 순간이 도래해 트래픽이 급증했을 때 실제로 애플리케이션의 규모를 확장하는 방법(그리고 트래픽이 많지 않을 때 비용 절감을 위해 규모를 축소하는 방법)을 살펴보자.

쿠버네티스에는 기본적으로 확장이 필요한 두 개의 리소스가 있다. 애플리케이션(파드)과 애플리케이션이 실행되는 컴퓨팅 리소스(노드)가 존재한다. 운영을 다소 복잡하게 만드는 것은 요구사항(예: 보다 많은 애플리케이션 용량)이 어느 정도 상관관계가 있음에도 불구하고 파드와 노드의 리소스를 확장하는 방식이 별개라는 것이다. 파드가 실행될 노드의 컴퓨팅 리소스가 부족할 경우 파드를 확장하는 것만으로 충분하지 않으며 파드(애플리케이션)의 확장 없이 단순히 노드만 확장하는 것만으로도 충분하지 않다. 파드와 노드를 동시에, 그리고 올바른 비율로 확장하는 전략이 필요하다. 다행스럽게도 운영을 보다 쉽게 만들어주는 몇 가지 도구(그리고 모든 것을 대신 처리해주는 전자동화 플랫폼)가 존재한다. 이에 대해서는 다음 절에서 다루겠다.

첫째, 애플리케이션에서 평소보다 많은 트래픽을 처리하려면 파드의 복제본의 수를 늘려야 한다. 수동 접근 방식부터 살펴보자. 수동 접근 방식은 다음과 같이 원하는 수의 복제본의 수로 디플로이먼트 설정을 업데이트해 달성할 수 있다.

예제 코드 6.1 Chapter06/6.1_Replicas/deploy.yaml

```
apiVersion: apps/v1
kind: Deployment
metadata:
  name: timeserver
spec:
  replicas: 6      ◀── replicas 필드는 실행하려는 파드의 복제본의 수를 명시한다.
  selector:
  matchLabels:
    pod: timeserver-pod
  template:
    metadata:
      labels:
        pod: timeserver-pod
    spec:
```

```
    containers:
    - name: timeserver-container
      image: docker.io/wdenniss/timeserver:3
      resources:
        requests:
          cpu: 200m
          memory: 250Mi
```

평소와 마찬가지로 kubectl apply -f deploy.yaml 명령을 사용해 설정의 변경 사항을 적용할 수 있다.

또한 kubectl은 동일한 결과를 달성할 수 있는 간편한 명령형 커맨드를 제공한다.

```
kubectl scale deployment timeserver --replicas=6
```

그러나 너무 많은 복제본을 추가하면 클러스터에 해당 파드가 스케줄링될 공간이 부족해진다. 이때 노드를 확장해야 한다. kubectl get pods 명령을 실행하면 여러 개의 파드가 Pending 상태에 빠져 있을 것이다. 이는 파드가 스케줄링될 공간이 부족함을 의미한다.

파드는 여러 가지 이유로 Pending 상태에 빠질 수 있다. 그중 가장 일반적인 이유(파드가 1분 이상 Pending 상태에 빠져 있는 경우)는 자원 부족이다. 기본적으로 자원 부족은 조건이 충족되지 않았음을 의미하며, 해당 조건이 충족될 때까지 파드는 Pending 상태를 유지하게 된다. 파드에 의존성이 존재하는 경우 또 다른 충족되지 않은 조건(생성되지 않은 다른 파드가 있는 노드에 배포해야 하는 것)이 있을 수 있다. 원인을 더 명확하게 파악하려면 kubectl explain pod $POD_NAME 명령을 통해 파드의 상세 내용 및 발생된 이벤트를 확인해야 한다. Insufficient CPU 메시지 이벤트와 함께 FailedScheduling 상태가 확인된다면 노드를 더 추가해야 할 가능성이 높다.

노드리스 쿠버네티스

잠시 시간을 내어 노드리스(Nodeless) 쿠버네티스 플랫폼에 대해 설명하겠다. 필자의 생각에 가장 이상적인 클라우드 환경의 쿠버네티스 플랫폼은 사용자가 노드에 대해 전혀 걱정할 필요가 없는 플랫폼이다. 결국 클라우드를 사용하고 있다면 개발자가 훌륭한 애플리케이션 및 서비스를 만드는 데 집중할 수 있도록 파드의 요구사항에 따라 필요한 노드 리소스를 프로비저닝할 수 있는 플랫폼을 사용하는 편이 좋지 않을까?

구글 클라우드의 프로덕트 매니저(Product Manager)로서 필자가 팀원들과 함께 구축한 제품이 바로 노드리스 쿠버네티스이다. 구글 클라우드에서는 이를 GKE 오토파일럿(Autopilot)이라고 명명했다. 이 제품은 개발자들로부터 노드에 대한 걱정을 덜어줄 수 있는 플랫폼이다. GKE 오토파일럿을 사용하면 디플로이먼트, 스테이트풀셋 및 잡과 같은 표준 쿠버네티스 워크로드를 생성하고 복제본의 수와 필요한 만큼의 CPU 및 메모리 리소스를 명시할 수 있다. 그런 다음 오토파일럿은 파드를 실행하는 데 필요한 컴퓨팅 리소스를 프로비저닝하고 사용자를 대신해 컴퓨팅 용량을 관리한다. 여기에는 두 가지 주요 이점이 존재한다. 컴퓨팅에 대한 요구사항을 두 번(파드와 노드에서) 정의할 필요가 없어 개발자의 효율성이 크게 향상되고 노드 관리에 대한 부담이 크게 줄어들어 운영 효율성이 향상된다.

오토파일럿의 차별화된 점은 쿠버네티스의 노드 개념과 어느 정도 연관성을 유지한다는 것이다. 오토파일럿에는 노드 관련 스케줄링 로직(8장에서 다룰 예정인 확산 토폴로지, 어피니티 및 안티-어피니티)과 상당 부분 연관성이 존재하며 해당 개념을 사용할 수 있다. 오토파일럿은 노드가 프로비저닝되거나 관리되는 방식에 대해 더이상 걱정할 필요가 없다는 점에서 노드리스 개념을 적용했지만 노드를 완전히 숨기거나 추상화하지는 않는다. 결국 어딘가에는 코드를 실행하는 머신이 존재하며 이는 장애 도메인이나 지연 시간 단축을 위해 파드를 같은 위치의 노드에 배치하려는 것과 같은 물리적인 연관성을 가진다.

필자는 오토파일럿이야말로 노드를 운영 및 관리하는 부담을 없애면서 필요한 노드 수준의 제어 기능을 제공하는 두 가지 장점을 모두 갖춘 설계라고 믿는다. 보유한 노드의 수, 크기 및 형상, 상태의 정상 유무, 유휴 상태인지 또는 사용률이 낮은지 여부는 더 이상 신경 쓸 필요가 없다.

GKE 오토파일럿이나 이와 유사한 플랫폼을 사용하는 경우 기본적으로 6장에서 설명하는 노드 확장의 모든 내용을 무시하고 파드 확장에만 집중하기를 바란다. 오토파일럿을 사용하면 시스템의 추가적인 설정 없이 필요한 노드 리소스를 프로비저닝하기 때문에 파드를 수동 또는 자동(Horizontal Pod Autoscaler와 같이)으로 확장만 하면 된다.

쿠버네티스는 자체적으로 노드를 오케스트레이션하지 않기 때문에 노드를 확장하기 위해서는 쿠버네티스 공급업체에서 제공하는 플랫폼 관련 문서를 참조해야 한다. Google Kubernetes Engine(GKE)의 경우 오토파일럿 기능을 사용하면 노드가 자동으로 프로비저닝되므로 6.2절로 바로 건너뛸 수 있다. 노드 풀이 존재하는 GKE 클러스터의 경우 노드 확장을 위한 명령은 다음과 같다.

```
gcloud container clusters resize $CLUSTER_NAME \
  --node-pool $NODE_POOL_NAME \
--num-nodes $NODE_COUNT
```

노드 축소 또한 동일 명령으로 수행된다. 노드를 축소할 때도 공급업체에 따라 노드 확장과 동일한 명령으로 실행할 수 있어야 한다. 클러스터는 먼저 노드에 새로운 파드가 스케줄링되지 않도록 노드를 차단(cordon)한 다음, 노드를 비워(drain) 모든 노드를 제거해 정상적으로 종료될 시간을 제공한다. 디플로이먼트나 기타 상위 워크로드 구성에 의해 관리되는 파드의 경우 다른 노드에 스케줄링된다.

수동으로 노드 차단 및 비우기

노드가 축소될 때 어떠한 일이 발생하는지 관찰하려면 다음과 같은 명령을 사용해 노드를 수동으로 차단, 비우기 및 제거할 수 있다.

```
$ kubectl get nodes
NAME                                     STATUS   ROLES    AGE   VERSION
gke-cluster-1-default-pool-f1e6b3ef-3o5d  Ready    <none>   7d    v1.27.3-gke.100
gke-cluster-1-default-pool-f1e6b3ef-fi16  Ready    <none>   7d    v1.27.3-gke.100
gke-cluster-1-default-pool-f1e6b3ef-yc82  Ready    <none>   7d    v1.27.3-gke.100

$ NODE_NAME=gke-cluster-1-default-pool-f1e6b3ef-3o5d

$ kubectl cordon $NODE_NAME
node/gke-cluster-1-default-pool-f1e6b3ef-3o5d cordoned

$ kubectl drain $NODE_NAME --ignore-daemonsets --delete-emptydir-data
node/gke-cluster-1-default-pool-f1e6b3ef-3o5d already cordoned
evicting pod default/timeserver-784d5485d9-mrspm

evicting pod kube-system/metrics-server-v0.5.2-66bbcdbffc-78gl7
pod/timeserver-784d5485d9-mrspm evicted
pod/metrics-server-v0.5.2-66bbcdbffc-78gl7 evicted
node/gke-cluster-1-default-pool-f1e6b3ef-3o5d drained
```

kubectl 명령을 통해 노드를 삭제한다고 해서 기반이 되는 VM이 삭제되는 것은 아니며, 해당 VM에 대한 요금이 계속 청구될 수 있다는 점에 유의하자. kubectl delete node $NODE_NAME 명령을 통해 노드를 삭제하는 경우 후속 조치를 통해 VM 또한 제대로 삭제되었는지 확인하자. 오토파일럿 모드의 GKE에서는 차단 및 비우기를 통해서 사용되는 노드를 제거할 수 있으며 시스템이 자동으로 삭제를 처리한다. GKE 노드 기반 클러스터의 경우 VM을 직접 삭제해야 한다. 예를 들면 다음과 같다.

```
$ gcloud compute instances delete $NODE_NAME --zone us-west1-c
```

일반적으로 클러스터가 노드의 규모를 축소할 때 이러한 작업(노드 삭제와 같은)을 자동으로 수행하기 때문에 개발자가 직접 실행할 필요는 없다. 그러나 오작동으로 인해 노드를 제거해야 하는 경우 매우 유용할 수 있다.

지금까지 살펴본 것이 바로 파드와 노드를 수동으로 확장하는 방법이다. 이제 파드를 확장하기 위한 수평적 파드 오토스케일링과 노드를 확장하기 위한 클러스터 오토스케일링(해당 기능을 제공하는 클라우드 제공업체가 있는 경우)을 통해 파드와 노드에 대한 확장을 자동화하는 방법을 알아볼 차례다.

6.2 수평적 파드 오토스케일링

쿠버네티스에서 애플리케이션 파드 복제본의 수를 확장하는 것을 **수평적 파드 오토스케일링** (**Horizontal Pod Autoscaling**)이라 부른다. 증가된 트래픽을 처리하기 위해 복제본의 수를 늘리는 것은 수직적(vertical) 방식이 아닌 수평적 방식이다. 이는 각 복제본을 사용해 사용 가능한 리소스를 늘리는 것을 의미한다. 일반적으로 시스템을 확장하려면 수평적 확장이 필요하다.

쿠버네티스에는 HPA(Horizontal Pod Autoscaler)라는 기능이 포함되어 있다. 이 기능을 통해 일부 확장 제한(최소 및 최대 복제본의 수)과 함께 CPU 사용량과 같은 파드 **메트릭**을 관찰하고 특정 값을 목표하도록 명시할 수 있다. 그러면 HPA는 파드를 생성하고 제거해 메트릭 항목을 충족시키기 위해 노력할 것이다. CPU에서 목표가 20%의 CPU 사용률인 경우, HPA는 평균 사용률(모든 전체 파드에 걸쳐)이 20%를 초과하면 복제본을 추가하고 20% 이하로 떨어지면 복제본을 제거할 것이다. 이러한 작업에는 사용자가 지정하는 최소 및 최대 제한값과 너무 많은 이탈을 방지하기 위한 휴지 기간이 적용된다. 다음 예제 코드와 같이 디플로이먼트를 위한 HPA를 생성할 수 있다.

예제 코드 6.2 Chapter06/6.2_HPA/hpa.yaml

```
apiVersion: autoscaling/v2
kind: HorizontalPodAutoscaler
metadata:
  name: timeserver
spec:
  minReplicas: 1      ◀── 최소 복제본의 수
  maxReplicas: 10     ◀── 최대 복제본의 수
  metrics:
  - resource:
      name: cpu
      target:
        averageUtilization: 20    ◀──  CPU 사용률 목표를 의미한다. 파드 CPU 사용률이
        type: Utilization              이 값보다 높으면 HPA는 더 많은 복제본을 생성한다.
    type: Resource
  scaleTargetRef:
    apiVersion: apps/v1    │
    kind: Deployment       │  확장될 디플로이먼트를 명시한다.
    name: timeserver       │
```

물론 명령형 방식으로 HPA를 생성할 수도 있다. 그러나 언제나 그렇듯이 추후 편집을 고려했을 때 필자는 설정 파일을 통한 접근 방식을 보다 선호한다. 위 설정 파일과 동일하게 HPA를 생성하는 명령형 커맨드는 다음과 같다.

```
kubectl autoscale deployment timeserver --cpu-percent=20 --min=1 --max=10
```

이 기능을 테스트하기 위해서는 CPU를 바쁘게 만들어야 한다. 다음 두 예제 코드를 사용해 timeserver 애플리케이션에 CPU 부하를 주기 위해서 파이(pi) 계산을 추가한다.

예제 코드 6.3 Chapter06/timeserver4/pi.py

```python
from decimal import *

# Gregory-Leibniz 무한 급수를 사용하여 파이를 계산한다.
def leibniz_pi(iterations):
  precision = 20
  getcontext().prec = 20
  piDiv4 = Decimal(1)
  odd = Decimal(3)

  for i in range(0, iterations):
    piDiv4 = piDiv4 - 1/odd
    odd = odd + 2
    piDiv4 = piDiv4 + 1/odd
    odd = odd + 2

  return piDiv4 * 4
```

예제 코드 6.3은 파이를 계산하는 메소드이며, 예제 코드 6.4는 해당 메소드를 호출할 수 있도록 server.py에 새로운 URL 경로를 추가한 것을 보여준다.

예제 코드 6.4 Chapter06/timeserver4/server.py

```python
from pi import *

# ...
```

```
case '/pi':
    pi = leibniz_pi(1000000)          ← 새로운 HTTP 경로
    self.respond_with(200, str(pi))
```

다음 예제 코드는 추가된 경로가 존재하는 컨테이너의 새로운 버전을 참조하는 개정된 디플로이먼트를 제공한다. HPA를 올바르게 사용하려면 5장에서 추가했던 리소스 요청값을 설정하는 것이 중요하다.

예제 코드 6.5 Chapter06/6.2_HPA/deploy.yaml

```
apiVersion: apps/v1
kind: Deployment
metadata:
  name: timeserver
spec:
  replicas: 1      ← 복제본의 수가 처음에는 1로 설정되어 있음
  selector:
    matchLabels:
      pod: timeserver-pod
  template:
    metadata:
      labels:
        pod: timeserver-pod
    spec:
      containers:
      - name: timeserver-container
        image: docker.io/wdenniss/timeserver:4     ← 새로운 앱 버전
        resources:
          requests:                    HPA가 올바르게 동작하려면
            cpu: 250m                  리소스에 대한 요청값 설정이 중요하다.
            memory: 250Mi
```

```
$ cd Chapter06/6.2_HPA
$ kubectl create -f deploy.yaml -f service.yaml -f hpa.yaml
deployment.apps/timeserver created
service/timeserver created
horizontalpodautoscaler.autoscaling/timeserver created
$ kubectl get svc -w
NAME          TYPE        CLUSTER-IP     EXTERNAL-IP    PORT(S)    AGE
kubernetes    ClusterIP   10.22.128.1    <none>         443/TCP    6m35s
```

```
timeserver    LoadBalancer  10.22.131.179  <pending>     80:32650/TCP 18s
timeserver    LoadBalancer  10.22.131.179  203.0.113.16  80:32650/TCP 26s
```

외부 IP가 프로비저닝되기를 기다리는 동안 다음과 같은 명령을 사용해 파드의 CPU 사용률을 관찰할 수 있다(새 창에 실행하는 것을 추천한다).

```
kubectl top pods
```

외부 IP가 있다면 엔드포인트를 통해 일부 부하를 발생시켜 볼 수 있다. 대부분의 시스템에 설치할 수 있는 아파치 벤치(Apache bench)가 이에 적합하다. 다음 명령은 엔드포인트로 50개의 요청을 동시에 보내 10,000개가 전송될 때까지 계속 수행한다.

```
EXTERNAL_IP=203.0.113.16
ab -n 10000 -c 50 http://$EXTERNAL_IP/pi
```

다음과 같은 명령을 통해 디플로이먼트의 확장 상태를 확인해 볼 수 있다.

```
kubectl get pods -w
```

리눅스 **watch** 명령은 단일 명령을 사용해 시스템의 모든 리소스를 모니터링할 때 편리하게 사용된다(kubectl 자체로는 수행할 수 없다).

```
watch -d kubectl get deploy,hpa,pods
```

모든 것이 올바르게 진행된다면 kubectl top pods 명령을 통해 CPU 사용률이 증가하는 것과 이를 통해 보다 많은 파드의 복제본이 생성되는 것을 관찰할 수 있다. 또한 엔드포인트에 가하는 부하를 중지하는 경우(예: ab를 중단시키거나 부하 테스트가 완료될 때까지 대기) 증가했던 파드의 복제본들이 점차적으로 제거되는 것도 확인할 수 있다.

서비스에 대한 요청이 중지되고 축소 과정에서 복제본이 제거될 때보다 높은 부하가 발생해 확장과 정에서 복제본이 보다 빠르게 스케줄링되는 것을 확인할 수 있다. 이는 시스템의 수요 급증 시 변동을 방지하기 위해 용량을 제거할 때 약간의 주의를 기울이는 것일 뿐이다. 샘플 실행 결과는 다음과 같다.

```
$ kubectl get deploy,hpa,pods
NAME                        READY  UP-TO-DATE  AVAILABLE  AGE
deployment.apps/timeserver  2/6    6           2          7m7s
```

```
NAME                    REFERENCE               TARGETS     MINPODS   MAXPODS   REPLICAS
hpa/timeserver          Deployment/timeserver   100%/30%    1         6         6


NAME                              READY   STATUS              RESTARTS   AGE
pod/timeserver-b8789946f-2b969    1/1     Running             0          7m7s
pod/timeserver-b8789946f-fzbnk    0/1     Pending             0          96s
pod/timeserver-b8789946f-httwn    1/1     Running             0          96s
pod/timeserver-b8789946f-vvnhj    0/1     Pending             0          96s
pod/timeserver-b8789946f-xw9zf    0/1     ContainerCreating   0          36s
pod/timeserver-b8789946f-zbzw9    0/1     ContainerCreating   00         36s
```

앞서 보여준 HPA는 CPU 메트릭을 사용해 잘 동작했지만 약간의 문제가 있다. 바로 워크로드가 CPU에 바인딩되지 않았다는 것이다. 데모에서 사용했던 CPU 집약적 요청과 달리 대부분의 HTTP 서비스는 데이터베이스와 같은 외부 서비스를 기다리는 데 많은 시간을 소비한다. 따라서 이러한 유형은 배포할 때 CPU 사용률보다 서비스에 도달하는 RPS(Requests pers second)와 같은 다른 메트릭을 사용해야 할 수도 있다. 쿠버네티스는 CPU(앞선 예제에서 설명)와 메모리와 같은 두 가지 기본 측정 메트릭을 제공한다. RPS와 같은 메트릭을 직접적으로 지원하지는 않지만 모니터링 서비스를 통해 노출되는 커스텀(custom) 및 외부(external) 메트릭을 사용해 구성하는 것도 가능하다. 다음 섹션에서는 이와 같은 내용을 다룰 것이다.

수직적 파드 오토스케일링이란 무엇인가?

수직적 파드 오토스케일링(VPA, Vertical Pod Autoscaling)은 파드의 CPU 및 메모리 리소스를 조정해 파드를 수직적으로 확장하는 개념이다. 쿠버네티스의 구현 방식은 파드 리소스의 사용량을 관찰해 시간이 지남에 따라 파드 리소스 요청값을 동적으로 변경해 VPA를 달성한다. VPA는 오픈소스를 통해 구현이 가능[3]하고 GKE를 포함한 클라우드 제공업체에서 자체 버전을 통해 제공하지만 기본적으로 쿠버네티스에서는 VPA를 제공하지 않는다.

VPA는 파드의 요청값을 자동으로 결정할 수 있기 때문에 용량 산정을 위한 노력을 덜고 리소스에 대한 효율성을 어느 정도 제공할 수 있다. 또한 시간이 지남에 따라 파드의 리소스 요청값을 동적으로 조정해야 하는 경우(리소스 요구사항이 크게 변동되는 파드의 경우)에 매우 적합한 도구다.

VPA를 사용하면 시스템에 복잡성이 추가되고 HPA와 호환되어 잘 동작하지 않을 수 있다. 먼저 적절한 파드 리소스의 요청값을 설정하고 복제본을 수평적으로 확장하는 데 초점을 맞추는 것이 좋다.

6.2.1 외부 메트릭

널리 사용되는 확장 메트릭 중 하나는 RPS(Requests per Second)다. 확장을 위해 RPS 메트릭을 사용하는 기본적인 방법은 애플리케이션 인스턴스가 초당 처리할 수 있는 요청 수(복제본 1개의 용량)를 측정하는 것이다. 그런 다음 현재 요청의 수를 이 기준값으로 나누면, 바로 필요한 복제본의 수가 된다.

$$replica\_count = RPS \div replica\_capacity$$

RPS 메트릭의 이점은 애플리케이션이 테스트된 RPS를 처리할 수 있다고 확신하는 경우, 오토스케일러의 역할이 충분한 용량을 제공하는 것이기 때문에 부하 발생 시 애플리케이션이 적절한 용량으로 확장된다고 확신할 수 있다.

실제로 오토스케일 기능을 사용하지 않더라도 해당 메트릭은 애플리케이션의 용량을 계획하는 정말 좋은 방법이다. 복제본의 용량을 측정하고 트래픽을 예상해 이에 따라 복제본의 수를 늘리면 된다. 하지만 쿠버네티스를 사용하면 자동 확장을 위해 RPS 지표를 사용해 HPA를 구성할 수도 있다.

이를 위해 HPA의 **외부 메트릭** 속성을 사용하겠다. 여기서 한 가지 문제점은 '외부 메트릭'이라는 이름에서 알 수 있듯이 메트릭이 클러스터 외부에서 제공된다는 것이다. 따라서 이 책에서 제공하는 예제와 다른 모니터링 솔루션을 사용하는 경우 확장을 위한 RPS 메트릭이 무엇인지 찾아봐야 한다. 다행스럽게도 RPS는 매우 보편적인 측정 항목이며 대부분의 모니터링 솔루션에서 이를 제공한다.

이전 장에서는 TCP/IP 계층에서 동작하는 4계층 로드 밸런서와 HTTP 계층에서 동작하는 7계층 인그레스(ingress)를 통해 클러스터로 트래픽을 포워딩하는 몇 가지 방법에 대해 학습했다. 요청은 HTTP 개념이기 때문에 해당 메트릭을 얻으려면 인그레스(Ingress)를 사용해야 한다. 인그레스에 대해서는 다음 장에서 보다 자세히 살펴볼 것이다. 지금 시점에서는 해당 객체가 HTTP 트래픽을 확인해 검사하기 때문에 수신하는 요청 수에 대한 메트릭을 노출할 수 있다는 점만 알면 충분하다.

이번 예제에서는 다음 두 코드에 표시된 예제와 동일한 디플로이먼트를 사용하지만 NodePort 유형의 서비스를 설정해 인그레스에 노출할 것이다.

예제 코드 6.6 Chapter06/6.2.1_ExternalMetricGCP/service.yaml

```
apiVersion: v1
kind: Service
metadata:
```

```
    name: timeserver-internal   ◀── 내부 서비스의 이름
spec:
  selector:
    pod: timeserver-pod
  ports:
  - port: 80
    targetPort: 80
    protocol: TCP
  type: NodePort   ◀── 인그레스를 위해 NodePort 유형이 사용된다.
```

예제 코드 6.7 Chapter06/6.2.1_ExternalMetricGCP/ingress.yaml

```
apiVersion: networking.k8s.io/v1
kind: Ingress
metadata:
  name: timeserver-ingress
spec:
  rules:
  - http:
      paths:
      - path: /
        pathType: Prefix
        backend:
          service:
            name: timeserver-internal   ◀── 예제 코드 6.6에서 작성한 내부 서비스를 참조한다.
            port:
              number: 80
```

구글 클라우드를 사용하고 있는 경우 다음 코드와 같이 포워딩 룰의 이름 자체를 자신의 것으로 변경해서 다음과 같은 HPA 정의를 작성하는 방법으로 인그레스에서 제공하는 RPS 메트릭을 선택할 수 있다.

예제 코드 6.8 Chapter06/6.2.1_ExternalMetricGCP/hpa.yaml

```
apiVersion: autoscaling/v2
kind: HorizontalPodAutoscaler
metadata:
  name: timeserver-autoscaler
spec:
  minReplicas: 1
  maxReplicas: 6
```

```
metrics:
  - type: External
    external:
      metric:
        name: loadbalancing.googleapis.com¦https¦request_count
        selector:                                                    외부 메트릭
          matchLabels:
            resource.labels.forwarding_rule_name: "k8s2-fr-21mgs2fl"
      target:
        type: AverageValue
        averageValue: 5
scaleTargetRef:
  apiVersion: apps/v1
  kind: Deployment
  name: timeserver
```

forwarding_rule_name은 메트릭 서버가 인그레스 객체를 인지하도록 명시하는 필드이다. 이 셀렉터를 생략할 수도 있지만, 그렇게 하면 모든 인그레스 객체가 일치되어 원하는 값을 얻지 못할 것이다.

문제는 forwarding_rule_name이 쿠버네티스 내 객체 이름이 아니라 클라우드 플랫폼에 따른 리소스 이름이라는 것이다(이 예제에서는 해당 이름이 GKE에 의해 자동으로 설정됨). 플랫폼 내의 리소스 이름을 확인하려면 인그레스가 구성될 때까지 몇 분 정도 기다린 후 해당 인그레스 객체의 이름을 명시하면 된다.

```
$ kubectl describe ingress timeserver-ingress
Name:            timeserver-ingress
Namespace:       default
Address:         203.0.113.16
Default backend: default-http-backend:80 (10.22.0.202:8080)
Rules:
  Host        Path  Backends
  ----        ----  --------
  *
              /     timeserver-internal:80
    (10.22.0.130:80,10.22.0.131:80,10.22.0.196:80 + 1 more...)
Annotations:  ingress.kubernetes.io/backends:
              {"k8s -be-32730":"HEALTHY","k8s1-a5225067":"HEALTHY"}
              ingress.kubernetes.io/forwarding-rule: k8s2-fr-21mgs2fl
```

```
                    ingress.kubernetes.io/target-proxy: k8s2-tp-21mgs2fl

                    ingress.kubernetes.io/url-map: k8s2-um-21mgs2flEvents:

Type     Reason  Age                    From                     Message
----     ------  ----                   ----                     -------
Normal   Sync 6m28s (x31 over 5h6m)  loadbalancer-controller  Scheduled
    for sync
```

자동화된 도구를 구성할 때 중요한 역할을 하는 이 정보를 쿼리하는 또 다른 방법을 소개하겠다. 객체 구조 내에서 해당 데이터가 어디에 있는지 이해하고 **kubectl**의 JsonPath 포맷을 사용하는 것이다.

```
$ kubectl get ingress -o=jsonpath="{.items[0].metadata.annotations['ingress\.
- kubernetes\.io\/forwarding-rule ']}"
k8s2-fr-21mgs2fl
```

> **팁**
>
> 먼저 kubectl을 사용해 인그레스에 대한 쿼리 시 -o=jsonpath 옵션을 추가해 쿼리하는 JsonPath 표현을 사용했다. 이후 스택오버플로 및 여러 시행 착오를 검색하여 살펴보면서 다양한 조합을 통해 원하는 정보를 얻을 수 있었다.

객체가 준비되면 마지막 단계는 클러스터의 워크로드에 대해 클라우드 모니터링이 활성화되어 있는지 확인하고 HPA를 위한 메트릭에 대한 액세스를 제공하는 일부 컴포넌트를 설치하는 것이다. 다음 지침[4]에 따라 커스텀 메트릭 스택드라이버 어댑터(Custom Metrics-Stackdriver Adapter)를 설치한다.

지금까지의 과정을 통해 디플로이먼트, **NodePort** 유형의 서비스, 인그레스, HPA 및 메트릭 어댑터가 모두 구성됐다. 이제 사용해 볼 수 있다. 인그레스에 대해 요청을 생성해 보자(**kubectl get ingress** 명령을 통해 얻은 인그레스의 IP로 대체한다).

```
ab -n 100000 -c 100 http://203.0.113.16/
```

위 명령 실행 후 별도의 창을 열어 파드의 확장 상태를 관찰한다.

```
$ kubectl get hpa,ingress,pods
NAME                REFERENCE             TARGETS    MINPODS   MAXPODS   REPLICAS
```

---

4 https://cloud.google.com/kubernetes-engine/docs/tutorials/autoscaling-metrics

```
hpa/timeserver      Deployment/timeserver     94%/30%     1          6          6
```

NAME	CLASS	HOSTS	ADDRESS	PORTS
ingress/timeserver-ingress	<none>	*	203.0.113.16	80

NAME	READY	RESTARTS	AGE	STATUS
pod/timeserver-b8789946f-8dpmg	1/1	0	5h51m	Running
pod/timeserver-b8789946f-gsrt5	0/1	0	110s	ContainerCreating
pod/timeserver-b8789946f-sjvqb	1/1	0	110s	Running
pod/timeserver-b8789946f-vmhsw	1/1	0	110s	ContainerCreating

한 가지 주목할 만한 점은 시스템이 예상대로 더 많은 성능을 발휘하는지 검증하는 것은 더 쉽다는 것이다. 아파치 벤치를 사용하면 동시 요청 수를 지정할 수 있다. 소요 시간을 확인하고(따라서 RPS를 계산함) 복제본의 수를 확인해 적정 수치인지 확인할 수 있다. 이러한 프로세스는 CPU 메트릭을 사용할 경우 조금 더 어려울 수 있다. 테스트하려면 이전에 했던 것과 동일하게 CPU에 최대한 부하를 발생시켜야 할 수도 있다. 이것이 바로 사용자 요청에 따른 확장 속성이 널리 사용되는 메트릭인 이유 중 하나다.

관찰 및 디버깅하기

HPA가 수행하는 작업을 살펴보려면 kubectl describe hpa 명령을 실행하면 된다. 이때 ScalingActive 조건에 특히 주의하자. 해당 값이 False인 경우 메트릭이 활성화되지 않았음을 의미하며, 이는 다음과 같은 여러 가지 이유로 인해 발생할 수 있다. (1) 메트릭 어댑터가 설치되지 않았다(또는 인증되지 않았다). (2) 메트릭 이름이나 셀렉터가 잘못됐다. (3) 사용 가능한 특정 메트릭에 대해 아직까지 모니터링 샘플이 존재하지 않는다. 올바르게 설정했어도 모니터링 데이터 샘플이 존재하지 않는다면(예: 요청이 없는 경우) ScalingActive 값이 False로 표시되므로, 실패의 원인을 더 살펴기 전에 엔드포인트로 일부 요청을 보내고 데이터가 들어오기까지 1~2분 정도 기다려 보자.

AverageValue vs Value

이전 예제에서는 targetAverageValue를 사용했다. targetAverageValue는 수집되는 메트릭의 파드당 목푯값이다. targetAverageValue는 목표로 하는 절댓값이다. RPS 용량은 파드 단위 레벨로 계산되기 때문에 필요로 하는 targetAverageValue가 된다.

기타 메트릭

백그라운드 작업을 처리할 때 가장 널리 사용되는 또 다른 외부 메트릭(10장에서 다룰 예정)은 Pub/Sub 큐(Pub/Sub Queue) 길이이다. Pub/Sub는 수행해야 하는 작업을 큐로 처리할 수 있는 큐잉 시스템이다. 그리고 해당 큐에 있는 작업을 처리하기 위해 쿠버네티스에서 워크로드를 구성할 수 있다. 이러한 구성의 경우 파드의 복제본(큐를 처리할 수 있는 워커)을 추가하거나 제거해 큐의 크기에 따라 대응할 수 있다. 이와 관련해 완벽하게 동작하는 예시를 GKE 문서[5]에서 찾아볼 수 있다. 이처럼 기타 메트릭을 사용해 이전에 설명한 HPA와 유사한 동작을 구축할 수 있다.

```
metric:
name: pubsub.googleapis.com|subscription|num_undelivered_messages
selector:
  matchLabels:
    resource.labels.subscription_id: echo-read
```

위 설정은 메트릭 이름과 메트릭의 식별자(이 예제의 경우 구글 클라우드 Pub/Sub 구독 ID)로 구성되어 있다.

기타 모니터링 솔루션

외부 메트릭은 모든 쿠버네티스 모니터링 시스템에서 구성 및 수집할 수 있어야 한다. 이전에 살펴봤던 예제에서는 구글 클라우드의 클라우드 모니터링을 사용했지만 프로메테우스 및 기타 다른 클라우드 모니터링 시스템을 사용하는 경우에도 동일한 원칙이 적용되어야 한다. HPA에 대한 구성을 진행하려면 (1) 사용하는 모니터링 솔루션용 메트릭 어댑터를 설치하는 방법, (2) 해당 시스템의 메트릭 이름, (3) 메트릭 리소스를 올바르게 선택하는 방법 등을 파악해야 한다.

6.3 노드 오토 스케일링 및 용량 계획

수평적 파드 오토스케일링 기능을 사용하는 것은 수요에 따라 파드를 자동으로 확장할 수 있는 좋은 방법이다. 그러나 시스템 전체의 용량을 추가하고 제거하기 위해 노드를 수동으로 확장/축소해야 하는 경우에도 운영자의 개입이 필요하다. 일반적인 클러스터 오토스케일러(Cluster Autoscaler) 기능을 사용하면 필요에 따라 노드를 확장하고 HPA 기능과 잘 결합해 파드를 확장하는 데도 사용할 수 있다.

---

5 https://cloud.google.com/kubernetes-engine/docs/tutorials/autoscaling-metrics#pubsub

6.3.1 클러스터 오토스케일링

클러스터 오토스케일링(Cluster autoscaling)은 쿠버네티스 API의 기본 기능이 아니라 선택적인 구성 요소이다. 다행스럽게도, 대부분의 클라우드 제공업체는 이 기능(또는 이와 유사한 기능)을 제공하고 노드의 수를 확장하는 기능이 플랫폼의 속성으로 내장되어 있어 사용자는 애플리케이션과 해당 애플리케이션의 복제본의 수에만 집중해 운영할 수 있다. 이 기능은 플랫폼에 따라 다르며 정확한 구현 방법은 매우 다양하다(모든 공급자가 클라우드 오토스케일링 기능을 제공하는 것은 아니다). 관련 문서를 찾아보려면 '[제품 이름] Cluster Autoscaler' 키워드를 사용해 검색하면 된다.

GKE의 경우 오토파일럿 모드를 사용하면 클러스터에 노드 프로비저닝 및 오토스케일링 기능이 내장되어 있다. 별도의 추가적인 구성이 필요하지 않다. 노드 풀이 있는 GKE 클러스터의 경우 노드 풀을 만들거나 기존 노드 풀을 업데이트할 때 오토스케일링 기능을 설정할 수 있다.

클러스터 오토스케일링 기능을 사용하면 클러스터가 자동으로 반응하도록 해 사용자는 자체 워크로드 (애플리케이션)를 확장하는 데 집중할 수 있다(그림 6.1). 기존 워크로드를 확장하고 새로운 워크로드를 배포할 때 Pending 상태에 빠지게 되는 파드 문제를 쉽게 해결할 수 있으므로 매우 편리하다. 하지만 특정 조건에서는 지원되지 않을 수 있기 때문에 클라우드 공급업체에서 제공하는 세부정보를 읽어보고 사용하자(예: 파드의 크기가 너무 커서 현재 노드 구성에 맞지 않을 경우).

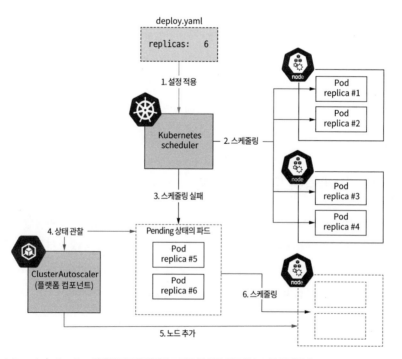

그림 6.1 Cluster Autoscaler는 Pending 상태의 파드를 감시하고 필요한 경우 새로운 노드를 할당한다.

기존 방식의 클러스터 오토스케일러는 사전에 정의된 기존 설정의 새 노드만 추가할 수 있기 때문에 사용할 예정인 노드의 유형을 정의해야 한다. 따라서 관련 문서를 반드시 읽어보기를 바란다. 오토파일럿 모드(설정이 필요하지 않음, 바로 사용 가능)나 노드 자동 프로비저닝이 설정된 기능을 사용하는 경우 GKE는 모든 유형의 새로운 노드를 추가할 수 있다.

노드를 자동으로 추가 및 제거할 수 있는 클러스터 오토스케일링 및 기타 도구를 사용하면 노드 운영에 집중할 필요 없이 서비스 파드의 운영에만 집중할 수 있기 때문에 작업이 더 쉬워진다. 클러스터 오토스케일링 기능을 HPA와 같은 파드 기반 확장 기능과 결합해 사용하면 상당히 간편하고 자동화된 배포 환경을 구성할 수 있다.

6.3.2 클러스터 오토스케일링을 통한 예비 용량

수동으로 노드를 추가하는 것과 비교할 때 노드 자동 확장의 단점 중 하나는 오토스케일러가 상황을 **너무 잘** 판단하고 조정해버려서 여유 용량이 부족해지는 경우가 있다는 것이다. 이는 비용 절감 측면에서는 유용할 수 있지만 파드를 시작하기 전에 새로운 용량(노드)을 프로비저닝해야 하기 때문에 새로운 파드를 시작하는 속도가 상당히 느려진다.

새로운 노드를 추가하고 파드를 시작하는 것은 기존 노드에 새로운 파드를 추가하는 것보다 느리다. 전자의 경우 노드를 프로비저닝하고 부팅하는 반면, 기존 노드에 파드를 스케줄링하는 것은 컨테이너 이미지를 가져와서 부팅만 하면 된다. 컨테이너가 이미 캐시에 존재하는 경우 즉시 부팅을 시작할 수도 있다. 그림 6.2에 표시된 바와 같이 새롭게 스케줄링된 파드는 부팅을 시작하기 전에 노드(적절한 용량)가 프로비저닝될 때까지 기다려야 한다.

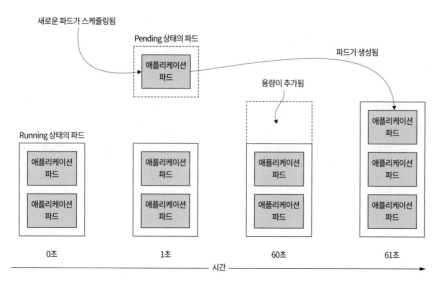

그림 6.2 새롭게 스케줄링된 파드를 수용하기 위해 오토스케일링 기능을 통해 동적으로 용량 추가

오토스케일러를 유지하면서 이러한 문제를 모두 해결하는 한 가지 방법은 우선순위가 낮은 플레이스홀더 파드를 사용하는 것이다. 이 파드는 용량을 예약(추가 노드를 유지하고 대기 상태로 실행됨)하는 것 외에는 아무런 기능도 자체 수행하지 않는다. 이 파드의 경우 우선순위가 낮기 때문에 다른 워크로드가 확장되면 해당 파드를 선점해 사전에 예약해 놓은 노드의 용량을 사용할 수 있다(그림 6.3).

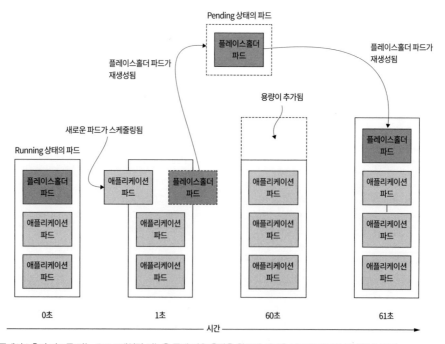

그림 6.3 플레이스홀더 파드를 갖는 오토스케일링 기능을 통해 여유 용량을 확보해 새로운 파드를 빠르게 부팅할 수 있다.

플레이스홀더 파드 디플로이먼트를 작성하려면 먼저 PriorityClass에 대한 작성을 필요로 한다. 이 우선순위 클래스는 다음 예제 코드와 같이 0보다 낮은 우선순위를 가져야 한다(기타 다른 우선순위를 갖는 파드에 의해 선점될 수 있도록).

예제 코드 6.9 Chapter06/6.3.2_PlaceholderPod/placeholder-priority.yaml

```
apiVersion: scheduling.k8s.io/v1
kind: PriorityClass
metadata:
  name: placeholder-priority
value: -10                    ◀── 플레이스홀더 파드를 위한 낮은 우선순위 값
preemptionPolicy: Never       ◀── 다른 파드를 선점하지 않도록 설정
globalDefault: false
description: "Placeholder Pod priority."
```

이제 다음 예제 코드와 같이 '아무런 작업도 수행하지 않는' 컨테이너 디플로이먼트를 생성할 수 있다.

예제 코드 6.10 Chapter06/6.3.2_PlaceholderPod/placeholder-deploy.yaml

```
apiVersion: apps/v1
kind: Deployment
metadata:
  name: placeholder
spec:
  replicas: 10          ◀── 몇 개의 복제본을 원하는가? 이는 CPU 및 메모리 요청값 설정을 통해 플레이스홀더 파드가
                            제공할 수 있는 헤드룸 용량(감당할 수 있는 최대 크기)의 크기를 결정한다.
  selector:
    matchLabels:
      pod: placeholder-pod
  template:
    metadata:
      labels:
        pod: placeholder-pod
    spec:
      priorityClassName: placeholder-priority    ◀── 방금 생성한 우선순위 클래스를 사용한다.
      terminationGracePeriodSeconds: 0           ◀── 해당 파드의 경우 유예기간 없이 즉시 종료될 수 있도록 설정
      containers:
      - name: ubuntu
        image: ubuntu
        command: ["sleep"]     │ 아무런 작업도 하지 않도록 설정
        args: ["infinity"]
```

```
    resources:
      requests:
        cpu: 200m
        memory: 250Mi
```
플레이스홀더 파드에서 예약할 리소스를 의미한다.
이는 해당 파드와 교체하려는 가장 큰 파드가 동일해야 한다.

플레이스홀더 파드를 직접 생성할 때는 필요한 복제본의 수와 각 복제본의 크기(CPU 및 메모리 요청 값)를 고려하자. 크기는 최소한 가장 큰 일반 파드의 크기 이상이어야 한다. 그렇지 않으면 플레이스홀더 파드가 선점될 때 이를 대체하는 워크로드가 해당 공간의 크기와 맞지 않을 수 있다. 또한 크기를 너무 키우지 않도록 주의해야 한다. 추가 용량을 예약하려면 표준 워크로드 파드보다 훨씬 더 큰 크기를 갖고 훨씬 더 많은 복제본의 수를 갖도록 설정하는 것이 좋다.

스케줄링된 다른 파드가 플레이스홀더 파드를 선점하려면 새롭게 스케줄링되는 파드의 우선순위가 더 높고 `preemptionPolicy: Never`가 아닌 우선순위 클래스를 가져야 한다. 다행스럽게도 우선순위 클래스의 기본값은 `0`이고 `preemptionPolicy`의 기본값은 `PreemptLowerPriority`이기 때문에 기본적으로 다른 모든 파드는 플레이스홀더 파드의 자리를 대체할 수 있다.

쿠버네티스의 기본값을 우선순위 클래스로 표현하려면 예제 코드 6.11과 같이 작성하면 된다. 실제로 기본값을 변경할 필요가 없기 때문에 이를 구성하는 것은 불필요하다. 그러나 자신만의 우선순위 클래스를 생성하고자 하는 경우, 다음 예제 코드를 참고해 사용할 수 있다(실제로 의도한 것이 아니라면 `globalDefault` 값을 `true`로 설정하지 않는다). 다시 한 번 강조하지만 플레이스홀더 파드가 선점되려면 `preemptionPolicy`를 `Never`로 설정하지 말아야 한다.

예제 코드 6.11 Chapter06/6.3.2_PlaceholderPod/default-priority.yaml
```
apiVersion: scheduling.k8s.io/v1
kind: PriorityClass
metadata:
  name: default-priority
value: 0              ← 플레이스홀더 파드보다 높은 우선순위를 갖는 값
preemptionPolicy: PreemptLowerPriority    ← 플레이스홀더 파드를 선점할 것이다.
globalDefault: true   ← 다른 파드가 선점할 수 있도록 우선순위를 낮게 설정
description: "The global default priority. Will preempt the placeholder Pods."
```

디플로이먼트와 같은 상위 레벨 객체에 의해 캡슐화된 플레이스홀더 파드는 빠른 파드의 스케줄링을 위해 지속적으로 확장 헤드룸 용량을 제공하기에 유용하다. 또는 일회성 용량 프로비저닝을 위해 플레

이스홀더 파드를 잡(Job)으로 캡슐화하거나 정해진 스케줄에 따라 용량을 프로비저닝하기 위해 크론 잡(CronJob)으로 캡슐화할 수 있다. 또한 독립형 파드(Standalone Pod)로 실행하는 것도 가능하다.

6.4 확장 가능한 앱 구축하기

애플리케이션을 확장하는 것은 방정식의 일부에 불과하다. 애플리케이션 자체는 확장을 염두에 두고 구축해야 한다. 비록 여러분의 서비스가 아직 이러한 문제를 걱정할 만큼 성장한 시점이 아닐지라도, **확장이 필요한 시점에 부랴부랴 확장 방법을 설계하면 시기가 너무 늦다는 점을 기억하기 바란다.**

애플리케이션이 예측할 수 없을 정도로 성장하는 경우(예: 잠재적인 사용자가 무수히 많은 스타트업) '성공 후 실패' 사례를 피하기 위해 미리 계획을 세우고 싶을 것이다. 성공의 결정적인 순간에 애플리케이션이 요청 규모를 감당할 수 없어 실패할 수 있기 때문이다. 이러한 순간이 언제가 될지 모르기 때문에 미리 설계를 해야 한다. 모든 스타트업이 이러한 순간을 맞이하는 것은 아니지만, 기회를 활용할 준비가 되어 있어야 한다. 그렇지 않으면 모든 것이 실패로 돌아갈 수 있다.

다행스럽게도, 컨테이너를 오케스트레이션하기 위한 도구로 쿠버네티스를 선택한다면 확장 가능한 앱을 설계하기 위한 견고한 기반을 마련하게 된다. 애플리케이션을 설계할 때 쿠버네티스와 독립적으로 동작한다는 점을 염두에 둘 필요가 있는 몇 가지 다른 요소를 소개하겠다. 가장 확장 가능한 설계 원칙은 쿠버네티스 및 비 쿠버네티스 환경 모두에 적용된다. 하지만 쿠버네티스에서 확장 가능한 앱을 구축할 때 염두에 두어야 할 몇 가지 모범 사례를 다루겠다. 애플리케이션을 개발할 때 몇 가지 확장성 원칙을 준수하는 것이 필요한 시점에 중요한 요소들이다.

6.4.1 상태 피하기

확장 가능한 애플리케이션을 설계할 때 가장 중요한 측면 중 하나는 애플리케이션에서 로컬 상태(local state)를 피하는 것이다. 상태 비저장(stateless) 설계는 실행 중인 애플리케이션의 각 복제본(인스턴스)이 다른 복제본에 로컬로 저장된 데이터를 참조하지 않고 들어오는 요청을 처리할 수 있는 설계 원칙이다. 로컬 임시 스토리지(local ephemeral storage)는 복제본 간에 공유되지 않고 다음으로 들어오는 요청에 사용할 필요가 없는 임시 데이터 처리에 사용될 수 있다.

> **메모**
>
> 상태 비저장 애플리케이션의 속성은 유명한 Twelve-Factor 앱 설계 방법론(https://12factor.net/processes)에서 가장 중요한 요소라고 생각한다. 상태 비저장 애플리케이션은 각 인스턴스가 모든 요청을 독립적으로 처리할 수 있기 때문에 확장 및 유지관리가 더 쉽다.

전통적인 호스트 머신과는 다르게, 쿠버네티스에서는 컨테이너가 디스크에 쓴 모든 데이터는 기본적으로 임시적이다(컨테이너가 종료되거나 재시작되면 삭제됨). 퍼시스턴트 볼륨(persistent volume)과 스테이트풀 구성(9장에서 다룰 예정)을 사용해 상태 저장 애플리케이션을 생성하는 것이 가능하지만, 기본적으로 컨테이너는 상태 비저장으로 취급되며 일반적으로 확장이 쉽도록 상태 비저장 방식으로 유지하는 편이 좋다.

쿠버네티스에서 관리하는 디스크에 상태를 저장하는 대신 구조화된 데이터는 SQL 및 NoSQL 데이터베이스에, 파일은 오브젝트 스토리지에, 세션 상태는 레디스와 같은 메모리 데이터베이스처럼 외부 데이터 저장소에 저장할 것을 추천한다. 확장 능력을 지원하려면 관리형 서비스(자체 셀프 호스팅이 아닌)를 선택하고 선택한 서비스가 애플리케이션의 잠재적인 성장세를 처리할 수 있는지 확인하자.

물론 모든 상태 저장이 나쁘다는 것은 아니다. 결국 상태를 **저장할 곳**이 필요하고, 때로는 셀프 호스팅된 애플리케이션이 필요한 경우도 존재한다. 이러한 애플리케이션을 작성할 때는 성공 사례가 있는 인기 있는 오픈 소스 솔루션(예: 레디스)과 같이 확장성이 뛰어난 솔루션을 선택해야 한다.

관계형 데이터베이스 문제

MySQL이나 PostgreSQL과 같은 관계형 데이터베이스를 사용해 데이터를 저장하는 경우, 주의를 기울일 필요가 있는 잠재적인 함정이 몇 가지 존재한다.

쿼리 최적화

비효율적인 쿼리로 인해 비효율적인 확장이 발생하면 데이터양이 증가하고 요청 수가 증가함에 따라 시스템의 전반적인 속도도 느려지는 것은 말할 필요도 없다. 이러한 상황을 통제하려면 쿼리를 로깅 및 분석할 것을 추천하며 이러한 절차는 개발 프로세스 초기에 시작하는 것이 좋다(애플리케이션이 인기가 많아질 때까지 기다렸다가 쿼리를 분석하기를 원치는 않을 것이다).

측정하지 않으면 개선할 수 없기 때문에 각 요청 중에 수행되는 SQL 쿼리의 성능을 기록하는 것이 가장 중요한 첫 번째 단계이다. 쿼리를 많이 발생하거나 쿼리의 수행 속도가 느린 요청을 찾고 그곳부터 시작하는 것이 좋다.

MYSQL과 PostgreSQL은 모두 성능에 대한 특정 쿼리를 분석하는 데 도움이 되는 EXPLAIN 명령을 지원한다. 성능을 향상시키기 위한 일반적인 방법에는 자주 검색되는 칼럼에 대해 인덱스를 추가하거나 수행하는 JOIN의 수를 줄이는 것이 포함된다. MySQL의 문서 "Optimizing SELECT Statements"[6]에서 다양한 최적화 방법에 대해 소개하고 있다.

N+1 쿼리 방지하기

쿼리가 매우 효율적이더라도 데이터베이스에 대해 수행하는 각 개별 쿼리에는 오버헤드가 존재한다. 이상적으로는 애플리케이션이 처리하는 각 요청은 표시되는 데이터 양에 관계없이 일정한 수의 쿼리를 수행해야 한다.

객체 목록을 렌더링하는 요청이 있을 경우 각 객체에 대해 별도의 쿼리를 생성하지 않고 이 요청을 처리하는 것이 이상적이다. 이는 일반적으로 N+1 쿼리 문제라고 한다(문제가 발생할 때는 목록을 가져오기 위한 하나의 쿼리가 있고 목록의 각 항목(N개의 항목)에 대해 하나의 쿼리가 있는 경우가 많음).

이 안티패턴은 특히 ORM(Object Relational Mapping)을 사용하고 상위 객체와 하위 객체 간의 지연 로딩(lazy loading) 기능을 사용하는 시스템에서 일반적이다. 지연 로딩을 사용해 일대다 관계의 하위 객체를 렌더링하면 일반적으로 N+1 쿼리(상위 객체에 대한 하나의 쿼리 및 N개의 하위 객체에 대한 N개의 쿼리)가 발생하며, 이는 로그를 통해서도 확인할 수 있다. 다행스럽게도 이러한 시스템에는 쿼리를 일괄 처리할 수 있게 하위 객체에 액세스할 계획임을 미리 알려주는 방법이 존재한다.

이러한 N+1 쿼리 상황은 일반적으로 목록 쿼리의 하위 객체를 반환하는 JOIN이나 두 개의 쿼리를 사용해 일정한 수의 쿼리로 최적화할 수 있다. 하나는 레코드 집합을 가져오고 다른 하나는 해당 집합의 하위 객체에 대한 세부 정보를 가져온다. 목표는 하나의 요청당 쿼리 수를 일정하게 유지하는 것이며, 특히 쿼리 수는 표시되는 레코드 수에 따라 선형적으로 증가해서는 안 된다.

SELECT 쿼리에 대해 읽기 전용 복제본 사용하기

프라이머리(primary) 데이터베이스의 부담을 줄이는 가장 좋은 방법 중 하나는 읽기 전용 복제본(read replica)을 생성하는 것이다. 클라우드 환경에서는 설정이 매우 간단한 경우가 많다. 프라이머리 읽기/쓰기 인스턴스의 부하를 줄이기 위해 모든 읽기 쿼리를 전용 복제본으로 보내는 것이다.

실제로 읽기 복제본을 준비하기 전에 이 패턴을 염두에 두고 애플리케이션을 설계하려면 애플리케이션에서 동일한 데이터베이스에 대해 두 개의 데이터베이스 커넥션이 있을 수 있음에 유의해야 한다. 두 번째 커넥션을 통해 읽기 전용 복제본을 사용할 것이다. 읽기 권한만 있는 사용자에게는 읽기 전용 커넥션 설정을 부여한다. 나중에 실제 읽기 전용 복제본을 배포한다면 두 번째 커넥션의 인스턴스 주소만 업데이트해주면 된다.

프라이머리 키 증가시키기

애플리케이션이 실제로 큰 성공을 거두게 되면 프라이머리 키를 많이 사용했던 것을 후회하게 될 수도 있다. 이는 쓰기가 가능한 단일 데이터베이스 인스턴스(수평 확장 금지)를 가정하고 데이터 삽입 시 락(lock)이 필요해 성능에 영향을 미치기 때문에 확장 시 문제가 될 수 있다(즉, 한 번에 두 개의 레코드를 삽입하는 것이 불가능하다).

이는 실제로 매우 큰 규모에서만 문제가 되지만, 갑자기 규모를 확장해야 하는 경우에는 재구성하기가 더 어렵기 때문에 항상 인지하고 있어야 한다. 이 문제에 대한 일반적인 해결책은 전역 UUID(예: 8fe05a6e-e65d-11ea-b0da-

---

6 https://dev.mysql.com/doc/refman/8.0/en/select-optimization.html

00155d51dc33)를 사용하는 것이다. 이는 일반적으로 16진수 문자열로 표시되는 128비트 숫자로, 모든 클라이언트에서 고유하게 생성할 수 있다(사용자의 단말에서 실행되는 코드 포함).

트위터는 규모를 확장해야 할 때 정렬 가능한 속성을 유지하기 위해 자체 전역 증분 ID(최신 트윗의 ID 번호가 더 높음)를 도입하기로 결정했다. 이에 대한 자세한 내용은 게시물 "Announcing Snowflake"[7]에서 확인할 수 있다.

반면에 레코드 ID가 사용자에게 노출되는 경우(트윗 ID처럼) 미학적인 이유나 단순성을 위해 프라이머리 키를 계속 증가시키는 것을 선호할 수도 있다. 증분 프라이머리 키를 한동안 유지하려는 경우에도 초기에 취할 수 있는 한 가지 단계는 사용자 세션과 같이 값을 추가하지 않는 곳에서 자동 증분 프라이머리 키를 사용하지 않는 것이다(모든 테이블에 증분 프라이머리 키가 필요한 것은 아닐 수도 있기 때문에).

6.4.2 마이크로서비스 아키텍처

애플리케이션을 구축 방법론 중 한 가지는 서비스를 여러 개의 서비스로 분할하는 것이다. 이는 흔히 마이크로 서비스 아키텍처로 설명된다. 이 방법론은 기본적으로 별도의 역할을 담당하는 여러 개의 내부 서비스를 생성하고 원격 프로시저 호출(기본적으로 HTTP 요청)을 사용해 다른 서비스의 기능을 호출하는 것이다. 이는 단일 컨테이너에서 완전한 프로그램 로직을 갖는 모놀리식 서비스 설계 접근 방식과 대조된다.

단일 서비스를 여러 개의 작은 서비스로 분할하면 몇 가지 장점이 있지만 단점도 있기 때문에 마이크로 서비스 아키텍처를 일방적으로 옹호하지는 않겠다. 장점으로는 각 서비스별로 서로 다른 프로그래밍 언어를 사용하고, 독립적으로 개발할 수 있으며(예: 별도의 팀에서), 필요시 개별적으로 확장할 수 있다는 점이 포함된다. 단점은 보다 많은 컴포넌트가 존재하며 시스템 요청을 추적하는 방법이 필요하기 때문에 디버깅 및 통합 테스트가 어려운 점이 있다.

마이크로서비스 vs 모놀리식

마이크로서비스를 구축해야 하는가, 아니면 모놀리식 서비스를 구축해야 하는가? 이 책에서는 다루지 않을 이 논쟁을 위해 이 주제에 대해 두 가지 견해를 공유하겠다. 여러분이 직접 판단해보기 바란다.

David Heinemeier Hansson(DHH)은 자신의 게시글 "The Majestic Monolith"[8]에서 마이크로서비스는 큰 규모의 기술회사에 적합하며 대부분의 소규모 팀들은 모놀리식을 통해 더 나은 서비스를 제공할 수 있다고 했다. 그의 주장은 마이크로서비스가 특정 상황에서 이점을 가질 수 있지만 항상 명확한 것은 아니며 발생하는 오버헤드 때문에 (특히 소규모 팀에게는) 그만한 가치가 없다는 것이다.

---

7   https://blog.twitter.com/engineering/en_us/a/2010/announcing-snowflake.html
8   https://m.signalvnoise.com/the-majestic-monolith/

James Lewis와 Martin Fowler는 에세이 "Microservices"[9]에서 마이크로서비스에 대해 균형잡힌 관점을 제시한다. 이 글에서 강조한 마이크로서비스의 큰 이점 중 하나는 내부 팀이 자체 구성요소를 구축하고 관리하는 데 집중하는 제품 중심적 사고방식, 즉 팀이 아키텍처에 대한 결정을 내릴 수 있도록 하는 분산형 접근 방식이다.

마이크로서비스를 적용하든 그렇지 않든 여기서 초점을 맞춰 설명하고 싶은 핵심은 여러 개의 서비스가 존재할 때 각 서비스를 개별적으로 확장할 수 있다는 것이다. 물론 이는 기본 애플리케이션 외에 내부 서비스가 하나만 있는 경우에도 마찬가지다. 이러한 아키텍처상의 이점을 누리기 위해 모든 엔드포인트를 자체 서비스로 만들 필요는 없다. 예를 들어 HTML 및 JSON 요청을 주로 처리하는 웹 애플리케이션이 있고 이때 하나의 엔드포인트가 평균 요청보다 더 많은 메모리를 사용해 실시간 그래픽 작업을 수행한다고 가정해 보자. 그렇다면 그래픽 엔드포인트를 위해 별도의 디플로이먼트를 작성해(동일한 컨테이너를 사용하더라도) 별도로 확장하고 격리할 수 있게 하는 것이 좋다.

이를 수행하는 방법에는 몇 가지가 있다. 그림 6.4에 표시된 바와 같이 내부 서비스를 호출하는 단일 프런트엔드를 보유하거나 그림 6.5에 표시된 바와 같이 최종 사용자가 이 새로운 서비스에 직접 연결하도록 구성할 수 있다.

그림 6.4 내부 서비스와 통신하는 동일한 프런트엔드에서 제공되는 두 개의 HTTP 경로

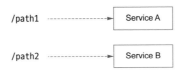

그림 6.5 별도의 서비스에서 제공되는 두 개의 HTTP 경로

마이크로서비스를 적용하거나, 단일 서비스를 분할해 개별적으로 확장 가능한 디플로이먼트로 처리하거나, 여러 프로그래밍 언어를 사용하거나, 내부적으로 개발된 오픈 소스 소프트웨어를 실행해 애플리케이션을 제공하거나, 어떤 방법을 사용하더라도 결국엔 쿠버네티스에서 **내부 서비스**를 생성하게 될

---

9 http://martinfowler.com/articles/microservices.html

것이다. 내부 서비스는 사설 클러스터 IP 주소를 가지고 프로비저닝되며 클러스터 내의 다른 서비스에 의해 호출된다. 다음 장에서는 이러한 내부 서비스를 구성하는 방법에 대해 자세히 살펴보겠다.

6.4.3 백그라운드 태스크

확장에 도움이 되는 또 다른 중요한 요소는 과도한 인라인 처리를 피하는 것이다. 예를 들어 이미지의 섬네일을 반환하고 해당 섬네일이 캐시에 존재하지 않을 경우 섬네일을 생성하는 엔드포인트가 있다고 가정해 보자. 사용자가 섬네일을 요청하면 서비스가 캐시에서 섬네일을 반환하거나 캐시가 비어 있는 경우 섬네일을 생성해 응답하는 로직을 인라인으로 배치할 수 있다. 이러한 설계의 문제점은 캐시에서 섬네일을 제공하는 속도는 매우 빠르지만 섬네일을 생성하는 속도는 그렇지 않다는 것이다. 섬네일을 생성해야 하는 요청이 너무 많이 들어오면 서버의 속도가 느려지거나 충돌이 발생할 수 있다. 또한 일부 요청은 가벼운데 반해 다른 요청은 무겁기 때문에 확장이 어렵다. 물론 이러한 서비스를 확장할 수 있지만 운이 좋지 않아 로드 밸런서가 단일 인스턴스에 모든 무거운 요청을 처리하도록 포워딩하게 될 수도 있다.

해결책은 10장에서 설명할 백그라운드 태스크 패턴을 사용하는 것이다. 기본적으로 대량의 처리가 필요한 경우에는 인라인으로 처리하는 대신 태스크를 스케줄링하고 요청을 재시도해야 함을 의미하는 상태 코드를 클라이언트에 반환한다. 현재 큐의 길이에 따라 정확하게 확장될 수 있는 태스크 큐를 처리하도록 설정된 컨테이너가 있다. 따라서 요청이 들어오고 캐시 미스 및 큐에 쌓이는 태스크가 발생한다. 잘 동작한다면 클라이언트가 짧은 시간 후에 자동으로 요청을 재시도해 섬네일은 백그라운드 큐에 의해 처리되어 서비스할 준비가 될 것이다. 이와 같은 처리 방식은 사용자에게 비슷한 최종 결과를 제공하고 백그라운드 큐와 재시도 로직이 있는 클라이언트를 구축하는 데 약간의 추가 작업이 필요하지만 확장성은 훨씬 더 좋다.

요약

- 쿠버네티스는 확장성이 좋은 플랫폼이다. 우리가 사용하는 대부분의 대규모 애플리케이션들은 쿠버네티스에서 실행된다.
- 이 아키텍처를 최대한 활용하려면 처음부터 수평으로 확장될 수 있도록 애플리케이션을 설계해야 한다.
- HorizontalPodAutoscaler는 필요에 따라 새로운 파드를 프로비저닝하는 데 사용되는 기능으로 완벽한 오토스케일링 솔루션을 구축하기 위해 클러스터 오토스케일링과 함께 동작한다.

- CPU 메트릭에만 국한되지 않고 모니터링 솔루션에서 노출한 메트릭을 기반으로 파드를 확장할 수 있다.

- 클러스터 오토스케일링 기능(클라우드 제공업체에서 지원하는 경우)을 사용해 필요에 따라 새로운 노드를 프로비저닝할 수 있다.

- 플레이스홀더 파드를 사용하면 오토스케일링 과정에서 사용할 수 있는 용량 여유 공간을 추가할 수 있다.

- 애플리케이션을 마이크로서비스로 분할하거나 동일한 애플리케이션을 여러 개의 스케일링 그룹으로 분할해 여러 개의 배포로 호스팅하는 것을 고려해 보자.

7 장

내부 서비스 및
로드 밸런싱

7장에서 다루는 내용은 다음과 같다.

- 내부 서비스를 생성하는 방법
- 쿠버네티스 환경에서 파드와 서비스의 가상 IP 주소 간 패킷 라우팅
- 내부 서비스의 IP 주소를 검색하는 방법
- 인그레스로 HTTP 로드 밸런싱을 설정하는 방법
- HTTPS 엔드포인트 생성을 위한 TLS 인증서 프로비저닝 방법

내부 서비스(Internal Service)는 애플리케이션을 여러 개의 작은 서비스로 분할해 애플리케이션을 개발하고 서비스를 확장하는 방법이다. 이러한 개별 서비스에는 서로 다른 개발 사이클(아마도 서로 다른 팀에서 담당)을 적용할 수 있으며 완전히 다른 프로그래밍 언어 및 기술을 사용할 수 있다. 컨테이너화할 수 있다면 무엇이든 쿠버네티스에서 실행될 수 있다. 그러므로 더이상 애플리케이션 배포 플랫폼이 여러분이 필요로 하는 것을 실행할 수 있을지 걱정할 필요가 없다.

7장에서는 클러스터에서 내부 서비스를 구성하고 검색하는 방법과 함께 쿠버네티스가 이 각각의 내부 서비스에 클러스터 로컬 IP(cluster-local IP) 주소를 할당하고 클러스터의 다른 파드에서 내부 서비스의 주소를 지정할 수 있도록 내부 네트워크 라우팅을 구현하는 방법에 대해 설명할 것이다.

7.1 내부 서비스

클러스터 내부에서만 동작하는 서비스를 만드는 데는 여러 가지 이유가 있다. 아마도 마이크로서비스 아키텍처를 채택했거나, 오픈소스 서비스를 통합해 사용하거나, 서로 다른 언어로 개발된 두 개의 애플리케이션을 함께 연결해 사용하고 싶을 수도 있다.

3장에서는 공용 IP를 사용해 외부 트래픽을 수신하는 방법으로 LoadBalancer 유형의 서비스를 소개했다. 이 유형의 서비스는 내부 서비스를 연결하는 데에도 사용할 수 있지만, 내부 서비스 대부분의 경우 클러스터 IP 주소를 사용한다. 쿠버네티스는 내부 서비스 지원을 위해 몇 가지 다른 유형의 서비스를 지원한다. 내부 서비스에 사용되는 두 가지 서비스 유형은 ClusterIP와 NodePort다.

ClusterIP 유형은 쿠버네티스 클러스터에서 사용할 수 있는 가상 IP 주소를 제공한다. 이 IP를 통해 쿠버네티스 클러스터 내의 모든 파드(예: 메인 애플리케이션에서)에서 이 IP 주소를 통해 접근할 수 있다. NodePort 유형은 클러스터의 각 노드에서 사용되는 높은 번호의 포트를 예약해 클러스터의 외부에서 접근할 수 있도록 한다(노드의 IP는 네트워크에서 직접 접근이 가능하다). 내부 클러스터 간 통신은 일반적으로 ClusterIP를 통해 수행되는 반면, NodePort는 인그레스를 사용해 외부 트래픽을 라우팅하는 데 사용된다. 두 경우 모두 쿠버네티스는 서비스 뒤에 위치하고 있는 파드에 요청을 프락시하도록 네트워크를 구성한다.

> **메모**
>
> 사실 ClusterIP 유형뿐만 아니라 세 가지 유형(ClusterIP, LoadBalancer, NodePort)의 서비스 모두 클러스터 IP 주소를 할당 받을 수 있다. NodePort 및 LoadBalancer 유형은 ClusterIP 유형에 비해 추가적인 접근 방법을 제공하며 클러스터 IP 주소를 통해서도 접근할 수 있다.

7.1.1 쿠버네티스 클러스터 네트워킹

이제 쿠버네티스의 네트워킹 구조에 대해 알아보자. 각 파드는 자체 IP 주소를 가지며 NAT(Network Address Translation) 없이도 클러스터의 다른 파드와 직접 통신할 수 있다. 파드 내의 컨테이너는 동일한 IP를 공유한다. 쿠버네티스의 이런 속성은 파드가 VM처럼 동작하도록 하며, 동일 노드에 위치한 파드 간 포트 충돌에 대해 걱정할 필요가 없기 때문에 매우 편리하다(예: 여러 파드가 동시에 80번 포트로 컨테이너를 실행할 수 있음). 노드에는 VM의 네트워크 인터페이스에 할당되는 자체 IP가 있는 반면에 파드 IP는 트래픽이 노드의 인터페이스를 통해 라우팅되는 가상 네트워크 인터페이스를 사용한다.

서비스(9장에서 다룰 예정인 헤드리스 서비스 제외)에는 가상 IP가 할당된다. 가상 IP는 단일 파드나 노드로 라우팅되지 않고 노드의 네트워킹 컴포넌트 일부를 사용해 서비스 뒤에 위치한 파드에게 트래픽을 균등 분배한다. 이 네트워킹 컴포넌트(iptables 및 IPVS를 사용)는 쿠버네티스에서 제공되며 트래픽에 대한 라우팅을 처리한다. 서비스 뒤에 위치한 파드 및 해당 파드의 IP는 노드에 의해 유지 및 관리되며 이 트래픽 라우팅에 사용된다.

클러스터 IP나 노드의 포트를 통해 파드에서 서비스로 요청이 이루어지면 해당 요청은 먼저 노드에 위치한 네트워킹 컴포넌트에 의해 처리된다. 이 네트워킹 컴포넌트는 해당 서비스(및 해당 파드가 위치한 노드)에 속하는 모든 파드의 쿠버네티스 컨트롤러에 의해 업데이트된 목록을 가지고 있다. 네트워킹 컴포넌트는 파드 IP 중 하나를 무작위로 선택하고 노드를 통해 해당 파드로 요청을 라우팅한다(그림 7.1). 다행스럽게도 이 모든 작업은 아주 원활하게 이뤄진다. 여러분이 작성한 애플리케이션은 서비스의 IP를 통해 HTTP GET과 같은 요청을 수신할 수 있으며, 애플리케이션에 요청 시 모든 것은 예상한 대로 잘 동작할 것이다.

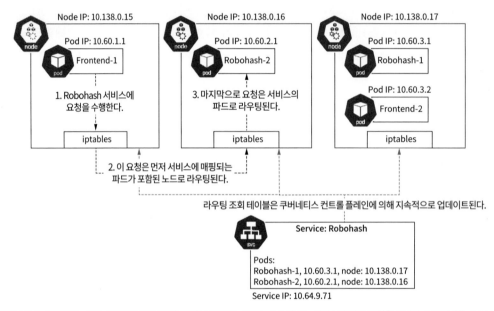

그림 7.1 Robohash라는 내부 서비스에 대한 IP 라우팅을 보여준다. Fronted-1 파드는 서비스에 내부 요청을 보낸다. 노드에 있는 iptables의 라우팅 테이블에는 쿠버네티스 컨트롤 플레인에 의해 제공된 서비스에 매핑되는 파드의 목록이 있으며 Robohash-2라는 이름의 파드를 무작위로 선택한다. 그런 다음 이 요청은 노드를 통해 선택된 파드로 라우팅된다.

그림 7.1처럼 내부 서비스를 배포해야 할 때는 `ClusterIP` 유형의 서비스를 생성해 이를 달성할 수 있으며 해당 유형의 서비스를 통해 클러스터의 다른 파드(예: 애플리케이션의 프런트엔드)가 원활하게 통신할 수 있는 IP 주소를 얻을 수 있다. 이 IP 주소로 유입되는 트래픽의 내부 서비스의 모든 파드의 복제본에 자동으로 균등 분배된다. 일반적으로 개발자는 이와 같은 동작을 가능하게 하는 모든 네트워크 컴포넌트들에 대해 신경 쓸 필요가 없다. 그러나 이번 섹션을 통해 최소한의 동작 방식에 대해서는 이해했기 바란다.

7.1.2 내부 서비스 생성하기

이제 쿠버네티스 네트워킹이 내부적으로 어떻게 동작하는지 조금 이해했기 때문에 클러스터의 다른 파드에서 사용할 수 있는 내부 서비스를 구축해 보자. 예시로 앞서 작성한 애플리케이션에 새로운 내부 서비스를 배포하겠다. 이를 위해 해시(예: IP 해시)를 기반으로 사용자를 위한 귀여운 로봇 아바타를 생성할 수 있는 Robohash라는 오픈소스 라이브러리를 사용하겠다. 자체적으로 배포할 경우 이 아바타 생성기는 애플리케이션의 다른 부분이나 데이터베이스 배포만큼이나 간단하다. 다음 예제 코드는 이 새로운 컨테이너에 대한 디플로이먼트 파일이다.

예제 코드 7.1 Chapter07/7.1_InternalServices/robohash-deploy.yaml

```
apiVersion: apps/v1
kind: Deployment
metadata:
  name: robohash
spec:
  replicas: 1
  selector:
    matchLabels:
      app: robohash
  template:
    metadata:
      labels:
        app: robohash
    spec:
      containers:
      - name: robohash-container
        image: wdenniss/robohash:1     ◀── Robohash 컨테이너
```

이번에는 LoadBalancer 유형의 서비스를 사용해 서비스를 외부에 노출하는 대신 ClusterIP 유형의 서비스를 사용해 내부에서 사용하게 하겠다. 다음 예제 코드는 Robohash 디플로이먼트에 대한 내부 서비스 정의를 나타낸다.

예제 코드 7.2 Chapter07/7.1_InternalServices/robohash-service.yaml

```
apiVersion: v1
kind: Service
metadata:
```

```
    name: robohash-internal
spec:
  selector:
    app: robohash
  ports:
  - port: 80
    targetPort: 80
    protocol: TCP
  type: ClusterIP    ◀── 로컬 서비스 정의
```

3장에서 사용한 **LoadBalancer** 유형의 서비스가 아니기 때문에 외부 IP가 존재하지 않는다. 두 개의 리소스를 모두 생성한 후 사용해 보려면 `kubectl port forwarding` 기능을 이용하면 된다.

```
kubectl port-forward service/robohash-internal 8080:80
```

이제 로컬 머신에서 http://localhost:8080에 접속해 서비스를 확인해 볼 수 있다. 테스트 아바타를 생성하려면 http://localhost:8080/example과 같은 경로로 접속을 시도해 보자. 그림 7.2와 같이 자동으로 생성된 로봇 아바타 이미지가 표시될 것이다.

그림 7.2 로봇 아바타 예시(Zikri Kader가 설계하고 Robohash.org에서 만든 CC-BY 라이선스 이미지)

다음으로 다른 서비스(프런트엔드)에서 이 내부 서비스를 사용할 수 있도록 마이크로서비스 아키텍처를 구축해 보자(그림 7.3).

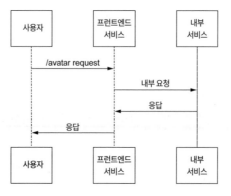

그림 7.3 간단한 마이크로서비스 구성의 시퀀스 다이어그램

다른 파드에서 내부 서비스에 접근하려면 내부 서비스의 클러스터 IP를 참조하면 된다. 할당된 클러스터 IP를 확인하려면 다음과 같은 명령을 통해 서비스에 질의하는 과정이 필요하다.

```
$ kubectl get service
NAME                TYPE        CLUSTER-IP       EXTERNAL-IP    PORT(S)
robohash-internal   ClusterIP   10.63.254.218    <none>         80/TCP
```

이 경우 할당된 클러스터 IP(앞선 예제에서 확인 결과 **10.63.254.218**로 출력됨)를 통해 다른 파드에서 서비스에 접근할 수 있다. 예를 들면 `http://10.63.254.218/example` 주소로 `HTTP GET` 요청을 보내는 것이다. 이 주소는 클러스터 내의 다른 파드에서만 접근 가능하다.

7.1.3 서비스 탐색

이전 예제에서는 `kubectl get service` 명령을 사용해 서비스에 할당된 내부 클러스터 IP 주소를 확인했다. 간단하게 구현하자면 해당 서비스의 IP 주소를 얻어와서 애플리케이션에 하드코딩할 수 있지만, 이렇게 구현하는 것은 애플리케이션의 이식성에 좋지 않다. 개발 머신의 로컬 환경, 검증 환경, 운영 환경 등 여러 다른 위치에 동일한 애플리케이션을 배포하고 싶을 수 있다(이처럼 다양한 환경을 설정하는 방법은 11장에서 다룰 예정이다). 이때 IP를 직접 참조하는 경우 매번 코드를 업데이트해야 한다.

따라서 서비스를 호출해야 하는 파드에서 IP 주소를 동적으로 검색하게 만드는 편이 더 좋다. 이는 `kubectl` 명령을 사용해 IP 주소를 탐색해보는 것과 비슷하다. 쿠버네티스는 파드에서 서비스 탐색 (Serivce Discovery)을 수행하는 두 가지 방법을 제공한다.

첫 번째 방법은 DNS 조회(lookup)이고 두 번째 방법은 환경 변수를 사용하는 것이다. DNS 조회는 클러스터 전체에서 동작하는 반면, 환경 변수는 동일한 네임스페이스에 위치한 파드에만 적용된다.

환경 변수를 이용한 서비스 탐색

쿠버네티스는 각 서비스에 대한 환경 변수를 자동으로 생성한다. 그런 다음 이 환경 변수를 클러스터 IP 주소로 채우고 서비스가 생성된 이후에 생성된 모든 파드에서 이 IP를 사용할 수 있도록 한다. 앞선 예제와 같이 내부 서비스의 이름이 `robohash-internal`일 경우 네이밍 규약에 따라 `ROBOHASH_INTERNAL_SERVICE_HOST`로 환경 변수가 생성된다.

올바른 네이밍 규약을 알아내는 대신 **kubectl exec** 명령을 통해 파드에서 **env** 명령을 실행해 파드에서 사용할 수 있는 모든 환경 변수 목록을 출력해본다.

```
$ kubectl get pods
NAME                        READY    STATUS     RESTARTS    AGE
robohash-6c96c64448-7fn24   1/1      Running    0           2d23h

$ kubectl exec robohash-6c96c64448-7fn24 env
ROBOHASH_INTERNAL_PORT_80_TCP_ADDR=10.63.243.43 ROBOHASH_INTERNAL_PORT_80_TCP=tcp://10.63.243.43:80
ROBOHASH_INTERNAL_PORT_80_TCP_PROTO=tcp
ROBOHASH_INTERNAL_SERVICE_PORT=80
ROBOHASH_INTERNAL_PORT=tcp://10.63.243.43:80 ROBOHASH_INTERNAL_PORT_80_TCP_PORT=80
ROBOHASH_INTERNAL_SERVICE_HOST=10.63.243.43
```

이러한 접근 방식의 장점은 속도가 빠르다는 것이다. 환경 변수는 외부에 의존성이 없는 파드 자체의 문자열 상수일 뿐이다. 또한 파드의 다른 요청을 처리하려는 DNS서버를 자유롭게 설정(예: **8.8.8.8**)할 수 있다. 단점은 파드와 동일한 네임스페이스에 있는 서비스만이 환경 변수에 설정된다는 것과, 순서가 중요하다는 것이다. 파드가 서비스의 환경 변수를 받으려면 반드시 서비스가 파드보다 먼저 생성되어야 한다.

서비스 변경 사항을 적용하기 위해 파드에 대한 재시작이 필요하다면 다음과 같은 명령을 사용하면 된다(파드를 변경할 필요가 없음).

```
kubectl rollout restart deployment $DEPLOYMENT_NAME
```

이러한 변수를 참조하는 일반적인 방법 중 하나는 디플로이먼트에 정의된 자체 환경 변수를 통해 내부 서비스의 전체 HTTP 엔드포인트를 제공하는 것이다. 이를 통해 컨테이너의 이식성이 더욱 향상되어 쿠버네티스가 아닌 환경에서도 쉽게 적용할 수 있다(예: 도커 컴포즈). 다음 예제 코드는 자동으로 생성된 환경 변수(**ROBOHASH_INTERNAL_SERVICE_HOST**) 값을 애플리케이션이 최종적으로 사용할 커스텀 환경 변수(**AVATAR_ENDPOINT**)에 포함시키는 방법을 보여준다.

예제 코드 7.3 Chapter07/7.1_InternalServices/timeserver-deploy-env.yaml
```
apiVersion: apps/v1
kind: Deployment
metadata:
  name: timeserver
```

```
spec:
  replicas: 1
  selector:
    matchLabels:
      pod: timeserver-pod
  template:
    metadata:
      labels:
        pod: timeserver-pod
    spec:
      containers:
      - name: timeserver-container
        image: docker.io/wdenniss/timeserver:5
        env:
        - name: AVATAR_ENDPOINT
          value: http://$(ROBOHASH_INTERNAL_SERVICE_HOST)    ←── 환경 변수를 사용한 서비스 탐색
```

커스텀 환경 변수가 쿠버네티스에서 제공하는 환경 변수를 참조하는 이 추가 간접 계층을 사용해 이제 컨테이너를 도커 환경에서 독립적으로 실행하거나(실행 중인 내부 서비스의 엔드포인트로 AVATAR_ENDPOINT를 채우기만 하면 된다) DNS 기반 조회로 변경할 수 있다.

요약하자면 환경 변수를 통한 서비스 탐색에는 몇 가지 장점이 존재한다.

- 높은 성능을 제공한다(문자열 상수이기 때문에).
- 다른 DNS 쿠버네티스 컴포넌트에 대한 의존성이 존재하지 않는다.

그리고 몇 가지 단점 또한 존재한다.

- 동일한 네임스페이스에 존재하는 파드에만 사용 가능하다.
- 파드는 항상 서비스가 생성된 이후에 생성돼야 한다.

DNS를 이용한 서비스 탐색

서비스를 탐색하는 다른 방법은 클러스터의 내부 DNS 서비스를 이용하는 것이다. 파드와 다른 네임스페이스에서 실행되는 서비스를 탐색하고자 하는 경우 이것이 서비스 탐색을 위한 유일한 옵션이다. 서비스 이름이 DNS 호스트를 통해 노출되기 때문에 robohash-internal을 통해(또는 HTP 경로로

http://robohash-internal을 사용) 간단히 DNS 조회를 수행해보면 IP를 얻어올 수 있다. 다른 네임스페이스에서 서비스를 호출하는 경우 DNS 이름에 네임스페이스를 추가한다. 예를 들어 robohash-internal.default를 사용해 다른 네임스페이스에서 default 네임스페이스에 위치한 robohash-internal 서비스를 호출할 수 있다.

이러한 접근 방식의 유일한 단점은 DNS 조회가 필요하기 때문에 IP 주소를 확인하는 과정이 약간 느리다는 것이다. 그러나 대부분의 쿠버네티스 클러스터의 경우 이 DNS 서비스가 동일한 노드에서 실행되기 때문에 속도가 매우 빠르다. 다른 경우(DNS가 동일한 노드에서 실행되지 않는 경우) 다른 노드에서 실행되는 DNS 서비스나 관리형 DNS 서비스가 필요해 홉(hop)이 있을 수 있기 때문에 결과를 캐시해야 한다.

이전에 엔드포인트 URL을 디플로이먼트의 환경 변수로 만들었기 때문에 해당 변수를 쉽게 업데이트할 수 있으며 이번에는 서비스 이름(http://robohash-internal)으로 적용한다. 전반적인 디플로이먼트의 내용은 다음과 같다.

예제 코드 7.4 Chapter07/7.1_InternalServices/timeserver-deploy-dns.yaml

```
apiVersion: apps/v1
kind: Deployment
metadata:
  name: timeserver
spec:
  replicas: 1
  selector:
    matchLabels:
      pod: timeserver-pod
  template:
    metadata:
      labels:
        pod: timeserver-pod
    spec:
      containers:
      - name: timeserver-container
        image: docker.io/wdenniss/timeserver:5
        env:
        - name: AVATAR_ENDPOINT
          value: http://robohash-internal     ◀── DNS를 이용한 서비스 탐색
```

요약하자면 DNS 기반 서비스 탐색에는 몇 가지 장점이 존재한다.

- 클러스터의 모든 네임스페이스에서 호출 가능하다.

- 생성 순서에 대한 의존성이 존재하지 않는다.

그리고 몇 가지 단점 또한 존재한다.

- 환경 변수(상수)를 사용하는 것보다 약간 느리다.

- 내부 DNS 서비스에 대한 의존성이 존재한다.

지금까지 살펴본 것처럼 환경 변수와 DNS 조회를 사용하는 것은 내부 서비스의 IP 주소를 소스코드에 직접 하드코딩하는 대신 프런트엔드 서비스가 내부 서비스의 IP를 직접 검색할 수 있는 두 가지 방법이다. 이러한 탐색 방법은 쿠버네티스에 따라 다르기 때문에 앞선 예제에서와 같이 경로를 컨테이너에 환경 변수로 제공하는 것을 추천한다. 그러면 쿠버네티스가 아닌 환경에서 컨테이너를 실행할 때도 완전히 다른 경로로 쉽게 변경할 수 있다.

함께 모아보기

timeserver 앱에서 새로운 엔드포인트인 /avatar의 내부 Robohash 서비스를 호출해 보자. 이 새로운 엔드포인트의 역할은 내부 서비스에서 이미지를 읽고 반환하는 것이다.

예제 코드 7.5 Chapter07/timeserver5/server.py

```python
import urllib.request
import os
import random
# ...
case '/avatar':
    url = os.environ['AVATAR_ENDPOINT'] + "/" + str(random.randint(0, 100))
    try:
        with urllib.request.urlopen(url) as f:
            data = f.read()
            self.send_response(200)
            self.send_header('Content-type', 'image/png')
            self.end_headers()
            self.wfile.write(data)
```

```
        except urllib.error.URLError as e:
            self.respond_with(500, e.reason)
    # ...
```

이제 애플리케이션이 실제로 내부 서비스를 사용하기 때문에 이를 모두 쿠버네티스에 배포할 수 있다.

```
$ cd Chapter07/7.1_InternalServices
$ kubectl create -f robohash-deploy.yaml
deployment.apps/robohash created
$ kubectl create -f robohash-service.yaml
service/robohash-internal created
$ kubectl create -f timeserver-deploy-dns.yaml
deployment.apps/timeserver created
$ kubectl create -f timeserver-service.yaml
service/timeserver created


$ kubectl get svc/timeserver
NAME          TYPE           CLUSTER-IP       EXTERNAL-IP      PORT(S)         AGE
timeserver    LoadBalancer   10.22.130.155    203.0.113.16     80:32131/TCP    4m25s


$ open "http://203.0.113.16/avatar"
```

외부 IP가 프로비저닝될 때까지 기다린 후 /avatar 경로의 URL을 사용해 보자. 아마도 로봇 아바타가 여러분을 반겨줄 것이다. 동일한 결과를 보여주는 서비스 탐색의 대안을 확인해 보려면 timeserver-deploy-dns.yaml을 timeserver-deploy-env.yaml로 변경해 본다.

이것이 마이크로서비스 아키텍처를 사용한 서비스 배포 방식이다. 이 기술을 사용하면 개별적으로(아마도 여러 팀에서) 배포하고 관리하는 여러 개의 내부 서비스를 가질 수 있다. 이로써 오픈 소스 도구를 사용해 별도의 서비스를 추가하거나 다양한 언어로 작성된 애플리케이션의 다양한 컴포넌트를 간단하게 통합할 수 있게 됐다.

7.2 인그레스: HTTP(S) 로드 밸런싱

지금까지 이 책에서는 LoadBalancer 유형의 서비스를 사용해 외부 IP를 생성했다. 이 방법은 4계층 (L4)의 로드 밸런서를 제공한다. 이 로드 밸런서는 네트워크 계층에서 요청을 부하 분산하고 다양한 프로토콜(예: TCP, UDP, SCTP)과 호환된다. 원하는 프로토콜과 포트를 통해 서비스를 구성하면 파드에 트래픽을 부하 분산하는 IP를 얻을 수 있게 된다. 로드 밸런서를 통해 HTTP 서비스를 노출하는 경우 자체적으로 TLS 터미네이션(인증서 설정 및 HTTPS 엔드포인트 실행)을 구현해야 한다. 그런 다음 해당 HTTPS 엔드포인트에 대한 모든 트래픽은 matchLabels 규칙에 따라 하나의 파드 집합으로 라우팅된다. 두 개 이상의 개별 서비스를 동일한 로드 밸런서에 직접 노출하는 옵션은 존재하지 않는다 (내부적으로 요청을 다른 서비스로 프락시하는 것은 가능하다).

특히 HTTP 앱을 게시하는 경우 HTTP 계층에서 부하 분산을 수행하고 HTTPS 커넥션 터미네이션 (HTTPS에 대한 처리를 대신 수행)과 같은 작업을 수행할 수 있는 소위 7계층(L7)의 로드 밸런서를 사용하면 높은 유용성을 얻을 수 있다. 또한 L7 로드 밸런서를 통해 경로 기반 라우팅을 하면 단일 도메인 호스트에 여러 개의 서비스를 매핑해 사용할 수도 있다. 쿠버네티스에서는 인그레스(Ingress) 객체를 사용해 HTTP 로드 밸런서를 생성할 수 있다.

인그레스를 사용하면 로드 밸런싱을 통해 단일 외부 IP 주소 뒤에 여러 개의 내부 서비스를 배치할 수 있다. 또한 URI 경로(/foo, /bar), 호스트 이름(foo.example.com, bar.example.com) 또는 두 가지 모두를 기반으로 HTTP 요청을 다양한 백엔드 서비스로 보낼 수 있다(그림 7.4). 단일 IP에서 여러 개의 서비스를 실행하고 단일 도메인으로 다양한 경로를 제공할 수 있는 기능은 인그레스의 고유한 기능이다. 이전 장에서와 같이 LoadBalancer 유형의 개별 서비스로 노출시켰다면 서비스에는 각각 별도의 IP 주소가 할당되었기 때문에 별도의 도메인이 필요하다(예: foo.example.com과 bar.example.com은 서로 다른 주소를 지정한다).

하나의 호스트에 여러 개의 서비스를 배치할 수 있는 인그레스의 속성은 애플리케이션을 확장할 때 매우 유용하다. 개발자의 효율성(예: 팀 자체적으로 배포 라이프사이클을 관리하는 경우)이나 확장(애플리케이션을 개별로 확장 가능)을 위해 서비스를 여러 개 서비스로 분할해야 하는 경우, 인그레스를 사용하면 공개된 URL을 변경하지 않고 요청을 라우팅할 수 있다. 예를 들어 애플리케이션에 CPU 집약적인 요청 경로가 있다고 가정해 보자. 별도로 크기를 조정할 수 있도록 서비스를 분리할 수 있게 된다. 인그레스를 사용하면 최종 사용자에게 이러한 변경 사항을 노출시키지 않고 원활하게 적용할 수 있다.

다음 예제 코드 7.6은 다양한 백엔드로 경로를 제공하는 인그레스의 예제이다. 이 예제에서는 루트 경로(/)에 Timeserver 서비스를 노출하고 /robohash 경로를 통해 내부 Robohash 서비스를 노출한다.

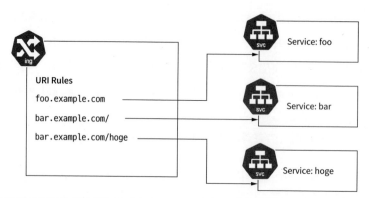

그림 7.4 인그레스의 규칙 목록이나 URL 맵을 사용하면 하나의 HTTP 로드 밸런서가 여러 개의 서비스 트래픽을 처리할 수 있다.

예제 코드 7.6 Chapter07/7.2_Ingress/ingress_path.yaml

```yaml
apiVersion: networking.k8s.io/v1
kind: Ingress
metadata:
  name: timeserver-ingress
spec:
  rules:
  - http:
      paths:
      - path: /              ◄─── timerserver-interval 서비스에 의해 처리되는 첫 번째 경로
        pathType: Prefix
        backend:
          service:
            name: timeserver-internal
            port:
              number: 80
      - path: /robohash      ◄─── robohash-internal 서비스에 의해 처리되는 두 번째 경로
        pathType: Prefix
        backend:
          service:
            name: robohash-internal
            port:
              number: 80
```

예제 코드 7.7은 다양한 호스트를 사용하는 다른 방법을 보여준다. 이 호스트 각각은 예제 코드 7.6의 형식을 사용해 여러 개의 하위 경로를 가질 수도 있다.

예제 코드 7.7 Chapter07/7.2_Ingress/ingress_host.yaml

```
apiVersion: networking.k8s.io/v1
kind: Ingress
metadata:
  name: timeserver-ingress
spec: rules:
  - host: timeserver.example.com        ←── timerserver-internal 서비스에 의해 처리되는 첫 번째 호스트
    http:
      paths:
      - path: /
        pathType: Prefix
        backend:
          service:
            name: timeserver-internal
            port:
              number: 80
  - host: robohash.example.com          ←── robohash-internal 서비스에 의해 처리되는 두 번째 호스트
    http:
      paths:
      - path: /
        pathType: Prefix
        backend:
          service:
            name: robohash-internal
            port:
              number: 80
```

인그레스는 다음 예제 코드에 있는 것과 같이 **NodePort** 유형의 서비스로 정의된 내부 서비스를 참조한다.

예제 코드 7.8 Chapter07/7.2_Ingress/timeserver-service-internal.yaml

```
apiVersion: v1
kind: Service
metadata:
  name: timeserver-internal
spec:
  selector:
    pod: timeserver-pod
```

```
ports:
- port: 80
  targetPort: 80
  protocol: TCP
type: NodePort    ◀──  인그레스에서 내부 서비스를 사용하려면 해당 서비스는 NodePort 유형이어야 한다.
```

인그레스 객체는 정확한 매칭(예: 제공된 경로와 정확히 일치하는 요청만 서비스로 라우팅) 또는
pathType 속성을 사용해 접두사 매칭(예: 경로의 접두사와 일치하는 모든 요청을 라우팅)으로 수행되
게 구성할 수 있다. 이는 공식 문서에 더 상세하게 설명돼 있기 때문에 이 책에서는 자세히 다루지 않겠
다. 단, 여러 항목의 접두사가 일치하는 경우에 대해서는 주의하기 바란다.

> *어떠한 경우에는 인그레스 내의 여러 경로가 요청과 일치할 때가 있다. 이러한 경우 가장 길게 매*
> *칭되는 경로에 우선순위가 부여된다. 두 개의 경로가 여전히 동일하게 일치하는 경우 접두사 경*
> *로 유형보다 정확한 매칭 경로 유형에 우선순위가 부여된다.*[1]

예제 코드 7.6에서 볼 수 있듯이 /에 대한 경로가 있고 두 번째로 /robohash에 대한 경로가 있다.
/robohash에 대한 요청은 첫 번째 경로와 일치하더라도 두 번째 서비스로 라우팅된다. 과거에 다른 라
우팅 메커니즘(예: Apache URL rewriting)을 사용하던 때는 **첫 번째** 규칙 매칭이 선호되는 경우가
많았다. 그러나 쿠버네티스에서는 더 긴 매칭 규칙이 우선권을 갖기 때문에 그렇게 동작하지 않는다.
필자는 이러한 설계가 개발자의 의도와 잘 맞아서 편리하다고 생각한다.

이 예제를 배포하기 전에 이전 예제가 실행 중인 경우에는 삭제하고(`kubectl delete -f`
`Chapter07/7.1_InternalServices`) 다음과 같은 명령을 실행한다.

```
$ cd Chapter07/7.2_Ingress
$ kubectl create -f robohash-deploy.yaml
deployment.apps/robohash created
$ kubectl create -f robohash-service.yaml
service/robohash-internal created
$ kubectl create -f timeserver-deploy-dns.yaml
deployment.apps/timeserver created
$ kubectl create -f timeserver-service-internal.yaml
service/timeserver-internal created
$ kubectl create -f ingress_path.yaml
```

---

1   https://kubernetes.io/docs/concepts/services-networking/ingress/#multiple-matches

```
ingress.networking.k8s.io/timeserver-ingress created

$ kubectl get ing -w
NAME                     CLASS      HOSTS    ADDRESS         PORTS    AGE
timeserver-ingress       <none>     *                        80       4s
timeserver-ingress       <none>     *        203.0.113.20    80       100s
```

인그레스에 IP가 할당돼 있는 경우 이를 확인할 수 있다. 인그레스를 통해 Robohash 서비스에 연결하려면 /robohash 경로에 접속한다. 인그레스를 지원하는 리소스를 프로비저닝하는 데에는 약간의 추가 시간이 발생할 수 있다. IP 주소를 확인하고 접속해보면 한동안 404 에러가 표시된다. 이는 클라우드 제공업체가 인그레스를 업데이트하고 있기 때문이며 충분한 시간을 주기 위해 약 5분 후에 재시도할 것을 권고한다.

인그레스와 관련된 문제를 디버깅하려면 kubectl describe ingress 명령을 사용할 수 있다. 다음은 IP가 할당된 직후, 준비 상태가 되기 전의 인그레스 객체에 describe 명령을 수행한 결과이다.

```
$ kubectl describe ingress
Name:                  timeserver-ingress
Namespace:             Default
Address:               203.0.113.20
Default backend:       default-http-backend:80 (10.22.0.130:8080)
Rules:

  Host    Path   Backends
  ----           --------
  *
              /            timeserver-internal:80 (10.22.0.135:80)
            /robohash robohash-internal:80 (10.22.1.4:80)
Annotations:   ingress.kubernetes.io/backends:                   백엔드 상태가 Unknown이다.
               {"k8s-be-32730--a52250670846a599":"Unknown",
                "k8s1-a5225067":"Unknown","k8s1-a5225067-default-timeser ...
               ingress.kubernetes.io/forwarding-rule: k8s2-fr-21mgs2fl
               ingress.kubernetes.io/target-proxy: k8s2-tp-21mgs2fl
               ingress.kubernetes.io/url-map: k8s2-um-21mgs2fl
Events
Type     Reason    From            Message
Normal   Sync      loadbalancer    UrlMap "k8s2-um-21mgs2fl" created
```

```
Normal   Sync        loadbalancer    TargetProxy "k8s2-tp-21mgs2fl" created
Normal   Sync        loadbalancer    ForwardingRule "k8s2-fr-21mgs2fl" created
Normal   IPChanged   loadbalancer    IP is now 203.0.113.20
Normal   Sync        loadbalancer    Scheduled for sync
```

다음은 몇 분 더 기다린 후의 상태를 보여준다. Annotiaons 부분이 Unknown에서 HEALTHY로 변경됐다. 이후에는 IP를 찾아 서비스에 접근할 수 있다.

```
$ kubectl describe ing
Name:            timeserver-ingress
Namespace:       default
Address:         203.0.113.20
Default backend: default-http-backend:80 (10.22.0.130:8080)
Rules:
Host    Path    Backends
----    ----    --------
*
        /       timeserver-internal:80 (10.22.0.135:80)
        /robohash robohash-internal:80 (10.22.1.4:80)
Annotations:     ingress.kubernetes.io/backends:                        백엔드 상태가 HEALTHY로
                    {"k8s-be-32730--a52250670846a599":"HEALTHY",        변경되었다.
                 "k8s1-a5225067":"HEALTHY","k8s1-a5225067-default-timeser...
                 ingress.kubernetes.io/forwarding-rule: k8s2-fr-21mgs2fl
                 ingress.kubernetes.io/target-proxy: k8s2-tp-21mgs2fl
                 ingress.kubernetes.io/url-map: k8s2-um-21mgs2fl
Events:
Type     Reason      From            Message
----     ------      ----            -------
Normal   Sync        loadbalancer    UrlMap "k8s2-um-21mgs2fl" created
Normal   Sync        loadbalancer    TargetProxy "k8s2-tp-21mgs2fl" created
Normal   Sync        loadbalancer    ForwardingRule "k8s2-fr-21mgs2fl" created
Normal   IPChanged   loadbalancer    IP is now 203.0.113.20
Normal   Sync        loadbalancer    Scheduled for sync
```

비용 절감 팁: 인그레스를 통해 IP 절약하기

호스트 기반 라우팅을 사용할 때 인그레스의 이점은 동일한 외부 IP를 사용해 여러 서비스를 호스팅할 수 있다는 것이다. 인그레스는 HTTP 요청의 Host 헤더를 검사하고 이에 따라 트래픽을 라우팅한다. 이는 서비스별로 각각의 고유한 IP 주소가 할당되고 HTTP 요청 기반 라우팅을 수행하지 않는 LoadBalancer 유형의 서비스와 대조된다.

클라우드 제공업체는 로드 밸런싱되는 규칙에 따라 비용을 청구하는 경우가 많다. 이는 대략 얼마나 많은 로드 밸런싱용 외부 IP 주소가 할당되는지를 의미한다. 각각의 서비스를 자체 IP로 노출시키는 대신 인그레스를 사용해 여러 서비스를 하나로 결합하면 비용을 절약할 수 있다.

클라우드 제공업체가 HTTP 로드 밸런서(인그레스) 및 네트워크 로드 밸런서(LoadBalancer 유형의 서비스)를 별도로 그룹화하며 최소 전달 규칙에 대한 요금 정책이 있는 경우(이 책의 집필 시점의 구글 클라우드와 유사) 최소 개수의 전달 규칙이 필요할 때까지 둘 중 하나만 사용하고 싶을 수도 있다.

권장하지는 않지만 또 다른 방법은 자체 인그레스 컨트롤러를 실행하는 것이다. 이 기술(이 책에서는 다루지 않음)은 쿠버네티스 인그레스 기능을 구현하기 위해 오픈소스 컴포넌트를 사용해 로드 밸런서를 배포하는 것을 의미한다. 이는 클라우드 제공업체에서 제공하는 기본적인 구현 방안을 재정의하는 것과 유사하다. 이러한 접근 방식은 LoadBalancer 유형의 서비스 객체와 인그레스 객체가 청구에 대해 동일한 전달 규칙으로 처리되기 때문에 둘 다 필요한 경우 비용을 절약할 수 있지만 그에 따른 문제도 있다. 이제 이 컴포넌트를 직접 관리해야 한다. 여러분은 쿠버네티스 인그레스 컨트롤러에 대해 능숙한가? 필자의 경험에 따르면 표준 인그레스 객체를 사용해 올인하거나 비용을 절약해야 하는 경우 순수한 로드 밸런서를 사용하는 편이 더 좋다.

7.2.1 TLS로 커넥션에 대한 보안 강화하기

인그레스의 또 다른 유용한 속성은 TLS 암호화를 대신 수행한다는 것이다. 최신 웹 애플리케이션은 일반적으로 TLS를 사용하는 보안 HTTPS 애플리케이션으로 호스팅된다. 이는 보안적인 측면에서는 중요하지만 애플리케이션 서버에 약간의 오버헤드를 발생시킨다. 사용 중인 서버 미들웨어에 따라 인그레스 로드 밸런서가 TLS 연결을 처리하고(소위 말해 TLS 터미네이터 역할을 담당함) HTTP를 통해서만 백엔드와 통신하도록 하면 성능이 향상될 수 있다. 물론 이는 클라우드 제공업체와 같이 보안이 강화된 네트워크를 사용할 때에만 가능하다(그림 7.5). 원하는 경우 인그레스는 트래픽을 다시 암호화해 HTTPS를 통해 서비스에 연결할 수 있지만 수정되지 않은 암호화된 트래픽을 클라이언트에서 백엔드로 직접 전달하는 옵션은 제공하지 않는다. 이 경우에는 3장에서와 같이 LoadBalancer 유형의 서비스를 사용하게 될 것이다.

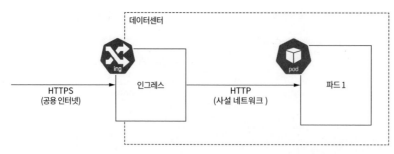

그림 7.5 인그레스는 HTTPS(TLS) 트래픽을 터미네이션시키고 이를 일반 HTTP 또는 HTTPS 연결을 통해 서비스하는 파드에 전달할 수 있다.

이제 인그레스가 TLS 연결을 터미네이션하기 때문에 인증서를 사용한 설정이 필요하다. 다른 시스템에서 이와 같은 작업을 수행한 경험이 있다면 이 단계가 두려울 수도 있다. 그러나 다행스럽게도 쿠버네티스를 사용하면 쉽게 해결이 가능하다.

인증서와 키를 쿠버네티스 시크릿(secret)으로 가져온 다음 인그레스 설정에서 해당 시크릿을 참조하면 된다. 쿠버네티스 시크릿은 TLS 키와 같은 항목을 저장하는 데 사용되는 쿠버네티스 클러스터의 데이터 객체다.

이를 수행하려면 일반적으로 인증기관의 지침에 따라 인증서를 생성해야 하며, 최종 운영 환경에 필요한 두 개의 파일(생성한 개인키와 인증 기관에서 발급한 인증서)이 생성된다.

또는 신뢰할 수 있는 인증서 대신 데모 목적일 경우 자체 서명된 인증서를 만들 수 있다. 이 경우에는 커넥션에 대해 동일한 암호화를 제공하지만 신원 확인에 대한 절차가 없으며 브라우저에서 사용 시 경고 메시지가 출력된다는 점에 유의하기 바란다. 다음 명령을 통해 인증서를 생성할 수 있다(윈도우 환경의 경우 WSL에서 작업하기 바란다).

```
# 비밀키 생성
openssl genrsa -out example.key 2048

# 'example.com' 도메인을 위한 인증 요청서 생성
openssl req -new -key example.key -out example.csr \
    -subj "/CN=example.com"

# 신뢰할 수 없는 인증서를 자체적으로 발급
openssl x509 -req -days 365 -in example.csr -signkey \
    example.key -out example.crt
```

개인 키와 인증서가 있으면(자체 서명을 했든 인증기관의 지침에 따라 생성했든 관계없이) 이제 쿠버네티스 시크릿을 생성한다.

```
kubectl create secret tls my-tls-cert --cert example.crt --key example.key
```

여기서는 명령형 `kubectl create` 커맨드를 사용하는 것을 확인할 수 있다. 이는 파일에서 설정을 정의하는 대신 명령형 커맨드를 사용하도록 권장하는 몇 안 되는 경우 중 하나이다. 이는 객체를 수동으로 생성하고 모든 데이터를 Base64로 인코딩하는 것보다 이 방법이 더 간단하기 때문이다. 이 명령을 통해 생성된 구성을 확인해 보려면 `kubectl get -o yaml secret my-tls-cert` 명령을 통해 쉽게 확인해 볼 수 있다.

마지막 단계는 다음 예제 코드와 같이 인그레스에서 이 시크릿을 참조하는 것이다.

예제 코드 7.9 Chapter07/7.2.1_TLS/ingress_tls.yaml

```
apiVersion: networking.k8s.io/v1
kind: Ingress
metadata:
  name: timeserver-tls
spec:
  tls:
  - secretName: my-tls-cert      ←— TLS 시크릿을 참조한다.
  rules:
  - host: example.com
    http:
      paths:
      - path: /
        pathType: Prefix
        backend:
          service:
            name: timeserver-internal
            port:
              number: 80
  - http:
      paths:
      - path: /
        pathType: Prefix
        backend:
          service:
```

```
              name: robohash-internal
              port:
                number: 80
```

이전 절에서 생성된 NodePort 유형의 서비스를 참조하고, TLS 시크릿을 사용해 이 새로운 인그레스를 생성할 수 있다.

```
$ cd Chapter07/7.2.1_TLS/
$ kubectl create -f ingress_tls.yaml
ingress.networking.k8s.io/timeserver-tls created
$ kubectl get ing
NAME            CLASS     HOSTS        ADDRESS         PORTS     AGE
timeserver-tls  <none>    example.com  203.0.113.15    80, 443   9m15s
$ open "https://203.0.113.15"
```

인그레스에 IP가 할당된 시점부터라도 프로비저닝 단계에 어느 정도 시간이 걸릴 수 있다는 점을 기억하자. 자체 서명된 인증서를 사용하는 경우라면 브라우저에 경고가 표시될 것이다.

이 인그레스에서 도메인 이름(이 예제에서는 example.com) 라우팅을 테스트하려면 인그레스의 IP로 사용한 도메인에 대해 DNS를 설정해야 한다. 로컬 환경에서 테스트하려면 hosts 파일을 편집(이를 수행하는 방법에 대한 지침을 찾으려면 "update hosts file in ⟨OS버전⟩" 키워드로 구글에서 검색하면 된다!)해 IP 및 도메인 이름을 추가할 수도 있다. 인그레스의 IP는 kubectl get ingress 명령을 사용해 확인할 수 있다. 다음은 필자가 설정한 인그레스 객체와 로컬 호스트에 추가한 항목을 보여준다.

```
$ kubectl get ingress
NAME            CLASS     HOSTS        ADDRESS         PORTS     AGE
timeserver-tls  <none>    example.com  203.0.113.15    80, 443   82m

$ cat /etc/hosts
# ...
203.0.113.15 example.com
```

이제 hosts 파일을 설정했다면 https://example.com에 접속할 수 있다. 자체 서명된 인증서를 사용하면 해당 도메인에 접속 시 브라우저에서 에러가 표시될 것이다. 이 경우 클릭해도 괜찮다. 여러분이 개발한 서비스를 실제 환경에 배포하려면 앞선 단계로 돌아가 인증기관에 인증서를 요청해 발급받은 인증서를 사용해 TLS 시크릿을 생성하는 것이 좋다.

다시 한 번 말하지만 쿠버네티스의 좋은 점은 이 모든 설정이 호스트의 임의 파일이 아닌 쿠버네티스의 객체 형태로 되어 있어 다른 곳에서 이 환경을 쉽게 재현할 수 있다는 것이다.

GKE를 사용 중인가? 관리형 인증서를 사용해 보자

이전 지침은 검증된 CA 인증서를 쿠버네티스 인그레스 객체에 추가하기 위한 것이다. 만약 Google Kubernetes Enginen(GKE)를 사용 중이고 더욱 간단한 접근 방식을 원한다면 관리형 인증서를 대신 사용할 수 있다.

관리형 인증서를 사용하면 CA 서명 단계와 개인키 및 인증서를 쿠버네티스의 시크릿에 복사하는 단계를 건너뛸 수 있다.

대신 먼저 구글 클라우드 콘솔에서 도메인에 대한 소유권을 구글에 증명해야 한다. 인증서를 프로비저닝할 (하위) 도메인을 나열하는 GKE별 관리형 인증서(Managed Certificate) 객체를 생성한다. 그런 다음 인그레스 객체에서 해당 객체를 참조한다. 그러면 구글에서 인증서를 자동으로 프로비저닝하고 관리한다. 모든 과정이 매우 간단하기 때문에 공식 문서[2]를 가이드로 참조하기 바란다.

요약

- 쿠버네티스는 사용자의 요구사항이 단일 컨테이너에서 호스팅할 수 있는 수준을 초과하는 경우 여러 서비스를 생성, 탐색, 연결 및 노출할 수 있는 여러 도구를 제공한다.

- 내부 서비스는 광범위한 워크로드(다른 언어로 작성된 것, 릴리즈 일정이 다른 것, 아니면 단순히 독립적으로 확장해야 하는 것)를 연결하는 방법이다.

- 내부 서비스는 클러스터 IP를 통해 노출될 수 있으며 이는 클러스터의 다른 파드에서 호출될 수 있다.

- 쿠버네티스는 내부 서비스의 IP를 확인하기 위해 환경 변수와 DNS라는 두 가지 형태의 서비스 탐색 기능을 제공한다.

- 인그레스는 경로(path) 및 호스트 이름을 기반으로 라우팅을 수행할 수 있다. 인그레스를 사용하면 단일 IP를 사용해 여러 개의 내부 서비스를 외부에 노출할 수 있다.

- 인그레스는 HTTP(S) 로드 밸런서다. 이 인그레스에는 여러 개의 TLS 인증서를 설정할 수 있으며 TLS 터미네이션을 수행한다.

- 로드 밸런서 계층에서 TLS 터미네이션을 수행하면 애플리케이션에 이를 구성하기 위한 노력을 절약하고 애플리케이션의 CPU 오버헤드를 줄일 수 있다.

---

2 https://cloud.google.com/kubernetes-engine/docs/how-to/managed-certs

8장

노드
기능 선택

8장에서 다루는 내용은 다음과 같다.

- 특정 하드웨어 속성을 가진 노드를 선택하는 방법
- taints와 tolerations를 사용해 특별한 하드웨어를 가진 노드에 스케줄링 동작을 조정하는 방법
- 개별 노드에 워크로드를 분리해 유지하는 방법
- 고가용성 배포 전략을 통해 단일 실패 지점을 방지하는 방법
- 특정 다른 파드를 포함하는 노드를 피하면서 일부 파드를 하나의 노드에 함께 그룹화하는 방법

지금까지 이 책에서는 클러스터 내의 컴퓨트 노드(컨테이너를 실제로 실행하는 머신)를 동등하게 다뤘다. 다양한 유형의 파드는 보다 많거나 적은 CPU를 요청할 수 있지만, 내부적으로는 모두 동일한 유형의 노드에서 실행된다는 전제하에 논의됐다.

클라우드 컴퓨팅의 기본 속성 중 하나는, 쿠버네티스 플랫폼이 수행할 수 있는 것과 같이 낮은 수준의 컴퓨팅 프로비저닝을 처리하는 추상적인 플랫폼인 경우에도 실제로 워크로드가 실행되는 서버(노드)에 대해서도 어느 정도 신경을 쓸 수 있다는 점이다. 서버리스는 좋은 개념이지만, 결국 워크로드는 컴퓨팅 노드에서 실행되기 때문에 해당 머신의 속성에서 벗어날 수 없다.

이를 위해 노드 기능 선택(node feature selection)이 필요하다. GKE(Google Kubernetes Engine)를 포함한 관리형 플랫폼의 노드에는 매우 다양한 하드웨어 및 구성 옵션이 존재한다. 노드의 CPU는 x86 아키텍처이거나 ARM일 수 있다. 이는 AMD이거나 인텔 칩일 수도 있다는 의미이다. 필요한 경우 노드에는 GPU와 같은 고가의 하드웨어가 장착될 수 있고, 상대적으로 저렴한 스팟 프로비저닝 모드로 실행돼 중단 위험을 감수하면서 비용을 절약할 수도 있다. 이러한 노드의 요소에 대해 항상 신경 쓸 필요는 없지만 스팟을 사용해 비용을 절약하는 경우가 필요할 수도 있고 AI/ML 워크로드를 실행하기 위해 GPU가 필요한 경우 매우 중요한 요소일 수도 있다.

알고 있어야 할 또 다른 측면은 쿠버네티스가 동일한 노드에서 여러 파드를 실행한다는 것이다. 이 기술은 빈 패킹(bin-packing)이라고 불린다. 동일한 하드웨어에서 여러 컨테이너를 실행하면 비용 절약에 도움이 되며 특히 버스트에 유용하다. 여기서 버스트란 한 파드가 다른 파드에 프로비저닝된 용량(해당 파드가 사용하지 않을 경우)을 일시적으로 사용하는 기능을 말한다. 빈 패킹은 단일 실패 지점이 발생할 가능성이 높은 단점을 가진다. 다행스럽게도, 쿠버네티스는 **파드 분배 토폴로지(Pod spread toplogy)**라는 내장된 방법을 제공해 단일 노드에 동일한 파드의 복제본이 집중되는 것을 방지한다. 8장에서는 이러한 방법을 사용해 기능에 맞는 노드를 선택하고, 파드를 그룹화하며, 분산시키는 방법을 살펴볼 것이다.

8.1 노드 기능 선택

모든 컴퓨팅 노드가 동일한 것은 아니다. 고성능 CPU 및 GPU와 같은 추가 하드웨어가 장착돼 있을 수 있다. 또한 스팟 프로비저닝 모델에서 실행하는 것과 같은 속성이 필요한 워크로드가 있을 수도 있다. 일부 노드는 리눅스 환경에서 서버를 실행하고 다른 노드는 윈도우 환경에서 서버를 실행할 것이다. 또한 일부 CPU는 x86 아키텍처를 사용하는 반면, 다른 노드들은 ARM 아키텍처를 사용할 것이다. 특정 기능을 갖춘 머신에 워크로드를 배치했던 것과 마찬가지로 쿠버네티스에서도 노드 셀렉션(selection) 및 어피니티(affinity)를 통해 동일한 작업을 수행할 수 있다.

8.1.1 노드 셀렉터

노드의 기능은 노드 레이블(node label)을 통해 쿠버네티스 환경에서 차별화된다. 그리고 파드에는 노드 셀렉션이나 노드 어피니티라는 방법으로 특정 노드 기능을 타깃으로 지정할 수 있다. 노드 셀렉션이나 어피니티는 단순히 파드가 필요로 하는 노드의 레이블(및 그에 따른 기능)을 표현하는 방법이다.

ARM 기반 노드에서 실행해야 하는 파드를 예로 들어보자. ARM 기반 노드의 경우 well-known 레이블인 kubernetes.io/arch:arm64로 레이블링된다(well-known 레이블은 오픈소스에서 사용되는 표현으로, 다양한 공급자 간에 일관성을 유지할 수 있도록 고안된 레이블을 의미한다). 쿠버네티스의 노드 셀렉터나 노드 어피티니 옵션에 해당 레이블을 타깃으로 지정하면 파드가 ARM 기반 노드에서만 실행되게 할 수 있다. 다음 예제 코드는 파드가 다른 유형의 CPU 아키텍처에 스케줄링되지 않도록 arm64 아키텍처를 선택하는 예제다.

예제 코드 8.1 Chapter08/8.1.1_NodeSelection/deploy_nodeselector.yaml

```
apiVersion: apps/v1
kind: Deployment
metadata:
  name: timeserver
spec:
  replicas: 1
  selector:
    matchLabels:
      pod: timeserver-pod
  template:
    metadata:
      labels:
        pod: timeserver-pod
    spec:
      nodeSelector:
        kubernetes.io/arch: arm64          arm64 아키텍처를 사용하는 노드를 선택한다.
      containers:
      - name: timeserver-container
        image: docker.io/wdenniss/timeserver:5
```

노드 어피니티를 사용하면 같은 요구사항을 좀 더 상세하게 지정할 수 있다.

예제 코드 8.2 Chapter08/8.1.1_NodeSelection/deploy_nodeaffinity.yaml

```
apiVersion: apps/v1
kind: Deployment
metadata:
  name: timeserver
spec:
  replicas: 1
  selector:
    matchLabels:
      pod: timeserver-pod
  template:
    metadata:
      labels:
        pod: timeserver-pod
    spec:
```

```
        affinity:
          nodeAffinity:
            requiredDuringSchedulingIgnoredDuringExecution:
              nodeSelectorTerms:
              - matchExpressions:
                - key: kubernetes.io/arch
                  operator: In
                  values:
                  - arm64
      containers:
      - name: timeserver-container
        image: docker.io/wdenniss/timeserver:5
```

arm64 아키텍처 기반 노드를
선택하는 또 다른 방법

앞서 작성한 두 가지 배포 설정 방법은 정확히 동일한 결과를 초래한다. 즉, 파드가 ARM 기반 노드에
만 배치된다(파드가 어디에 위치하고 있는지 확인하려면 `kubectl get pods -o wide` 명령을 사용해
쿼리한 다음 `kubectl explain node $NODE_NAME | grep arch` 명령을 사용해 노드를 확인해 볼 수 있
다). 노드 어피니티 방법의 장점과 이를 사용하는 이유는 보다 표현력이 풍부한 로직이 허용된다는 것
이다. 이에 대해서는 다음 절에서 보다 자세히 설명하겠다.

PodSpecs에 이러한 기능 관련 노드 레이블을 요구하는 것이 첫 번째 단계이다. 그러나 실제로 해당
기능을 가지는(파드가 선택할 레이블이 존재해야 함) 노드를 프로비저닝할 수 있는 방법이 필요하다.
항상 그랬듯이 노드 및 관련 기능의 프로비저닝은 플랫폼 수준에서 수행된다. 오토파일럿 모드에서
GKE와 같은 완전 관리형 플랫폼을 사용하고 플랫폼에서 관련 기능을 제공하는 경우, 노드 셀렉터로
기능 레이블을 명시하기만 하면 해당 기능을 가지고 있는 노드를 프로비저닝할 수 있다. 더 전통적인
방식의 쿠버네티스 플랫폼에서는, 예를 들어 원하는 속성을 가진 노드 풀이나 노드 그룹을 생성해 원하
는 기능의 노드를 프로비저닝해야 한다.

어떤 기능이 지원되는지 확인하려면 클라우드 공급업체에서 제공하는 문서를 확인하는 것이 가장 좋
다. 그러나 클러스터에 원하는 속성을 갖춘 노드가 존재하는 경우 어떤 레이블을 선택할 수 있는지 검
사하고 확인해 볼 수 있다.

```
kubectl describe nodes
```

다음은 GKE에서 실행되는 ARM 기반 노드에 대해 `kubectl describe nodes` 명령을 출력한 결과 확
인된 레이블 중 일부다.

```
Labels        cloud.google.com/compute-class=Scale-Out
              cloud.google.com/gke-boot-disk=pd-standard
              cloud.google.com/gke-container-runtime=containerd
              cloud.google.com/gke-image-streaming=true
              cloud.google.com/gke-max-pods-per-node=32
              cloud.google.com/gke-nodepool=nap-19wjaxds
              cloud.google.com/gke-os-distribution=cos
              cloud.google.com/machine-family=t2a
              kubernetes.io/arch=arm64        ◀── 예제 코드 8.1과 8.2에서 참조된 노드 레이블
              kubernetes.io/hostname=gk3-autopilot-cluster-4-nap-19wja
              kubernetes.io/os=linux
              node.kubernetes.io/instance-type=t2a-standard-4
              node.kubernetes.io/masq-agent-ds-ready=true
              topology.gke.io/zone=us-central1-f
              topology.kubernetes.io/region=us-central1
              topology.kubernetes.io/zone=us-central1-f
```

8.1.2 노드 어피니티 및 안티 어피니티

노드 어피니티는 매우 뛰어난 표현력을 갖고 있으며 단순히 레이블 집합을 요구하는 것 이상의 일을 할 수 있다. 예를 들어 In 연산자(operator)를 사용하면 가능한 값 목록을 지정할 수 있다. X86이나 ARM 아키텍처를 선택한다고 가정해 보자. 다음과 같이 노드 어피니티의 In 연산자를 통해 가능한 값 목록을 제공하고 이를 수행할 수 있다.

예제 코드 8.3 Chapter08/8.1.2_NodeAffinity/deploy_nodeaffinity_multi.yaml

```yaml
apiVersion: apps/v1
kind: Deployment
metadata:
  name: timeserver
spec:
  replicas: 6
  selector:
    matchLabels:
      pod: timeserver-pod
  template:
    metadata:
```

```
    labels:
       pod: timeserver-pod
  spec:
    affinity:
      nodeAffinity:
        requiredDuringSchedulingIgnoredDuringExecution:
          nodeSelectorTerms:
          - matchExpressions:
            - key: kubernetes.io/arch
              operator: In
              values:
              - arm64
              - amd64
    containers:
    - name: timeserver-container
      image: docker.io/wdenniss/timeserver:5
        resources:
          requests:
            cpu: 500m
```

이 파드는 arm64(ARM) 또는 amd64(x86) 아키텍처에서 실행된다.

예제 코드 8.1에서 사용된 nodeSelector 필드는 여러 조건을 선택할 수 있지만, 파드를 스케줄링하려면 모든 조건이 만족돼야 한다. 다양한 값에 대한 스케줄링을 허용하기 위해 여기서 사용된 In 로직은 노드 어피니티에서 고유하게 사용될 수 있다. matchExpressions 하위에 추가 표현식을 더하면 여러 조건을 충족시키도록 설정할 수 있다.

연산자 로직의 표현식 NotIn을 사용하면 안티−어피니티(anti−affinity)(예: 주어진 레이블을 갖는 노드를 회피하도록 설정) 중 하나로 속성을 변경할 수 있다. 이를 통해 파드가 지정된 레이블이 있는 노드에는 배치되지 않는다(표 8.1).

표 8.1 연산자 로직

연산자	설명
In	노드 레이블의 값이 제공된 옵션 중 하나이다.
NotIn	제공된 목록에 값이 존재하지 않는다.
Exists	레이블 키가 노드에 존재한다. (모든 값 가능)
DoesNotExist	노드에 레이블키가 존재하지 않는다.
Gt	주어진 값이 노드 레이블에 있는 값보다 크다.
Lt	주어진 값이 노드 레이블에 있는 값보다 작다.

노드 어피티니의 또 다른 이점은 기본 설정 집합을 표현할 때 **필수 규칙(정확히 일치하는)**이 아닌 **선호 규칙**을 생성할 수 있다는 것이다. 예를 들어, 컨테이너가 다중 아키텍처이고 x86 또는 ARM에서 실행될 수 있지만 가능하면 ARM을 사용하려는 경우(예: 비용상의 이유로) 이를 다음 예제 코드와 같이 표현할 수 있다.

예제 코드 8.4 Chapter08/8.1.2_NodeAffinity/deploy_nodeaffinity_preferred.yaml

```
apiVersion: apps/v1
kind: Deployment
metadata:
  name: timeserver
spec:
  replicas: 6
  selector:
    matchLabels:
      pod: timeserver-pod
  template:
    metadata:
      labels:
        pod: timeserver-pod
    spec:
      affinity:
        nodeAffinity:
          preferredDuringSchedulingIgnoredDuringExecution:
          - weight: 100
            preference:
              matchExpressions:
              - key: kubernetes.io/arch
                operator: In
                values:
                - arm64
      containers:
      - name: timeserver-container
        image: docker.io/wdenniss/timeserver:5
        resources:
          requests:
            cpu: 500m
```

파드가 arm64를 갖는 노드에 스케줄링되는 것을 선호하지만 arm64를 사용할 수 없는 경우 다른 모든 노드에도 스케줄링이 가능하다.

선호 어피니티에 대한 주의사항

이 preferredDuringSchedulingIgnoredDuringExecution 로직은 때로는 예상치 못한 결과를 초래할 수 있다. 선호 순서는 노드에 할당되지 않은 여유 용량이 있을 때는 제대로 동작한다. 그러나 선호하는 유형의 용량이 노드에 없고 새로운 노드가 필요한 경우 노드 오토스케일링 기능과 상호작용하여 예상과는 다르게 동작할 수 있다. 예를 들어 클러스터의 기존 노드에 여유 용량이 있는 경우, 이 노드가 선호하지 않는 유형이더라도 쿠버네티스는 해당 노드에 파드를 스케줄링한다. 이는 새로운 노드가 추가되기 전에 쿠버네티스에 의해 파드가 먼저 스케줄링되는 결과에 따른 것이다.

그 이유는 노드에 파드를 배치하는 역할을 담당하는 쿠버네티스 스케줄러와 플랫폼 오토스케일러(새로운 노드를 추가하는 역할을 담당하는 공통 플랫폼 컴포넌트)가 별도로 동작하기 때문이다. 플랫폼 수준에서 일반적인 노드 오토스케일러는 더 많은 용량이 추가될 경우 스케줄링이 가능한 Pending 상태의 파드를 찾는다. 그러나 쿠버네티스 스케줄러가 먼저 시작돼 선호하지는 않지만 사용 가능한 용량을 갖추고 있는 노드에 파드를 배치하기 때문에 노드 오토스케일러가 액션을 취할 기회를 주지 않는다.

클라우드를 사용할 때는 일반적으로 필요한 기능만 요청하면 되고, 클라우드 제공업체가 그 요청을 충족할 수 있는 용량을 갖추고 있다고 신뢰할 수 있다.

8.1.3 기본적으로 스케줄링되는 것을 방지하기 위한 노드 테인트 설정하기

일반적으로, 특별한 특징을 갖는 노드 그룹이 있는 경우 기본적으로 해당 노드에 파드가 스케줄링되지 않도록 설정할 수 있다. ARM 아키텍처를 예로 들어 보자. 모든 컨테이너 이미지가 ARM 아키텍처를 지원하는 것은 아니기 때문에 명시적으로 지원함을 나타내지 않는 한 기본적으로 ARM 아키텍처 노드에 파드가 스케줄링되지 않도록 클러스터를 구성할 수 있다. 다른 예로는 GPU와 같은 특수한 하드웨어를 갖추고 있는 노드가 있고, 파드가 이 노드만 사용하도록 스케줄링해야 하는 경우가 있다. 또는 갑자기 종료될 수 있는 스팟 컴퓨팅 노드(모든 워크로드가 제대로 응답하지 않을 수 있다)가 있는 경우도 비슷한 사례다.

노드 안티-어피니티(NotIn 연산자를 사용한 노드 어피니티 규칙)를 사용해 특정 노드를 사용하는 것을 막기 위해 다른 모든 파드에 주석을 다는 것도 방법이지만, 이는 매우 힘든 일이다. 대신 쿠버네티스에서는 노드에 'taint' 설정을 해서 기본적으로 파드가 해당 노드에 스케줄링되는 것을 방지할 수 있다. 동작 방식은 특별한 특징을 갖고 기본적으로 스케줄링돼서는 안 되는 노드에 테인트(taint) 설정을 하는 것이다. 그런 다음 워크로드의 PodSpec에 해당 노드에서 실행해도 괜찮다는 의미의 'tolerate'를 설정하면 된다.

예를 들어 각 노드에 테인트 설정을 하면 효과를 확인해볼 수 있다. 이는 운영 환경에서 일반적으로 수행하는 방식은 아니지만 기능을 확인해 보기에는 적절한 방법이다. 이 데모를 위해 미니큐브(3장에서 소개함)를 사용하고 다음과 같이 노드 중 하나에 테인트 설정을 진행할 것이다.

```
$ minikube start --nodes 3
Done! kubectl is now configured to use "minikube" cluster

$ kubectl get nodes
NAME            STATUS     ROLES           AGE    VERSION
minikube        Ready      control-plane   77s    v1.24.3
minikube-m02    Ready      <none>          55s    v1.24.3
minikube-m03    NotReady   <none>          19s    v1.24.3

$ NODE_NAME=minikube-m02
$ kubectl taint nodes $NODE_NAME spot=true:NoSchedule
node/minikube-m02 tainted
```

> **팁**
> 나중에 테인트 설정을 제거하려면 kubectl taint nodes $NODE_NAME spot- 명령을 사용하면 된다.

이 예제에서 spot=true는 테인트에 대해 지정한 이름이며 나중에 이 테인트를 설정한 노드에 파드를 스케줄링하기 위해 톨러레이션(toleration)을 설정할 때 필요하다. NoSchedule 키워드는 이 테인트 설정의 원하는 효과를 가리킨다(예: 톨러레이션 설정이 안 된 파드는 스케줄링되지 않는다). NoSchedule 동작에 대한 대안이 있지만 크게 권장되는 방법은 아니다. PreferNoSchedule은 유용할 수 있는 유연한 규칙을 생성하는 옵션이다. 하지만 기본적인 목적이 노드 클래스에서 파드의 스케줄링을 방지하는 것이라면 유연한 규칙은 이 목적을 달성하지 못하며 오히려 디버깅을 더 어렵게 만들 수 있다. 때로는 리소스 할당이 필요한 파드가 스케줄링되지 않는 편이 특수하게 테인트 설정된 머신에 파드가 스케줄링돼 예기치 않은 문제를 일으키는 것보다 더 나은 경우가 있다.

호스팅된 쿠버네티스 플랫폼에서 작업하는 경우, 이전 예제와 같이 노드를 개별적으로 테인트 설정할 가능성은 거의 없다. 일반적으로 테인트 설정은 동일한 특성을 가진 노드 그룹에 적용되며 업그레이드나 복구 이벤트 과정에서 주기적으로 교체된다. 즉, 개별 노드에 설정된 테인트가 취소된다는 것이다. 테인트 설정이 그룹의 모든 노드에 적용되고 업그레이드 절차 중에도 노드에 대한 테인트 설정이 지속되도록 하는 방법에 대해서는 클라우드 플랫폼 공급업체에서 제공하는 API를 찾아본다.

GKE에서 노드 테인트 설정하기

오토파일럿 모드에서 GKE를 사용하면 노드에 대한 테인트 설정이 완전히 자동으로 수행된다. 스팟 컴퓨팅이나 ARM 아키텍처와 같은 특정 기능(기본값이 아닌)을 선택하면 프로비저닝된 노드가 자동으로 테인트로 설정된다. 편하게도 파드는 자동으로 톨러레이션 설정되도록 수정되기 때문에 개발자는 단순히 노드의 기능을 선택하기만 하면 된다. 파드의 자동 수정은 플랫폼에 의해 설치 및 유지관리되는 승인 컨트롤러(admission controller)(12장에서 설명 예정)를 통해 수행된다.

노드 풀과 함께 GKE를 사용하면 노드풀을 생성할 때 해당 노드에 테인트 설정을 할 수 있다. 예를 들어 VM의 노드 풀을 생성하는 경우 다음과 같이 모든 노드에 테인트 설정을 수행할 수 있다.

```
gcloud container node-pools create $NODE_POOL_NAME --cluster $CLUSTER_NAME \
  --spot --node-taints spot=true:NoSchedule
```

전체 클러스터가 스팟 노드로 구성된 경우 노드를 구별할 필요가 없기 때문에 일반적으로 테인트 설정이 필요하지 않다.

테인트 설정이 된 노드가 있다면 워크로드를 스케줄링할 때 해당 노드에 이 워크로드가 스케줄링되지 않는 것을 확인할 수 있다(kubectl get pods -o 명령을 사용해 파드가 어떤 노드에 위치하고 있는지 확인). 방금 테인트 설정이 된 노드에 워크로드를 스케줄링할 수 있게 하려면 다음 예제 코드에 표시된 바와 같이 워크로드에 톨러레이션 설정을 업데이트해야 한다.

예제 코드 8.5 Chapter08/8.1.3_Taints/deploy_tolerate_spot.yaml

```
apiVersion: apps/v1
    kind: Deployment
    metadata:
      name: timeserver
    spec:
      replicas: 3
      selector:
        matchLabels:
          pod: timeserver-pod
      template:
        metadata:
          labels:
            pod: timeserver-pod
        spec:
          tolerations:
          - key: spot
            value: "true"
```

> 이 워크로드는 spot=true 테인트 설정이 있는 노드를 허용할 수 있기 때문에 해당 노드에 스케줄링될 수 있다.

```
containers:
- name: timeserver-container
  image: docker.io/wdenniss/timeserver:5
```

톨러레이션 설정만으로는 테인트 설정이 된 노드에만 스케줄링되도록 강제할 수 없다. 단지 테인트 설정이 된 노드에도 스케줄링될 수 있도록 **허용**할 뿐이다. 파드가 스케줄링되는 위치는 사용 가능한 용량 등 몇 가지 다른 요소에 따라 결정된다. 따라서 톨러레이션 설정이 된 파드는 그림 8.1에 표시된 바와 같이 테인트 설정이 된 노드뿐만 아니라 테인트 설정이 되지 않은 노드에도 배치될 수 있다.

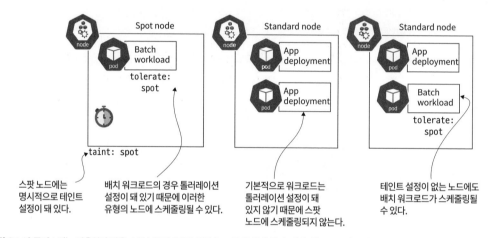

그림 8.1 이 클러스터는 가용성이 낮은 스팟 VM과 2개의 표준 노드로 구성돼 있다. 배치 워크로드 파드의 경우 톨러레이션 설정이 되어 있기 때문에 두 가지 유형의 노드에 모두 스케줄링될 수 있다. 그러나 앱 배포 파드는 그렇지 않기 때문에 테인트 설정이 되지 않은 노드에만 스케줄링된다.

일반적으로 테인트 및 톨러레이션 설정을 노드 셀렉터나 노드 어피니티와 결합해 특정 파드 집합을 특수한 기능을 가지는 노드에 실행되도록 한다. 이것의 중요한 좋은 예제가 바로 GPU 워크로드이다. 이러한 유형의 워크로드는 GPU를 갖고 있는 노드에서만 실행돼야 한다. GPU가 필요 없는 워크로드가 GPU 노드의 중요한 공간을 차지하고 있는 것은 원치 않을 것이다(그림 8.2).

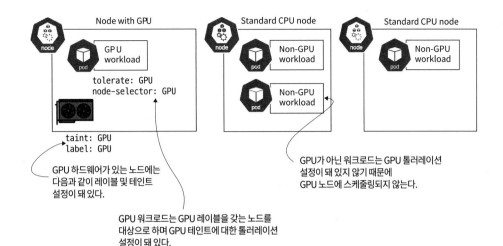

그림 8.2 이 클러스터는 GPU를 갖는 특별한 노드와 2개의 표준 노드로 구성되었다. 표준 워크로드가 스케줄링되지 않도록 GPU 노드에 테인트 설정이 돼 있다. GPU 워크로드에는 톨러레이션 설정이 돼 있기 때문에 GPU 노드에 스케줄링될 수 있으며, 노드 셀렉터를 사용해 GPU 노드에만 스케줄링되도록 한다.

모든 테인트에 대한 톨러레이션 설정하기

일부 워크로드(가장 일반적으로 12장에서 다룰 예정인 데몬셋)는 모든 노드에서 실행돼야 하며 클러스터의 모든 설정을 처리하도록 설계돼야 한다. 다음 예제 코드에서 볼 수 있듯이 이러한 워크로드는 모든 테인트에 대해 톨러레이션 설정을 해야 한다.

예제 코드 8.6 Chapter08/8.1.3_Taints/daemonset_tolerate_all_taints.yaml

```
apiVersion: apps/v1
  kind: DaemonSet
  metadata:
    name: example-ds
  spec:
    selector:
      matchLabels:
        pod: example-pod
    template:
      metadata:
        labels:
          pod: example-pod
      spec:
```

```
    tolerations:
    - effect: NoExecute
      operator: Exists                    모든 테인트에 대한 톨러레이션 설정
    - effect: NoSchedule
      operator: Exists
  containers:
  - image: ubuntu
    command: ["sleep", "infinity"]
    name: ubuntu-container
```

이 작업을 수행할 때 파드는 실제로 현재와 미래의 클러스터에 존재할 수 있는 모든 유형의 노드에서 실행돼야 한다는 점을 유의하기 바란다. 이는 특별히 ARM 아키텍처용으로 컨테이너를 빌드해야 하는 ARM 기반 노드와 같은 기능을 추가할 때 문제가 될 수 있다. ARM 아키텍처와 같이 특정 레이블이 있는 테인트 설정을 제외한 모든 노드에서 파드를 스케줄링해야 하는 경우가 발생하면 다음 예제 코드에 표시된 바와 같이 톨러레이션 설정과 노드 안티-어피니티 규칙을 조합해 이를 수행하면 된다.

예제 코드 8.7 Chapter08/8.1.3_Taints/daemonset_tolerate_antiaffinity.yaml

```
apiVersion: apps/v1
kind: DaemonSet
metadata:
  name: example-ds
spec:
  selector:
    matchLabels:
      pod: example-pod
  template:
    metadata:
      labels:
        pod: example-pod
    spec:
      tolerations:
      - effect: NoExecute
        operator: Exists              모든 테인트에 대해서 톨러레이션 설정을 한다.
      - effect: NoSchedule
        operator: Exists
```

```
affinity:
  nodeAffinity:
    requiredDuringSchedulingIgnoredDuringExecution:
      nodeSelectorTerms:
      - matchExpressions:
        - key: kubernetes.io/arch
          operator: NotIn
          values:
            - arm64
containers:
- image: ubuntu
  command: ["sleep", "infinity"]
  name: ubuntu-container
```

그러나 ARM 기반 노드에는 스케줄링하지 않는다.

8.1.4 워크로드 분리

테인트, 톨러레이션, 노드 셀렉터의 또 다른 용도는 워크로드를 분리하는 것이다. 지금까지 살펴본 노드 셀렉터 사용 사례는 ARM 아키텍처, 스팟 컴퓨팅, GPU 노드 등이 필요한 기능 기반을 선택하는 것이었다.

노드 선택은 노드의 기능을 선택하는 것으로 제한되지 않으며 노드에 배포되는 각 워크로드를 서로 분리하는 데도 사용할 수 있다. 파드 안티 어피니티(8.2.3항에서 다룰 예정)를 사용해 특정 파드가 같은 곳에 위치하는 것을 방지할 수 있으며, 때로는 전용 노드 그룹에 워크로드를 유지하는 것이 도움이 되는 경우도 있다. 이와 관련하여 자주 들었던 요구사항 중 하나는 배치 워크로드를 실행하는 사람들로부터 나온 것이다. 이러한 배치 작업은 스케줄링을 담당하는 코디네이터 파드와 실제 작업을 수행하는 워커 파드로 구성된다. 이들은 두 개의 역할을 가지는 파드를 각각 별도의 노드에 분리해 두는 것을 선호한다. 이는 생성과 삭제가 잦은 워커 파드로 인해 발생하는 노드의 자동 확장이 상대적으로 안정적인 상태를 유지하는 코디네이터 파드에 영향을 주지 않도록 하기 위함이다. 또 다른 예는 '시끄러운 이웃 문제(noisy neighbor problem)'이다. '시끄러운 이웃 문제'는 두 개의 파드가 노드의 동일한 리소스를 두고 잠재적으로 경쟁하는 것을 의미한다. 두 개의 파드를 분리하면 간섭이 줄게 되므로 보다 효과적으로 동작하게 된다.

워크로드 분리를 위해 지금까지 사용된 여러 기술들을 커스텀 노드 레이블(custom node label)과 결합해 사용할 수도 있다. 노드에는 레이블과 테인트 설정을 하고 워크로드에는 해당 레이블에 대한 톨러

레이션 및 레이블 설정을 하는 것이다. 이를 결합해 사용하면 워크로드가 특정 노드 그룹에만 스케줄링
된다(노드의 리소스는 동일한 셀렉터와 톨러레이션을 갖는 다른 워크로드와 공유될 수 있다).

다음 예제 코드는 워크로드 분리를 달성하기 위한 톨러레이션 및 노드 셀렉터가 있는 디플로이먼트에
대한 예제이다.

예제 코드 8.8 Chapter08/8.1.4_WorkloadSeparation/deploy_group1.yaml

```
apiVersion: apps/v1
kind: Deployment
metadata:
  name: timeserver1
spec:
  replicas: 5
  selector:
    matchLabels:
      pod: timeserver1-pod
  template:
    metadata:
      labels:
        pod: timeserver1-pod
    spec:
      tolerations:
      - key: group
        operator: Equal          group=1 테인트에 대한 톨러레이션을 설정한다.
        value: "1"
        effect: NoSchedule
      nodeSelector:
        group: "1"               group 1에 해당하는 레이블을 선택한다.
      containers:
      - name: timeserver-container
        image: docker.io/wdenniss/timeserver:5
```

그리고 데모를 위해 톨러레이션 및 셀렉터에 대해서는 키/값으로 `group: "2"`를 사용해 `deploy_`
`group2.yaml` 파일에 위 디플로이먼트에 대한 복사본을 생성한다.

```
    tolerations:
    - key: group
        operator: Equal
        value: "2"
        effect: NoSchedule
    nodeSelector:
        group: "2"
```

group=2 테인트에 대한 톨러레이션을 설정한다.

group이 2인 레이블을 선택한다.

이처럼 디플로이먼트에 속하는 파드를 개별 노드 집합에 배포하려면 다음과 같은 기준을 고려해야 한다. 우선 노드에 다른 파드가 배포되는 것을 방지하기 위해 노드에 테인트 설정이 돼 있어야 한다. 그리고 특정 워크로드가 이 노드를 타깃으로 삼도록 레이블을 지정한다. 노드에 레이블을 지정하지 않으면 노드 셀렉터 요구사항을 충족시키는 노드가 존재하지 않기 때문에 위와 같은 디플로이먼트는 스케줄링되지 않는다. 만약 노드에 레이블을 설정했더라도 테인트 설정을 하지 않는다면 워크로드들은 노드 셀렉터를 통해 스케줄링되고 서로 분리된다. 그러나 원하지 않는 유형의 파드를 차단할 테인트 설정이 돼 있지 않기 때문에 원하지 않는 유형의 파드가 동일한 노드에 배치될 수 있다.

GKE 오토파일럿의 워크로드 분리

오토파일럿 모드로 동작하는 GKE에 이전에 작성한 워크로드를 배포하면 요청된 레이블과 테인트 설정이 있는 노드가 자동으로 프로비저닝된다. 이는 노드리스 플랫폼이 파드의 요구사항에 따라 동작하고 일치하는 노드를 제공하기 때문이다. 사용자가 직접 노드를 관리하는 기존 쿠버네티스 플랫폼의 경우 이러한 속성을 사용해 노드 역시 직접 생성해야 한다.

노드를 직접 관리하는 쿠버네티스 환경에서 워크로드 분리를 달성하기 위해서는 노드에 올바른 테인트 및 레이블 설정을 해야 한다. 미니큐브를 사용해 실습하고 있다면 노드에 직접 테인트 및 레이블 설정을 수행할 수 있다. 관리형 플랫폼에서는 일반적으로 노드 풀이나 그룹 단위의 노드 풀에서 작업을 수행한다. 그리고 플랫폼 API를 사용해 노드를 제어하기 때문에 API에서 레이블 및 테인트에 대한 매개변수를 찾아본다.

```
$ minikube start --nodes 3   ◀── 새로운 미니큐브 클러스터를 생성한다.

$ kubectl get nodes   ◀── 노드에 대한 정보 확인
NAME          STATUS   ROLES           AGE   VERSION
minikube      Ready    control-plane   67s   v1.24.3
minikube-m02  Ready    <none>          46s   v1.24.3
```

```
minikube-m03    Ready    <none>       24s    v1.24.3
```

```
$ kubectl taint nodes minikube-m02 group=1:NoSchedule
$ kubectl label node minikube-m02 group=1
```
그룹1의 m02 노드에 대한 테인트 설정 및 레이블 지정

```
$ kubectl taint nodes minikube-m03 group=2:NoSchedule
$ kubectl label node minikube-m03 group=2
```
그룹 2의 m03 노드에 대한 테인트 설정 및 레이블 지정

테인트와 레이블은 서로 다른 용도로 사용되므로 둘 다 필요한 속성이다(디플로이먼트에서 톨러레이션 매칭 및 노드 셀렉터를 사용). 테인트는 허용하는 워크로드를 제외한 기타 다른 워크로드가 노드에 배치되는 것을 방지한다. 반면에 레이블은 워크로드가 다른 노드(예: 테인트 설정이 돼 있지 않은 노드)에 배치되는 것을 방지할 수 있다. 편의상 테인트와 레이블 모두에 동일한 키-값 쌍("group=1")을 사용했지만 반드시 그럴 필요는 없다.

클러스터가 구성되면 워크로드가 분리된 디플로이먼트를 배포하고 결과를 확인해 볼 수 있다. 파드가 어떤 노드에 있는지 특히 주의해 살펴보자.

```
$ kubectl create -f Chapter08/8.1.4_WorkloadSeparation
deployment.apps/timeserver1 created
deployment.apps/timeserver2 created
```

```
$ kubectl get pods -o wide
NAME                            READY   STATUS    RESTARTS   AGE    NODE
timeserver1-75b69b5795-9n7ds    1/1     Running   0          2m2s   minikube-m02
timeserver1-75b69b5795-kft64    1/1     Running   0          2m2s   minikube-m02
timeserver1-75b69b5795-mnc4j    1/1     Running   0          2m2s   minikube-m02
timeserver1-75b69b5795-msg9v    1/1     Running   0          2m2s   minikube-m02
timeserver1-75b69b5795-r8r9t    1/1     Running   0          2m2s   minikube-m02
timeserver2-6cbf875b6b-6wm7w    1/1     Running   0          2m2s   minikube-m03
timeserver2-6cbf875b6b-dtnhm    1/1     Running   0          2m2s   minikube-m03
timeserver2-6cbf875b6b-fd6vh    1/1     Running   0          2m2s   minikube-m03
timeserver2-6cbf875b6b-q6fk8    1/1     Running   0          2m2s   minikube-m03
timeserver2-6cbf875b6b-zvk72    1/1     Running   0          2m2s   minikube-m03
```

timeserver1의 파드가 minikube-m02 노드에서 실행 중

timeserver2의 파드가 minikube-m03 노드에서 실행 중

미니큐브 클러스터 작업이 완료되면 모든 작업 내용을 삭제할 수 있다.

```
minikube delete
```

8.2 파드 배치하기

파드의 상태 확인에 실패하거나 메모리 누수가 발생해 재시작해야 하는 경우를 대비하려면 여러 개의 파드 복제본을 유지하는 것이 좋다. 복제본의 수가 가용성에 미치는 영향(5.2.4항에서 설명)과 더불어 해당 파드가 **어디에** 배치되는지 고려하는 것도 중요하다.

파드의 복제본이 10개 있지만 모두 동일한 노드에 위치하고 있다면 해당 노드에 장애가 발생하는 경우 큰 영향을 받게 된다. 일반적인 클라우드 토폴로지를 사용해 이를 확장해 보면 모든 노드가 동일한 가용성 영역(availability zone)에 있는 경우, 해당 존에서 장애가 발생하면 전체 서비스 장애로 이어질 수 있는 위험이 있다. 이런 조건에 대비해 얼마나 많은 시간과 비용을 지출해야 하는지는 한계가 없기 때문에 생산성과 예산을 기반으로 적정한 수준을 결정해야 한다.

이번 절에서는 이미 보유하고 있는 노드에 파드를 분배하기 위해 지나친 비용을 발생시키지 않는 합리적 전략을 중점적으로 살펴보겠다.

8.2.1 고가용성 배포 구축하기

지금까지는 리소스 요청을 사용해 파드를 노드에 할당하는 방법을 살펴봤다. 그러나 고려해야 할 다른 차원도 존재한다. 애플리케이션의 가용성을 높이려면 복제본이 모두 동일한 노드에 위치하지 않는 편이 바람직하다. 작은 규모의 파드(100mCPU, 100MiB)와 3개의 복제본이 있다고 가정해 보자. 이 3개의 복제본을 모두 동일한 노드 배포하면 가장 쉬운 배포 방법이 될 것이다. 그러나 해당 노드에서 장애가 발생하는 경우 이 배포는 모두 오프라인 상태가 되는 치명적인 단점을 가진다.

스케줄러가 이러한 파드를 클러스터 전체에 분산시키는 전략이 더 좋은 방법이다. 다행스럽게도 쿠버네티스는 이를 달성하기 위한 **토폴로지 분배 제약 조건**(topology spread constraint)(그림 8.3)이라는 기능을 내장하고 있다. 토폴로지 분배 제약 조건은 노드나 전체 존(zone)과 같은 장애 도메인에 파드를 분산시키는 것을 목표로 한다. 여러 제약 조건을 지정할 수 있기 때문에 노드와 존 또는 클라우드 제공업체가 정의한 기타 장애 도메인에 파드를 분배할 수 있다.

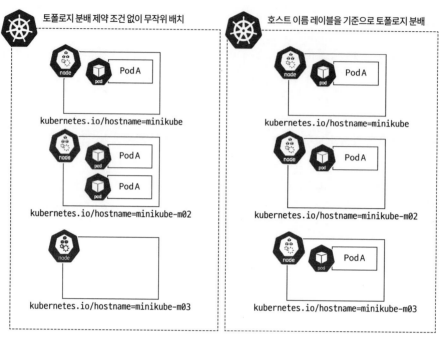

그림 8.3 토폴로지 제약 조건이 있는/없는 단일 워크로드에 대한 파드 배치

> **메모**
>
> GKE를 포함한 많은 쿠버네티스 제공업체는 워크로드 배포를 위한 몇 가지 기본 토폴로지 분배 제약 조건을 갖고 있다. 대부분의 케이스에서 기본 설정 값이 올바르게 동작한다고 믿는 개발자라면 이번 절을 건너 뛰어도 괜찮다. 필자는 파드가 노드에 분산 배치되는 이유와 왜 그렇게 동작하는지에 대한 이해가 중요하다고 생각했기 때문에 이 정보를 포함했다. 또한 8장에서 소개하는 기술을 사용해 기본 정책을 수정할 수도 있다. 예를 들어 중요한 시스템에 대해 보다 엄격한 기준을 적용하고 잡(Job)(10장에서 다룰 예정)과 같은 기본 정책이 적용되지 않는 객체에만 토폴로지 분배 제약 조건을 적용하는 것도 가능하다.

특정 워크로드에 대한 분배 토폴로지를 재정의하려면 다음 예제 코드와 같이 topologySpread Constraints 항목을 추가하면 된다.

예제 코드 8.9 Chapter08/8.2.1_TopologySpread/deploy_topology.yaml

```
apiVersion: apps/v1
kind: Deployment
metadata:
  name: timeserver
spec:
```

```
replicas: 3
selector:
  matchLabels:
    pod: timeserver-pod
template:
  metadata:
    labels:
      pod: timeserver-pod
  spec:
    topologySpreadConstraints:    ◀── 토폴로지 제약 조건을 추가함
    - maxSkew: 1    ◀── 복제본이 균등하지 않게 분산될 수 있는 정도
      topologyKey: kubernetes.io/hostname    ◀── 토폴로지에 사용할 노드 레이블
      whenUnsatisfiable: ScheduleAnyway    ◀── 토폴로지 요구사항을 충족시킬 수 없을 때 수행할 동작
      labelSelector:
        matchLabels:              이 템플릿의 메타데이터 레이블로
          pod: timeserver-pod     설정된 다른 레이블 셀렉터
    containers:
    - name: timeserver-container
      image: docker.io/wdenniss/timeserver:5
      resources:
        requests:
          cpu: 200m
          memory: 250Mi
```

위 예제는 topologyKey라는 매개변수를 사용하며 kubernetes.io/hostname 토폴로지를 대상으로 한다. 이는 kubernetes.io/hostname 키에 대해 동일한 값으로 레이블이 지정된 모든 노드를 동일한 것으로 간주한다. 두 개의 노드에 동일한 호스트 이름으로 레이블이 지정되면 안 되기 때문에 분배 대상이 노드 레벨에서 생성된다.

이 구성이 잘 동작하려면 클러스터를 구성하는 노드에 topologyKey에 지정된 레이블(이번 예제에서는 kubernetes.io/hostname)이 있는지 확인해야 한다. 필자가 예제에서 사용하는 것과 같은 well-known 레이블[1]이 몇 가지 있지만, 여러분이 사용하는 쿠버네티스 플랫폼에서 이를 사용할 것이라는 보장은 없다. 그러므로 먼저 kubectl explain node 명령을 실행해 노드에 존재하는 레이블을 확인해 보는 것이 필요하다.

---

1 https://kubernetes.io/docs/reference/labels-annotations-taints/

예제의 나머지 설정 부분을 살펴보면 maxSkew 값으로는 가장 작은 값인 1을 사용했다. 따라서 파드에 대해 최대 1개만큼의 불균형만 허용한다. 즉, 모든 노드는 다른 노드보다 최대로 1개 더 많은 파드를 가질 수 있다.

whenUnsatisfiable 매개변수는 제약조건을 충족할 수 없는 경우(예: 노드가 다른 파드로 완전히 가득 찬 경우) 발생되는 상황을 제어한다. 선택 가능한 옵션은 ScheduleAnyway와 DoNotSchedule이다. DoNotSchedule은 해당 규칙이 동작하는 시기를 더 쉽게 확인할 수 있도록 하므로 테스트 시 유용하다. 그러나 운영 환경에서는 ScheduleAnyway가 보다 안전하다. ScheduleAnyway는 이 확장 규칙을 보다 유연하게 만드는 반면, 쿠버네티스는 여러분이 설정한 요구사항을 충족시키기 위해 최선을 다하는 방식으로 동작한다. 특히 복제본의 가용성을 높이는 것이 목표라면 복제본을 스케줄링되지 않은 상태로 두는 것보다 훨씬 낫다고 조언하고 싶다. 예제에서 마지막으로 살펴볼 필드는 3장에서 다룬 하위에 matchLabels 그룹이 있는 labelSelector다. 여기서 실망스러운 점은 쿠버네티스에 간단한 자체 참조가 존재하지 않는다는 것이다. 이미 파드의 명세서에 포함돼 있는데, 왜 이 필드가 필요할까? 어떠한 경우든 matchLabels는 디플로이먼트에서 지정한 것과 동일해야만 한다.

이제 예제를 배포하고 배치 결과가 예상한 것과 일치하는지 살펴보겠다. 이를 확인하려면 몇 개의 노드와 기본 확장 동작이 설정되지 않은 하나의 노드로 구성된 클러스터가 필요하다. GKE는 기본적으로 노드 및 존 단위로 분배 설정이 함께 제공되므로 플랫폼을 사용할 때 이러한 설정은 필요하지 않다. 이 동작들을 미세조정해야 하는 경우라면 미리 숙지해 두는 것이 수월할 것이다. 위 예제를 확인하고 다양한 토폴로지 간의 차이점을 확인하려면 3개의 노드로 구성된 미니큐브를 활용해볼 것을 추천한다.

```
minikube start --nodes 3
cd Chapter08/8.2.1_TopologySpread
kubectl create -f deploy_topology.yaml
kubectl get pods -o wide
```

그림 8.4의 NODE 칼럼을 살펴보면 3개의 개별 노드가 표시된다(클러스터가 3개의 노드로 구성됐다고 가정).

> 토폴로지 분배는 스케줄링 시점에서의 제약조건이다. 즉, 파드가 노드에 배치될 때만 고려된다. 모든 복제본이 배치된 후 토폴로지가 변경되면(예: 노드 추가) 실행 중인 파드는 이동되지 않는다. 필요한 경우 배포에 대한 변경 사항을 롤아웃해 파드를 재배포한다. 그러면 규칙이 재적용되기 때문에 모든 토폴로지 변경 사항이 반영된다.

```
$ kubectl get pods -o wide
NAME                      READY STATUS  RESTARTS AGE IP           NODE
timeserver-754665f45f-6n6bc 1/1  Running 0        39s 10.244.2.46 minikube-m03
timeserver-754665f45f-dkvvp 1/1  Running 0        39s 10.244.0.27 minikube
timeserver-754665f45f-dmqpq 1/1  Running 0        39s 10.244.1.47 minikube-m02
```

그림 8.4 박스 안에 고유한 노드로 topologySpreadConstraints를 사용한 디플로이먼트

그림 8.4의 출력 결과를 보면 3개의 파드가 각각 서로 다른 노드에 스케줄링됐음을 확인할 수 있다. 비교를 위해 topologySpreadConstraints 필드가 없는 동일한 디플로이먼트를 배포하면 파드가 동일한 노드에 그룹화된다. 별도로 토폴로지 설정을 하지 않았는데도 파드의 분배가 확인된다면 이는 클러스터에 설정돼 있는 기본값 때문일 가능성이 높다.

TopologySpreadConstraints 필드는 모든 노드 레이블과 함께 사용할 수 있기 때문에 또 다른 일반적인 전략은 파드를 여러 존에 분산시키는 방법이다(여러 존에 걸쳐 클러스터가 존재하는 경우). 이렇게 하려면 이전 예제를 반복하되 토폴로지 적용 시 존 기반 키를 사용한다. kubernetes.io/zone은 표준화되고 잘 알려진 키이다. 하지만 실제로 적용하기에 앞서 노드에 실제로 이 레이블이 적용돼 있는지 확인한다. 그렇지 않을 경우 Unsatisfiable 필드의 구성 방식에 따라 아무런 효과가 없을 수도 있고 파드 스케줄링이 불가능할 수도 있다. 토폴로지는 TopologySpreadConstraints에서 제공하는 배열 형식에 따라 여러 개 지정할 수 있기 때문에 노드와 존 기준 분배를 모두 설정할 수 있다.

8.2.2 상호 의존적인 파드를 함께 배치하기

경우에 따라서는 파드가 동일한 물리 머신에 위치하는 것이 강한 결합성을 가지게 하는 바람직한 방법이 될 수 있다(그림 8.5). 특히 Chatty 서비스(예: 서비스 간 프로시저 호출이 많이 발생하는 경우) 유형의 아키텍처에는 이런 배포 방식이 유리한 경우가 많다. 서비스가 프런트엔드와 백엔드로 구성돼 있고 서로 많은 통신을 한다고 가정해 보자. 이 파드들을 동일한 노드에 함께 페어링한다면 네트워크 지연시간과 발생되는 트래픽이 줄어들 것이다.

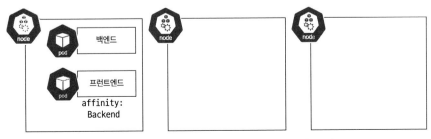

그림 8.5 파드 어피니티를 사용해 백엔드 파드와 동일한 노드에 스케줄링된 3개의 프런트엔드 파드

a

이러한 형태의 배포 구성은 파드 어피니티(affinity) 규칙을 통해 달성한다. 기본적으로 디플로이먼트 중 하나(이전 예제일 경우 프런트엔드)는 스케줄러에게 '해당 파드를 백엔드 파드가 위치한 노드에만 배치하세요'라는 규칙을 설정할 것이다. 다음 예제 코드와 같은 백엔드 디플로이먼트가 있다고 가정해 보자.

예제 코드 8.10 Chapter08/8.2.2_Colocation/backend.yaml

```
apiVersion: apps/v1
kind: Deployment
metadata:
  name: mariadb
spec:
  replicas: 1
  selector:
    matchLabels:
      pod: mariadb-pod
  template:
    metadata:
      labels:
        pod: mariadb-pod          어피니티에 사용될 레이블
    spec:
      containers:
      - name: mariadb-container
        image: mariadb
        env:
        - name: MARIADB_RANDOM_ROOT_PASSWORD
          value: "1"
```

이 디플로이먼트에는 전혀 특별한 부분이 존재하지 않는다. 앞서 사용했던 것과 동일한 패턴이다. 이 파드는 클러스터의 사용 가능한 공간에 배치될 것이다.

이제 프런트엔드 디플로이먼트에 다음 예제 코드와 같은 설정 파일을 적용해 백엔드 디플로이먼트의 파드 인스턴스가 위치한 노드에 배치할 수 있다.

예제 코드 8.11 Chapter08/8.2.2_Colocation/frontend.yaml

```
apiVersion: apps/v1
kind: Deployment
metadata:
```

```
    name: timeserver
spec:
  replicas: 3
  selector:
    matchLabels:
      pod: timeserver-pod
  template:
    metadata:
      labels:
        pod: timeserver-pod
    spec:
      containers:
      - name: timeserver-container
        image: docker.io/wdenniss/timeserver:5
      affinity:
        podAffinity:
          requiredDuringSchedulingIgnoredDuringExecution:
          - labelSelector:
              matchExpressions:
              - key: pod
                operator: In
                values:
                - mariadb-pod
            topologyKey: "kubernetes.io/hostname"
```

파드 어피니티 규칙

이 파드 명세서는 스케줄러에게 `timeserver-pod` 파드를 pod 레이블이 `mariadb-pod`인 기존 파드가 위치한 노드에 위치시키도록 요청한다. 이전 절에서 사용한 것과 동일한 미니큐브 클러스터에 이 두 객체(프런트엔드, 백엔드)를 생성한다면 4개의 파드가 모두 동일한 노드(백엔드 파드가 스케줄링된 노드)에 배치됨을 확인할 수 있다. 예제에서 사용한 토폴로지는 노드 토폴로지(호스트 이름으로 well-known 레이블을 사용)이기 때문에 앱은 대상 파드가 존재하는 노드에만 스케줄링 된다. 존 토폴로지가 사용되는 경우(8.2.1항에서 설명한 바와 같이 존에 대해 well-known 레이블을 사용) 파드는 대상 레이블이 매겨진 기존 파드가 생성된 존과 일치하는 모든 노드에 배치될 것이다.

이처럼 상호 의존적인 파드를 함께 배치하는 정책을 보다 유연하게 설정하려면 요구사항을 충족할 수 없는 경우에도 파드가 스케줄링될 수 있어야 한다. 따라서 `requiredDuringSchedulingIgnoredDuringExecution`보다는 `preferredDuringSchedulingIgnoredDuringExecution`이라는 필드를 사용할 것을 권장한다.

지금까지 살펴본 바처럼 쿠버네티스는 매우 유연한 플랫폼이기 때문에 스케줄링 규칙이나 지침을 만들고 별도로 다양한 방법으로 선호하는 토폴로지(노드와 존이 기장 일반적으로 사용되는 방법이다)를 지정할 수 있다. 사실 너무 유연해서 선택에 혼란을 가중시킬 수도 있다. 대부분의 배포에서는 처음부터 파드 어피니티를 사용하지 말고 아껴뒀다가 특정 문제가 있을 때 적용하는 것이 좋다(예: 단일 노드에 파드를 함께 배치해 서비스 간 지연시간을 줄일 때 등).

8.2.3 특정 파드 회피하기

8.2.1항에서는 토폴로지 분배를 사용해 **동일한** 워크로드의 파드를 분배시켜 단일 실패 지점을 방지하는 방법에 대해 살펴봤다. 그렇다면 서로 관련돼 있지만(따라서 분산시키려고 하는 경우) 별도로 배포되는 파드(토폴로지 분배가 적용되지 않는)는 어떻게 관리해야 할까? 예를 들어 백엔드 서비스용 디플로이먼트와 캐싱 서비스용 디플로이먼트가 각각 있으며 서로 분산돼 있는 것을 선호한다고 가정해 보자.

이를 위해 파드 안티-어피니티(Anti-Affinity)를 사용할 수 있다. 이는 단순히 이전 절에서 살펴봤던 파드 어피니티 규칙을 반대로 적용해 파드가 선택한 다른 노드나 토폴로지에 스케줄링되도록 하는 방법이다.

예제 코드 8.12 Chapter08/8.2.3_PodAntiAffinity/frontend.yaml

```
apiVersion: apps/v1
kind: Deployment
metadata:
  name: timeserver
spec:
  replicas: 3
  selector:
    matchLabels:
      pod: timeserver-pod
  template:
    metadata:
      labels:
        pod: timeserver-pod
    spec:
      containers:
      - name: timeserver-container
```

```
        image: docker.io/wdenniss/timeserver:5
    affinity:
        podAntiAffinity:   ◄──────────
        requiredDuringSchedulingIgnoredDuringExecution:
        - labelSelector:
            matchExpressions:
            - key: pod
              operator: In
              values:
              - mariadb-pod
          topologyKey: "kubernetes.io/hostname"
```

이전 예제에 사용한 파드 어피니티 규칙을 반대로 적용한다. 이제 해당 파드는 pod: mariadb-pod 레이블을 가진 파드가 위치하는 노드를 명시적으로 회피하게 된다.

이러한 모든 구성을 함께 사용할 수도 있다. 세밀한 제어를 원한다면 어피니티 규칙을 통해 파드를 서로 분리하고 광범위하게 분배하는 토폴로지를 가질 수도 있다. 이 경우 규칙이 실제로 충족되는지 주의해서 살펴보자. 그렇지 않으면 스케줄링되지 않은 파드가 발생하기 때문이다. 이전 절의 일반적인 어피니티와 마찬가지로 requiredDuringSchedulingIgnoredDuringExecution 대신 preferredDuringSchedulingIgnoredDuringExecution를 사용하면 규칙을 보다 유연하게 설정할 수 있다. 이러한 작업을 수행할 때는 원하는 버전으로 전환하기 전에 먼저 테스트를 통해 labelSelector 필드가 올바르게 설정됐는지를 확인해야 한다. 다음 섹션에서는 이러한 규칙을 설정할 때 필요한 디버깅 팁을 소개한다.

8.3 배치 문제 디버깅하기

파드의 배치는 매우 복잡한 동작이므로 문제가 발생하더라도 놀라지 말자. 가장 흔하게 발생하는 문제는 노드에 존재하지 않는 레이블을 요청하거나 노드리스(nodeless) 플랫폼에서 지원하지 않는 기능에 대한 레이블을 요청하는 것이다. 이럴 때는 파드가 스케줄링되지 않는다. 다음 섹션에서 파드 배치와 관련해 발생할 수 있는 몇 가지 일반적인 문제와 해결 방법을 알아보자.

8.3.1 배치 규칙이 동작하지 않는 것처럼 보이는 경우

테스트 과정에서 배치 규칙이 제대로 동작하지 않는 것처럼 보인다면 가장 먼저 현재 배치 규칙이 유연한(required가 아닌 preferred) 배치 규칙인지 확인해볼 것을 권장한다. 유연한 규칙이란 스케줄러가 규칙을 만족할 수 없을 때 기본적으로 규칙을 무시한다는 것을 의미한다. 이는 테스트에 적합하지 않다. 규칙을 유연하게 변경해 정책을 완화하기 전에 모든 규칙이 제대로 잘 동작 하는지부터 확인하자.

이를 테스트하기 위해서는 몇 개의 노드만 있고 유연한 규칙이 존재하지 않는 소규모 클러스터를 사용한다. 배치 기능의 효과를 관찰하기 위해서다. 규칙에 위배되는 파드를 의도적으로 스케줄링하려고 시도하면서 규칙이 잘 적용돼 있는지 확인한다. 이 경우 제약 조건을 충족할 수 없기 때문에 해당 파드의 상태는 Pending 상태가 된다.

8.3.2 파드가 Pending 상태에 빠져있는 경우

Pending 상태의 파드는 스케줄러가 해당 파드를 배치할 적합한 위치를 찾을 수 없음을 의미한다. 3장에서는 리소스가 충분하지 않은 상황에서 클러스터에 파드를 배치할 때 발생하는 에러를 살펴봤다. 배치 규칙을 구성한 후에는 해당 규칙을 충족시키지 못해 파드를 스케줄링하지 못할 수도 있다. 그 이유가 무엇인지(즉, 어떠한 규칙을 충족시키지 못했는지) 확인해보려면 파드에 대한 상세 정보를 확인(kubectl describe 명령 사용)해 봐야 한다. 이 작업은 파드 수준에서 수행한다. 디플로이먼트 수준에서는 원하는 복제본의 수가 충족되지 않았음은 나타나더라도 에러 메시지는 표시되지 않기 때문이다.

```
kubectl get pods
kubectl describe Pod $POD_NAME
```

다음은 사용 가능한 노드에 파드를 허용하지 않는 테인트 설정이 있는 상황에 대한 출력 예제다. 파드에 톨러레이션 설정을 추가하거나 테인트 설정이 없는 노드를 더 추가해 보자. 이때 발생할 수 있는 몇 가지 에러는 다음과 같다.

```
Events:
Type       Reason            Age      From              Message
----       ------            ----     ----              -------
Warning    FailedScheduling  4s       default-scheduler  0/1 nodes
are available: 1 node(s) had taints that the pod didn't tolerate.
```

다음은 파드의 어피니티 또는 안티-어피니티 규칙을 충족할 수 없는 상황에 대한 출력의 일부 결과다. 규칙을 검토하고 수정한 후 다시 시도해 본다.

```
Events:
Type       Reason            Age            From               Message
----       ------            ----           ----               -------
Warning    FailedScheduling  17s (x3 over 90s)  default-scheduler   0/1 nodes
```

```
are available: 1 node(s) didn't match pod affinity/anti-affinity, 1 node(s)
didn't match pod anti-affinity rules.
```

요약

- 파드 명세서 작성 시 특정 하드웨어 속성을 갖는 노드를 선택하거나 회피하게 할 수 있다.

- 특별한 특징을 가진 노드에는 기본 설정의 스케줄링을 방지하기 위한 테인트 설정을 할 수 있다. 이런 노드에 실행되도록 파드를 설계할 때는 톨러레이션 설정을 사용한다.

- 테인트, 톨러레이션, 노드 레이블 및 셀렉터를 결합해 특정 워크로드를 서로 분리할 수 있다.

- 여러 개의 복제본과 잘 구성된 토폴로지 분배 정책을 사용하면 고가용성 배포를 구축할 수 있다.

- 서로 함께 위치할 경우 이점을 얻는 파드의 경우 파드 어피니티를 통해 같은 위치에 배치하면 된다.

- 같은 위치에 배치하고 싶지 않은 파드는 파드 안티 어피니티를 사용해 제어한다.

9장

상태 저장
애플리케이션

9장에서 다루는 내용은 다음과 같다.

- 디스크와 상태를 나타내기 위해 사용되는 쿠버네티스 설정
- 파드에 영구 스토리지(persistent storage) 추가하는 방법
- 스테이트풀셋(StatefulSet)을 사용해 리더 역할을 하는 다중 파드 형태의 상태 저장 애플리케이션 배포하는 방법
- 쿠버네티스 객체를 디스크 리소스에 재연결하는 방법으로 데이터 마이그레이션 및 복구하는 방법
- 파드에 대규모 임시(ephemeral) 스토리지 볼륨 제공하는 방법

마침내 상태 저장(stateful) 애플리케이션(예: 스토리지가 연결된 워크로드)도 쿠버네티스에서 사용할 수 있는 기능이 생겼다[1]. 상태 비저장(stateless) 애플리케이션은 스토리지를 연결하고 관리할 필요가 없는 장점으로 인해 배포의 용이성과 확장성이 좋은 편이다. 이처럼 상태 비저장 애플리케이션을 쿠버네티스 환경에서 운영할 수 있게 되면서 많은 찬사를 받았지만, 그렇다고 해서 **상태 저장** 애플리케이션을 완전히 대체할 수 있는 것은 아니다. 정교한 데이터베이스를 배포하거나 가상 머신(VM) 기반의 오래된 상태 저장 애플리케이션을 마이그레이션하는 경우 쿠버네티스에서 상태 저장 애플리케이션을 사용할 수 있다.

영구 볼륨을 사용하면 모든 쿠버네티스 파드에 상태 저장을 위한 스토리지를 연결할 수 있다. 상태 비저장 애플리케이션 관리를 위해 쿠버네티스가 디플로이먼트를 상위 수준 구성으로 제공하는 것처럼 상태를 갖고 있는 다중 복제본 워크로드(상태 저장 애플리케이션)를 위해 쿠버네티스는 스테이트풀셋(StatefulSet)이라는 상위 수준의 구성을 제공한다.

---

1 (옮긴이) 쿠버네티스에서 상태 저장 애플리케이션은 1.5 버전부터 도입되었다. 초기에는 beta 버전으로 제공되었으며, 1.9 버전부터 안정적인 릴리즈로 전환되었다.

9.1 볼륨, 영구 볼륨, 클레임 및 스토리지 클래스

쿠버네티스 환경에서 상태 저장을 시작하기 위한 스테이트풀셋 설정으로 이동하기 전에 **볼륨(디스크)** 관리에 대한 몇 가지 중요 개념을 알아보자. 쿠버네티스에서 노드가 VM을 대체하는 개념인 것처럼 쿠버네티스에는 디스크에 대한 자체적인 개념이 존재한다.

9.1.1 볼륨

쿠버네티스는 볼륨을 마운트할 수 있는 기능을 파드에 제공한다. **볼륨**이란 무엇인가? 공식문서에는 다음과 같이 설명돼 있다.

> 기본적으로 볼륨은 파드의 컨테이너에 액세스할 수 있는 일부 데이터가 포함된 디렉터리일 뿐이다. 해당 디렉터리가 어떻게 형성되는지, 이를 뒷받침하는 매체 및 그 내용은 사용되는 볼륨 타입에 따라 결정된다.[2]

쿠버네티스는 일부 내장 볼륨 타입과 함께 제공되며 다른 타입은 스토리지 드라이버를 통해 플랫폼 관리자가 추가해 사용한다. 자주 접할 수 있는 볼륨 타입 중 하나는 emptyDir, 노드의 라이프사이클과 연결된 임시 볼륨, 쿠버네티스 매니페스트에 파일을 명시해 애플리케이션의 디스크에 파일 형태로 제공할 수 있는 컨피그맵(ConfigMap), 그리고 영구 스토리지용 클라우드 프로바이더 디스크(Cloud Provider Disk)가 있다.

emptyDir 볼륨

내장 볼륨 타입인 emptyDir은 노드의 부트 디스크(boot disk) 공간에 할당되는 임시 볼륨이다. 파드가 삭제되거나 다른 노드로 이동하거나 또는 노드 자체가 비정상 상태가 되면 emptyDir의 모든 데이터는 손실된다. 그렇다면 왜 사용할까?

파드는 여러 개의 컨테이너로 구성될 수 있으며 이 여러 컨테이너들은 하나의 emptyDir 마운트를 공유할 수 있다. 따라서 컨테이너 간에 데이터를 공유해야 할 경우 emptyDir 볼륨을 정의하고 이를 각 컨테이너에 마운트해 사용하면 된다(예제 코드 9.1). 데이터는 컨테이너가 재시작되는 동안에는 유지되지만 앞서 언급한 이벤트(파드 삭제 및 다른 노드로 이동 등) 발생 시에는 사라진다. emptyDir 볼륨은 디

---

2 https://kubernetes.io/docs/concepts/storage/volumes/

스크 캐시와 같은 임시 데이터 저장에 유용하며 파드가 재시작될 때까지만 데이터를 보존해야 할 경우 유용하다. 그러나 장기 보관이 필요한 데이터의 보관에는 적절치 않다.

예제 코드 9.1 Chapter09/9.1.1_Volume/emptydir_pod.yaml

```
apiVersion: v1
kind: Pod
metadata:
  name: emptydir-pod
  labels:
    pod: timeserver-pod
spec:
  containers:
  - name: timeserver-container
    image: docker.io/wdenniss/timeserver:5
    volumeMounts:
    - name: cache-volume
      mountPath: /app/cache/          마운트 경로
  volumes:
  - name: cache-volume
    emptyDir{}                        볼륨 정의
```

그렇다면 이 볼륨 타입은 왜 `emptyDir`이라고 불리울까? 바로 데이터가 최초에 노드의 비어 있는 디렉터리에 저장되기 때문이다. 필자의 생각으로는 잘못된 명명이지만 어쩌겠는가?

> **팁**
>
> 워크로드를 위한 스크래치 공간을 찾고 있다면 호스트 볼륨에 의존하지 않고 임시 스토리지를 확보할 수 있는 보다 현대적인 방법인 제네릭 임시 볼륨에 대해 다루고 있는 9.4절을 참고하기 바란다.

실제 예제를 확인해 보려면 동일한 파드를 구성하는 두 개의 컨테이너 간에 데이터를 공유하기 위해 `emptyDir`을 사용하고 있는 9.2.2항을 참조하기 바란다. 두 개의 컨테이너 중 하나는 먼저 실행되고 메인 컨테이너에 대한 설정 단계를 수행할 수 있는 초기화 컨테이너(init container)다.

컨피그맵 볼륨

컨피그맵(ConfigMap)은 유용한 쿠버네티스 객체다. 한 곳에서 키-값 쌍을 정의하고 다른 여러 객체에서 이를 참조할 수 있다. 전체 파일을 저장하는 데 사용하는 것도 가능하다. 일반적으로 컨피그맵 볼

름에 저장되는 파일은 마리아DB의 `my.cnf`, 아파치의 `http.conf`, 레디스의 `redis.conf` 같은 설정 파일이다. 컨피그맵을 볼륨으로 마운트하면 정의된 파일을 컨테이너에서 읽을 수 있다. 컨피그맵 볼륨은 읽기 전용이다. 이 테크닉은 이미지 자체를 확장하지 않고도 설정을 제공할 수 있기 때문에 공용 컨테이너 이미지에서 사용할 설정 파일 정의에 특히 유용하다. 예를 들어 레디스를 실행하려면 공식 레디스 이미지를 사용해 레디스가 기대하는 위치에 컨피그맵을 사용해 설정 파일만 마운트하면 된다. 이 설정 파일을 제공하기 위해 이미지 자체를 다시 빌드할 필요가 없다. 컨피그맵 볼륨을 통해 지정된 커스텀 설정 파일로 레디스를 구성하는 예제는 9.2.1 및 9.2.2항을 참고하자.

클라우드 프로바이더 볼륨

일반적으로 임시 또는 읽기 전용 볼륨을 사용하지 않는 **상태 저장** 애플리케이션을 구축할 때 더 적합한 방법은 클라우드 공급업체에서 제공하는 디스크를 볼륨으로 마운트하는 것이다. 쿠버네티스를 실행하는 플랫폼마다 클라우드 제공업체가 NFS 기반이든 블록 기반이든(종종 둘 다 제공) 영구 스토리지를 연결할 수 있도록 쿠버네티스 클러스터에 드라이버를 제공하고 있으므로 확인하기 바란다.

예를 들어, 다음 예제 코드는 Google Kubernetes Engine(GKE)에서 실행되는 마리아DB 파드에 대한 명세다. 이 명세서에는 그림 9.1에서 설명된 바와 같이 영구 스토리지용으로 `/var/lib/mysql` 경로에 GCE 영구 디스크를 마운트하도록 설정돼 있다.

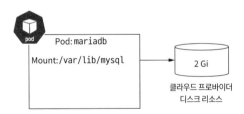

그림 9.1 클라우드 프로바이더 볼륨이 마운트된 파드

예제 코드 9.2 Chapter09/9.1.1_Volume/mariadb_pod.yaml

```
apiVersion: v1
kind: Pod
metadata:
  name: mariadb-demo
  labels:
    app: mariadb
spec:
```

```
nodeSelector:
  topology.kubernetes.io/zone: us-west1-a    ◀──    디스크가 존재하는 존을 타깃으로 하는 노드 셀렉터.
containers:                                          따라서 파드가 동일한 존에 생성됨
- name: mariadb-container
  image: mariadb:latest
  volumeMounts:
  - mountPath: /var/lib/mysql         디스크가 마운트될 디렉터리
    name: mariadb-volume
  env:
  - name: MARIADB_ROOT_PASSWORD
    value: "<데이터베이스 패스워드 입력>"
volumes:
- name: mariadb-volume
  gcePersistentDisk:
    pdName: mariadb-disk    ◀──    구글 클라우드의 영구 디스크 리소스 이름
    fsType: ext4
```

다음에 다루게 될 보다 자동화되고 클라우드 제공업체에 구애받지 않는 접근 방식과 달리 위 예제가 소
개하는 방법은 클라우드 제공업체에 강하게 결합돼 있으며 디스크를 수동으로 생성해야 한다. 지정된
이름을 가진 디스크가 존재하는지 확인하고 이 디스크를 생성도 해야 한다(예: 클라우드 제공업체의
도구 사용). 또한 디스크와 파드는 동일한 존에 위치해야 한다. 위 예제에서는 nodeSelector를 사용해
디스크가 위치한 존을 타깃으로 지정한다. 이는 여러 존에 걸쳐 존재하는 쿠버네티스 클러스터에서 매
우 중요한 설정이다. nodeSelector 같은 설정을 하지 않으면 파드가 디스크와 서로 다른 존에 스케줄
링될 수 있다.

위 예제에서 사용되는 디스크를 생성하려면 다음과 같은 명령을 수행하면 된다.

```
gcloud compute disks create --size=10GB --zone=us-west1-a mariadb-disk
```

> **메모**
>
> 위 예제와 함께 제공되는 특정 클라우드(GCP)에 특화된 지침은 여러분의 완전한 이해 및 볼륨이 어떻게 생
> 성되는지 설명하기 위해 제공됐을 뿐 볼륨을 사용하기 위해 권장되는 방법은 아니다. 퍼시스턴트 볼륨
> (PeristentVolume) 및 스테이트풀셋을 사용해 디스크를 생성하는 플랫폼에 구애받지 않는 보다 나은 방법을 확
> 인하기 바란다.

위 커맨드는 디스크를 수동으로 생성하므로 해당 리소스가 생성되는 위치를 주의깊게 살펴보자. 이전 명령에서 디스크를 생성할 때 설정했던 존과 nodeSelector 구성을 통해 설정된 존이 일치해야 한다. 파드가 컨테이너 생성 단계에서 멈춰 있는 경우 이벤트 로그를 통해 그 원인을 살펴보자. 다음은 올바르지 않는 프로젝트 내에 디스크를 생성한 경우에 대한 예제이다.

```
$ kubectl get events -w

0s Warning FailedAttachVolume pod/mariadb-demo
AttachVolume.Attach failed for volume "mariadb-volume" : GCE persistent disk not found: disk-
Name="mariadb-disk" zone="us-west1-a"
```

볼륨을 직접 마운트할 때의 단점은 디스크를 쿠버네티스 외부에 생성해야 한다는 것이며 다음과 같은 문제가 발생할 여지가 있다.

- 파드를 생성하는 사용자는 디스크를 생성할 수 있는 권한이 있어야 하지만 항상 그렇지는 않다.

- 쿠버네티스 설정 외에도 기억해야 하고 수동으로 실행해야 하는 단계가 존재한다.

- 볼륨 생성에 사용되는 볼륨 디스크립터(descriptor)가 플랫폼마다 다르다. 이러한 쿠버네티스 YAML 파일은 이식성이 좋지 않아서 다른 클라우드 플랫폼에서는 동작하지 않는다.

다행스럽게도 쿠버네티스는 이처럼 이식성이 좋지 않은 경우를 위한 해결책을 가지고 있다. 쿠버네티스가 제공하는 영구 볼륨 추상화를 사용하면 단순히 필요한 디스크 리소스를 요청하고 별도의 수동 단계를 수행할 필요 없이 볼륨을 프로비저닝할 수 있다. 계속해서 영구 볼륨에 대해 살펴보자.

9.1.2 영구 볼륨 및 클레임

쿠버네티스는 플랫폼의 종류에 관계없이 볼륨을 관리할 수 있도록 상위 수준의 기본 요소를 제공한다. 이것이 바로 **영구 볼륨**(PersistentVolume, PV) 및 **영구 볼륨 클레임**(PersistentVolumeClaim, PVC)이다. 영구 볼륨을 사용하면 파드를 볼륨에 직접 연결되지 않고 영구 볼륨 클레임 객체를 참조한다. 이 객체(PVC)는 플랫폼에 독립적인 용어로 파드가 필요로 하는 디스크 리소스를 정의한다(예: '1 기가바이트 스토리지'). 디스크 리소스 자체는 쿠버네티스에서 영구 볼륨 객체를 사용해 표현되며 쿠버네티스의 노드가 VM 리소스를 표현하는 방식과 매우 유사하다. 영구 볼륨 클레임이 생성되면 쿠버네티스는 영구 볼륨을 생성하거나 매칭하고 두 객체를 함께 바인딩해 클레임에서 요청된 리소스를 제공하려고 한다(그림 9.2). PV와 PVC가 바인딩되면 서로를 참조하며 기본적으로 디스크가 삭제될 때까지 연결된 상태를 유지한다.

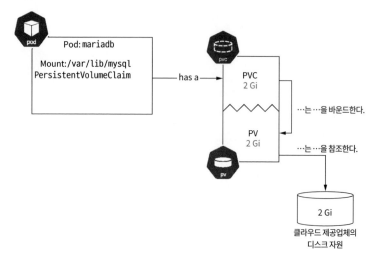

그림 9.2 파드는 PVC를 참조하며, PVC는 디스크를 참조하는 PV에 바운딩된다.

리소스를 요청하는 클레임과 리소스의 가용성을 나타내는 객체를 가진 이러한 동작은 파드가 CPU 및 메모리와 같은 컴퓨팅 리소스를 요청하고 클러스터가 파드를 스케줄링할 리소스를 갖고 있는 노드를 찾는 방식과 유사하다. 또한 스토리지 요청 방식이 플랫폼에 독립적인 방식으로 정의됨을 의미한다. 영구 볼륨 클레임을 사용하면 클라우드 공급업체의 디스크를 직접 사용하는 것과 달리 플랫폼이 영구 스토리지를 지원하는 한 어디에나 파드를 배포할 수 있다.

이전 섹션에서 작업했던 파드를 다시 작성해 영구 볼륨 클레임을 사용해 파드에 대한 영구 볼륨을 요청해보겠다. 이 파드는 마리아DB가 데이터를 저장하는 곳인 **/var/lib/mysql** 경로에 외부 디스크를 마운트해 연결한다.

예제 코드 9.3 Chapter09/9.1.2_PersistentVolume/pvc-mariadb.yaml

```
apiVersion: v1
kind: Pod
metadata:
  name: mariadb-demo
  labels:
    app: mariadb
spec:
```

```
    containers:
    - name: mariadb-container
      image: mariadb:latest
      volumeMounts:
      - mountPath: /var/lib/mysql          PVC 볼륨이 마운트될 마리아DB의 데이터 디렉터리
        name: mariadb-volume
      resources:
        requests:
          cpu: 1                           파드가 요청하는 컴퓨팅 리소스
          memory: 4Gi
      env:
      - name: MARIADB_ROOT_PASSWORD
        value: "<데이터베이스 패스워드 입력>"
    volumes:
    - name: mariadb-volume
      persistentVolumeClaim:
        claimName: mariadb-pv-claim
---
apiVersion: v1
kind: PersistentVolumeClaim              디스크 리소스 대신 영구 볼륨 클레임 객체에 대한 참조를 수행
metadata:
  name: mariadb-pv-claim        ←    영구 볼륨 클레임 객체
spec:
  accessModes:
  - ReadWriteOnce
  resources:
    requests:                            파드가 요청하는 스토리지 리소스
      storage: 2Gi
```

영구 볼륨 클레임 정의를 살펴보면 2GiB의 스토리지를 요청하고 원하는 접근 모드(accessMode)를
명시한다. ReadWriteOnce 접근 모드는 기존의 하드 드라이브처럼 동작하는 볼륨을 위한 것으로 읽
기/쓰기 수행을 위해 스토리지가 단일 파드에 마운트되는 가장 일반적인 방식이다. 접근 모드에 대
한 다른 선택사항은 ReadOnlyMany다. 이 모드는 여러 개의 파드에 공유되는 기존 데이터 볼륨을 마
운트할 때 사용된다. ReadWirteMany 모드 역시 종종 쓰인다. 이 모드는 여러 파드가 동시에 읽고 쓸
수 있는 파일 저장소(NFS 등)를 마운트할 때 사용된다(몇몇 저장소 드라이버에서만 지원되는 매우 특
별한 모드이다). 9장에서는 기존 블록 기반 볼륨으로 지원되는 상태 저장 애플리케이션을 가정하고
ReadWriteOnce 모드를 사용하겠다.

클라우드 제공업체가 동적 프로비저닝(dynamic provisioning)을 지원하는 경우 영구 볼륨 클레임에서 요청한 스토리지를 충족시키기 위해 디스크 리소스를 기반으로 한 영구 볼륨이 생성되며 그 후에 영구 볼륨 클레임과 영구 볼륨이 서로 바인딩된다. 영구 볼륨의 동적 프로비저닝 동작은 스토리지 클래스(StorageClass)를 통해 정의되며, 이는 다음 절에서 다룰 것이다. GKE 및 대부분의 클라우드 공급업체는 동적 프로비저닝을 지원하고 기본 스토리지 클래스를 가지므로 앞서 살펴봤던 예제 코드 9.3의 파드 정의는 거의 모든 클라우드 플랫폼에서 배포할 수 있다.

드물기는 하나 클라우드 공급업체가 동적 프로비저닝을 제공하지 **않는** 경우가 있다. 이때 사용자(또는 클러스터 운영자/관리자)는 영구 볼륨 클레임 요청을 충족할 만큼 충분한 양의 리소스를 사용해 영구 볼륨을 직접 수동으로 생성해야 한다(그림 9.3). 쿠버네티스는 이 경우에도 수동으로 생성된 영구 볼륨에 영구 볼륨 클레임을 연결하는 매치 메이킹을 수행한다.

이전 예제에서 정의한 영구 볼륨 클레임은 리소스에 대한 요청으로 간주할 수 있다. 리소스에 대한 클레임은 추후에 영구 볼륨 리소스와 매치되고 바인딩되며 두 리소스가 서로 연결될 때 발생한다. 기본적으로 영구 볼륨 클레임은 요청으로 시작되며 바인딩될 때 클레임되는 라이프 사이클을 가진다.

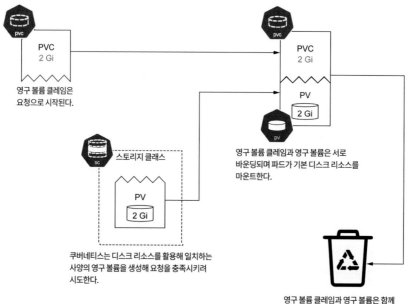

그림 9.3 영구 볼륨 클레임 및 영구 볼륨의 라이프 사이클(동적으로 프로비저닝되는 시스템의 경우)

이제 소중한 데이터가 이 디스크에 저장되기 때문에 바인딩이 어떻게 동작하는지 자세히 살펴보겠다. 예제 코드 9.3처럼 리소스를 생성한 다음 바인딩한 **뒤** 영구 볼륨 클레임의 YAML을 쿼리해보면 volumeName으로 업데이트된 것을 볼 수 있다. 이 volumeName은 현재의 클레임과 연결된 영구 볼륨의 이름이다. 다음은 앞서 설명한 내용을 수행해 본 결과다(가독성을 위해 불필요한 정보는 일부 생략했다).

```
$ kubectl create -f Chapter09/9.1.2_PersistentVolume/pvc-mariadb.yaml
pod/mariadb-demo created
persistentvolumeclaim/mariadb-pv-claim created


$ kubectl get -o yaml pvc/mariadb-pv-claim

apiVersion: v1
kind: PersistentVolumeClaim
metadata:
  name: mariadb-pv-claim
spec:
  accessModes:
  - ReadWriteOnce
  resources:
    requests:
      storage: 2Gi
storageClassName: standard-rwo
volumeMode: Filesystem
volumeName: pvc-ecb0c9ed-9aee-44b2-a1e5-ff70d9d3823a
status:
  accessModes:
  - ReadWriteOnce
  capacity:
    storage: 2Gi
  phase: Bound
```

`kubectl get -o yaml pv $NAME` 명령을 통해 위 구성에서 명명된 영구 볼륨을 쿼리해보면 PVC와 바로 연결됐음이 확인된다. 필자의 환경에서 수행한 결과는 다음과 같다.

```
$ kubectl get -o yaml pv pvc-ecb0c9ed-9aee-44b2-a1e5-ff70d9d3823a
apiVersion: v1
```

```
kind: PersistentVolume
metadata:
  name: pvc-ecb0c9ed-9aee-44b2-a1e5-ff70d9d3823a
spec:
  accessModes:
  - ReadWriteOnce
  capacity:
    storage: 2Gi
  claimRef:
    apiVersion: v1
    kind: PersistentVolumeClaim
    name: mariadb-pv-claim
    namespace: default
csi:
  driver: pd.csi.storage.gke.io
  fsType: ext4
  volumeAttributes:
    storage.kubernetes.io/csiProvisionerIdentity: 1615534731524-8081-pd.
  csi.storage.gke.io
    volumeHandle: projects/gke-autopilot-test/zones/us-west1-b/disks/pvc-ecb
  0c9ed-9aee-44b2-a1e5-ff70d9d3823a
    persistentVolumeReclaimPolicy: Delete
    storageClassName: standard-rwo
    volumeMode: Filesystem
status:
  phase: Bound
```

영구 볼륨이 바운딩된 영구 볼륨 클레임 ← (name: mariadb-pv-claim / namespace: default)

기본 디스크 리소스에 대한 포인터 ← (0c9ed-9aee-44b2-a1e5-ff70d9d3823a)

볼륨이 바인딩된 상태를 의미함 ← (phase: Bound)

이 결과를 나란히 비교한 그림 9.4를 살펴보자.

영구 볼륨 클레임은 여기서 실제로 변형됐다. 리소스에 대한 요청에서 데이터를 포함하는 특정 디스크 리소스에 대한 클레임으로 변경됐다. 필자 생각에 이는 다른 쿠버네티스 객체와는 다른 점이다. 쿠버네티스가 필드를 추가하고 객체에 대한 작업을 수행하는 것은 일반적이지만 이러한 변경은 거의 존재하지 않는다. 영구 볼륨 및 클레임의 경우 저장소에 대한 일반적인 요청과 표현으로 시작해서 바인딩된 상태 저장 객체로 결과가 만들어진다.

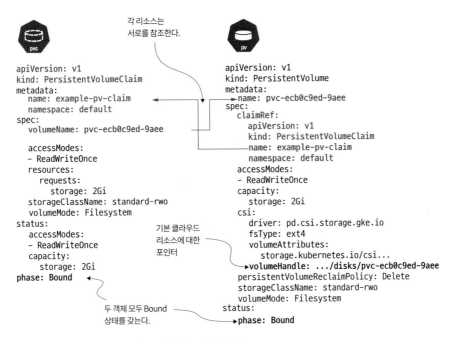

그림 9.4 영구 볼륨 클레임 및 영구 볼륨이 프로비저닝된 후 서로 바인딩됐다.

영구 볼륨 요청의 일반적인 라이프사이클에는 하나의 예외 사항이 존재한다. 바로 파드에 마운트하려는 기존 데이터가 존재하는 경우다. 이 경우 영구 볼륨 클레임과 영구 볼륨 객체를 생성해 서로를 가리키도록 하므로 바인딩은 생성 즉시 이루어진다. 이 시나리오는 디스크 마이그레이션 및 복구에 대한 내용을 다루고 있는 9.3절에서 논의할 예정이다. 완벽하게 동작하는 데이터 복구 시나리오에 대해서도 소개할 것이다.

로컬에서 마리아DB 테스트하기

마리아DB에 연결하고 모든 것이 올바르게 설정됐는지 확인하고 싶은가? 매우 간단하다. 마리아DB 컨테이너의 포트를 여러분의 머신으로 포워딩하면 된다.

```
kubectl port-forward pod/mariadb-demo 3306:3306
```

그런 다음 로컬에 설치돼 있는 MySQL 클라이언트를 통해 연결하면 된다. MySQL 클라이언트가 없는가? 그렇다면 도커를 통해 해결할 수 있다.

```
docker run --net=host -it --rm mariadb mariadb -h localhost -P 3306 \
-u root -p
```

데이터베이스의 비밀번호는 파드의 환경 변수에서 찾을 수 있다(예제 코드 9.3). 이 데이터베이스에 연결되면 SQL 쿼리를 실행해 테스트할 수 있다. 이에 대한 예시 출력 결과는 다음과 같다.

```
MariaDB [(none)]> SELECT user, host FROM mysql.user;
+-------------+-----------+
| User        | Host      |
+-------------+-----------+
| root        | %         |
| healthcheck | 127.0.0.1 |
| healthcheck | ::1       |
| healthcheck | localhost |
| mariadb.sys | localhost |
| root        | localhost |
+-------------+-----------+
6 rows in set (0.005 sec)
MariaDB [(none)]> CREATE DATABASE foo;
Query OK, 1 row affected (0.006 sec)
MariaDB
```

9.1.3 스토리지 클래스

지금까지 볼륨 생성 작업은 플랫폼 제공업체에서 제공하는 기본 동적 프로비저닝 동작에 의존했다. 그러나 바인딩 프로세스 중에 어떠한 유형의 디스크를 생성할지에 대해 변경하고 싶다면 어떻게 해야 할까? 또는 영구 볼륨 클레임이 삭제되면 데이터는 어떻게 될까? 스토리지 클래스(Storage Classes)를 사용하면 해결된다.

스토리지 클래스는 영구 볼륨 클레임에서 요청할 수 있는 다양한 유형의 **동적** 스토리지와 이 방식으로 요청되는 볼륨을 구성하는 방법을 설명하는 방법이다. 쿠버네티스 클러스터에는 이미 몇 가지 유형이 정의돼 있을 것이다. kubectl get storageclass 명령의 수행 결과를 살펴보겠다(출력 결과의 일부 열은 가독성을 위해 제거했다).

```
$ kubectl get storageclass
NAME                   PROVISIONER            RECLAIMPOLICY
premium-rwo            pd.csi.storage.gke.io  Delete
standard               kubernetes.io/gce-pd   Delete
standard-rwo (default) pd.csi.storage.gke.io  Delete
```

이전 섹션에서 영구 볼륨 클레임을 통해 파드를 생성할 때는 기본 스토리지 클래스(위 예제의 경우 standard-rwo)가 사용됐다. 영구 볼륨 클레임 객체를 살펴보면 storageClassName 아래의 설정 부분에서 이 스토리지 클래스를 볼 수 있다. 이는 상당히 좋은 시작점이다. 사용자가 직접 많은 것을 변경하는 경우는 잘 없지만 알아둬야 할 한 가지 기능이 있다. 앞선 `kubectl get storageclass` 명령의 수행 결과에는 `RECLAIMPOLICY` 열에 `Delete`라는 상태가 확인된다. 이는 PVC가 삭제되면 바인딩된 PV와 이에 대한 기반 디스크 리소스도 삭제됨을 의미한다. 상태 저장 워크로드가 대부분 중요하지 않은 데이터를 저장하는 캐싱 서비스라면 상관없다. 그러나 워크로드가 고유하고 중요한 데이터를 저장하는 경우 이러한 기본 설정은 적절치 않다.

쿠버네티스는 또한 **Retain** 반환 정책을 제공한다. 이는 PVC를 삭제해도 기반이 되는 디스크 리소스가 삭제되지 않음을 의미한다. 이를 통해 디스크를 유지하고 새로운 PV 및 PVC에 바인딩할 수 있으며 완전히 별도의 클러스터에서 만든 파드에도 바인딩할 수 있다(워크로드를 마이그레이션 할 때 사용할 수 있음). 일반적으로 해당 정책이 기본값으로 설정되지 않은 이유다. 유지하지 않으려는 디스크를 수동으로 삭제해야 하므로 **Retain** 정책의 단점이 된다. 이는 테스트 및 개발 환경이나 일시적으로 데이터가 존재하는(캐시 형태의) 워크로드에 적합하지 않다.

자체적인 스토리지 클래스를 빌드하려면 현재 기본값과 함께 템플릿으로 사용할 기존 스토리지 클래스에서 시작하는 것이 간편하다. 다음의 방법을 사용하면 앞서 다룬 기본 스토리지 클래스를 내보내기 할 수 있다. 스토리지 클래스의 이름이 필자의 환경과 다르다면 **standard-rwo**를 본인 환경의 스토리지 클래스 이름으로 변경해 적용한다.

```
kubectl get -o yaml storageclass standard-rwo > storageclass.yaml
```

이제 가장 중요한 **Retain** 반환 정책을 커스터마이징하고 설정할 수 있다. 새로운 정책을 만드려면 새 이름을 지정하고 uid 및 기타 불필요한 메타데이터 필드를 제거하고 시작하자. 몇 가지 단계를 수행하면 다음 예제 코드와 같은 결과를 얻을 수 있다.

예제 코드 9.4 Chapter09/9.1.3_StorageClass/storageclass.yaml

```
apiVersion: storage.k8s.io/v1
kind: StorageClass
metadata:
  annotations:
    storageclass.kubernetes.io/is-default-class: "true"    ◀─── 기본값으로 설정할 선택적 애노테이션
  name: example-default-rwo
parameters:
  type: pd-balanced    ◀─── 스토리지 타입을 설정하기 위한 플랫폼에 특화된 값
```

```
provisioner: pd.csi.storage.gke.io
reclaimPolicy: Retain        ◀── PV가 삭제되더라도 디스크를 보존하도록 설정
volumeBindingMode: WaitForFirstConsumer
allowVolumeExpansion: true
```

storageClassName 필드를 통해 영구 볼륨 클레임 객체나 템플릿에서 새로운 스토리지 클래스를 직접 참조하는 것도 가능하다. 이는 예를 들어 선택한 몇 가지 워크로드에만 Retain 반환 정책을 사용하는 경우 매우 좋은 옵션이다.

선택적으로 예제 코드 9.4에 표시된 is-default-class 애노테이션을 추가해 새로운 기본 스토리지 클래스를 설정할 수도 있다. 기본값을 변경하려면 현재 설정된 기본값이 아닌 값으로 변경해야 한다. kubectl edit storageclass standard-rwo 명령을 통해 편집하거나 다음과 같은 한 줄 명령을 통해 패치한다. 다시 한 번 강조하지만 standard-rwo를 실습 환경의 기본 스토리지 클래스로 변경해 사용해야 한다.

```
kubectl patch storageclass standard-rwo -p '{"metadata": {"annotations":
  ➥ {"storageclass.kubernetes.io/is-default-class":"false"}}}'
```

준비가 되면 kubectl create -f storageclass.yaml 명령을 통해 새로운 스토리지 클래스를 생성해 보자. 스토리지 클래스와 관련해 기본값을 변경한 경우 생성된 모든 새로운 영구 볼륨은 새로운 스토리지 클래스를 사용한다.

보통 실제 환경에서는 다양한 유형의 데이터를 위해 서로 다른 성능 및 보존 특성을 갖는 여러 유형의 스토리지 클래스를 정의해 사용한다. 예를 들어 빠른 속도의 스토리지가 필요하고 지속적으로 유지해야 하는 중요한 운영 환경의 데이터베이스 데이터, 고성능의 이점이 있지만 삭제될 수 있는 캐시 데이터, 평균 성능 디스크를 사용하며 유지될 필요가 없는 배치 처리를 위한 임시 스토리지가 있을 수 있다. 선호도에 따라 적합한 스토리지 클래스를 기본값으로 설정하고 영구 볼륨 클레임에서 storageClassName을 지정해 다른 값을 수동으로 참조하게 한다.

9.1.4 단일 파드 상태 저장 워크로드 배포

영구 볼륨 클레임을 활용해 파드를 디플로이먼트에 포함시키기만 하면 단일 복제본을 갖는 상태 저장 워크로드를 프로비저닝할 수 있다. 단일 복제본 파드에 대해 디플로이먼트를 사용할 때의 이점은 파드가 종료되더라도 다시 생성된다는 것이다.

```yaml
apiVersion: apps/v1
kind: Deployment
metadata:
  name: mariadb-demo
spec:
  replicas: 1
  selector:
    matchLabels:
      app: mariadb
  strategy:              롤아웃 과정에서 여러 복제본이 동일한 볼륨을
    type: Recreate       마운트하려는 것을 방지하는 데 사용되는 재생성 전략
  template:         ←── 파드 템플릿 사양은 9.1.2항에 표시된 것과 같다.
    metadata:
      labels:
        app: mariadb
    spec:
      containers:
      - name: mariadb-container
        image: mariadb:latest
        volumeMounts:
        - mountPath: /var/lib/mysql
          name: mariadb-volume
        resources:
          requests:
            cpu: 1
            memory: 4Gi
        env:
        - name: MARIADB_ROOT_PASSWORD
          value: "<데이터베이스 패스워드 입력>"
      volumes:
      - name: mariadb-volume
        persistentVolumeClaim:
          claimName: mariadb-pvc
---
apiVersion: v1
kind: PersistentVolumeClaim
metadata:
  name: mariadb-pvc
```

```
spec:
  accessModes:
  - ReadWriteOnce
  resources:
    requests:
      storage: 2Gi
```

위 예제는 전체 쿠버네티스 클러스터가 삭제되더라도 삭제되지 않는 디스크에 연결된 마리아DB 데이터베이스에 대한 단일 파드 배포 파일이다. 이는 이전 절에서 만든 기본 스토리지 클래스의 Retain 정책 덕분에 유지된다.

이 데이터베이스를 사용해보고 싶다면 해당 데이터베이스를 위한 서비스를 생성해 보자(Chapter09/9.1.4_Deployment_MariaDB/service.yaml). 서비스가 생성되면 로컬 클라이언트에서 데이터베이스에 연결할 수 있다(9.1.2항의 "로컬에서 마리아DB 테스트하기" 참조). 또는 컨테이너화된 phpMyAdmin을 사용할 수도 있다(이 책과 함께 제공되는 코드 리포지토리의 Bonus/phpMyAdmin 디렉터리를 참조한다.).

쿠버네티스 환경에서 데이터베이스 실행하기

쿠버네티스 환경에 자체적으로 마리아DB 데이터베이스를 설치하고 관리하기 전에 클라우드 제공업체에서 제공하는 관리형 솔루션을 먼저 찾아보는 것이 좋다. 당장은 이전 예제와 같이 몇 줄의 명령만으로도 쉽게 데이터베이스를 생성할 수 있기 때문에 쿠버네티스로 직접 배포하는 것이 매력적으로 느껴질 것이다. 그러나 직접 배포한 데이터베이스는 추후에 보안, 업데이트 및 관리를 위한 운영 비용이 발생할 수 있다. 일반적으로 쿠버네티스의 상태 저장 워크로드 기능은 커스터마이징이나 특별한 형태의 서비스, 또는 클라우드 제공업체에서 관리형으로 제공하지 않는 서비스에 사용할 것을 권장한다.

이번 절에서 살펴본 바와 같이 영구 볼륨 클레임을 사용하면 볼륨을 연결해 워크로드를 상태 저장형으로 만들 수 있다. 그러나 이를 위해 파드 및 디플로이먼트 객체를 사용한다면 단일 복제본을 갖는 상태 저장 워크로드까지로 영역이 제한된다. 일부 사용자에게는 충분하나 엘라스틱서치나 레디스와 같이 여러 개의 복제본을 갖는 정교한 상태 저장 워크로드를 운영하는 경우는 어떨까? 여러 개의 디플로이먼트를 하나로 묶을 수도 있지만 쉽지 않은 일일 것이다. 다행스럽게도 쿠버네티스에는 스테이트풀셋(StatefulSet)이라는 이러한 유형의 워크로드를 표현하도록 설계된 상위 수준의 구성이 존재한다.

9.2 스테이트풀셋

지금까지 쿠버네티스 환경에서 파드에 영구 스토리지를 추가하는 방법을 살펴봤다. 파드는 쿠버네티스의 기본 구성 요소이며 디플로이먼트(3장) 및 잡(10장)과 같은 다양한 워크로드의 구성 요소로 사용되는 매우 유용한 기능이다. 이제 모든 인스턴스의 볼륨 사양이 동일하다면 원하는 인스턴스에 영구 스토리지를 추가하고 필요한 곳 어디에나 상태 저장형 파드를 구축할 수 있게 됐다.

디플로이먼트와 같은 워크로드 구성의 한계점 하나는 모든 파드가 동일한 사양을 공유한다는 점이다. 이는 ReadWriteOnce 접근 방법을 사용하는 기존 볼륨에게 문제를 일으킨다. 볼륨의 이 접근 모드는 단일 인스턴스에서만 마운트를 허용하기 때문이다. 디플로이먼트에 복제본이 하나뿐인 경우에는 문제가 없지만, 두 번째 복제본을 생성할 경우 볼륨이 이미 마운트됐으므로 해당 파드가 생성되지 않는다. 다행스럽게도 쿠버네티스에는 여러 개의 파드가 각각 자체 디스크를 가져야 할 때(매우 일반적인 패턴)보다 쉽게 사용할 수 있도록 만드는 고수준의 워크로드 구조가 존재한다. 디플로이먼트가 지속적으로 실행되는 서비스(일반적으로 상태 비저장)를 관리하기 위한 고수준 구조이듯이 스테이트풀셋은 상태를 저장하는 서비스를 관리하기 위해 제공되는 고수준의 구조다.

스테이트풀셋에는 이러한 서비스를 구축하는 데 유용한 몇 가지 속성이 존재한다. PodSpec에서 단일 볼륨을 참조하는 대신 볼륨 템플릿을 정의해두면 쿠버네티스는 각 파드에 대해 새로운 영구 볼륨 클레임(PVC)를 생성한다(따라서 볼륨과 함께 디플로이먼트를 배포할 때 각 인스턴스가 정확히 동일한 PVC를 사용하는 문제를 해결한다). 스테이트풀셋은 각 파드에 안정적인 식별자를 할당한다. 이 식별자는 특정 PVC에 연결돼 생성, 확장, 및 업데이트 과정의 순서를 보장한다. 스테이트풀셋을 사용하면 여러 개의 파드를 생성하고 이 식별자를 사용 및 조정해 각각에 다른 역할을 할당할 수 있다.

9.2.1 스테이트풀셋 배포하기

이를 두 가지 인기 있는 상태 저장 워크로드(마리아DB 와 레디스)에 적용해 스테이트풀셋으로 배포하는 방법을 살펴보자. 처음에는 여러 역할에 대해 걱정할 필요 없이 가장 간단하게 설명할 수 있는 단일 파드 스테이트풀셋을 사용한다. 다음 절에서는 스테이트풀셋의 장점을 최대한 활용하기 위해 다른 역할을 갖는 여분의 복제본을 추가해 볼 예정이다.

마리아DB

먼저, 이전 섹션에서 생성한 단일 파드 마리아DB 디플로이먼트를 스테이트풀셋을 사용하는 배포로 변환하고 PVC 템플릿을 활용해 별도의 PVC 객체를 직접 생성할 필요가 없게 변경한다.

예제 코드 9.6 Chapter09/9.2.1_StatefulSet_MariaDB/mariadb-statefulset.yaml

```yaml
apiVersion: apps/v1
kind: StatefulSet
metadata:
  name: mariadb
spec:
  selector:
    matchLabels:                     스테이트풀셋은 3장에서 설명한 디플로이먼트와 동일한
                                     matchLabels 패턴을 사용한다.
      app: mariadb-sts
  serviceName: mariadb-service   ◄── 이는 파일 하단에 정의된 헤드리스 서비스에 대한 참조이다.
  replicas: 1
  template:
    metadata:
      labels:
        app: mariadb-sts
    spec:                                       스테이트풀셋을 사용하려면 우아한 종료(graceful termination)
      terminationGracePeriodSeconds: 10  ◄───── 기간을 설정해야 한다. 우아한 종료 기간이란 파드가 삭제될 때
                                                실제로 종료되기까지 허용되는 시간(초 단위)을 의미한다.
      containers:
      - name: mariadb-container
        image: mariadb:latest
        volumeMounts:
        - name: mariadb-pvc   ◄── volumeClaimTemplate 섹션에 정의된 마리아DB 데이터의 볼륨 마운트 지점
          mountPath: /var/lib/mysql
        resources:
          requests:
            cpu: 1
            memory: 4Gi
        env:
        - name: MARIADB_ROOT_PASSWORD
          value: "<데이터베이스 패스워드 입력>"
  volumeClaimTemplates:
    - metadata:                               스테이트풀셋을 사용하면 파드 복제본의 템플릿을 정의했던 것처럼
        name: mariadb-pvc                     영구 볼륨 클레임의 템플릿을 정의할 수 있다. 이 템플릿은 영구 볼륨
      spec:                                   클레임을 생성할 때 사용되며, 각 파드 복제본에 하나씩 연결된다.
```

```
    accessModes:
    - ReadWriteOnce
    resources:
      requests:
        storage: 2Gi
---
apiVersion: v1
kind: Service
metadata:
  name: mariadb-service
spec:
  ports:
  - port: 3306
  clusterIP: None
  selector:
    app: mariadb-sts
```

스테이트풀셋을 사용하면 파드 복제본의 템플릿을 정의했던 것처럼 영구 볼륨 클레임의 템플릿을 정의할 수 있다. 이 템플릿은 영구 볼륨 클레임을 생성할 때 사용되며, 각 파드 복제본에 하나씩 연결된다.

이 스테이트풀셋에 대한 헤드리스 서비스

이 스테이트풀셋 명세서는 이전 섹션에서 작성한 동일한 마리아DB 파드의 배포 명세서와 어떻게 다를까? 객체 메타데이터 외에도 두 가지 주요 변경 사항이 존재한다. 첫 번째 차이점은 영구 볼륨 클레임이 구성되는 방식이다. 이전 섹션에서는 영구 볼륨 클레임이 독립 실행형 객체로 정의됐다. 그러나 스테이트풀셋을 사용하면 디플로이먼트의 파드 템플릿과 같이 volumeClaimTemplates라는 정의 내부에 PVC에 대한 정보가 포함된다. 스테이트풀셋은 이 템플릿을 기반으로 각 파드에서 영구 볼륨 클레임을 생성한다. 단일 파드를 갖는 스테이트풀셋의 경우 별도의 영구 볼륨 클레임 객체를 정의할 필요가 없으며 나중에 여러 개의 복제본을 갖는 스테이트풀셋을 생성할 때 매우 중요하다. 그림 9.5는 영구 볼륨 클레임(디플로이먼트에서 사용됨)과 볼륨 클레임 템플릿(스테이트풀셋에서 사용됨)을 나란히 나타낸 것이다.

```
apiVersion: v1                      ...
kind: PersistentVolumeClaim         volumeClaimTemplates:
metadata:                           - metadata:
  name: mariadb-pvc                     name: mariadb-pvc
spec:                                 spec:
  accessModes:                          accessModes:
  - ReadWriteOnce                       - ReadWriteOnce
  resources:                            resources:
    requests:                             requests:
      storage: 2Gi                          storage: 2Gi
```

그림 9.5 PersistentVolumeClaim vs volumeClaimTemplates

스테이트풀셋을 생성한 후 PVC에 대한 쿼리를 수행해보면 해당 템플릿을 기반으로 생성됐음을 알 수 있다(가독성을 위해 일부 열을 제거함).

```
$ kubectl get pvc
NAME                     STATUS   VOLUME       CAPACITY   ACCESS MODES
mariadb-pvc-mariadb-0    Bound    pvc-71b1e    2Gi        RWO
```

주요 차이점은 템플릿 기반으로 생성한 PVC에 파드 이름(첫 번째 파드의 경우 mariadb-0)이 추가된다는 것이다. 따라서 mariadb-pvc(볼륨 클레임 템플릿의 이름)가 아닌 mariadb-pvc-mariadb-0(볼륨 클레임 템플릿 이름과 파드 이름이 합쳐져 생성됨)이 된다.

디플로이먼트와 비교했을 때 또 다른 차이점은 서비스가 스테이트풀셋에서 serviceName: mariadb-service로 참조되고 다음과 같이 정의된다는 것이다.

```
apiVersion: v1
kind: Service
metadata:
  name: mariadb-service
spec:
ports:
- port: 3306
clusterIP: None
selector:
    app: mariadb-sts
```

이 서비스는 지금까지 이 책에서 설명하는 서비스와는 약간 다르다. 이 서비스는 헤드리스(headless)라고 알려진 서비스이다(명세서에는 clusterIP: None으로 표시됨). 다른 서비스 유형과는 달리 파드에 트래픽을 분산하기 위해 생성된 가상 클러스터 IP가 존재하지 않는다. 이 서비스의 DNS 레코드를 쿼리하면(예: 파드 안에서 host mariadb-service 명령을 실행하는 경우) 여전히 A 레코드를 반환하는 것을 알 수 있다. 이 레코드는 가상 클러스터 IP가 아니라 파드 자체의 실제 IP 주소다. 여러 개의 파드를 가지는 헤드리스 서비스(예: 레디스 스테이트풀셋, 다음 섹션 참조)의 경우 서비스를 쿼리하면 여러 개의 A 레코드(각 파드당 하나씩)가 반환된다.

헤드리스 서비스의 또 다른 장점은 스테이트풀셋 내의 파드가 자신만의 안정적인 네트워크 ID를 얻는다는 것이다. 스테이트풀셋의 각 파드는 자체 연결된 고유 볼륨이 있기 때문에 개별적으로 주소를 지정할 수 있어 유용하다. 이는 동일하게 설계됐고 주어진 요청에 대해 어느 파드에 연결하든 상관없는 결과를 반환하는 디플로이먼트 내의 파드와 다르다. 스테이트풀셋 내의 파드에 직접 연결할 수 있도록 각각의 파드에 증가하는 형태의 정수 값(0, 1, 2와 같은 값)인 오디널(ordinal)이 할당된다. 스테이트풀셋 내의 파드가 중단된 후 재생성될 때 동일한 오디널을 유지하는 반면, 디플로이먼트 내의 파드는 재생성되면 파드에는 새로운 랜덤 이름이 할당된다.

스테이트풀셋의 파드는 `$STATEFULSET_NAME-$POD_ORDINAL.$SERVICE_NAME` 구성의 순서를 사용해 주소를 지정할 수 있다. 위 예제의 단일 파드의 경우 DNS 주소 `mariadb-0.mariadb-service`를 사용해 참조된다. 네임스페이스 외부에서 접근하는 경우 주소에 네임스페이스를 추가(모든 서비스와 마찬가지로)해 접근할 수 있다. 예를 들어, `production`이라는 네임스페이스의 경우 파드에는 `mariadb-0-mariadb-service.production.svc`라는 주소가 지정될 수 있다.

스테이트풀셋 형태로 실행되는 이 마리아DB 인스턴스에 접근을 시도하려면 `kubectl port-forward sts/mariadb 3306:3306` 명령을 통해 포트포워딩을 수행해 로컬에서 연결할 수도 있지만, 보다 흥미로운 사실을 소개하기 위해 클러스터에서 실행되는 임시(ephemeral) 파드를 사용해 마리아DB 클라이언트를 생성하고 서비스 호스트 이름을 사용해 연결해보겠다.

```
kubectl run my -it --rm --restart=Never --pod-running-timeout=3m \
  --image mariadb -- mariadb -h mariadb-0.mariadb-service -P 3306 -u root -p
```

위 커맨드를 사용하면 동일한 쿠버네티스 클러스터 내에 마리아DB 클라이언트를 실행하는 파드가 생성되고, 스테이트풀셋 내의 프라이머리(primary) 파드에 연결되도록 구성된다. 이 파드는 임시적이기 때문에 대화형 세션을 종료하면 삭제된다. 쿠버네티스 클러스터 내에서 일회성 디버깅을 수행하는 가장 편리한 방법이다. 마리아DB 클라이언트 파드가 준비상태가 되면 예제 코드 9.6의 `MARIADB_ROOT_PASSWORD` 환경 변수에 기록된 데이터베이스 비밀번호를 입력하고 데이터베이스 관련 명령을 실행해보자. 작업이 완료되면 `exit` 명령을 입력해 세션을 종료한다.

레디스

사용해볼 수 있는 또 다른 예제는 레디스(redis)다. 레디스는 쿠버네티스에서 매우 인기 있는 워크로드 배포 형태로 캐싱, 기타 실시간 데이터 저장소 및 검색 요구사항 저장 등의 다양한 목적으로 사용이 가능하다. 이번 예제에서는 데이터 보존이 그렇게 중요하지 않은 캐싱 사용 사례를 가정해보겠다. 재시작시 캐시를 다시 빌드하지 않기 위해 데이터를 디스크에 보관하고 싶지만 백업은 필요 없다. 다음은 이런 캐시를 필요로 하는 애플리케이션을 위해 쿠버네티스에서 사용 가능한 단일 레디스 파드에 적합한 구성이다.

레디스를 구성하기 위해 먼저 컨테이너 볼륨으로 마운트할 수 있는 설정 파일을 정의해 보자.

예제 코드 9.7 Chapter09/9.2.1_StatefulSet_Redis/redis-configmap.yaml

```
apiVersion: v1
kind: ConfigMap
metadata:
  name: redis-config
data:
  redis.conf: ¦
    bind 0.0.0.0          ◀── 모든 인터페이스에 바인딩해 다른 파드가 연결할 수 있도록 설정한다.
    port 6379             ◀── 사용할 포트
    protected-mode no     ◀── 클러스터의 다른 파드가 암호 없이 연결될 수 있게 보호 모드를 비활성화한다.
    appendonly yes        ◀── 추가 로그를 활성화해 데이터를 디스크에 보관한다.
    dir /redis/data       ◀── 데이터 디렉터리를 명시한다.
```

이 설정에서 주의 깊게 봐야 할 핵심 내용은 레디스 상태를 **/redis/data** 디렉터리에 유지하기 때문에 파드가 재생성되더라도 다시 로드할 수 있다는 점이다. 따라서 해당 디렉터리에 볼륨을 마운트하게 구성해야 한다.

위 예제는 레디스에 인증을 설정하지 않았기 때문에 클러스터 내의 모든 파드가 읽기/쓰기 접근 권한을 가지게 된다. 이 예제를 가져와서 운영 환경 클러스터에 적용하는 경우 클러스터를 어떻게 구성할지 고민해봐야 한다.

이제 이 설정을 참조해 **/redis/data** 디렉터리에 영구 볼륨으로 마운트하는 스테이트풀셋을 작성하겠다.

예제 코드 9.8 Chapter09/9.2.1_StatefulSet_Redis/redis-statefulset.yaml

```
apiVersion: apps/v1
kind: StatefulSet
metadata:
  name: redis
spec:
  selector:
    matchLabels:
      app: redis-sts
serviceName: redis-service
replicas: 1          ◀── 1개의 복제본으로 구성됨. 단일 역할을 갖는 스테이트풀셋이기 때문이다.
```

```yaml
  template:
    metadata:
      labels:
        app: redis-sts
  spec:
    terminationGracePeriodSeconds: 10
    containers:
    - name: redis-container
      image: redis:latest
      command: ["redis-server"]
      args: ["/redis/conf/redis.conf"]
      volumeMounts:
      - name: redis-configmap-volume
        mountPath: /redis/conf/
      - name: redis-pvc
        mountPath: /redis/data
      resources:
        requests:
          cpu: 1
          memory: 4Gi
      volumes:
      - name: redis-configmap-volume
        configMap:
          name: redis-config
  volumeClaimTemplates:
  - metadata:
      name: redis-pvc
    spec:
      accessModes: [ "ReadWriteOnce" ]
      resources:
        requests:
          storage: 1Gi
---
apiVersion: v1
kind: Service
metadata:
  name: redis-service
spec:
  ports:
```

예제 코드 9.7에서 작성한 설정 파일을 컨테이너 디렉터리에 마운트한다.

volumeClaimTemplates 섹션에 정의된 레디스 데이터 볼륨 마운트

예제 코드 9.7에 정의된 컨피그맵 객체를 참조한다.

```
    - port: 6379
   clusterIP: None
   selector:
     app: redis-sts
```

앞서 작성한 마리아DB의 스테이트풀셋과 비교해 보자. 사용된 다른 포트, 컨테이너 이미지, /redis/
conf 경로에 대한 컨피그맵 마운트 등 애플리케이션에 특화된 차이점을 제외하고는 거의 유사한 설정
이다.

Chapter09/9.2.1_StatefulSet_Redis의 설정 파일로 리소스를 생성한 후 레디스에 연결해 제대로 동
작하는지 확인하려면 다음과 같은 명령을 통해 포트를 로컬 머신으로 포워딩하고 redis-cli 도구를 사
용해 연결할 수 있다.

```
$kubectl port-forward pod/redis-0 6379:6379
Forwarding from 127.0.0.1:6379 -> 6379

$ docker run --net=host -it --rm redis redis-cli
27.0.0.1:6379> INFO
# Server
redis_version:7.2.1
127.0.0.1:6379> exit
```

지금까지 살펴본 마리아DB와 레디스는 단일 복제본 스테이트풀셋의 두 가지 대표 예제다. 쿠버네티스
가 영구 볼륨 클레임을 자동으로 생성해주기 때문에 이러한 형태의 워크로드에는 디플로이먼트를 사용
하는 것보다 스테이트풀셋을 사용하는 것이 훨씬 더 편리하다.

스테이트풀셋 객체를 삭제하더라도 영구 볼륨 클레임은 객체는 그대로 유지될 것이다. 스테이트풀셋
객체를 삭제한 후 재생성해도 동일한 영구 볼륨 클레임에 다시 연결되기 때문에 데이터가 손실되지 않
는다. 그러나 영구 볼륨 클레임 객체 자체를 삭제하면 스토리지 클래스의 구성 방식에 따라 기본 데이
터가 삭제될 수 있다. 저장된 데이터가 중요한 경우(예: 재생성할 수 있는 캐시가 아닌 경우) 9.1.3항에
서 소개한 절차에 따라 영구 볼륨 클레임 객체가 어떠한 이유로 삭제되더라도 기반이 되는 클라우드 리
소스를 보존하도록 스토리지 클래스를 설정한다.

이러한 형태의 스테이트풀셋에 대한 복제본을 늘리는 경우 자체 볼륨을 가지는 새로운 파드가 생성되
기는 하나 자동으로 서로 통신하지는 않는다. 위 예제의 레디스 스테이트풀셋의 경우 복제본을 더 많이

만들면 개별 레디스 인스턴스만 더 많아질 뿐이다. 다음 절에서는 단일 스테이트풀셋 내에서 여러 개의 파드를 가진 아키텍처를 설정하는 방법을 자세히 설명하겠다. 여기서 각각의 고유한 파드는 파드의 오디널을 기반으로 다르게 구성되고 서로 연결된다.

9.2.2 다중 역할을 가지는 스테이트풀셋 배포하기

스테이트풀셋의 진정한 힘은 여러 개의 파드가 필요할 때 발휘된다. 스테이트풀셋을 사용한 애플리케이션을 설계할 때는 스테이트풀셋 내의 파드 복제본은 서로에 대해 알고 있는 상태 저장 애플리케이션 설계의 일부가 되어 서로 통신하게 해야 한다. 이것이 바로 스테이트풀셋 유형을 사용하는 이점이 된다. 왜냐하면 각 파드가 오디널로 알려진 집합에서 고유한 식별자를 얻기 때문이다. 이처럼 고유성과 보장된 순서를 사용하면 집합 내의 다른 고유한 파드들에게 다른 역할을 할당하고 업데이트 및 삭제, 재생성할 때 동일한 영구 디스크에 연결할 수 있다.

이번 예제에서는 이전 섹션의 단일 레디스 파드 스테이트풀셋 예제를 가져와서 복제본 역할을 도입해 3개의 파드를 가지도록 설정을 변경한다. 레디스는 기본적으로 리더/팔로워 복제 전략을 사용하는데, 이는 프라이머리 파드(9.2.1항에서는 해당 파드가 유일한 파드였다)와 복제본(스테이트풀셋이나 디플로이먼트에 존재하는 쿠버네티스 용어 '복제본'과 혼동하지 않도록 주의한다)의 역할을 갖는 추가적인 파드로 구성된다.

이전 섹션의 예제를 기반으로 프라이머리 파드에 대해 동일한 레디스 설정을 유지하고 복제본에 대해 추가 설정 파일을 구성한다. 여기에는 프라이머리 파드의 주소에 대한 참조가 포함된다. 예제 코드 9.9 는 이 두 개의 설정 파일(프라이머리 및 복제본)이 정의된 컨피그맵이다.

예제 코드 9.9 Chapter09/9.2.2_StatefulSet_Redis_Multi/redis-configmap.yaml

```
apiVersion: v1
kind: ConfigMap
metadata:
  name: redis-role-config
data:
  primary.conf: |    ◀── 프라이머리 역할을 구성하기 위한 컨피그맵의 첫 번째 파일
    bind 0.0.0.0
    port 6379
    protected-mode no
    appendonly yes
```

```
    dir /redis/data
replica.conf: |    ◀── 복제본의 역할을 구성하기 위한 컨피그맵의 두 번째 파일
    replicaof redis-0.redis-service 6379    ◀── 레디스 복제본을 구성해 이름을 기반으로 프라이머리 파드를 참조한다.
    bind 0.0.0.0
    port 6379
    protected-mode no
    appendonly yes
    dir /redis/data
```

컨피그맵은 단순히 두 개의 역할(프라이머리, 복제본)에 대해 하나씩 두 개의 설정 파일을 정의하는 편리한 방법이다. 레디스 기본 이미지를 사용해 자체 컨테이너 이미지를 빌드하면서 이 두 개의 파일을 이미지 내에 넣을 수도 있다. 그런데도 이 방법을 사용하는 이유는 커스터마이제이션으로 컨피그맵을 통해 정의하고 컨테이너에 마운트하는 것이 더 간단하기 때문이다.

다음으로 초기화 컨테이너(파드 초기화 과정에서 실행되는 컨테이너)를 사용해 각 파드 복제본의 역할을 설정하는 스테이트풀셋 워크로드를 업데이트한다. 이 초기화 컨테이너에서 실행되는 스크립트는 파드의 역할을 결정하기 위해 초기화 과정에 있는 파드의 오디널을 조회하고 역할에 따라 관련 있는 설정 파일을 복사한다. 스테이트풀셋은 각 파드에 고유한 오디널을 지정하는 특별한 기능을 가지고 있다. 오디널 값이 0인 파드에 프라이머리 역할을 지정하고 나머지 오디널 값을 가지는 파드에는 복제본 역할을 할당할 수 있다.

이 방법은 여러 역할을 가지는 다양한 상태 저장 워크로드에 적용할 수 있다. 마리아DB에 대한 내용을 찾고 있다면 쿠버네티스 문서와 함께 제공되는 가이드[3]에 잘 나와 있으므로 참조하기 바란다.

예제 코드 9.10 Chapter09/9.2.2_StatefulSet_Redis_Multi/redis-statefulset.yaml

```
apiVersion: apps/v1
kind: StatefulSet
metadata:
  name: redis
spec:
  selector:
    matchLabels:
      app: redis-sts
  serviceName: redis-service
```

3   https://kubernetes.io/docs/tasks/run-application/run-replicated-stateful-application/

```
replicas: 3
template:
  metadata:
    labels:
      app: redis-sts
  spec:
    terminationGracePeriodSeconds: 10
    initContainers:
    - name: init-redis
      image: redis:latest
      command:
      - bash
      - "-c"
      - |
        set -ex
        # Generate server-id from Pod ordinal index.
        [[ `hostname` =~ -([0-9]+)$ ]] || exit 1
        ordinal=${BASH_REMATCH[1]}
        echo "ordinal ${ordinal}"
        # Copy appropriate config files from config-map to emptyDir.
        mkdir -p /redis/conf/
        if [[ $ordinal -eq 0 ]]; then
          cp /mnt/redis-configmap/primary.conf /redis/conf/redis.conf
        else
          cp /mnt/redis-configmap/replica.conf /redis/conf/redis.conf
        fi
        cat /redis/conf/redis.conf
      volumeMounts:
      - name: redis-config-volume
        mountPath: /redis/conf/
      - name: redis-configmap-volume
        mountPath: /mnt/redis-configmap
    containers:
    - name: redis-container
      image: redis:latest
      command: ["redis-server"]
      args: ["/redis/conf/redis.conf"]
      volumeMounts:
```

emptyDir 마운트. 메인
컨테이너와 공유됨

예제 코드 9.9의 2개 파일로
컨피그맵 마운트

```
            - name: redis-config-volume          초기화 컨테이너와 공유되는
              mountPath: /redis/conf/             emptyDir 마운트

            - name: redis-pvc                     volumeClaimTemplates 섹션에
              mountPath: /redis/data              정의된 레디스 데이터 볼륨 마운트
          resources:
            requests:
              cpu: 1
              memory: 4Gi
      volumes:
        - name: redis-configmap-volume
          configMap:                              예제 코드 9.9에 정의된
            name: redis-role-config               컨피그맵 객체를 참조한다.
        - name: redis-config-volume
          emptyDir: {}                            emptyDir 볼륨을 정의한다.
  volumeClaimTemplates:
  - metadata:
      name: redis-pvc
    spec:
      accessModes: [ "ReadWriteOnce" ]
      resources:
        requests:
          storage: 1Gi
---
apiVersion: v1
kind: Service
metadata:
  name: redis-service
spec:
  ports:
  - port: 6379
  clusterIP: None
  selector:
    app: redis-sts
```

예제 코드 9.10을 주의깊게 살펴보자. 단일 인스턴스로 구성된 레디스 스테이트풀셋과의 주요 차이점
은 초기화 컨테이너의 존재이다. 초기화 컨테이너는 이름에서 알 수 있듯이 파드의 초기화 단계에서 실
행된다. 또한 위 설정 파일은 컨피그맵과 새로운 볼륨 redis-config-volume, 총 두 개의 볼륨을 마운
트한다.

```
volumeMounts:
- name: redis-config-volume
  mountPath: /redis/conf/
- name: redis-configmap-volume
  mountPath: /mnt/redis-configmap
```

`redis-config-volume`은 emptyDir 유형으로 컨테이너 간에 데이터를 공유하나 파드가 다시 스케줄링될 때는 데이터를 유지하지 않는다(영구 볼륨과 다르다). 위 예제에서는 **emptyDir**을 단지 설정 파일에 대한 사본 저장용으로만 사용하기 때문에 매우 이상적인 볼륨 사용이라고 할 수 있다. 초기화 컨테이너는 YAML에 포함된 배시 스크립트를 실행한다.

```
command:
- bash
- "-c"
- |
  set -ex
  # Generate server-id from Pod ordinal index.
  [[ `hostname` =~ -([0-9]+)$ ]] || exit 1
  ordinal=${BASH_REMATCH[1]}
  echo "ordinal ${ordinal}"
  # Copy appropriate config files from config-map to emptyDir.
  mkdir -p /redis/conf/
  if [[ $ordinal -eq 0 ]]; then
    cp /mnt/redis-configmap/primary.conf /redis/conf/redis.conf
  else
    cp /mnt/redis-configmap/replica.conf /redis/conf/redis.conf
  fi
```

이 스크립트는 파드의 오디널 번호에 따라 컨피그맵 볼륨(/mnt/redis-configmap에 마운트됨)에서 공유 볼륨인 emptyDir(/redis/conf에 마운트됨)로 두 설정 파일 중 하나를 복사한다. 즉, 파드가 `redis-0`에 해당되면 `primary.conf` 파일이 복사되고 나머지 경우에 `replica.conf`가 복사된다. 그런 다음 메인 컨테이너는 동일한 **emptyDir** 볼륨인 `redis-config-volume`을 /redis/conf 경로로 마운트한다. 레디스 프로세스가 구동되면 /redis/conf/redis.conf에 있는 모든 설정 파일을 사용한다. 테스트를 해보려면 포트 포워딩/로컬 클라이언트 조합을 사용하거나 이전 섹션에서 설명한 바와 같이 임시 파드를 생성해 메인 파드에 연결할 수 있다. 또한 **exec** 명령을 사용해 파드에 직접 연결해 다음과 같이 데이터를 빠르게 써볼 수도 있다.

```
$ kubectl exec -it redis-0 -- redis-cli
127.0.0.1:6379> SET capital:australia "Canberra"
OK
127.0.0.1:6379> exit
```

위 명령을 수행한 후 복제본에 연결해 데이터를 읽어본다.

```
$ kubectl exec -it redis-1 -- redis-cli
Defaulted container "redis-container" out of: redis-container, init-redis (init) 127.0.0.1:6379>
GET capital:australia
"Canberra"
```

복제본은 읽기 전용이기 때문에 데이터를 직접 쓸 수는 없다.

```
127.0.0.1:6379> SET capital:usa "Washington"
(error) READONLY You can't write against a read only replica.
127.0.0.1:6379> exit
```

9.3 디스크 마이그레이션/복구하기

여기까지 학습하고 나면 여러분에게는 다음과 같은 궁금증이 생길 것이다. 중요한 데이터를 쿠버네티스에 맡겨도 될까? 쿠버네티스 클러스터가 사라지는 경우 중요한 데이터가 안전하고 복구 가능하다는 것을 어떻게 확신할까?

지금이 바로 확신의 시간이다. 쿠버네티스에서 상태 저장 워크로드를 만들어 보겠다. 그 다음 해당 워크로드와 관련된 모든 쿠버네티스 객체를 완전히 삭제하고 해당 워크로드를 처음부터 다시 생성해 기반이 되는 클라우드 디스크 리소스에 다시 연결해보자.

한 가지 주의할 점은 일반적으로 쿠버네티스가 생성하는 디스크 리소스는 이와 연결된 영구 볼륨 클레임을 삭제하면 기본적으로 삭제된다는 것이다. 이는 반환 정책(reclaimPolicy)이 Delete로 설정돼 있기 때문이다. 그러나 스테이트풀셋 자체를 삭제하는 경우 이와 연관된 영구 볼륨 클레임 객체는 삭제되지 않는다. 이는 더이상 데이터가 필요하지 않은 경우 해당 객체를 수동으로 삭제해야 하므로 매우 유용하지만, 앞서 설명한 바와 같이 영구 볼륨 클레임을 삭제하면 기반이 되는 디스크 리소스가 삭제되며 이 작업은 그렇게 어렵지 않다(예: kubectl delete 명령 사용시 --all 옵션을 전달해 관련된 모든 객체를 삭제한다).

따라서 중요한 데이터를 가지고 있는 경우 가장 먼저 할 일은 중요한 데이터에 대한 디스크를 생성할 때 사용되는 스토리지 클래스 반환 정책을 Delete가 아닌 Retain으로 설정하고 확인하는 것이다. 이렇게 설정하면 쿠버네티스 객체가 삭제될 때 기반이 되는 클라우드 디스크가 보존돼 동일하거나 다른 클러스터에서 '영구 볼륨 클레임 – 영구 볼륨' 페어링을 수동으로 다시 생성할 수 있다(이 책에서 다룰 예정이다).

이와 같은 실습을 진행하려면 먼저 9.2.2항의 레디스 예제를 배포하고 기본값이나 특정 스토리지 클래스 중 하나의 반환 정책을 Retain으로 설정해 데이터가 유지될 수 있도록 구성한다. 생성 후 영구 볼륨의 상태를 확인하려면 kubectl get pv 명령을 통해 검사하고 필요한 경우 kubectl edit pv $PV_NAME 명령을 사용해 persistentVolumeReclaimPolicy 필드를 수정한다. 반환 정책이 올바르게 설정됐다면 쿠버네티스에서 스테이트풀셋을 삭제한 후에도 복구되는지 기능을 검증하는 데 사용할 수 있는 일부 데이터를 추가할 수 있다. 데이터를 추가하려면 먼저 exec 명령을 통해 메인 파드에 연결하고 redis-cli 도구를 실행한다. 다음 한줄 명령을 통해 둘 다 실행할 수 있다.

```
kubectl exec -it redis-0 -- redis-cli
```

해당 파드에 연결되면 데이터를 추가할 수 있다. 이전에 레디스를 사용한 적이 없다 하더라도 걱정할 필요가 없다. 정상적으로 복구할 수 있다는 것을 증명하기 위해 단순히 간단한 데이터를 추가하는 것일 뿐이다. 이번 예제에서 사용할 데이터는 세계 수도에 대한 키-값 쌍이다.

```
127.0.0.1:6379> SET capital:australia "Canberra"
OK
127.0.0.1:6379> SET capital:usa "Washington"
OK
```

원한다면 이 시점에서 스테이트풀셋을 삭제하고 다시 만들 수 있다. 그런 다음 exec 명령으로 CLI를 실행해 데이터에 대한 테스트를 수행한다. 수행 방법은 다음과 같다.

```
$ cd Chapter09/9.2.2_StatefulSet_Redis_Multi/
$ kubectl delete -f redis-statefulset.yaml
service "redis-service" deleted
statefulset.apps "redis" deleted
```

```
$ kubectl create -f redis-statefulset.yaml
service/redis-service created
statefulset.apps/redis created
$ kubectl exec -it redis-0 -- redis-cli
127.0.0.1:6379> GET capital:usa
"Washington"
```

스테이트풀셋이 다시 생성되더라도 위와 명령이 잘 동작한다(즉, 데이터가 잘 보관돼 있다는 것이 확인된다). 레디스가 부팅할 때 로드할 데이터가 있는 동일한 영구 볼륨 클레임을 참조하기 때문에 레디스를 중단된 시점의 상태 그대로 사용할 수 있다.

지금까지는 매우 좋다. 이제 좀더 과감한 조치를 취하기 위해 PVC와 PV를 삭제하고 다시 만들자. 전체 클러스터가 삭제되는 경우를 시뮬레이션하고 싶다면 완전히 새로운 클러스터에서 다시 시작한다. 단 동일한 디스크에 접근할 수 있도록 동일한 클라우드 리전을 사용해야 한다.

해당 객체를 삭제하기 전에 해당 객체의 설정 파일을 저장해보겠다. 이는 반드시 필요한 과정은 아니다. 필요하다면 처음부터 다시 만들 수는 있지만 이와 같은 작업은 시간을 절약하는 데 도움이 될 것이다. 다음과 같은 명령을 사용해 객체를 나열하고 저장한다(가독성을 위해 일부 출력 결과는 생략했다).

```
$ kubectl get pvc,pv
NAME                                        STATUS    VOLUME
persistentvolumeclaim/redis-pvc-redis-0     Bound     pvc-64b52138
persistentvolumeclaim/redis-pvc-redis-1     Bound     pvc-4530141b
persistentvolumeclaim/redis-pvc-redis-2     Bound     pvc-5bbf6729

NAME                                STATUS    VOLUME
persistentvolume/pvc-4530141b       Bound     default/redis-pvc-redis-1
persistentvolume/pvc-5bbf6729       Bound     default/redis-pvc-redis-2
persistentvolume/pvc-64b52138       Bound     default/redis-pvc-redis-0

$ kubectl get -o yaml persistentvolumeclaim/redis-pvc-redis-0 > pvc.yaml
$ PV_NAME=pvc-64b52138
$ kubectl get -o yaml persistentvolume/$PV_NAME > pv.yaml
```

이제 핵심 옵션: 네임스페이스 내에 존재하는 모든 스테이트풀셋, PVC 및 PV를 삭제한다.

```
$ kubectl delete statefulset,pvc,pv --all
```

> **주의**
>
> 위 명령은 테스트 클러스터에서만 실행한다. 위 명령은 네임스페이스에서 해당 유형의 모든 객체를 삭제한다. 예제에 해당되는 레디스 배포만 삭제되지 않는다.

스토리지 클래스의 반환 정책(앞서 설명했던 바와 같이 반환 정책이 있는 스토리지클래스를 사용했길 바란다)으로 인해 클라우드의 디스크 리소스는 여전히 존재한다. 이제 해당 디스크에 연결할 PV와 이 PV에 연결할 PVC를 수동으로 생성할 차례다.

우리가 알고 있는 내용은 다음과 같다(그림 9.6).

- 클라우드 공급업체에서 제공한 기반이 되는 디스크 리소스의 이름을 알고 있다(또는 알아낼 수 있다).
- 스테이트풀셋이 사용할 PVC의 이름을 알고 있다(redis-pvc-redis-0).

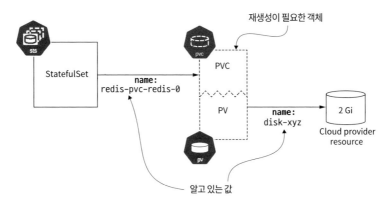

그림 9.6 알고 있는 값과 재생성할 대상

따라서 디스크를 참조하는 PV와 바인딩된 `redis-pvc-redis-0`라는 이름의 PVC를 생성해야 한다. 중요한 점은 PVC에서 PV의 이름을 지정해야 하고 PV에서 바인딩된 PVC를 정의해야 한다는 것이다. 그렇지 않으면 PVC 가 다른 PV를 바인딩하고 PV가 다른 PVC에 바인딩될 수 있다.

`kubectl create -f pv.yaml` 및 `kubectl create -f pvc.yaml` 명령을 사용해 저장된 설정을 통해 직접 객체를 만드는 것은 불행하게도 동작하지 않는다. 해당 설정은 바인딩 **상태**도 내보내는데, 이는 객체를 삭제하고 다시 생성할 때 이어질 수 없는 고유 식별자를 사용한다. 따라서 해당 설정 파일에 대한 수정 없이 객체를 생성하면 PVC는 상태가 `Lost`, PV는 상태가 `Released`로 표시된다. 이는 우리가 원하는 결과가 아니다. 이를 수정하려면 저장된 설정 파일에서 바인딩 상태와 `uid`를 제거하기만 하면 된다.

1. PV(pv.yaml로 내보낸 설정)를 편집하고 두 가지 변경 사항을 적용한다.

   a. claimRef 섹션에 있는 uid 필드를 제거한다(claimRef는 PVC에 대한 포인터이다. 문제는 PVC의 uid가 변경됐다는 것이다).

   b. storageClassName을 빈 문자열 ""로 설정한다(수동으로 프로비저닝할 것이며 스토리지 클래스는 사용하지 않겠다).

2. PVC(pvc.yaml로 내보낸 설정)를 편집하고 두 가지 변경 사항을 적용한다.

   a. 애노테이션 pv.kubernetes.io/bind-completed: "yes"를 삭제한다(해당 PVC는 다시 바인딩되며, 해당 애노테이션은 이를 방지한다).

   b. storageClassName을 빈 문자열 ""로 설정한다(이전 단계와 동일한 이유).

또는 이 설정을 처음부터 다시 만들어야 하는 경우 핵심은 PVC의 볼륨 이름을 PV의 볼륨 이름으로 설정하고, PV의 claimRef는 PVC의 이름과 네임스페이스를 참조하며, 둘 다 storageName으로 빈 문자열 ""을 설정하는 것이다. 두 설정을 나란히 시각화하면 보기 편할 것이다. 그림 9.7은 이 테스트를 실행할 때 내보낸 설정 파일을 기반으로 앞서 설명한 바와 같이 문서화된 필드를 제거한 내용이다.

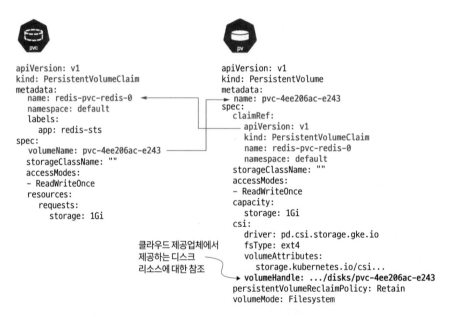

그림 9.7 사전 연결된 PVC 및 PV 객체

준비가 되면 클러스터에서 두 설정 파일을 모두 만든 다음 kubectl get pvc, pv를 사용해 해당 객체에 대한 상태 검사를 수행할 수 있다.

올바르게 진행됐다면 PV의 상태는 **Bound**로 표시되고 PVC는 **Pending**(스테이트풀셋이 생성될 때까지 대기)으로 표시될 것이다. 그렇지 않고 하나 또는 둘 다 **Pending**이나 **Released**로 표시된 경우 돌아가서 필요한 모든 정보가 있는지 추가적인 정보가 필요하지는 않은지 확인해 보자. 기반이 되는 클라우드 리소스가 여전히 존재한다면(스토리지 클래스에서 반환 정책을 **Retain**으로 설정했기 때문에 존재한다) 이 객체를 다시 바인딩할 수 있다. 성공적으로 수행된 결과는 다음과 같다(가독성을 위해 일부 열을 제거함).

```
$ kubectl create -f pv.yaml
persistentvolume/pvc-f0fea6ae-e229 created

$ kubectl get pv
NAME                 RECLAIM POLICY   STATUS     CLAIM
pvc-f0fea6ae-e229    Retain           Available  default/redis-pvc-redis-0

$ kubectl create -f pvc.yaml
persistentvolumeclaim/redis-pvc-redis-0 created

$ kubectl get pv,pvc
NAME                    RECLAIM POLICY   STATUS     CLAIM
pv/pvc-f0fea6ae-e229    Retain           Bound      default/redis-pvc-redis-0

NAME                                     STATUS     VOLUME
persistentvolumeclaim/redis-pvc-redis-0  Pending    pvc-f0fea6ae-e229
```

수동으로 생성한 PVC 및 PV 객체가 있다면 스테이트풀셋을 다시 생성할 차례다. 이전에 스테이트풀셋을 삭제하고 다시 생성할 때 테스트했던 바와 같이 예상되는 이름으로 PVC가 존재한다면 해당 PVC는 스테이트풀셋의 파드에 다시 연결된다. 스테이트풀셋이 생성하는 PVC 이름은 정해진 규칙이 있기 때문에 스테이트풀셋을 다시 만들면 기존 PVC 객체를 확인해 새 객체를 만드는 대신 참조한다. 기본적으로 모든 것이 이전과 같은 이름을 사용하기 때문에 이러한 객체를 다시 만들면 동일하게 동작하게 된다. 예제에서는 스테이트풀셋에 PVC가 3개 있다. 따라서 연관된 디스크가 3개 있어야 하지만 수동으로 복구한 디스크는 프라이머리 파드에 연결된 디스크 1개뿐이다. 레디스 복제본은 해당 소스(프라이머리 파드의 디스크)를 통해 자동으로 데이터를 다시 생성한다. 물론 3개의 디스크를 모두 수동으로 다시 연결하는 것도 가능하다.

```
$ kubectl create -f redis-statefulset.yaml
service/redis-service created
statefulset.apps/redis created

$ kubectl get pv,pvc,pods
NAME                       RECLAIM POLICY   STATUS   CLAIM
pv/pvc-f0fea6ae-e229       Retain           Bound    default/redis-pvc-redis-0
pv/pvc-9aabd1b8-ca4f       Retain           Bound    default/redis-pvc-redis-1
pv/pvc-db153655-88c2       Retain           Bound    default/redis-pvc-redis-2

NAME                                          STATUS   VOLUME
persistentvolumeclaim/redis-pvc-redis-0       Bound    pvc-f0fea6ae-e229
persistentvolumeclaim/redis-pvc-redis-1       Bound    pvc-9aabd1b8-ca4f
persistentvolumeclaim/redis-pvc-redis-2       Bound    pvc-db153655-88c2

NAME          READY   STATUS    RESTARTS   AGE
pod/redis-0   1/1     Running   0          15m
pod/redis-1   1/1     Running   0          13m
pod/redis-2   1/1     Running   0          11m
```

스테이트풀셋이 생성되면 모든 PV 및 PVC 객체가 **Bound**로 표시된다. 스테이트풀셋에 대한 배포가 완료되면 해당 복제본 중 하나에 exec 명령을 실행해 이전에 남긴 데이터가 존재하는지 확인해보자.

```
$ kubectl exec -it redis-1 -- redis-cli
127.0.0.1:6379> GET capital:australia
"Canberra"
```

이전에 레디스에 저장했던 데이터를 다시 읽어온다면 성공적으로 복구된 것이다. 지금까지 스테이트풀셋을 처음부터 복구했다. 이제 동일한 테크닉을 사용해 디스크를 새로운 클러스터의 스테이트풀셋으로 마이그레이션할 수 있다. 이번 섹션에서 진행했던 절차를 따르되 새로운 클러스터에 객체를 만든다. 이때 일반적으로 클러스터는 같은 리전에 있어야 하기 때문에 디스크의 위치에 주의해야 한다.

이번 섹션에서 설명했던 내용이 **Retain** 정책을 사용할 때 데이터의 영속성에 대한 확신을 주었기를 바란다. 앞서 설명한 바와 같이 모든 객체(심지어 클러스터 전체)를 완전히 삭제한 후에도 모든 링크를 처음부터 다시 만들 수도 있다. 약간은 번거로울 수 있지만 가능하다. 수고를 줄이기 위해 PVC와 PV 객체의 설정을 파일로 저장하고 설정 리포지토리에 보관했다가 나중에 필요할 때 저장했던 설정을 사용해 이러한 객체를 더 빠르게 재생성하는 방법을 권장한다(필수는 아님).

9.4 스크래치 공간을 위한 제네릭 임시 볼륨

지금까지는 상태 저장 서비스를 위해 영구 볼륨과 영구 볼륨 클레임을 사용했다. 한편, 일시적인 계산이나 데이터 처리 같은 작업을 위한 스크래치 공간으로 정말 큰 디스크가 필요할 때는 어떻게 할 것인가? 9장의 첫 부분에 스크래치 공간을 위한 옵션으로 `emptyDir`이 언급됐지만 몇 가지 단점이 존재한다. `emptyDir`을 사용하려면 노드에 스토리지를 미리 할당해야 하는데, 이 경우 노드의 부트 디스크 크기에 대한 사전 계획 수립이 필요하다(노드에 대한 정보를 노출시키지 않는 플랫폼의 경우 불가능할 수 있다). 이럴 경우 사용하는 제네릭 임시 볼륨(Generic ephemeral volume)은 영구 볼륨을 마운트하는 것과 같은 방식으로 연결된 볼륨을 마운트해 스크래치 공간을 확보하는 방법이다.

처리할 임시 데이터가 대용량인 경우 `emptyDir` 대신 임시 볼륨을 사용하면 여러 가지 이점이 존재한다. 노드의 부팅 디스크 영역과 독립적으로 볼륨이 할당되므로 사전 계획 없이도 바로 매우 큰 볼륨 공간을 프로비저닝할 수 있다(예: 구글 클라우드는 이 책을 집필하는 시점에 최대 64TB를 지원한다). 해당 제한은 볼륨당 제한값이며 여러 볼륨을 연결하면 더 큰 볼륨 크기 할당도 가능하다. 또한 다양한 스토리지 클래스에 액세스하고 스토리지 클래스에서 다양한 속성을 구성할 수 있다. 예를 들어 노드 자체의 부팅 영역 디스크보다 성능이 높은 SSD 디스크를 프로비저닝하는 등의 속성을 구현할 수 있게 된다. 다음 예제 코드는 이에 대한 예제다.

예제 코드 9.11 Chapter09/9.4_EphemeralVolume/ephemeralvolume_pod.yaml

```
apiVersion: v1
kind: Pod
metadata:
  name: ephemeralvolume-pod
  labels:
    pod: timeserver-pod
spec:
  containers:
  - name: timeserver-container
    image: docker.io/wdenniss/timeserver:1
  volumeMounts:
  - mountPath: "/scratch"          스크래치 볼륨의 마운트 지점
    name: scratch-volume
  volumes:
  - name: scratch-volume           1TB의 임시 볼륨을 정의한다.
    ephemeral:
```

```
volumeClaimTemplate:
  metadata:
    labels:
      type: scratch-volume
  spec:
    accessModes: [ "ReadWriteOnce" ]          1TB의 임시 볼륨을 정의한다.
    storageClassName: "ephemeral"
    resources:
      requests:
        storage: 1Ti
```

제네릭 임시 볼륨을 사용할 때는 스토리지 클래스의 반환 정책이 Delete로 설정돼 있는지 확인해야 한다. 그렇지 않을 경우 이 임시 스토리지가 유지되는데, 이 상태는 임시 스토리지의 목적과는 다르다. 다음 예제 코드는 임시 볼륨을 위해 반환 정책이 Delete로 설정된 스토리지 클래스를 사용하는 방법이다.

예제 코드 9.12 Chapter09/9.4_EphemeralVolume/ephemeral_storageclass.yaml

```
apiVersion: storage.k8s.io/v1
kind: StorageClass
metadata:
  name: ephemeral
parameters:
  type: pd-ssd          ◀── 임시 저장소의 성능 요구사항에 따라 디스크의 타입을 설정한다.
provisioner: pd.csi.storage.gke.io
reclaimPolicy: Delete   ◀── 임시 사용을 목적으로 하기 때문에 reclaimPolicy: Delete로 설정했다.
volumeBindingMode: WaitForFirstConsumer
allowVolumeExpansion: true
```

위 설정 파일을 실행, 검사, 삭제해 보겠다. 다음 명령(샘플의 루트 디렉터리에서 실행)은 1TB 디스크가 연결된 파드가 생성되고 나서 삭제되는 것을 보여주며, 이를 통해 모든 리소스가 정리된다(출력 결과는 가독성을 위해 일부 생략함)

```
$ kubectl create -f Chapter09/9.4_EphemeralVolume
storageclass.storage.k8s.io/ephemeral created
pod/ephemeralvolume-pod created

$ kubectl get pod,pvc,pv
```

```
NAME                        READY   STATUS    RESTARTS   AGE
pod/ephemeralvolume-pod     1/1     Running   0          34s

NAME                   STATUS   VOLUME     CAPACITY   ACCESS MODES   STORAGECLASS
pvc/scratch-volume     Bound    pvc-a5a2   1Ti        RWO            ephemeral

NAME          CAPACITY   RECLAIM POLICY   STATUS   CLAIM
pv/pvc-a5a2   1Ti        Delete           Bound    default/scratch-volume

$ kubectl exec -it ephemeralvolume-pod -- df -h
Filesystem   Size   Used    Avail   Use%   Mounted on
overlay      95G    4.6G    90G     5%     /
/dev/sdb     1007G  28k     1007G   1%     /scratch

$ kubectl delete pod ephemeralvolume-pod
pod "ephemeralvolume-pod" deleted

$ kubectl get pod,pvc,pv
No resources found
```

실습 내용과 같이 임시 볼륨을 사용하면 파드를 삭제하면 연관된 PVC 객체가 삭제된다. 이는 스테이트풀셋을 삭제할 때 PVC 객체를 수동으로 삭제해야 하는 스테이트풀셋과는 다르다. 이 파드를 디플로이먼트에 래핑할 수도 있으며 이 경우 각 복제본은 자체 임시 볼륨을 얻게 된다.

요약

- 쿠버네티스는 상태 비저장 워크로드를 실행하는 것에 기능이 국한되지 않는다. 상태 저장 워크로드도 훌륭하게 처리할 수 있다.

- 쿠버네티스는 클라우드 공급업체에서 제공하는 리소스에서 영구 디스크를 직접 마운트하는 기능을 포함해 여러 유형의 볼륨을 지원한다.

- 영구 볼륨 및 영구 볼륨 클레임은 스토리지 클래스와 함께 동적으로 프로비저닝된 디스크 리소스를 위한 쿠버네티스 추상화 계층이며 워크로드의 이식성을 높여준다.

- 스테이트풀셋은 각 복제본에 대해 다른 역할을 정의할 수 있는 등의 장점이 있는 상태 저장 워크로드를 실행하기 위해 설계된 상위 수준의 워크로드 유형이다.

- 영구 볼륨 및 영구 볼륨 클레임 객체는 요청으로 시작해 단일 논리적 객체로 바인딩되는 복잡한 라이프사이클을 가진다.

- 스토리지 클래스는 실제 환경에서 선호되는 옵션이다. 스토리지 클래스를 사용해면 동적 스토리지를 활성화하도록 구성할 수 있다. 이때 가장 중요한 것은 쿠버네티스 객체가 삭제되는 경우에도 클라우드 공급업체에서 제공하는 디스크 리소스를 유지하도록 하는 옵션이다.

- Retain 복구 정책을 사용하면 클러스터의 모든 객체가 삭제돼도 데이터를 복구할 수 있다.

- 제네릭 임시 볼륨은 마운트된 디스크를 임시 스크래치 공간에 사용할 수 있는 방법을 제공한다.

10 장

백그라운드
프로세싱

10장에서 다루는 내용은 다음과 같다.

- 쿠버네티스에서 백그라운드 태스크를 처리하는 방법
- 쿠버네티스의 잡(Job) 및 크론잡(CronJob) 객체
- 자체 배치 프로세싱 워크로드에 잡 객체를 사용할 시점(또는 사용하지 않는 시점)
- 레디스로 커스텀 태스크 큐를 만드는 방법
- 쿠버네티스로 백그라운드 프로세싱 태스크 큐를 구현하는 방법

이전 장에서 IP 주소를 통해 노출되는 서비스를 개발하는 방법에 대해 살펴봤다. 이는 공용 주소를 통해 외부에 서비스를 제공하거나 클러스터 로컬 IP를 통해 내부에 서비스를 제공하는 방법이다. 하지만 이미지 크기 조정, 디바이스 알림 전송, AI/ML 트레이닝 잡 실행, 금융 데이터 처리, 영화 프레임별 렌더링 등 요청-응답 체인의 직접적인 부분이 아닌 다른 모든 연산은 어떻게 처리해야 할까? 일반적으로 이러한 작업은 백그라운드 태스크(background task)로 처리된다. 백그라운드 태스크란? 사용자 요청의 동기식 처리에는 포함되지 않고 입력을 받아서 출력을 생성하는 프로세스를 가리킨다.

디플로이먼트나 쿠버네티스 잡(Job) 객체를 사용하면 백그라운드 태스크를 처리할 수 있다. 디플로이먼트는 이미지 크기 조정과 같은 태스크를 위해 대부분의 웹 애플리케이션이 사용하는 기능처럼 지속적으로 실행되는 태스크 큐에 이상적이다. 쿠버네티스 잡 구조는 일회성 유지관리 작업, 주기적 작업(크론잡을 통해 수행), 완료해야 할 작업량이 정해져 있는 배치 워크로드를 처리하는 데 적합하다.

> **용어: 태스크 또는 잡**
>
> 실무자들은 백그라운드 연산을 언급할 때 일반적으로 태스크와 잡이라는 용어를 큰 구분 없이 섞어서 사용한다(예: 잡 큐, 태스크 큐, 백그라운드 잡, 백그라운드 태스크). 그러나 쿠버네티스에는 잡이라는 객체가 존재하기 때문에 모호함을 줄이기 위해 이 책에서는 객체 자체를 언급할 때는 항상 잡이라는 용어를 사용하고 백그라운드 프로세싱의 일반적인 개념을 언급할 때는 구현 방법과 관계없이 태스크라는 용어(예: 백그라운드 태스크, 태스크 큐)를 사용할 것이다.

10장에서는 백그라운드 태스크 처리를 위해 디플로이먼트와 잡을 사용하는 방법을 다룬다. 그리고 마지막 부분에서는 웹 애플리케이션에 대한 지속적인 백그라운드 태스크 처리 큐를 구성하고 주기적 및 일회성 태스크를 포함해 종료 상태를 가지는 배치 워크로드를 정의해볼 것이다.

10.1 백그라운드 처리 큐

실제 운영 환경에 배포되는 대부분의 웹 애플리케이션에는 짧은 시간 내에 HTTP 요청/응답을 완료할 수 없는 처리 작업을 다루기 위해 주로 백그라운드 태스크 처리 컴포넌트가 존재한다. 구글에서 실시한 조사에 따르면 페이지 로딩 시간이 길어질수록 사용자가 '바운스'(예를 들어 페이지를 떠나 다른 사이트로 이탈)할 가능성이 높아지며, '페이지 로딩 시간이 1초에서 3초로 길어지면 바운스 확률이 32% 증가한다'[1]고 관찰한 바 있다. 따라서 일반적으로 사용자가 기다리는 동안 무거운 작업을 하는 패턴은 지양해야 한다. 대신 태스크를 백그라운드 큐에 넣고 사용자에게 태스크에 대한 진행 상황을 알려줘야 한다. 페이지 로딩 속도는 프런트엔드 개발자부터 백엔드 개발자까지 모든 사람이 염두에 둬야 하는 공동의 책임이다.

페이지를 로딩하는 데 걸리는 시간은 많은 요소(이미지 용량이나 자바스크립트와 같은)에 의해 좌우되며 대부분 쿠버네티스로 제어할 수 없는 범위의 영역이다. 한편, 쿠버네티스 환경에서 워크로드를 배포할 때 페이지 로딩 시간과 관련해 살펴볼 만한 지표는 TTFB(Time to First Byte)다. 이는 웹 서버가 요청에 대한 처리를 완료하고 클라이언트가 응답을 다운로드하는 데 걸리는 시간을 의미한다. 전체 페이지 로딩 시간을 낮게 유지하려면 TTFB 시간을 줄여 1초 미만으로 응답시키는 것이 중요하다. 이를 위해 요청 처리 과정에서 발생하는 데이터를 인라인으로 처리하는 작업을 피해야 한다. 그렇다면 사용자에게 제공할 ZIP 파일을 생성하거나 업로드한 이미지를 축소해야 하는가? 그렇지 않다. 이러한 동작을 요청 과정 자체에서 수행하지 않는 것이 가장 좋은 방법이다.

1　Google/SOASTA Research, 2017. https://www.thinkwithgoogle.com/marketing-strategies/app-and-mobile/ page-load-time-statistics/

결과적으로 가장 일반적인 패턴은 연속적인 백그라운드 처리 큐를 실행하는 것이다. 웹 애플리케이션은 데이터 처리와 같이 인라인으로 수행할 수 없는 태스크를 넘겨 이를 백그라운드 큐에 저장한다(그림 10.1). 웹 애플리케이션은 백그라운드 큐가 태스크에 대한 수행을 완료할 때까지 스피너나 다른 UI 기능을 통해 표시하거나, 결과가 준비되면 사용자에게 이메일을 통해 알리거나, 간단히 나중에 사용자에게 다시 확인해보라고 알릴 수 있다. 사용자와의 상호작용을 어떻게 설계할지는 여러분에게 달려 있다. 이 책에서 다룰 내용은 쿠버네티스에서 이러한 종류의 백그라운드 처리 태스크 큐를 배포하는 방법이다.

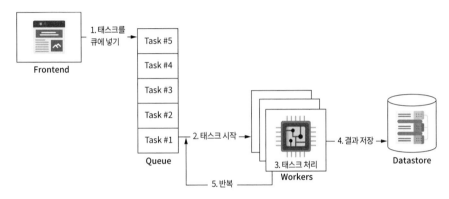

그림 10.1 백그라운드 태스크 큐를 갖는 프런트엔드 웹 서버

디플로이먼트(3장에서 다룸)는 지속적으로 실행되는 파드의 집합을 유지하는 것을 목적으로 하는 쿠버네티스의 워크로드 구성 요소다. 백그라운드 태스크 처리 큐의 경우 태스크 워커 역할을 맡고 지속적으로 실행될 일련의 파드가 필요하다. 이는 디플로이먼트의 특성과 유사하다. 디플로이먼트의 파드가 서비스를 통해 외부에 노출되지 않아도 상관없다. 중요한 것은 최소한 하나의 워커가 지속적으로 실행되기를 원한다는 것이다. 프런트엔드 요청을 처리하는 디플로이먼트와 마찬가지로 이 디플로이먼트를 새로운 컨테이너 버전으로 업데이트하고 확장 및 축소할 수 있다. 따라서 지금까지 배운 모든 내용을 백그라운드 태스크 워커에 대한 디플로이먼트에도 동일하게 적용할 수 있다.

10.1.1 사용자 정의 태스크 큐 만들기

태스크 처리용 디플로이먼트에서 배포한 워커 파드는 간단한 역할을 수행한다. 단순히 입력을 받아서 출력을 생성한다. 그렇다면 어디로부터 입력을 받게 될까? 이를 위해 애플리케이션의 다른 컴포넌트가 태스크를 추가할 수 있는 큐가 필요하다. 이 큐는 보류 중인 태스크 목록을 저장하며 워커 파드는 이 목록을 처리한다. 시중에는 백그라운드 큐로 사용하는 다양한 상용 제품이 있다(그중 일부는 10.1.4항에

서 언급할 예정이다). 하지만 이러한 솔루션들이 어떻게 동작하는지 가장 잘 이해하기 위해 우리만의
자체 솔루션을 만들어 보겠다.

큐 데이터 저장소의 경우 9장에서 만든 것과 동일한 레디스 워크로드 배포를 사용할 것이다. 레디스는
큐에 대한 기능을 내장하고 있기 때문에 이러한 작업에 적합하다(그리고 대부분의 상용 제품들 또한
레디스 기반으로 동작한다). 태스크 처리 시스템의 설계는 매우 간단하다. 웹 애플리케이션 역할을 갖
는 컴포넌트가 태스크를 레디스(큐)에 추가하고 디플로이먼트 내의 워커 파드가 태스크를 꺼내서 작업
을 수행하고, 다음 태스크를 기다리는 방식이다.

레디스의 큐

레디스는 몇 가지 편리한 데이터 구조를 기본적으로 제공한다. 이 책에서 사용하는 것은 큐다. 이 큐 구조에서의
FIFO(first-in, first-out) 순서를 달성하기 위해 두 가지 함수(RPUSH, BLPOP)를 사용할 것이다. FIFO는 일반적인 백그라
운드 큐의 특징이다(아이템을 추가된 순서대로 처리). RPUSH는 큐의 뒷부분에 아이템을 추가하고 BLPOP은 큐의 앞부분
에서 아이템을 팝(pop)하고 아이템이 없을 경우 차단한다.

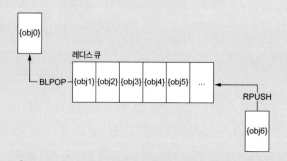

큐가 오른쪽에서 왼쪽으로 진행된다고 생각하면 가장 오른쪽 항목이 큐의 맨 뒤, 가장 왼쪽 항목이 큐의 맨 앞이 된다.
그러므로 L과 R이라는 함수의 접두사가 의미가 있다(오른쪽에서 객체를 푸시하는 RPUSH와 왼쪽에서 가장 왼쪽 항목을
차단 방식으로 팝업하는 BLPOP). 추가적인 B 접두사는 함수의 차단 방식(이 경우 LPOP의 차단 버전)을 나타내며, 큐가
비어 있는 경우 아이템을 기다리게 한 다음 nil을 반환하는 대신 대기하도록 되어 있다. 단순히 직접 작성한 재시도 루
프에서 LPOP을 사용할 수도 있지만 더 많은 리소스를 소모하는 '바쁜 대기'를 피하기 위해 응답에서 차단하는 것이 유
용하며 이러한 방식으로 태스크를 레디스에 저장할 수 있다.

구체적이면서도 간단한 예로, 정수 n을 입력받고 라이프니츠 급수 공식을 사용해 n번의 반복으로 파
이(Pi)를 계산하는 태스크를 가정해 보자(이러한 방식으로 파이를 계산할 때는 반복 횟수가 많을수록
최종 결과가 보다 정확해진다). 실제 환경에서 태스크는 필요로 하는 임의 처리를 완료하고 URL이나
키-값 매개변수 딕셔너리를 입력으로 사용할 가능성이 높다. 콘셉트는 거의 동일하다.

워커 컨테이너 생성하기

쿠버네티스 디플로이먼트로 들어가기에 앞서 먼저 워커 컨테이너를 생성해야 한다. 이번 샘플에서는 다시 파이썬 언어를 사용할 것이다. 몇 줄의 파이썬 프로그래밍만으로 완전한 태스크 큐를 구현할 수 있기 때문이다. 이 컨테이너의 전체 코드는 이 책과 함께 제공되는 소스코드의 Chapter10/pi_worker 디렉터리에 있다. 이 디렉터리는 다음 예제 코드에서 보여주는 세 개의 파이썬 파일로 구성된다.

예제 코드 10.1은 실제 연산이 발생하는 워커 함수이다. 함수 자체는 큐와 무관하다. 단순히 처리를 수행할 뿐이다. 다른 작업에 대한 큐가 필요하다면 아래 로직을 목적에 맞게 필요한 연산으로 대체하면 된다(예: ZIP 파일 만들기 또는 이미지 크기 재조정).

예제 코드 10.1 Chapter10/pi_worker/pi.py

```python
from decimal import *
# Gregory-Leibniz 무한 급수를 사용하여 파이를 계산한다.
def leibniz_pi(iterations):
  precision = 20
  getcontext().prec = 20
  piDiv4 = Decimal(1)
  odd = Decimal(3)
  for i in range(0, iterations):
    piDiv4 = piDiv4 - 1/odd
    odd = odd + 2
    piDiv4 = piDiv4 + 1/odd
    odd = odd + 2
  return piDiv4 * 4
```

다음으로 예제 코드 10.2에서는 수행해야 할 작업의 매개변수와 함께 큐의 헤드 부분에 있는 태스크 객체를 가져와서 leibniz_pi 함수를 호출해 작업을 수행하는 워커에 대한 구현체이다. 이때 큐에 넣는 객체는 태스크에 대한 관련 함수 매개변수만 포함하고 있으면 된다. 예를 들어 생성할 ZIP 파일이나 처리할 이미지에 대한 세부 정보이다. 큐 처리 로직을 작업 함수에서 분리하면 해당 로직을 다른 환경에서도 재사용할 수 있다는 장점이 있다.

예제 코드 10.2 Chapter10/pi_worker/pi_worker.py

```python
import os
import redis
from pi import *
```

```
redis_host = os.environ.get('REDIS_HOST')      ◄──────── 환경 변수(예제 코드 10.5의 디플로이먼트에서 제공)에서
assert redis_host != None                                레디스 호스트를 검색한다.
r = redis.Redis(host=redis_host,
                port='6379',                    레디스 서비스에 연결한다.
                decode_responses=True)
print("starting")
while True:
  task = r.blpop('queue:task')    ◄── 다음 태스크를 팝한다(큐에 아무것도 없을 경우 차단한다).
  iterations = int(task[1])
  print("got task: " + str(iterations))
  pi = leibniz_pi(iterations)    ◄── 작업을 수행한다.
  print (pi)
```

레디스 기반 큐에서 작업을 순서대로 꺼내기 위해서는 레디스의 **BLPOP** 명령을 사용한다. 이 명령은 리스트의 첫 번째 요소를 가져오며 큐가 비어 있을 경우 차단하고 다른 태스크가 추가될 때까지 기다린다. 이를 운영 환경 수준으로 만들려면 파드가 종료될 때 신호 처리를 추가하는 것(10.1.2항에서 다룰 예정)과 같은 더 많은 작업이 필요하지만 지금은 이 정도 수준으로 충분하다.

마지막으로 예제 코드 10.3은 이 큐에 태스크를 추가하는 간단한 스크립트 파일이다. 실제 환경에서는 필요에 따라 태스크를 큐에 넣기도 한다(태스크 매개변수와 함께 **RPUSH**를 호출해 사용). 예를 들어 사용자가 이미지를 업로드하는 것에 대한 응답으로 이미지 크기를 재조정하는 작업을 큐에 넣는 등 사용자 액션에 대한 응답으로 태스크를 큐에 넣는다. 데모를 위해 태스크 큐를 임의의 값으로 채울 수도 있다. 다음 예제 코드는 태스크 입력 정수로 임의의 값을 사용(값은 1에서 1000만 사이)해 10개의 샘플 태스크를 생성한다.

예제 코드 10.3 Chapter10/pi_worker/add_tasks.py

```
import os
import redis
import random
redis_host = os.environ.get('REDIS_HOST')
assert redis_host != None
r = redis.Redis(host=redis_host,
                port='6379',
                decode_responses=True)

random.seed()
```

```
for i in range(0, 10):          ◀── 10번 반복으로 10개의 태스크가 추가된다.
  rand = random.randint(10,100)
  iterations = rand * 100000    ◀── 랜덤 태스크 매개변수를 생성한다.
  r.rpush('queue:task', iterations)   ◀── 태스크를 큐에 추가한다.
  print("added task: " + str(iterations))

print("queue depth", str(r.llen('queue:task')))
print ("done")
```

rpush 메서드(RPUSH[2])는 주어진 값(위 예제의 경우 정수)을 키로 지정된 리스트에 추가한다(위 예제의 경우 키는 'queue:task'다). 이전에 레디스를 사용한 적이 없다면 좀 더 복잡한 것을 기대했을 수도 있지만 이것이 큐를 구현하는 데 필요한 전부이다. 사전 구성이나 스키마는 필요하지 않다.

지금까지 설명한 세 개의 파이썬 스크립트를 컨테이너에 패키징하는 것은 매우 간단하다. 예제 코드 10.4에서 볼 수 있듯이 공식 파이썬 베이스 이미지를 사용하면 레디스 디펜던시를 추가할 수 있다(컨테이너를 빌드하는 방법에 대해 복습이 필요한 경우 2장을 참고하자). 기본 컨테이너 엔트리 포인트로 python3 pi_worker.py라는 커맨드를 작성해 워커를 실행한다.

예제 코드 10.4 Chapter10/pi_worker/Dockerfile

```
FROM python:3
RUN pip install redis       ◀── 레디스에 대한 디펜던시를 포함한다.
COPY . /app
WORKDIR /app
CMD python3 pi_worker.py    ◀── 워커를 실행한다.
```

파이썬 워커 컨테이너가 생성됐다. 이제 쿠버네티스에 배포하는 단계로 즐겁게 넘어가 보자.

쿠버네티스에 배포하기

그림 10.2는 이번 배포를 진행할 쿠버네티스의 아키텍처다. 레디스를 실행하는 스테이트풀셋과 워커 파드를 실행하는 디플로이먼트가 존재한다. 태스크를 추가하는 웹 애플리케이션 역할도 존재하지만 이번 예제에서는 수동으로 진행하겠다.

---

2 https://redis.io/commands/rpush

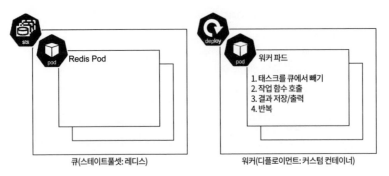

그림 10.2 백그라운드 처리 태스크 큐를 갖는 쿠버네티스 아키텍처

위의 워커 파드는 이제 익숙해진 디플로이먼트 구성(3장에서 설명)으로 배포될 것이다. 이번 예제에서는 내부 서비스 호스트를 참조하는 환경 변수를 사용해 레디스 호스트의 위치를 전달하겠다(7.1.3항 참조).

예제 코드 10.5 Chapter10/10.1.1_TaskQueue/deploy_worker.yaml

```yaml
apiVersion: apps/v1
kind: Deployment
metadata:
  name: pi-worker
spec:
  replicas: 2
  selector:
    matchLabels:
      pod: pi
  template:
    metadata:
    labels:
      pod: pi
spec:
  containers:
  - name: pi-container
    image: docker.io/wdenniss/pi_worker:1        ◀── 워커의 컨테이너 이미지
    env:
    - name: REDIS_HOST
      value: redis-0.redis-service               ◀── 프라이머리 레디스 파드의 쿠버네티스 서비스 호스트 이름
    - name: PYTHONUNBUFFERED                      ◀── 파이썬이 모든 print 명령문을 즉시 출력하도록 지시하는 환경 변수
      value: "1"
```

지금까지 이 책에서 사용한 웹서비스를 노출하는 다른 디플로이먼트와 비교했을 때 이 디플로이먼트에 전혀 특별한 것이 없다는 점을 기억하자. 위 예제는 단지 태스크 워커의 역할을 맡게 된 파드의 집합일 뿐이다.

위 예제에서 워커 파드로는 레디스 인스턴스를 사용하기 때문에 먼저 레디스를 배포하겠다. 이를 위해 9장의 실습 내용을 사용할 수 있다. 9.2.1_StatefulSet_Redis 및 9.2.2_StatefulSet_Redis_Multi 디렉터리의 솔루션 모두 우리의 목적에 부합한다. 코드 실행을 위해 샘플의 루트 디렉터리에서 다음과 같은 명령을 간단히 실행한다.

```
$ kubectl create -f Chapter09/9.2.2_StatefulSet_Redis_Multi
configmap/redis-config created
service/redis-service created
statefulset.apps/redis created


$ kubectl get pods
NAME       READY    STATUS       RESTARTS    AGE
redis-0    1/1      Running      0           20s
redis-1    1/1      Running      0           13s
redis-2    0/1      Init:0/1     0           7s
```

이제 워커 배포를 생성한다.

```
kubectl create -f Chapter10/10.1.1_TaskQueue/deploy_worker.yaml
```

마지막으로 모든 것이 제대로 잘 동작하는지 확인해야 한다. 실행 중인 파드 5개가 표시돼야 한다.

```
$ kubectl get pods
NAME                          READY    STATUS     RESTARTS    AGE
pi-worker-55477bdf7b-7rmhp    1/1      Running    0           2m5s
pi-worker-55477bdf7b-ltcsd    1/1      Running    0           2m5s
redis-0                       1/1      Running    0           3m41s
redis-1                       1/1      Running    0           3m41s
redis-2                       1/1      Running    0           3m28s
```

롤아웃 진행 상황 지켜보기

위 예제에서 보여주는 kubectl get pods 명령과 같은 get 명령은 해당 명령을 수행하는 특정 시점의 상태를 알려준다. 한편 3장에서 소개했던 롤아웃을 감시하기 위한 두 가지 훌륭한 옵션이 있다는 것을 떠올려 보자. kubectl 명령에 -w 옵션을 추가할 수 있는데, 이는 쿠버네티스에서 기본적으로 제공하는 감시 옵션이다(예: kubectl get pods -w). 또는 필자가 가장 좋아하는 리눅스 watch 명령을 사용할 수도 있다. 필자는 watch -d kubectl get pods 명령을 사용하는데, 이는 2초마다 상태를 새로 고침하고 변경 사항을 강조해 표시한다. 새로 고침의 빈도를 사용자가 지정할 수도 있다. 이 책에서 소개하는 실습을 간단하게 유지하기 위해 공유하는 모든 명령에 감시 기능을 추가하지는 않겠지만 사용 가능하다는 점은 기억하기 바란다.

이제 앱이 배포됐기 때문에 로그를 보고 앱이 무엇을 하는지 확인할 수 있다. 쿠버네티스에는 여러 개의 파드(예: 두 개의 워커)에서 동시에 로그를 스트리밍하는 내장된 기능이 존재하지는 않지만 디플로이먼트를 지정하면 시스템이 무작위로 하나의 파드를 선택해 해당 파드의 로그를 출력한다.

```
$ kubectl logs -f deployment/pi-worker
Found 2 pods, using pod/pi-worker-55477bdf7b-7rmhp
starting
```

디플로이먼트 내에 있는 모든 파드의 로그를 보고 싶지만 스트리밍하고 싶지는 않다면 PodSpec의 메타데이터 레이블을 참조해 이를 수행할 수 있다. 위 예제의 경우 pod=pi이다.

```
$ kubectl logs --selector pod=pi
starting
starting
```

로그를 어떤 방식으로 확인하든 파드가 시작(staring)만 인쇄하고 다른 로그는 인쇄하지 않는 것을 확인할 수 있다. 이는 파드가 큐에 추가될 태스크를 기다리고 있기 때문이다. 작업할 태스크를 몇 가지 추가해 보자.

큐에 작업 추가하기

일반적으로 백그라운드 큐에서 처리할 작업을 추가하는 것은 웹 애플리케이션이나 기타 다른 프로세스다. 웹 애플리케이션이 해야 할 일은 태스크를 의미하는 객체로 redis.rpush('queue:task',object)를 호출하는 것이다.

이 예제에서는 일부 태스크를 예약하기 위해 컨테이너(예제 코드 10.3)에 포함시킨 **add_tasks.py** 스크립트를 실행할 수 있다. 파드 중 하나의 컨테이너에서 일회성 명령을 실행해 보자.

```
$ kubectl exec -it deploy/pi-worker -- python3 add_tasks.py
added task: 9500000
added task: 3800000
added task: 1900000
added task: 3600000
added task: 1200000
added task: 8600000
added task: 7800000
added task: 7100000
added task: 1400000
added task: 5600000
queue depth 8
done
```

위 예제에서 **exec** 명령을 실행할 때는 **deploy/pi-worker**를 지정해 실제 명령을 실행하기 위해 랜덤하게 실행 중인 파드 중 하나를 선택해야 함에 주의한다(종료 상태인 파드일 수도 있으니 조심하자). 또한 **kubectl exec -it $POD_NAME -- python3 add_tasks.py** 명령을 사용해 특정 파드에 직접 명령을 실행할 수도 있다.

작업 살펴보기

태스크가 큐에 추가되면 워커 파드 중 하나의 로그를 관찰해 어떻게 진행되고 있는지 확인할 수 있다.

```
$ kubectl logs -f deployment/pi-worker
Found 2 pods, using pod/pi-worker-54dd47b44c-bjccg
starting
got task: 9500000
3.1415927062213693620
got task: 8600000
3.1415927117293246813
got task: 7100000
3.1415927240123234505
```

이 워커는 태스크(그레고리-라이프니츠 무한대 급수 알고리즘을 n번 반복으로 파이를 계산하는 것)를 맡아서 수행한다.

10.1.2 워커 파드에서 신호 처리하기

한 가지 주의할 점은 이전의 워커 구현체의 경우 SIGTERM에 대한 처리가 존재하지 않는다는 것이다. 이는 파드를 교체해야 할 때 워커가 우아하게 종료되지 않음을 의미한다. 파드가 종료될 때는 디플로이먼트를 업데이트하거나 쿠버네티스 노드가 업그레이드되는 경우를 포함해 여러 가지 이유가 존재하므로 SIGTERM은 처리해야 할 매우 중요한 신호이다.

파이썬에서는 SIGTERM 핸들러를 구현해 현재 작업을 완료한 후에 워커를 종료시키도록 지시할 수 있다. 또한 워커가 상태를 더 자주 확인할 수 있도록 큐-팝 호출에 타임아웃 기능도 추가하자. 다른 언어를 사용하는 경우에도 SIGTERM 신호 처리를 구현하는 방법을 찾아보자. 다음 예제 코드는 종료 처리 기능을 추가해 SIGTERM 신호를 수신하면 워커를 종료하도록 하는 예제다.

예제 코드 10.6 Chapter10/pi_worker2/pi_worker.py

```
import os
import signal
import redis
from pi import *

redis_host = os.environ.get('REDIS_HOST')
assert redis_host != None
r = redis.Redis(host=redis_host,
                port='6379',
                decode_responses=True)

running = True      ◀── 이 변수가 신호 처리기에 의해 false로 설정되어 있다면 무한 반복을 종료한다.

def signal_handler(signum, frame):
    print("got signal")
    running = False

signal.signal(signal.SIGTERM, signal_handler)
```

SIGTERM 신호를 수신하면 실행 상태(running state)를 false로 설정하도록 신호 처리기를 등록한다.

```
print("starting")
while running:
    task = r.blpop('queue:task', 5)          ◄──    다음 태스크를 팝 하지만 큐가 비어 있는 경우 5초간
    if task != None:                                 대기한다(실행 조건을 확인할 수 있도록).
        iterations = int(task[1])
        print("got task: " + str(iterations))
        pi = leibniz_pi(iterations)
        print (pi)
```

그런 다음 업데이트된 디플로이먼트에 이 수정사항을 배포하고 새로운 이미지와 함께 terminationGracePeriodSeconds를 지정해 현재 작업을 마무리하고 종료해 해당 SIGTERM을 처리하는 데 2분이 걸리도록 설정한다.

예제 코드 10.7 Chapter10/10.1.2_TaskQueue2/deploy_worker.yaml

```
apiVersion: apps/v1
kind: Deployment
metadata:
  name: pi-worker
spec:
  replicas: 2
  selector:
    matchLabels:
      pod: pi
  template:
    metadata:
      labels:
        pod: pi
    spec:
      containers:
      - name: pi-container
        image: docker.io/wdenniss/pi_worker:2    ◄── SIGTERM 처리 기능이 있는 새로운 앱 버전
        env:
        - name: REDIS_HOST
          value: redis-0.redis-service
        - name: PYTHONUNBUFFERED
          value: "1"
```

```
    resources:
      requests:
        cpu: 250m
        memory: 250Mi
    terminationGracePeriodSeconds: 120
```

SIGTERM 신호가 수신되면 컨테이너가 종료될 수 있도록 120초의 우아한 종료를 위한 종료 유예 기간을 설정한다.

◀── HPA와 함께 동작할 수 있도록 리소스에 대한 요청이 추가됐다.

파드 내의 신호 처리와 종료 유예 기간(termination grace period)이 함께 동작해 파드는 SIGTERM 신호가 수신되면 새로운 작업을 수락하지 않고 현재 작업을 마무리하는 120초의 시간적 여유를 가지게 된다. 각자 자신의 작업 부하에 맞게 terminationGracePeriodSeconds 값을 조정해 사용하자.

여기에 고려하지 않은 몇 가지 사항이 더 존재한다. 예를 들어, 워커가 태스크를 처리하는 동안 충돌이 발생하면 해당 태스크는 큐에서 제거되지만 완료되지 않았기 때문에 손실된다. 또한 관측가능성(observability)이나 기타 다른 기능은 최소한으로 제공된다. 이전에 보여줬던 샘플의 목표는 완전한 큐 시스템을 제공하는 것이 아니라 단지 개념적으로 어떻게 동작하는지 보여주는 것이다. 결함 내성(fault tolerance) 및 기타 기능을 계속 구현하거나 오픈 소스 백그라운드 큐를 채택해 해당 작업을 수행케 하는 것은 여러분의 선택에 달려 있다.

10.1.3 워커 파드 확장하기

워커 파드를 확장하는 방법은 6장에서 다룬 모든 디플로이먼트와 거의 동일하다. 복제본의 개수를 수동으로 설정하거나 HPA를 통해 자동으로 설정할 수 있다. 앞서 살펴본 예제는 CPU 집약적이므로 HPA를 사용한 스케일링에 CPU 메트릭을 사용하는 것이 적합하다. 이제 HPA를 설정해 보자.

예제 코드 10.8 Chapter10/10.1.3_HPA/worker_hpa.yaml

```
apiVersion: autoscaling/v2
kind: HorizontalPodAutoscaler
metadata:
name: pi-worker-autoscaler
spec:
  scaleTargetRef:
    apiVersion: apps/v1
    kind: Deployment
    name: pi-worker
  minReplicas: 2
  maxReplicas: 10
```

예제 코드 10.7의 디플로이먼트 참조

```
metrics:
- type: Resource
  resource:
    name: cpu
    target:
      type: Utilization
      averageUtilization: 20
```

이 코드는 배포를 2~10개의 파드로 확장해 파드가 요청한 CPU 리소스의 평균 20%를 사용하도록 하는 것을 목표로 한다. 다음과 같이 HPA를 생성해보자.

```
kubectl create -f Chapter10/10.1.3_HPA
```

HPA가 제대로 동작하지 않는다면 10.1.1항의 '워커 추가하기' 단계를 반복해 HPA가 제대로 동작하는 것을 확인해볼 수 있다. kubectl get 명령은 여러 리소스 유형을 지원하므로 결과는 kubectl get pods,hpa로 확인할 수 있으며 리눅스 watch 명령을 함께 사용하면 모든 구성 요소의 상호 작용을 관찰할 수 있다.

```
$ kubectl exec -it deploy/pi-worker -- python3 add_tasks.py
$ kubectl get pods,hpa
```

NAME	READY	STATUS	RESTARTS	AGE
pod/pi-worker-54dd47b44c-22x9b	1/1	Running	0	2m42s
pod/pi-worker-54dd47b44c-9wppc	1/1	Running	0	2m27s
pod/pi-worker-54dd47b44c-bjccg	1/1	Running	0	13m
pod/pi-worker-54dd47b44c-f79hx	1/1	Running	0	2m42s
pod/pi-worker-54dd47b44c-fptj9	1/1	Running	0	2m27s
pod/pi-worker-54dd47b44c-hgbqd	1/1	Running	0	2m27s
pod/pi-worker-54dd47b44c-lj2bk	1/1	Running	0	2m27s
pod/pi-worker-54dd47b44c-wc267	1/1	Running	0	2m10s
pod/pi-worker-54dd47b44c-wk4dg	1/1	Running	0	2m10s
pod/pi-worker-54dd47b44c-x2s4m	1/1	Running	0	13m
pod/redis-0	1/1	Running	0	56m
pod/redis-1	1/1	Running	0	56m
pod/redis-2	1/1	Running	0	56m

NAME	REFERENCE	TARGETS	MINPODS	MAXPODS	REPLICAS
pi-worker-autoscaler	Deployment/pi-worker	66%/20%	2	10	10

10.1.4 오픈 소스 태스크 큐

지금까지 자체적으로 태스크 큐를 구축해 봤다. 필자는 이러한 태스크 큐가 어떻게 동작하는지 이해하기 위해서는 직접 구현해보는 것이 가장 좋다고 생각한다. 하지만 세상에는 다른 사람들이 이미 작업해 놓은 결과물이 많기 때문에 직접 태스크 큐를 구현해 사용할 필요는 없다.

파이썬을 사용하는 경우 RQ[3]는 매우 좋은 선택지이다. RQ는 무수히 많은 매개변수와 함께 함수 호출을 큐에 넣을 수 있도록 지원한다. 필수 프로토콜을 준수하는 객체에 이 함수를 래핑할 필요도 없다. 루비(Ruby) 개발자에게는 깃허브팀에서 만든 Resque[4]가 인기있는 선택지다. Resque의 태스크는 perform 메서드를 구현하는 루비 클래스일 뿐이다. 루비 온 레일스(Ruby on Rails) 프레임워크는 액티브 잡(Active Job) 프레임워크를 통해 Resque를 특히 사용하기 쉽게 만들어 주는데, 이를 통해 Resque(및 다른 태스크 큐 구현체)를 큐잉 백엔드로 사용할 수 있다.

더 나아가 자신만의 큐를 직접 만들기 전에 이러한 오픈소스 옵션과 더 많은 것을 살펴보는 것이 좋다. 만약 여러분이 직접 무언가를 만들거나 오픈소스 옵션이 충분하지 않다면 지금 다뤘던 예제에서 시작하는 것도 꽤 간단한 출발점이 될 것이다.

10.2 잡

쿠버네티스는 잡(Job) 구성을 통해 처리할 작업의 유한한 집합을 정의하는 방법을 제공한다. 잡과 디플로이먼트는 모두 일반적으로 쿠버네티스에서 배치 잡과 백그라운드 처리를 하는 데 사용된다. 주요 차이점은 잡은 유한한 작업 집합을 처리하도록 설계됐으며 레디스와 같은 큐 데이터 구조 없이 사용될 수 있는 반면, 디플로이먼트는 지속적으로 실행되는 백그라운드 큐 구현을 위한 것이기 때문에 조정을 위해 일종의 큐 구조가 필요하다(10.1절에서 실습했던 바와 같이)는 점이다. 또한 잡을 사용하면 유지 관리 작업과 같은 일회성 및 주기적 작업을 실행할 수도 있는데, 이와 같은 동작은 디플로이먼트에서 실행될 수 없다(디플로이먼트의 경우 작업이 완료되면 파드가 재시작됨).

독립 실행형 파드(standalone pod)도 일회성 작업을 할 수 있는데, 쿠버네티스에서 무언가를 한 번 실행하기 위해 굳이 별도의 구성 요소가 필요한지 궁금할 수도 있다. 파드가 작업을 수행하도록 스케줄링하고 완료되면 종료시킬 수 있는 것은 사실이지만, 해당 작업이 실제로 완료됐는지를 확인할 컨트롤

---

3 https://python-rq.org/
4 https://github.com/resque/resque

러는 존재하지 않는다. 예를 들어 파드 내의 작업이 완료되기 전에 유지 관리 이벤트로 인해 강제로 축출(evicted)되는 경우가 발생할 수 있다. 한편 잡은 파드에 몇 가지 유용한 도구를 추가해 작업이 실패하거나 파드가 축출된 경우 해당 작업을 다시 스케줄링하고 여러 완료 및 병렬 처리를 추적할 수 있다.

결국 잡은 쿠버네티스에서 파드를 관리하기 위한 디플로이먼트와 스테이트풀셋과 같은 또 다른 상위 워크로드 컨트롤러일 뿐이다. 세 가지 유형의 컨트롤러(디플로이먼트, 스테이트풀셋, 잡)는 모두 실제 코드를 실행하는 파드를 생성하지만 컨트롤러에서 제공하는 스케줄링 및 관리에 대한 로직은 서로 다르다. 디플로이먼트는 연속적으로 실행되는 파드 집합을 생성하는 데 사용하며, 스테이트풀셋은 고유한 오디널을 갖고 영구 볼륨 템플릿을 통해 디스크를 연결할 수 있는 파드를 위해 사용한다. 마지막으로 잡은 완료돼야 하는 파드, 잠재적으로는 여러 번 실행되는 파드를 위한 것이다.

10.2.1 잡을 사용해 일회성 작업 실행하기

잡은 일회성 작업을 실행하기에 적합하다. 캐시를 지우거나 컨테이너에서 필수적인 명령을 실행하는 것과 같은 유지관리 태스크를 수행하려고 한다고 가정해 보자. 기존 파드에서 kubectl exec 명령을 사용하는 대신 별도의 리소스를 가지고 별도의 프로세스로 실행하도록 잡을 예약하면 잡이 요청대로 완료되게 하거나(또는 실패 상태를 보고하고) 쉽게 태스크를 반복시킬 수 있다.

exec 명령은 실행 중인 파드를 디버깅하는 데만 사용해야 한다. exec 명령을 사용해 유지관리 태스크를 수행하는 경우 해당 태스크가 파드와 리소스를 공유하게 되므로 좋은 선택지가 아니다. 파드에 작업을 처리할 리소스가 충분하지 않을 수 있으며 성능에도 영향을 미치게 된다. 태스크를 잡으로 수행할 경우 자체 리소스 할당이 있는 파드를 얻게 된다.

> **유지 관리 태스크를 위한 코드형 설정(Configuraiton as code)**
>
> 이 책 전반에 걸쳐 모든 것을 설정(configuration)으로 캡처하는 것이 얼마나 중요한지 강조해 왔다. 일상적인 유지관리 태스크를 복사/붙여넣기 하는 셸 커맨드들이 아닌 잡으로 캡처해 두면 반복 가능한 설정을 구축하게 된다. 다음 장에서 살펴볼 GitOps 접근 방식에 따르면 운영 환경의 변경 사항이 깃(Git)을 거쳐야 하기 때문에 유지관리 태스크를 일반적인 코드 검토 프로세스를 거쳐 운영 환경에 적용할 수 있다.

이전 섹션에서는 큐에 작업을 추가하기 위해 컨테이너에서 명령을 실행해야 했다. 기존 파드에서 kubectl exec 명령을 사용해 python3 add_tasks.py를 실행했다. 이번에는 태스크를 추가하는 프로세스를 자체 파드를 갖는 적절한 잡으로 업그레이드하겠다. 다음 예제 코드에서 정의하는 잡은 pi라는 컨테이너에서 python3 add_task.py 명령을 수행하는 데 사용된다.

예제 코드 10.9 Chapter10/10.2.1_Job/job_addwork.yaml

```yaml
apiVersion: batch/v1
kind: Job
metadata:
  name: addwork
spec:
  backoffLimit: 2
  template:
    spec:
      containers:
      - name: pi-container
        image: docker.io/wdenniss/pi_worker:2     ←—— 워커와 동일한 컨테이너 이미지를 참조한다…
        command: ["python3", "add_tasks.py"]       ←—— …하지만 다른 명령을 실행한다.
        env:
        - name: REDIS_HOST
          value: redis-0.redis-service
        - name: PYTHONUNBUFFERED
          value: "1"
      restartPolicy: Never
```

spec 패턴 내 template 내의 spec이 꽤 익숙하다. 그 이유는 잡 객체가 디플로이먼트와 스테이트풀셋과 같이 PodSpec 템플릿을 내장했기 때문이다(객체 구성의 시각적 표현은 그림 10.3 참조). 잡 컨텍스트에서 의미가 없는 일부 매개변수 조합을 제외한 리소스 요청 및 환경 변수와 같은 모든 매개변수는 이 부분에 작성해 사용한다.

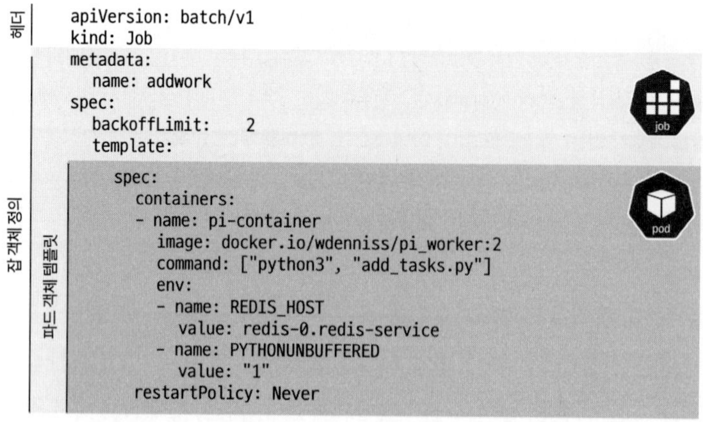

그림 10.3 잡의 객체 구성

잡용 PodSpec은 디플로이먼트용 PodSpec과 동일한 환경 변수를 가진다. 쿠버네티스 객체 구성의 장점은 파드가 포함된 위치와 관계없이 사양이 동일하다는 것이다. 다른 컨트롤러와의 다른 차이점은 restartPolicy와 backoffLimit 필드다.

파드의 restartPollicy는 잡에 포함된 PodSpec의 속성으로 노드의 쿠블릿 오류로 인해 컨테이너가 종료될 경우의 재시작 여부를 결정한다. 잡의 경우 컨테이너 실패 시 재시작하려면 OnFailure로 설정하고 실패를 무시하려면 Never로 설정한다. Always 옵션은 성공적으로 종료된 파드의 경우에도 재시작이 될 수 있기 때문에 잡에는 적합하지 않은 속성이다. Always는 잡에 적용되도록 설계된 작업이 아니다(디플로이먼트 영역에 필요한 설정에 더 가깝다).

backoffLimit는 잡의 주요 속성으로 잡을 실행하기 위해 시도하는 횟수를 결정한다. 이는 충돌과 노드 실패를 모두 포함한다. 예를 들어 잡에서 두 번 충돌이 발생한 다음 노드의 유지관리를 위해 축출되는 경우 이는 세 번의 재시작으로 계산된다. 일부 실무자들은 개발 과정에서 디버깅을 보다 쉽게 하고 실패한 파드를 확인하고 로그를 쿼리할 수 있기 때문에 Never로 설정하는 것을 선호한다.

다른 쿠버네티스 객체와 마찬가지로 잡을 생성한 다음 진행 상황을 관찰한다.

```
$ kubectl create -f Chapter10/10.2.1_Job/job_addwork.yaml
job.batch/addwork created


$ kubectl get job,pods
NAME                     COMPLETIONS   DURATION   AGE
job.batch/addwork        1/1           3s         9s


NAME                                  READY    STATUS      RESTARTS    AGE
pod/addwork-99q5k                     0/1      Completed   0           9s
pod/pi-worker-6f6dfdb548-7krpm        1/1      Running     0           7m2s
pod/pi-worker-6f6dfdb548-pzxq2        1/1      Running     0           7m2s
pod/redis-0                           1/1      Running     0           8m3s
pod/redis-1                           1/1      Running     0           7m30s
pod/redis-2                           1/1      Running     0           6m25s
```

잡이 성공하면 새로 추가된 작업으로 인해 워커 파드가 바빠진 것을 확인할 수 있다. 이전에 HPA를 배포한 경우, 위 예제와 같이 새로운 컨테이너가 생성되는 것이 곧 확인된다.

```
$ kubectl get pods,hpa
NAME                              READY   STATUS             RESTARTS   AGE
pod/addwork-99q5k                 0/1     Completed          0          58s
pod/pi-worker-6f6dfdb548-7krpm    1/1     Running            0          7m51s
pod/pi-worker-6f6dfdb548-h6pld    0/1     ContainerCreating  0          8s
pod/pi-worker-6f6dfdb548-pzxq2    1/1     Running            0          7m51s
pod/pi-worker-6f6dfdb548-qpgxp    1/1     Running            0          8s
pod/redis-0 pod/redis-0           1/1     Running            0          8m52s
pod/redis-0 pod/redis-1           1/1     Running            0          8m19s
pod/redis-0 pod/redis-2           1/1     Running            0          7m14s

NAME                   REFERENCES             TARGETS    MINPODS   MAXPODS   REPLICAS
pi-worker-autoscaler   Deployment/pi-worker   100%/20%   2         10        2
```

잡에 관해 주의해야 할 점 하나는 잡의 완료 여부와 관계없이 잡을 먼저 삭제하지 않고는 동일한 이름으로 다시 스케줄링할 수 없다는 것이다(즉, 동일한 액션을 반복할 수 없음). 그 이유는 작업이 완전히 완료됐더라도 잡 객체는 여전히 쿠버네티스상에 존재하기 때문이다. 설정을 통해 생성된 모든 객체와 마찬가지로 잡도 삭제할 수 있다.

```
kubectl delete -f Chapter10/10.2.1_Job/job_addwork.yaml
```

요약하자면 잡은 완료해야 할 태스크나 작업이 있을 때 사용한다. 앞서 소개한 예제는 간단한 명령을 실행하는 것이었다. 그러나 잡은 시간이 오래 걸리고 복잡한 연산 작업이 될 수도 있다. 일회성으로 백그라운드 프로세스를 실행해야 하는 경우 간단히 컨테이너화하고 잡을 통해 정의하고 스케줄링하면 된다. 잡이 완료됐다고 보고(성공적인 종료 상태로 종료되는 경우)하는 경우 작업은 완료된다.

일회성 태스크를 실행하는 데 사용하지 않은 잡의 두 매개변수는 completions와 parallelism이다. 이 매개변수들을 사용하면 단일 잡 객체에 설명(description)을 사용해 태스크를 배치 처리할 수 있다. 이는 10.3절에서 다룰 예정이다. 그에 앞서 일정 간격으로 잡을 스케줄링하는 방법을 살펴보자.

10.2.2 크론잡을 사용해 태스크 스케줄링하기

이전 절에서는 클러스터에서 수동으로 실행했던 명령을 가져와서 적절한 쿠버네티스 객체를 생성해 캡슐화했다. 이제 팀의 모든 개발자가 복잡한 exec 명령을 기억할 필요 없이 잡 객체를 생성해 태스크를 수행할 수 있다.

일정 간격으로 반복적으로 실행해야 하는 태스크는 어떻게 구성해야 할까? 쿠버네티스에서는 크론잡 (CronJob)으로 이를 해결한다. 크론잡을 사용하면 잡 객체를 캡슐화하고 빈도(frequency) 매개변수 를 추가해 잡을 실행할 빈도를 매일 또는 매시간(또는 원하는 간격)으로 설정할 수 있다. 이는 일일 캐 시 정리 등의 태스크를 예약하는 인기 있는 방법이다.

예제 코드 10.10 Chapter10/10.2.2_CronJob/cronjob_addwork.yaml

```yaml
apiVersion: batch/v1
kind: CronJob
metadata:
  name: addwork
spec:
  schedule: "*/5 * * * *"
  jobTemplate:
    spec:
      backoffLimit: 2
      template:
        spec:
          containers:
          - name: pi-container
            image: docker.io/wdenniss/pi_worker:2        ← 예제 코드 10.9와 유사한 잡 명세서
            command: ["python3", "add_tasks.py"]         ← 잡을 실행하기 위한 크론 스케줄
            env:
            - name: REDIS_HOST
              value: redis-0.redis-service
            - name: PYTHONUNBUFFERED
              value: "1"
          restartPolicy: Never
```

예제 코드 10.9와 대조하면 잡의 전체 명세서(spec 하위 부분)를 이 크론잡 설정 spec의 하위 속성인 jobTemplate 아래에 복사하고 schedule이라는 필드를 spec 레벨에 추가한 것이 확인된다. 잡은 생성 될 파드를 위한 자체 템플릿을 가지고 있으며 이 템플릿 또한 자체 spec을 가진다는 사실을 기억하자.

크론잡은 잡 객체를 내장하고 있고 잡 객체는 파드를 내장하고 있다. 객체의 구성을 시각화하는 것이 이해에 도움이 될 수 있기 때문에 그림 10.4를 살펴본다.

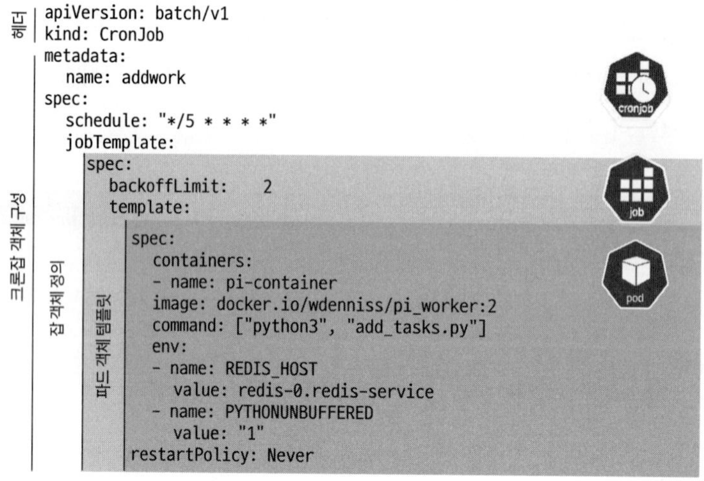
헤더
apiVersion: batch/v1
kind: CronJob
metadata:
name: addwork
spec:
schedule: "*/5 * * * *"
jobTemplate:
spec:
backoffLimit: 2
template:
spec:
containers:
- name: pi-container
image: docker.io/wdenniss/pi_worker:2
command: ["python3", "add_tasks.py"]
env:
- name: REDIS_HOST
value: redis-0.redis-service
- name: PYTHONUNBUFFERED
value: "1"
restartPolicy: Never
크론잡 객체 구성
잡 객체 정의
파드 객체 템플릿
cronjob
job
pod

그림 10.4 크론잡의 객체 구성

쿠버네티스의 객체 구성

스펙과 템플릿이 또 다른 스펙과 템플릿을 포함하고 있어서, 때때로 쿠버네티스에서 마치 끝없이 반복되는 구조가 있는 것처럼 느껴질 수 있다. 위 예제에서는 스케줄에 따라 실행되는 잡 템플릿을 내포한 크론잡이 작성되어 있으며 잡은 다시 자체 스펙을 갖는 파드 템플릿을 내포한다. 이것은 매우 혼란스럽고 반복적으로 보일 수 있지만 이와 같은 접근 방식에는 엄청난 이점이 존재한다. API 문서를 확인해보면 잡의 모든 필드를 `jobTemplate`에서 사용할 수 있고 파드의 모든 필드를 `spec` 섹션에서 사용할 수 있다는 점을 알게 될 것이다. 쿠버네티스 객체는 다른 객체의 구성으로 만들어진다.

이와 관련된 일부 용어는 기억해두는 것이 좋다. 파드가 다른 객체에 포함될 때 포함된 파드의 사양은 PodSpec이라고 부른다(예: 디플로이먼트는 PodSpec을 포함한다). 이 상위 레벨 객체의 컨트롤러가 클러스터에서 파드를 생성하면 해당 파드는 다른 모든 파드와 동일하게 마치 자신의 사양으로 직접 생성된 것처럼 보인다. 유일한 차이점은 잡이나 디플로이먼트 같은 컨트롤러에 의해 생성된 파드는 해당 컨트롤러에 의해 계속 관찰된다는 것이다(예: 해당 파드가 실패할 경우 재생성).

앞서 쿠버네티스 객체 구성에 대해 설명했다. 그렇다면 `schedule` 필드는 크론잡 명세서에서 어떠한 역할을 할까? `schedule`은 오래된 유닉스 크론(unix cron) 형식으로 빈도를 결정한다. 크론 형식은 매우 표현력이 풍부하다. 예제 코드 10.10에 표시된 `*/5 * * * *`는 '5분마다'로 변환된다. '30분마다 실행'(`*/30 * * * *`), '매일 자정 실행'(`0 0 * * *`), '월요일 오후 4시 실행'(`0 16 * * 1`) 등과 같이 스케줄을 구성할 수 있다. 원하는 표현식을 확인하려면 크론 편집기 사용을 추천한다(구글에서 'cron editor'

를 검색하면 된다). 크론 편집기를 사용하는 것은 주 단위로 실행하려는 잡이 실제로 실행됐는지 확인하기 위해 일주일을 기다리는 것보다 훨씬 더 효율적이다.

새로운 크론잡을 생성해보자.

```
$ kubectl create -f Chapter10/10.2.2_CronJob/cronjob_addwork.yaml
cronjob.batch/addwork created


$ kubectl get cronjob,job
NAME                     SCHEDULE      SUSPEND   ACTIVE   LAST SCHEDULE   AGE
cronjob.batch/addwork    */5 * * * *   False     0        <none>          58s
```

몇 분 정도 기다려 보자(이 예제는 잡이 5분마다 생성된다). 그러면 잡과 해당 잡이 생성한 파드를 볼 수 있을 것이다.

```
$ kubectl get cronjob,job,pods
NAME                     SCHEDULE      SUSPEND   ACTIVE   LAST SCHEDULE   AGE
cronjob.batch/addwork    */5 * * * *   False     0        2m38s           3m11s

NAME                                READY   STATUS      RESTARTS   AGE
pod/addwork-27237815-b44ws          0/1     Completed   0          2m38s
pod/pi-worker-6f6dfdb548-5czkc       1/1     Running     5          14m
pod/pi-worker-6f6dfdb548-gfkcq       1/1     Running     0          7s
pod/pi-worker-6f6dfdb548-pl584       1/1     Running     0          7s
pod/pi-worker-6f6dfdb548-qpgxp       1/1     Running     5          25m
pod/redis-0                          1/1     Running     0          14m
pod/redis-1                          1/1     Running     0          33m
pod/redis-2                          1/1     Running     0          32m
```

크론잡은 스케줄에 따라 새로운 잡을 생성하고 생성된 잡은 차례대로 새로운 파드를 생성한다. 잡은 완료(Completed)된 상태로 유지되기 때문에 과거 수행된 잡을 검사할 수도 있다. CronJobSpec[5]의 successfulJobsHistoryLimit 및 failedJobsHistoryLimit 옵션을 사용해 이러한 과거 Job 중 몇 개를 보관할지 관리할 수 있다.

---

5 https://kubernetes.io/docs/reference/kubernetes-api/workload-resources/cron-job-v1/#CronJobSpec

---

타임 존(Time zones)

크론잡은 쿠버네티스 클러스터의 타임 존에서 실행되며 GKE(Google Kubernetes Engine)를 포함한 대부분의 플랫폼에서 UTC로 설정돼 있다. 사용되는 타임 존은 컨트롤플레인(control plane)에서 실행되는 쿠버네티스 컨트롤러 컴포넌트의 타임 존이다. 관리형 플랫폼을 사용 중인 경우, 컨트롤 플레인 노드에 직접 쿼리하는 것이 불가능할 수 있지만, 같은 타임 존을 사용할 가능성이 높은 워커 노드를 확인하는 것은 가능하다. 다음은 리눅스 date 명령을 실행한 다음 출력 결과를 볼드체로 표시하고 종료되는 일회성 파드를 만드는 방법이다.

```
$ kubectl run date --restart=Never -it --rm --image ubuntu -- date +%Z
UTC
pod "date" deleted
```

10.3 잡을 사용한 배치 태스크 처리하기

정기적 또는 일회성 이벤트로 처리하려는 배치 작업이 있는 경우는 어떻게 해야 하는가? 10.1절에서 살펴봤던 바와 같이 지속적으로 실행되는 태스크 큐가 필요한 경우 쿠버네티스 객체 중 디플로이먼트를 사용하면 된다. 반면 처리해야 할 유한한 배치 작업이 있다면 쿠버네티스 객체 중 잡이 유용한 객체이다.

10.1절에서와 같이 동적 작업 큐 데이터 구조가 있지만 큐가 비어 있을 때 워커를 완전히 종료하려고 하는 경우 잡을 사용할 수 있다. 디플로이먼트를 사용하면 큐에 더 이상 작업이 존재하지 않을 때 워커 파드를 확장 및 축소하는 별도의 시스템(예: HPA, HorizontalPodAutoscaler)이 필요하다. 하지만 잡을 사용하면 워커 파드 자체가 작업이 완료되면 파드를 종료하고 리소스를 회수해야 할 때 잡 컨트롤러에 신호를 보낼 수 있다.

잡을 사용하는 또 다른 방법은 데이터베이스를 사용하지 않고 정적 작업 큐에서 잡을 실행하는 것이다. 큐에 존재하는 100개의 태스크를 처리해야 한다고 가정해 보자. 잡을 100번 실행하면 해결된다. 문제는 잡의 각 파드 인스턴스가 100개의 태스크 중 어떤 태스크를 실행해야 하는지 알아야 한다는 점이다. 이때는 지금부터 다룰 인덱싱된 잡을 사용한다.

이번 섹션에서는 태스크 처리에 대해 동적 및 정적 접근 방식 모두를 살펴보겠다.

10.3.1 잡을 사용한 동적 큐 처리하기

10.1절에서 설명했던 동적 큐를 디플로이먼트 대신 잡으로 재설계해 보자. 디플로이먼트와 잡은 모두 여러 개의 파드 워커를 생성할 수 있으며 실패 시 파드를 재생성한다. 그러나 디플로이먼트에는 파드가 '완료'(즉, 성공적인 상태로 종료)된다는 개념이 존재하지 않는다. 디플로이먼트는 단순히 지정한 복제본의 수를 항상 유지하려고만 한다. 반면에 잡에서 관리되는 파드의 경우 성공 종료 코드(예: 종료 코드 0)로 종료되면 해당 파드가 잡 컨트롤러에 작업이 성공적으로 완료됐음을 알리고 파드는 재시작되지 않는다.

작업이 완료됐을 때 개별 워커가 신호를 보낼 수 있는 이러한 잡의 속성은 잡의 사용성을 극대화한다. 자동 확장 기능(GKE의 오토파일럿 모드 포함)이 있는 동적 쿠버네티스 환경을 사용하는 경우 잡을 사용하면 작업에 대해 '설정해두고 잊어버리는 것'이 가능하다. 잡을 스케줄링하고 해당 작업이 완료되면 리소스 소비는 0이 된다. 작업이 완료된 후에는 잡을 다시 확장할 수 없지만 삭제하고 다시 생성할 수 있으며 이는 본질적으로 새로운 처리 큐가 시작됨을 의미한다.

잡 환경에서 태스크 워커 컨테이너가 올바르게 동작하려면, 큐가 비어 있을 때 성공적인 종료 조건을 잡에 보내도록 추가해야 한다. 다음 예제 코드는 수정된 워커 코드다.

예제 코드 10.11 Chapter10/pi_worker3/pi_worker.py

```python
import os
import signal
import redis
from pi import *
redis_host = os.environ.get('REDIS_HOST')
assert redis_host != None
r = redis.Redis(host=redis_host,
                port='6379',
                decode_responses=True)
running = True

def signal_handler(signum, frame):
    print("got signal")
    running = False

signal.signal(signal.SIGTERM, signal_handler)
```

```
print("starting")
while running:
  task = r.blpop('queue:task', 5)
  if task != None:
    iterations = int(task[1])
    print("got task: " + str(iterations))
    pi = leibniz_pi(iterations)
    print (pi)
  else:
    if os.getenv('COMPLETE_WHEN_EMPTY', '0') != '0':
      print ("no more work")
      running = False
exit(0)
```

COMPLETE_WHEN_EMPTY=1로 설정된 경우, 큐가 비어 있을 때 새로운 태스크를 기다리지 않도록 한다.

exit(0) ← 종료 코드 0은 쿠버네티스에서 잡이 성공적으로 완료됐음을 의미한다.

워커 컨테이너가 잡 컨텍스트에서 올바르게 동작하도록 설정돼 있기 때문에 이제 쿠버네티스에서 잡을 생성해 실행할 수 있다. 디플로이먼트에서는 replica 필드를 사용해 한 번에 실행되는 파드의 수를 제어하는 반면 잡의 경우 parallelism 매개변수를 사용해 파드들이 동일한 작업을 수행한다.

예제 코드 10.12 Chapter10/10.3.1_JobWorker/job_worker.yaml

```
apiVersion: batch/v1
kind: Job
metadata:
  name: jobworker
spec:
  backoffLimit: 2
  parallelism: 2
  template:
    metadata:
      labels:
        pod: pi
    spec:
      containers:
      - name: pi-container
        image: docker.io/wdenniss/pi_worker:3
        env:
        - name: REDIS_HOST
          value: redis-0.redis-service
        - name: PYTHONUNBUFFERED
          value: "1"
```

parallelism: 2 ← 해당 태스크 큐를 처리하기 위해 동시에 실행해야 할 파드 수

image: docker.io/wdenniss/pi_worker:3 ← 완료 로직을 갖춘 새로운 컨테이너 버전

```
     - name: COMPLETE_WHEN_EMPTY     ◀── 워커의 완료 동작을 활성화하기 위해 지정된 환경 변수
       value: "1"
   restartPolicy: OnFailure
```

예제 코드 10.12에서 잡으로 생성된 워커의 PodSpec과 예제 코드 10.7에서 디플로이먼트로 생성된 워커의 PodSpec을 비교해보면 내장된 PodSpec(template 필드 아래 부분)에 환경 변수 COMPLETE_WHEN_EMPTY와 restartPolicy 필드가 추가된 것을 제외하고는 동일하다는 것을 알 수 있다. 재시작 정책은 파드의 기본값 Always가 잡에는 적용되지 않기 때문에 추가됐다. 재시작 정책으로 OnFailure를 사용하면 워커 파드가 성공을 반환하지 않고 충돌이 발생하는 경우에만 재시작되며, 이는 일반적으로 바람직한 동작이다. 워커의 잡 버전을 나타내는 레이블 메타데이터는 꼭 필요하지는 않으나, 앞서 설명한 바와 같이 동시에 여러 개의 파드 로그에 쿼리하는 데 유용하다(예: kubectl logs --selector pod=pi).

준비

태스크 워커의 잡 기반 버전을 실행하기 전에 이전에 실행했던 디플로이먼트 기반 버전의 워커를 삭제하고 이전에 수행했던 'addwork' 잡 및 크론잡을 제거해 다시 실행할 수 있도록 환경을 구성한다.

```
$ cd Chapter10

$ kubectl delete -f 10.1.2_TaskQueue2
deployment.apps "pi-worker" deleted

$ kubectl delete -f 10.2.1_Job
job.batch "addwork" deleted

$ kubectl delete -f 10.2.2_CronJob
cronjob.batch "addwork" deleted
```

기존에 사용하던 레디스 기반 큐에는 기존 잡이 있을 수 있기 때문에 LTRIM 레디스 명령을 사용해 재설정할 수 있다.

```
$ kubectl exec -it pod/redis-0 -- redis-cli ltrim queue:task 0 0
OK
```

큐를 재설정하려면 redis-cli를 대화형으로 실행해 수행할 수도 있다.

```
$ kubectl exec -it pod/redis-0 -- redis-cli
127.0.0.1:6379> LTRIM queue:task 0 0
OK
```

이제 잡 기반 워커를 실행해 보자. 먼저 이전과 같이 일회성 잡을 사용해 레디스 큐에 몇 가지 작업을 추가한다.

```
$ cd Chapter10

$ kubectl create -f 10.2.1_Job
job.batch/addwork created

$ kubectl get job,pod
NAME                   COMPLETIONS   DURATION   AGE
job.batch/addwork      0/1           19s        19s

NAME                   READY   STATUS              RESTARTS   AGE
pod/addwork-l9fgg      0/1     ContainerCreating   0          19s
pod/redis-0            1/1     Running             0          19h
pod/redis-1            1/1     Running             0          19h
pod/redis-2            1/1     Running             0          19h
```

> **팁**
> 첫 번째 인스턴스가 이미 실행 후 완료됐더라도 동일한 잡 객체를 두 개 생성할 수는 없다. 잡을 다시 실행하려면 다시 생성하기 전에 먼저 삭제한다.

이 addwork 잡이 완료되면 새로운 잡 큐를 실행해 작업을 처리할 수 있다. 큐에 작업이 없으면 잡 워커는 종료될 수 있기 때문에 이전과 달리 순서가 중요하다. 따라서 잡 큐를 실행하기 전에 addwork가 완료됐는지 확인해 보자. 다음과 같이 상태를 관찰한다.

```
$ kubectl get job,pod
NAME                   COMPLETIONS   DURATION   AGE
job.batch/addwork      1/1           22s        36s

NAME                   READY   STATUS      RESTARTS   AGE
pod/addwork-l9fgg      0/1     Completed   0          37s
pod/redis-0            1/1     Running     0          19h
pod/redis-1            1/1     Running     0          19h
pod/redis-2            1/1     Running     0          19h
```

addwork 태스크에서 완료(Completed)가 표시되면 새로운 태스크를 잡큐에 스케줄링할 수 있다.

```
$ kubectl create -f 10.3.1_JobWorker
job.batch/jobworker created

$ kubectl get job,pod
NAME                      COMPLETIONS    DURATION    AGE
job.batch/addwork         1/1            22s         3m45s
job.batch/jobworker       0/1 of 2       2m16s       2m16s


NAME                       READY    STATUS       RESTARTS    AGE
pod/addwork-l9fgg          0/1      Completed    0           3m45s
pod/jobworker-swb6k        1/1      Running      0           2m16s
pod/jobworker-tn6cd        1/1      Running      0           2m16s
pod/redis-0                1/1      Running      0           19h
pod/redis-1                1/1      Running      0           19h
pod/redis-2                1/1      Running      0           19h
```

다음에 일어나야 하는 일은 워커 파드가 큐를 처리하고, 큐가 비어 있으면 워커가 현재 작업하고 있
는 태스크를 완료한 다음 성공적으로 종료되는 것이다. 작업이 마무리되는 때를 알기 위해 큐의 깊이
(depth)를 모니터링하려면 레디스큐에서 LLEN 명령을 사용해 현재 큐의 길이를 측정할 수 있다.

```
$ kubectl exec -it pod/redis-0 -- redis-cli llen queue:task
(integer) 5
```

큐의 길이가 0이 될 때 파드의 상태가 Completed로 변환되는 것을 관찰해야 한다. 파드가 즉시 이 상
태로 전환되지 않고 처리 중인 마지막 태스크를 마친 후에 Completed 상태로 들어간다는 점에 유의하
기 바란다.

```
$ kubectl get job,pod
NAME                      COMPLETIONS    DURATION    AGE
job.batch/addwork         1/1            22s         3m45s
job.batch/jobworker       0/1 of 2       2m16s       2m16s


NAME                       READY    STATUS       RESTARTS    AGE
pod/addwork-l9fgg          0/1      Completed    0           10m09s
pod/jobworker-swb6k        1/1      Completed    0           8m40s
pod/jobworker-tn6cd        1/1      Completed    0           8m40s
pod/redis-0                1/1      Running      0           19h
pod/redis-1                1/1      Running      0           19h
pod/redis-2                1/1      Running      0           19h
```

잡을 다시 실행하려면 이전 잡을 삭제하고 다시 만들어야 한다. 작업이 완료됐고(Completed 상태) 실행 중인 파드가 없을 때도 마찬가지이다. 이전에 수행했던 데모를 재실행하려면 두 개의 잡(작업을 추가하는 잡과 워커를 실행하는 잡)을 모두 삭제하고 새로 만들어야 한다.

```
$ kubectl delete -f 10.2.1_Job
job.batch "addwork" deleted
$ kubectl delete -f 10.3.1_JobWorker
job.batch "jobworker" deleted
$ kubectl create -f 10.2.1_Job
job.batch/addwork created
$ kubectl create -f 10.3.1_JobWorker
job.batch/jobworker created
```

10.3.2 잡을 사용한 정적 큐 처리하기

이전 절에서처럼 태스크 목록을 저장하기 위해 레디스와 같은 동적 큐를 사용하는 대신 정적 큐를 사용해 잡을 실행하는 방법도 여러 가지 존재한다. 정적 큐를 사용하는 경우에는 큐 길이를 미리 알고 있어야 한다. 이 정적 큐는 잡 자체의 일부로 구성되고, 각 태스크에 대한 새로운 파드가 생성된다. 또한 큐가 비어 있을 때까지 태스크 워커를 실행하는 대신 워커 파드를 인스턴스화할 횟수를 미리 정의해 둔다.

이렇게 하는 주된 이유는 컨테이너가 동적 큐에서 태스크를 가져오는 방법을 이해할 필요가 없게 하기 위함이다. 기존 컨테이너에 이러한 기능을 추가하려면 많은 노력이 필요하다. 단점은 쿠버네티스 측에 추가적인 설정이 필요하다는 것이다. 이는 본질적으로 설정에 대한 부담을 워커 컨테이너에서 쿠버네티스 객체로 이동시킨다. 작업을 수행하는 컨테이너를 수정할 수 없다는 요구사항이 있다고 꼭 정적 큐를 사용해야 한다는 의미는 아니다. 하나의 파드가 여러 개의 컨테이너를 가질 수 있으며 이때 하나의 컨테이너가 큐에서 꺼내는 작업을 수행해서 매개변수를 다른 컨테이너로 전달케 할 수도 있다.

그렇다면 쿠버네티스 설정에서 정적 작업 큐는 어떻게 표현해야 할까? 몇 가지 옵션이 있는데, 그중 세 가지를 설명하겠다.

인덱스를 사용한 정적 큐

필자 생각에 인덱싱된 잡은 매우 흥미로운 형태의 정적 큐 옵션 중 하나다. 이 방법은 미리 처리해야 할 태스크의 수를 알고 태스크 목록이 쉽게 인덱싱되는 경우 꽤 유용하다. 한 가지 예는 애니메이션 영화를 렌더링하는 것이다. 프레임 수(큐 길이)를 알고 있다면 각 인스턴스에 렌더링할 프레임의 프레임 번호(큐의 인덱스)를 쉽게 전달할 수 있다.

쿠버네티스는 지정한 총 횟수(completions)만큼 잡을 실행해 각 태스크에 대한 파드를 생성한다. 실행할 때마다 잡에 다음 인덱스(환경 변수 $JOB_COMPLETION_INDEX를 통해 제공)를 제공한다. 작업이 자연스럽게 인덱싱된 경우(예: 애니메이션 영화의 렌더링된 프레임) 이 방법이 매우 효과적이다. 쿠버네티스에 잡을 30,000번 실행하도록 손쉽게 지시할 수 있다(즉, 30,000개의 프레임을 렌더링한다). 그리고 각 파드에 프레임 번호를 제공한다. 또 다른 명백한 접근 방식은 일부 데이터 구조(예: YAML로 인코딩된 태스크 배열 또는 각 줄마다 작성된 텍스트)를 사용해 각 잡에 전체 작업 목록을 제공하는 것이다. 그리고 쿠버네티스는 인덱스를 제공한다. 이 경우 잡은 이 인덱스를 사용해 목록에서 태스크를 조회할 수 있게 된다.

다음 예제 코드는 단순히 프레임 번호를 출력하는 인덱싱된 잡의 구성 예제를 제공한다. 실제 영화의 렌더링 로직을 직접 삽입할 수 있다.

예제 코드 10.13 Chapter10/10.3.2_IndexedJob/indexed_job.yaml

```
apiVersion: batch/v1
kind: Job
metadata:
  name: echo
spec:
  completions: 5          ◀── 잡을 실행할 횟수
  parallelism: 3          ◀── 병렬로 실행할 워커 파드의 수
  completionMode: Indexed ◀── 인덱스 모드에서 실행, 환경 변수로 JOB_COMPLETION_INDEX를 전달
  template:
    metadata:
      labels:
        pod: framerender
    spec:
      restartPolicy: Never
      containers:
      - name: 'worker'
        image: 'docker.io/library/busybox'
        command: ["echo", "render frame: $(JOB_COMPLETION_INDEX)"]   ◀── 현재 인덱스를 출력하는 명령
```

이 잡을 실행하고 관찰해 보자.

```
$ kubectl create -f 10.3.2_IndexedJob
job.batch/echo created
```

```
$ kubectl get job,pods
NAME              COMPLETIONS   DURATION   AGE
job.batch/echo    5/5           20s        58s

NAME                READY   STATUS      RESTARTS   AGE
pod/echo-0-r8v52    0/1     Completed   0          58s
pod/echo-1-nxwsm    0/1     Completed   0          58s
pod/echo-2-49kz2    0/1     Completed   0          58s
pod/echo-3-9lvt2    0/1     Completed   0          51s
pod/echo-4-2pstq    0/1     Completed   0          45s
```

로그를 검사하려면 다음과 같은 명령을 수행한다.

```
$ kubectl logs --selector pod=framerender
render frame: 0
render frame: 1
render frame: 2
render frame: 3
render frame: 4
```

여러분의 애플리케이션은 이 환경 변수를 직접 사용할 수 있다. 또는 초기화 컨테이너를 사용해 인덱스를 가져오고 메인 컨테이너가 수행하는 데 필요한 모든 구성 단계를 수행할 수 있다. 예를 들어, 실행될 스크립트를 빌드하는 과정이 대표적인 사례다.

메시지 큐 서비스가 있는 정적 큐

컨테이너 수정이 필요 없는 또 다른 접근 방식은 메시지 큐를 채우고 각 파드가 해당 큐에서 작업을 가져오게 하는 구성이다. 컨테이너는 쿠버네티스 구성의 환경 변수를 통해 필요한 매개변수를 가져오기 때문에 컨테이너가 큐를 인식하지 못하는 잡을 빌드할 수 있다. 태스크의 개수를 미리 선언하고 태스크당 하나의 워커 파드를 실행해야 하기 때문에 '정적'인 방법으로 여겨진다. 하지만 여기에는 데이터 구조(즉, 메시지 큐)도 필요하다. 쿠버네티스 문서[6]에서는 메시지 큐로 레빗엠큐(RabbitMQ)를 사용해 이러한 접근 방법을 구현한 훌륭한 잡의 예를 보여준다.

스크립팅을 통한 정적 큐

또 다른 옵션은 스크립팅을 사용해 큐의 각 태스크에 대해 별도의 잡을 간단히 생성하는 것이다. 기본적으로 완료(complete)해야 할 태스크가 100개라면 태스크 정의를 반복하고 100개의 개별 잡을 생성해 각각에 필요한 특정 입력 데이터를 제공하는 스크립트를 설정한다. 이와 같은 방법은 필자로서는 관리가 불편해서 가장 싫어하는 옵션이다. 이 모든 작업을 큐에 올린 다음 취소하고 싶다고 상상해 보자. 이 섹션의 다른 모든 예제에서와 같이 단일 잡을 삭제하는 대신 100개를 모두 삭제해야 하기 때문에 이를 위한 더 많은 스크립팅이 필요할 가능성이 높다. 다시 한 번 말하지만 쿠버네티스 문서[7]에 이에 대한 매우 좋은 데모가 제공돼 있으니 관심이 있다면 한 번 확인해 보길 바란다.

10.4 백그라운드 태스크를 위한 활성 프로브

HTTP 트래픽을 처리하는 컨테이너와 마찬가지로, 태스크를 수행하는 컨테이너(디플로이먼트 또는 잡으로 구성됨)에도 활성 프로브(liveness probe)가 필요하다. 활성 프로브는 쿠버네티스에서 실행 중이지만 예상대로 동작하지 않는 컨테이너를 재시작할 때 필요한 정보를 제공한다(예를 들어 프로세스가 중단됐거나 외부 디펜던시를 사용하는 데 실패한 경우). 쿠블릿은 충돌이 발생한 컨테이너를 자동으로 재시작한다(PodSpec의 `restartPolicy` 필드가 `Never`로 설정돼 있는 경우 제외). 하지만 활성 프로브의 도움 없이는 프로세스가 중단됐는지 또는 예상대로 수행되는지 알 수 있는 방법이 없다.

4장에서는 HTTP 트래픽을 처리하는 워크로드의 관점에서 준비성 및 활성 프로브에 대해 다뤘다. 백그라운드 태스크 관점에서는 준비 상태에 따라 추가하거나 제거할 수 있는 서비스가 없기 때문에 준비성 프로브는 무시하고 활성 프로브에만 집중하도록 설정한다.

워크로드를 서비스하는 것과 마찬가지로, 활성 프로브는 백그라운드 태스크에서 멈춰 있거나 중단된 컨테이너를 감지해 쿠버네티스가 이를 재시작 할 수 있도록 하는 데 사용할 수 있다.

6   https://kubernetes.io/docs/tasks/job/coarse-parallel-processing-work-queue/
7   https://kubernetes.io/docs/tasks/job/parallel-processing-expansion/

백그라운드 태스크에는 활성 프로브에서 사용할 수 있는 HTTP나 TCP 엔드포인트가 존재하지 않기 때문에 명령 기반 프로브 옵션을 그대로 사용한다. 컨테이너에서 실행할 명령을 지정할 수 있으며, 해당 명령이 성공적으로 수행된 경우 해당 컨테이너를 활성 상태로 간주한다. 그렇다면 어떤 명령을 사용해야 할까? 한 가지 방법은 현재 타임스탬프 값을 주기적으로 쓰고, 그런 다음 타임스탬프가 최신인지 확인하는 스크립트를 사용하는 것이다. 이러한 유형의 스크립트를 활성 프로브의 명령으로 사용할 수 있다. 계속해서 태스크 워커 컨테이너에 대한 활성 프로브를 구성해보겠다. 먼저 현재 시간(유닉스 타임스탬프)을 파일에 쓰는 함수가 필요하다. 다음 예제 코드는 이에 대한 내용을 구현하고 있다.

예제 코드 10.14 Chapter10/pi_worker4/liveness.py

```
import os
import time


def update_liveness():

    timestamp = int(time.time())        ◀── 현재 시간을 유닉스 타임스탬프로 표현
    with open("logs/lastrun.date", "w") as myfile: Writethetimestampto
        myfile.write(f"{timestamp}")
```
타임스탬프를
logs/lastrun.date 파일에 기록

그런 다음 워커 실행 루프 중 여러 지점에서 update_liveness() 메서드를 호출해 프로세스가 여전히 활성 상태임을 알린다. 이 메서드를 호출할 가장 확실한 위치는 바로 메인 루프 내부다. 매우 오래 실행되는 태스크라면 몇 군데 더 추가하고 싶을 수도 있다. 다음 예제 코드는 pi_worker.py에 이 메서드 호출 지점을 추가한 코드다.

예제 코드 10.15 Chapter10/pi_worker4/pi_worker.py

```
from liveness import *


# ...
while running:
    update_liveness()        ◀── 메인 루프가 실행되는 동안 태스크를 '활성상태'로 표시한다.
    task = r.blpop('queue:task', 5)
# ...
```

다음으로 컨테이너 내에 스크립트가 필요하다. 이 스크립트는 liveness 명령에 의해 참조돼 타임스탬프의 최신 상태를 확인할 수 있다. 예제 코드 10.16은 이 스크립트에 대한 내용이다. 이 스크립트는 두

개의 매개변수를 받는다. 읽을 파일(변수 $1)과 결과를 활성 상태로 간주할 시간(초 단위)의 값(변수 $2)이다. 파일의 현재 내용을 현재 시간과 비교해 타임스탬프가 최신 상태로 간주되면 성공(종료 코드 0)을 반환하고, 그렇지 않으면 실패(0이 아닌 종료 코드)를 반환한다. 사용 방법은 `./health_check.sh logs/lastrun .date 300`이며, `lastrun.date` 파일에 기록된 타임스탬프가 현재 시간부터 300초 (5분) 이내라면 성공을 반환한다. 입력에 대한 검증 내용을 포함한 전체 파일은 이 책과 함께 제공되는 소스코드를 참조하기 바란다.

예제 코드 10.16 Chapter10/pi_worker4/check_liveness.sh

```bash
#!/bin/bash
# ...

if ! rundate=$(<$1); then
  echo >&2 "Failed: unable to read logfile"
  exit 2
fi
```
타임스탬프 파일(입력 매개변수 $1로 지정)을 읽고, 해당 파일이 존재하지 않을 경우 오류와 함께 프로그램을 종료시킨다.

```bash
curdte=$(date +'%s')
```
◀── 현재 타임스탬프를 가져온다.

```bash
time_difference=$((curdate-rundate))
```
◀── 두 타임스탬프를 비교한다.

```bash
if [ $time_difference -gt $2 ]
then
  echo >&2 "Liveness failing, timestamp too old."
  exit 1
fi
```
프로세스 타임스탬프 임곗값 (매개변수 $2)보다 오래된 경우 에러 상태 코드를 반환한다.

```bash
exit 0
```
◀── 성공 종료 상태를 반환한다.

태스크 워커가 타임스탬프를 기록하고 이를 확인하는 배시 스크립트를 작성하고 나면 마지막 단계는 `livenessProbe` 필드를 통해 활성 프로브를 추가하도록 워크로드 정의를 업데이트하는 것이다. 이 필드는 PodSpec의 일부이기 때문에 태스크 워커의 디플로이먼트나 잡에 추가할 수 있다. 다음 예제 코드는 예제 코드 10.7에서 소개한 워커 디플로이먼트에 활성 프로브를 추가한 내용이다.

예제 코드 10.17 Chapter10/10.4_TaskLiveness/deploy_worker.yaml

```yaml
apiVersion: apps/v1
kind: Deployment
metadata:
  name: pi-worker
spec:
  replicas: 2
  selector:
    matchLabels:
      pod: pi
  template:
    metadata:
      labels:
        pod: pi
spec:
  containers:
  - name: pi-container
    image: docker.io/wdenniss/pi_worker:4        ◀── 활성 프로브 로직을 가진 새로운 컨테이너 버전
    env:
    - name: REDIS_HOST
      value: redis-0.redis-service
    - name: PYTHONUNBUFFERED
      value: "1"
    livenessProbe:              ◀── 새로운 활성 프로브
      initialDelaySeconds: 60
      periodSeconds: 30
      exec:
      command: ["./check_liveness.sh", "logs/lastrun.date", "300"]
    successThreshold: 1
    timeoutSeconds: 1
terminationGracePeriodSeconds: 120
```

이 모든 내용을 종합하고 나면, 이제 태스크 워커에서 중단된 프로세스를 감지하는 프로세스를 갖게 된다. 워커가 필요한 최신 상태 검사를 위한 시간 임계치(예제에서는 300초로 설정) 내에 업데이트된 타임스탬프가 파일에 기록되지 않는다면 활성 프로브 명령은 실패 상태를 반환하고 파드가 재시작된다.

워커가 지정된 시간보다 더 자주 이 타임스탬프를 업데이트하자. 매우 오랜 시간 실행되는 태스크가 있는 경우 시간 임계치를 높이거나 예제 코드 10.15에서 수행한 바와 같이 태스크를 처리하는 루프에서

한 번이 아니라 여러 번 파일에 타임스탬프를 업데이트하게 한다. 또 다른 고려사항은 워커가 정상적으로 동작하는 경우에만 타임스탬프가 기록되게 하는 것이다. 예를 들어 예외 처리기에서는 `update_liveness()` 함수를 호출하지 말아야 한다.

> **메모**
>
> 이 예제에서 비활성 상태로 간주되는 임곗값은 활성 상태 프로브가 실행되는 빈도(periodSeconds 필드)와는 관련이 없다. 임곗값을 늘려야 하는 경우, 활성 프로브 실행 명령에서 세 번째 매개변수로 제공되는 초(숫자)를 늘리자. (즉, `["./check_ liveness.sh", "logs/lastrun.date", "300"]`에서 300이라는 값을 늘려야 한다.)

활성 프로브가 백그라운드 태스크에 구성되면 쿠버네티스는 사용자의 개입을 최대한 줄이면서도 코드 실행에 필요한 정보를 보유하게 된다.

요약

- 쿠버네티스에는 백그라운드 태스크 큐와 배치 잡을 처리하기 위한 몇 가지 옵션이 존재한다.

- 디플로이먼트를 지속적으로 실행되는 태스크 큐를 구축하는 데 사용할 수 있으며, 조정을 위해 레디스와 같은 큐 데이터 구조를 활용할 수 있다.

- 대부분의 웹 사이트에서는 컴퓨팅적으로 무거운 요청을 오프로드하기 위해 실행하는 백그라운드 처리를 일반 디플로이먼트로 실행한다.

- 쿠버네티스에는 태스크 실행을 위한 전용 잡 객체도 존재한다.

- 잡은 수동 유지관리 태스크와 같은 일회성 태스크에 사용된다.

- 크론잡은 일일 정리 작업과 같이 주기적으로 실행할 잡을 스케줄링할 때 사용된다.

- 잡은 태스크 큐를 처리하고 작업이 완료되면 자체적으로 종료되도록 사용할 수 있다(예: 일회성 또는 주기적 배치 잡 실행 시).

- 디플로이먼트 기반의 백그라운드 큐와 달리, 잡은 정적 큐에서 작업을 스케줄링할 때 사용할 수 있어 레디스와 같은 큐 데이터 구조가 필요하지 않다.

- 활성 검사는 백그라운드 태스크를 처리하는 파드에서 멈춰 있거나 중단된 프로세스를 감지할 때 사용되며, 명령 기반 활성 검사로 처리한다.

11장

깃옵스:
코드형 설정

11장에서 다루는 내용은 다음과 같다.

- 네임스페이스와 설정 파일을 사용한 환경 복제
- 쿠버네티스 워크로드 구성을 소스코드로 처리할 때의 이점
- 깃 풀 리퀘스트(Git pull request)를 사용한 애플리케이션 운영
- 버전 관리 시스템에서 중요한 보안 정보를 평문이 아닌 방식으로 처리하는 방법

지금까지 이 책에서는 수많은 YAML 설정 파일을 작성했다. kubectl run과 같은 명령형 kubectl 커맨드를 사용하면 설정 파일을 작성하지 않고도 대부분의 쿠버네티스 객체와 상호작용할 수 있으며 이러한 명령형 커맨드는 배우기도 더 쉽다. 그런데 왜 처음부터 끝까지 선언형 설정 기반 접근 방식을 사용했을까? 그 이유 중 하나는 앱을 운영 환경으로 전환할 때 버전 관리 시스템 및 코드 리뷰를 통해 이러한 설정을 코드처럼 취급할 수 있게 되기 때문이다.

또 다른 이유는 동일한 설정으로 여러 환경을 쉽게 생성할 수 있기 때문이다. 보다 나은 테스트를 위해 검증과 운영 환경을 최대한 비슷하게 만들고 싶다고 가정해 보자. 이를 위해 설정 파일에 워크로드를 정의하면 각 환경(검증/운영)을 쉽게 복제할 수 있다. 쿠버네티스에서는 각 객체에 이름을 붙일 때 이름 충돌에 대해 걱정할 필요가 없다. 이름 충돌을 막는 네임스페이스(namespace) 기능이 있기 때문이다.

11.1 네임스페이스를 사용한 운영 및 검증 환경

애플리케이션을 운영 환경에 배포할 준비를 하고 있다면 실제 운영 환경의 애플리케이션이 업데이트되기 전에 변경 사항을 테스트할 검증 환경을 만들고 싶을 것이다. 쿠버네티스에서는 네임스페이스 기능을 통해 쉽게 이 환경을 만들 수 있다. 네임스페이스라는 이름에서 알 수 있듯이 이 기능은 단일 논리 공간 내에서 이름의 고유성을 제공한다. 따라서 production 네임스페이스와 staging 네임스페이스를 설정하고 각각에 디플로이먼트 `foo-deployment`와 서비스 `foo-service`를 배포하는 것이 가능하다(그림 11.1). 이 경우 배포하는 객체의 이름에 대해 `foo-staging-deployment` 및 `foo-staging-service` 처럼 환경별로 이름에 대한 규칙을 과도하게 정의할 필요가 없으며, 기본적으로 kubectl 명령이 현재 활성화된 네임스페이스에만 적용되기 때문에 실수로 인한 변경 사항에 대해 어느 정도 보호가 된다.

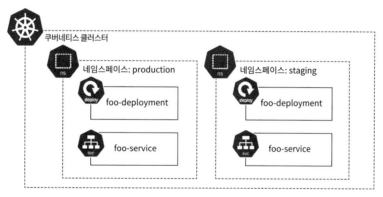

그림 11.1 두 개의 네임스페이스를 갖는 쿠버네티스 클러스터. 각 네임스페이스에 존재하는 디플로이먼트 및 서비스 객체는 두 네임스페이스 모두 동일한 이름을 가진다는 점에 유의하기 바란다

운영 환경과 검증 환경 간 주요 설정의 차이점은 일반적으로 규모(복제본의 수)와 네임스페이스의 일부로 배포되지 않은 서비스에 대한 외부 서비스 자격 증명 등이 다르다는 점이다.

> **팁**
> 애플리케이션 워크로드의 복잡성이나 다르게 구성된 환경의 수가 증가함에 따라 Kustomize나 Helm 같은 템플릿 엔진을 사용하는 것을 고려해볼 수 있다.

애플리케이션의 새로운 인스턴스를 호스팅하기 위해 `staging`이라는 이름의 네임스페이스를 생성하려면 다음과 같은 명령을 통해 실행할 수 있다.

```
kubectl create namespace staging
```

위 명령을 통해 생성한 네임스페이스와 상호작용하려면 실행하는 모든 kubectl 명령에 --namesapce staging(또는 줄여서 -n staging)을 추가하거나 kubectl 컨텍스트를 변경해 실행하는 모든 명령이 이 새로운 네임스페이스에서 실행되도록 적용하면 된다. -n 플래그를 사용하는 것을 깜빡해서 실수로 잘못된 네임스페이스에서 명령을 실행하고 싶지는 않을테니 후자와 같은 방법으로 사용하기를 적극 권장한다. 명령을 실행하기에 앞서 컨텍스트를 매번 전환하는 편이 좋다. kubectl get namespace 명령을 통해 사용 가능한 네임스페이스 목록을 확인한 다음 컨텍스트를 원하는 네임스페이스로 설정할 수 있다.

```
kubectl config set-context --current --namespace=staging
```

네임스페이스 전체를 나열해 보면 쿠버네티스에 기본적으로 몇 가지 기본 네임스페이스가 포함되어 있음이 확인된다. kube-system은 시스템 관련 파드가 위치하는 곳이다. 무슨 역할을 하는지 자세하게 알지 못한다면 건드리지 않는 것을 추천한다. default는 기본 사용자 네임스페이스로 이를 사용해도 괜찮지만 가급적이면 각 애플리케이션 환경에 맞는 전용 네임스페이스를 만드는 것이 좋다. 필자는 kubectl 컨텍스트를 전환하는 명령이 번거롭다고 생각하며 이 전환을 보다 간단하게 수행하기 위해 유틸리티를 통해 셸을 설정하는 것을 강력히 추천한다. 필자가 사용하는 것은 kubectx[1]와 kubens 조합이다. kubens가 설치돼 있다면 kubens를 실행해 네임스페이스를 나열해보고 다음과 같은 명령을 실행해 컨텍스트를 설정할 수 있다.

kubens staging

kubens에 포함된 다른 유틸리티인 kubectx는 다른 클러스터 간에 빠르게 네임스페이스를 전환하는 데 사용할 수 있다. 이 스크립트는 단순히 kubectl config set-context 명령의 단축형일 뿐이므로 컨텍스트가 설정되고 나면 kubectl 명령을 정상적으로 사용할 수 있다.

11.1.1 새로운 네임스페이스에 배포하기

네임스페이스를 생성하면 설정 파일을 통해 애플리케이션을 쉽게 배포할 수 있다. 이것이 바로 이 책에서 모든 경우에 설정 파일을 사용한 이유이다. 워크로드를 재생성하기 위해 여러 개의 명령형 커맨드를 재실행하는 대신, 설정 파일이 있는 디렉터리에서 다음과 같은 명령을 실행하기만 하면 된다.

---

1 https://github.com/ahmetb/kubectx

```
kubectl apply -f .
```

설정을 변경하거나 다른 네임스페이스에 배포해야 하는 경우에는 (설정 파일을 수정하고) 매번 해당 명령을 다시 실행해 변경 사항을 적용하기만 하면 된다.

사실 쿠버네티스에서 네임스페이스를 사용해 새로운 환경을 구성하는 과정은 매우 간단하기 때문에 과거 다른 플랫폼에서 단일 검증 환경을 구성해 공유했다면 쿠버네티스에서 다른 검증 환경을 만들어 사용하는 방법이 매우 유용할 수 있다. 개발자 또는 팀당 하나의 네임스페이스, 검증용 네임스페이스, 통합 테스트용 네임스페이스를 가지는 방법이 있다. 일반적으로 네임스페이스를 생성하는 데는 비용이 들지 않는다(단 파드를 복제해 사용하는 컴퓨팅 리소스는 비용이 발생한다).

11.1.2 클러스터의 예외 사항 동기화시키기

그렇다면 설정 파일을 사용하지 않고 필수적으로 변경한 사항들은 어떻게 처리해야 할까? 아마도 `kubectl scale` 명령을 사용해 워크로드를 확장했거나, `kubectl set-image` 명령을 사용해 이미지를 변경했거나, `kubectl run` 명령을 통해 생성한 디플로이먼트가 있을 것이다. 이런 일은 언제든지 발생할 수 있으며 이런 방법이 나쁘다는 것은 아니다. 쿠버네티스를 사용하면 모든 `get` 요청 시 `--output` 매개변수(줄여서 `-o`)를 사용해 실행 중인 환경에 대한 최신 설정 파일을 확인하고 내보낼 수 있다. 예를 들어 디플로이먼트에 대해 최신 YAML 설정 파일을 가져오려면 다음과 같은 명령을 사용하면 된다.

```
kubectl get deploy timeserver -o yaml          ◀── 디플로이먼트를 YAML 형태로 확인한다.
kubectl get deploy timeserver -o yaml > timeserver-exported.yaml    ◀──  파이프 명령을 통해 디플로이먼트
                                                                         YAML 설정을 파일에 출력한다.
```

문제는 이 설정 파일을 디스크에 파일 형태로 저장할 때 쿠버네티스의 상태 메시지와 같은 불필요한 수많은 필드가 추가된다는 것이다. 예전에는 이러한 필드를 제거하는 데 사용하는 유용한 `--export` 옵션이 있었지만, 안타깝게도 이 옵션은 더 이상 지원되지 않는다. 따라서 삭제해야 할 라인과 그렇지 않은 라인을 구분하는 것이 테크닉이다. 또는 위와 같은 방법을 통해 얻은 YAML 파일을 이 책에서 제공하는 YAML 파일과 비교해 어떠한 라인이 중요한지 확인할 수 있다.

여러 네임스페이스에서 설정을 사용할 계획이라면(일반적인 경우) `metadata → namespace` 필드를 삭제해야 한다. 이 필드를 제거하면 현재 컨텍스트에 설정된 네임스페이스에 구성을 배포할 수 있다(해당 필드를 삭제하지 않고 유지할 경우 모든 변경 사항이 지정된 네임스페이스의 객체를 업데이트한다). 필자의 생각에 네임스페이스 필드를 유지할 경우 검증 환경의 디렉터리의 설정을 실수로 운영 환

경의 네임스페이스에 적용할 우려가 생긴다. 11.3절에서는 다른 네임스페이스로의 롤아웃에 대한 안전성을 보장하기 위한 몇 가지 전략을 논의할 예정이다. 그러나 리소스 객체에서 네임스페이스를 직접 지정하지 않는 방식을 사용할 것이다.

설정 파일 재사용을 위해 제거해야 할 필드는 metadata 섹션, uid, resourceVersion, generation, creationTimestamp 필드, 그리고 status 섹션 전체이다. 이 필드들은 다른 네임스페이스나 클러스터에 설정을 재사용하는 것을 방해하지는 않지만 해당 설정이 배포된 컨텍스트 외부에서는 실제로 의미가 없다. 따라서 혼란을 피하기 위해 버전 관리 시스템에 올릴 때는 제거하는 것이 좋다.

11.2 쿠버네티스 방식으로 코드형 설정

설정(Configuration)을 코드로 취급하면 소스코드에 버그가 있는 경우, 버전에 대한 이력을 검사해 코드가 변경된 시점을 확인할 수 있다(git log 및 git blame과 같은). 그리고 때로는 커밋한 내용을 롤백해 이전 작업 상태로 돌아갈 수도 있다. 이와 같이 설정(Configuration)을 코드로 취급하면(버전 관리 시스템에 커밋을 통해) 운영 환경의 시스템에서 유사한 작업을 수행하는 것이 가능해진다.

코드 리뷰 프로세스가 있는 경우 쿠버네티스 설정에도 동일한 프로세스를 적용할 수 있다. 결국 쿠버네티스 환경에서의 설정은 실행 중인 시스템에 코드만큼이나 영향을 미친다. 설정 리포지토리(Configuraiton repository)에 대한 코드 리뷰 프로세스는 해당 설정이 롤아웃되기 전에 에러를 포착하는 데 도움이 될 수 있다. 예를 들어, 설정 변경 과정에서 디플로이먼트 내의 모든 복제본의 수를 실수로 삭제한 경우 여러분의 동료가 리뷰 과정에서 이러한 실수를 잡아낼 것이다.

이러한 패턴은 대부분의 메이저 IT 회사에서 사용되고 있다. 예를 들어, 대부분의 구글 서비스는 단일 코드 리포지토리(code repository)에서 개발 및 배포되기 때문에[2] 서비스에 대한 설정은 코드와 함께 위치한다. 코드 및 서비스 설정에 대해 정확히 동일한 코드 리뷰 프로세스를 따르지만, 소유자(변경 사항을 병합 및 승인할 수 있는 엔지니어)의 목록은 다를 수 있다.

하지만 여러분의 경우 구글처럼 코드와 동일한 리포지토리에 설정을 저장할 필요는 없다. 이는 주로 취향 문제(그리고 끝없는 기술적 논쟁)다. 이 책에서 소개할 쿠버네티스 설정을 깃(Git)에 저장하는 모델은 필자가 확인한 것 중 일부에 불과하다. 이는 여러분의 엔지니어링 환경 및 관행에 맞게 조정이 필요하다.

---

2   https://research.google/pubs/pub45424/

필자는 단일 클러스터에 배포된 모든 쿠버네티스 객체를 저장하기 위해 단일 깃 리포지토리를 사용한다. 이 깃 리포지토리에는 각 쿠버네티스 네임스페이스별 디렉터리가 존재하며, 각 네임스페이스 디렉터리에는 네임스페이스 내 객체에 대한 YAML 파일이 존재한다(그림 11.2). 또 다른 방법은 각 네임스페이스별로 별도의 브랜치(branch)를 사용하는 것이다. 이와 같은 방법을 사용하는 경우 검증 환경에서 운영 환경으로 변경 사항을 손쉽게 병합할 수 있는 등의 몇 가지 장점이 존재한다. 그러나 병합하고 싶지 않은 변경 사항도 있을 수 있기 때문에 설정에 대한 관리가 지저분해질 수도 있다(예를 들자면 검증 환경에 특화된 변경 사항을 실수로 운영 환경에 병합하고 싶지는 않을 것이다).

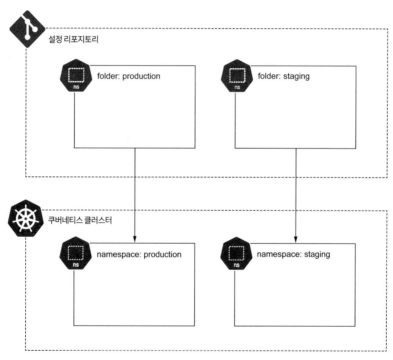

그림 11.2 깃 리포지토리 디렉터리 구조와 쿠버네티스 네임스페이스와의 관계

다음은 디렉터리 레이아웃에 대한 예제이다.

```
/_debug       ←── 모든 개발자를 위해 저장하고자 하는 디버그 스크립트에 대한 디렉터리
/_cluster     ←── 클러스터 설정(예: 네임스페이스 설정 파일), 해당 디렉터리의 내용은 클러스터 생성 과정에서만 사용된다.
/staging      ┐
              │ 환경 설정 관련 디렉터리
/production   ┘
```

위 예제에서 리포지토리의 각 디렉터리는 쿠버네티스의 네임스페이스에 매핑된다. 이러한 1:1 매핑의 장점은 `kubectl apply -f .` 명령을 수행해 디렉터리의 모든 변경 사항을 활성화된 네임스페이스에 롤아웃할 수 있게 된다는 것이다. 환경을 복제하는 것은 전체 디렉터리를 복제한 다음 대상이 되는 네임스페이스에 배포하면 끝이므로 매우 간단하다.

특히 소규모 워크로드 배포의 경우 여러 환경이 네임스페이스와 클러스터를 공유하는 것이 일반적이다. 쿠버네티스 클러스터를 공유하면 여러 개의 클러스터를 관리할 때 드는 직접 비용과 운영에 대한 오버헤드를 줄일 수 있다. 또한 워크로드가 컴퓨팅 리소스 풀을 공유할 수 있는 장점이 있다. 배포의 규모가 커지면 환경(검증/운영)별로 클러스터를 분리하고 추가적으로 접근 제어 및 리소스 격리를 제공하는 것이 바람직할 수도 있다(그림 11.3). 이때 장점은 설정 리포지토리에서는 네임스페이스가 무엇인지 신경 쓸 필요가 없다는 점이다. 다른 클러스터에 존재해도 무관하다. 설정에 대한 리포지토리가 구성되고 난 후의 개발 프로세스는 다음과 같다.

1. 원하는 환경에 대한 설정을 변경한다.

2. 해당 변경 사항을 리포지토리에 커밋(commit)한다.

3. kubectl을 통해 현재 네임스페이스 컨텍스트를 설정한 다음, 컨텍스트와 일치하는 디렉터리에서 `kubectl apply -f .` 명령을 수행해 라이브 상태를 업데이트한다.

위와 같은 절차를 따르면 코드 관리와 같은 패턴으로 설정을 관리할 수 있다는 장점과 더불어 또 다른 파생 효과가 생긴다. 지금까지 설명한 개발 프로세스의 한 가지 위험 요소는 실수로 특정 디렉터리에서 잘못된 네임스페이스로 설정을 롤아웃할 수 있다는 것이다. 다음 섹션에서는 안전하게 롤아웃할 수 있도록 이와 같은 문제를 피하는 방법과 설정 리포지토리에 `git push` 명령 수행 시 자동으로 롤아웃을 트리거하는 깃옵스(GitOps) 스타일 프로세스로 발전시키는 방법을 살펴볼 것이다.

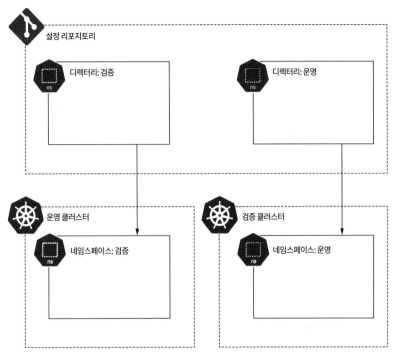

그림 11.3 환경별로 여러 개의 클러스터를 갖춘 설정 리포지토리

11.3 안전하게 롤아웃하기

지금까지 코드형 설정(Configuration as a Code) 리포지토리로 환경을 구성했기 때문에 이제 리포지토리에서 변경 사항을 롤아웃하는 가장 좋은 방법은 무엇인지 호기심이 생길 것이다. 물론 리포지토리를 체크아웃(check out)하고 앞서 수행했던 바와 같이 `kubectl apply -f .` 명령을 실행하면 배포가 완료된다. 그러나 이것은 매우 위험할 수 있다. 실수로 잘못된 설정을 다른(원치 않는) 네임스페이스에 배포할 수도 있기 때문이다. 실제로 여러 환경에서 쿠버네티스 객체의 이름을 재사용하게 되므로 롤아웃 환경에 좋지 않은 영향을 줄 수 있다. 또한 설정에 대한 변경 사항을 리포지토리에 커밋하지 않고 라이브 상태의 클러스터를 직접 변경하는 것을 막을 방법이 존재하지 않는다.

특정 설정을 잘못된 네임스페이스에 실수로 배포하는 것을 방지하기 위한 몇 가지 보호 대책을 마련하는 것이 좋다. 앞서 수행했던 바와 같이 `kubectl apply -f .` 명령을 직접 실행하는 대신 올바른 네임스페이스에 배포하는 중인지 확인하는 검사를 함께 실행할 수 있는 스크립트로 래핑한다. 리포지토리 구성 시 디렉터리 이름을 네임스페이스와 동일하게 지정하면 이와 같은 검사가 매우 간단해진다. 현재 네임스페이스가 디렉터리 이름과 같으면 배포를 수행하고, 그렇지 않을 경우 배포를 하지 않는 방식을 사용하면 된다. 다음 예제 코드는 현재 디렉터리 이름을 현재 설정된 네임스페이스와 비교해 일치하지 않을 경우 에러 상태로 종료하는 예제 스크립트다.

예제 코드 11.1 Chapter11/gitops/gitops_check.sh

```
#! /bin/bash
CURRENT_DIR=`echo "${PWD##*/}"`          ◀── 현재 경로의 마지막 디렉터리 구성 요소를 가져온다.
CURRENT_NAMESPACE=`kubectl config view --minify
 ↪ -o=jsonpath='{.contexts[0].context.namespace}'`          현재 네임스페이스를 검색한다.

if [ "$CURRENT_DIR" != "$CURRENT_NAMESPACE" ]; then
    >&2 echo "Wrong namespace (currently $CURRENT_NAMESPACE but" \
            "$CURRENT_DIR expected)"          해당 스크립트가 네임스페이스의 이름과
                                              일치하지 않는 디렉터리에서 실행된 경우
    exit 1                                    오류로 간주해 종료한다.
fi

exit 0          ◀── 그렇지 않으면 성공 상태로 종료한다.
```

위 스크립트 예시를 롤아웃 스크립트와 같은 기타 다른 스크립트에서도 활용할 수 있다. `kubectl apply -f .` 명령을 직접 실행하는 대신 위 스크립트를 실행하면 올바른 네임스페이스/디렉터리 조합을 확인할 수 있다.

예제 코드 11.2 Chapter11/gitops/production/rollout.sh

```
#! /bin/sh
if [ $(../gitops_check.sh; echo $?) != 0 ]; then exit 1; fi     ◀──  디렉터리 이름이 네임스페이스와
kubectl apply -f .     ◀── kubectl apply 명령을 정상적으로 실행한다.        일치하는지 확인한다.
```

위와 같은 스크립트를 포함한 전체 깃옵스 디렉터리 구조는 Chapter11/gitops의 샘플에서 제공된다.

물론 위와 같은 방법이 유일한 옵션은 아니다. 또 다른 접근 방식은 롤아웃 스크립트에서 원하는 네임스페이스를 설정한 다음 배포하는 것이다. 이때 네임스페이스 설정 단계가 실패하면 스크립트의 전체 동작을 실패한다는 것에 유의하길 바란다.

그럼에도 불구하고 이러한 스크립트가 동작하려면 설정 파일 중 어느 것도 `metadata`의 `namespace` 필드를 직접 지정하지 않도록 해야 한다. 네임스페이스가 설정돼 있으면 현재 컨텍스트를 무시하기 때문에 스크립트가 업데이트 동작을 차단하지 않는다.

깃옵스 방법론을 실제로 따르려면 항상 배포된 설정 파일이 실제 리포지토리에 있는 설정 파일과 같아야 한다는 전제조건이 따른다. 이를 해결하는 가장 좋은 방법은 깃옵스 절차에 사람의 개입을 완전히 배제하고 배포 파이프라인이나 깃옵스 오퍼레이터를 구성하는 것이다.

11.3.1 배포 파이프라인

배포 파이프라인은 코드 리포지토리의 트리거에 따라 실행되는 함수의 집합을 의미한다. 예를 들어 '코드가 설정 리포지토리에 푸시되면 그 설정을 쿠버네티스 클러스터에 배포한다'와 같다(그림 11.4). 파이프라인을 사용하면 배포되는 설정이 커밋된 시점과 일치하도록 보장할 수 있다. 운영자가 배포 후에 추가적인 변경 사항이 있을 경우(예: 오류 수정) 평소와 같이 설정 코드가 저장된 리포지토리에서 변경해야 한다. 이때 반드시 변경 사항을 푸시하고 롤아웃 파이프라인을 다시 트리거해야 한다.

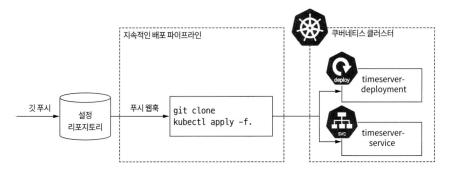

그림 11.4 쿠버네티스에 대한 지속적인 배포 파이프라인

파이프라인이 구성되면 깃 리포지토리에서 코드를 병합해 운영 환경에 배포할 수 있다(즉, 깃 기반 운영 또는 깃옵스가 된다). 핵심은 클러스터에서 직접 변경을 하지 않는 것이다. 모든 변경 사항은 설정 리포지토리와 지속적인 배포 파이프라인(Continuous deployment pipeline)을 통해 수행된다.

11.3.2 클라우드 빌드를 통한 지속적인 배포

실제 환경에서 배포 파이프라인을 구현하기 위해 시중에 많은 제품이 존재한다. GKE(Google Kubernetes Engine) 사용자가 적용할 수 있는 한 가지 옵션은 바로 클라우드 빌드(Cloud Build)다. 설정이 리포지토리에 푸시되면 `kubectl apply -f .` 명령을 실행하도록 트리거를 설정할 수 있다.

이러한 배포 파이프라인을 설정하려면 다음과 같은 단계를 따른다.

1. 클라우드 빌드 서비스 계정에 IAM 권한[3]을 구성해 GKE 클러스터에서 작업할 수 있는 권한을 부여한다.

2. 새로운 트리거를 생성한다(설정이 리포지토리에 푸시될 때 실행되게 설정한다).

다음 예제 코드에 있는 것과 같은 클라우드 빌드 설정 파일을 리포지토리에 추가하고 트리거에서 이를 참조한다.

예제 코드 11.3 Chapter11/11.3.2_CloudBuild/cloudbuild-deploy.yaml

```yaml
steps:
- name: 'gcr.io/cloud-builders/kubectl'
  id: Deploy
  args:
  - 'apply'
  - '-f'
  - '$FOLDER'
  env:
  - 'CLOUDSDK_COMPUTE_REGION=us-west1'
  - 'CLOUDSDK_CONTAINER_CLUSTER=my-cluster'
```

사실 이 정도 내용은 지속적인 배포에 대한 수박 겉핥기에 불과하다. 클라우드 빌드를 사용하는 경우 잘 작성된 문서 "GitOps-Style Continuous Delivery with Cloud Build"[4]를 참고해 완벽한 엔드 투 엔드 CI/CD 플로우를 설정하기 바란다.

---

3 https://cloud.google.com/build/docs/securing-builds/configure-access-for-cloud-build-service-account
4 https://cloud.google.com/kubernetes-engine/docs/tutorials/gitops-cloud-build

> **지속적인 조정(Continuous reconciliation)**
>
> 앞서 설명한 방법을 깃옵스 오퍼레이터(GitOps Operator)를 사용해 더욱 개선할 수 있다. 이는 클러스터 내부에서 실행되는 제어 루프(control loop)이며, 클러스터에서 실행 중인 내용과 설정 리포지토리에 있는 내용을 지속적으로 조정한다. 최종적인 구축 결과는 이전에 설명했던 이벤트 기반 파이프라인과 유사하지만 클러스터에서 실행 중인 내용과 설정 리포지토리 간에 불일치가 발생할 경우 추가적인 조정을 수행할 수 있다는 장점이 존재한다. 파이프라인 접근 방식은 깃 푸시 이벤트를 트리거로 사용한다. 플럭스(https://fluxcd.io/)는 많이 쓰이는 깃옵스 오퍼레이터 중 하나다.

11.4 시크릿

깃 리포지토리는 쿠버네티스 설정을 저장하기에 매우 좋은 곳이지만 아마 이곳에 저장하면 안 될 데이터도 있을 것이다. 데이터베이스 비밀번호와 API 키 같은 시크릿 값이다. 이러한 시크릿 값이 코드 자체나 환경 변수에 내장돼 있다면 해당 소스코드에 접근할 수 있는 모든 사람이 해당 정보를 얻을 수 있게 된다. 이에 대한 개선 방법은 운영 환경 시스템에 접근할 수 있는 사람만 이 데이터에 접근할 수 있는 것이다. 물론 더 개선할 여지가 충분하지만, 이번 섹션에서는 깃옵스에 대한 11장의 내용 맥락에 집중해 코드와 설정 리포지토리에서 시크릿 값을 분리하는 방법에 초점을 맞춰 설명하겠다.

쿠버네티스에는 실제로 시크릿 값을 저장하는 객체가 존재한다. 이 기능은 역할에 적합한 시크릿(Secrets)이라는 이름을 가지고 있다. 이러한 객체는 워크로드 자체의 설정과 분리된 방식으로 워크로드에 자격 증명 및 키와 같은 정보를 제공하는 방법이다.

11.4.1 문자열 기반(패스워드) 시크릿

워크로드 설정에서 일반 환경 변수에 패스워드와 같은 시크릿 값을 포함하고 있다면, 지금이 바로 그 시크릿 값을 마이그레이션하기에 좋은 시기이다. secret_value라는 값을 가진 쿠버네티스 객체 시크릿이 있다고 가정해 보자(실제로 이는 클라우드 공급업체에서 제공하는 키일 수 있다). 이는 다음 예제 코드와 같이 secret_value를 쿠버네티스 시크릿 객체로 캡슐화할 수 있다.

예제 코드 11.4 Chapter11/11.4.1_StringSecrets/secret.yaml

```
apiVersion: v1
  kind: Secret
metadata:
```

```
  name: secrets-production
type: Opaque
stringData:
  SECRET_KEY: secret_value
  ANOTHER_KEY: another_secret_value
```

시크릿은 컨테이너에 마운트된 파일이나 환경 변수를 통해 파드에 제공될 수 있다. 애플리케이션이 설정 파일(예: 개인 SSL키)로 접근하는 비밀 데이터는 파일로 사용하고, 데이터베이스 패스워드와 같은 항목에는 환경 변수를 사용한다. 예제 코드 11.4의 경우 시크릿이 간단한 문자열을 포함하고 있기 때문에 다음 예제 코드와 같이 디플로이먼트 작성 시 환경 변수를 사용해 참조할 것이다(파일 기반 방법을 사용하는 예제의 경우 11.4.3항을 참조하기 바란다).

예제 코드 11.5 Chapter11/11.4.1_StringSecrets/deploy.yaml

```
apiVersion: apps/v1
kind: Deployment
metadata:
  name: timeserver
spec:
  replicas: 1
  selector:
    matchLabels:
      pod: timeserver-pod
  template:
    metadata:
      labels:
        pod: timeserver-pod
    spec:
      containers:
      - name: timeserver-container
        image: docker.io/wdenniss/timeserver:5
        env:
        - name: AVATAR_ENDPOINT          ┐ 일반적인 평문 환경 변수
          value: http://robohash-internal ┘
        - name: SECRET_KEY               ┐
          valueFrom:                     │
            secretKeyRef:                ├ 시크릿을 통해 전달되는 환경 변수
              name: secrets-production    │
              key: SECRET_KEY            ┘
```

모든 것이 올바르게 동작하는지 확인하려면 Chapter11/11.4.1_StringSecrets 디렉터리를 통해 시크릿 및 디플로이먼트 객체를 생성하고 다음과 같은 명령을 실행한다.

```
$ kubectl exec deploy/timeserver -- env
SECRET_KEY=secret_value
```

위 커맨드 실행 결과 환경 변수에 secret_value가 저장된 것을 확인한다. 이제 우리가 작성한 애플리케이션은 SECRET_KEY라는 환경 변수를 통해 쿠버네티스 객체 시크릿에 접근할 수 있다.

11.4.2 Base64로 인코딩된 시크릿

쿠버네티스 문서 및 기타 리소스에서 종종 값이 base64로 인코딩된(stringData 대신 data 필드를 사용) 시크릿을 사용하는 예제를 볼 수 있을 것이다. 이것은 보안을 위해 수행된 것이 아니라(base64는 암호화가 아닌 인코딩이다), YAML에서 쉽게 정의할 수 없는 데이터를 표현하기 위한 것이다. 필자는 기본적으로 시크릿을 base64로 인코딩하지 않는다. 왜냐하면 base64의 경우 데이터를 난독화할 뿐 별다른 가치를 추가하지 않기 때문이다. 그러나 YAML로 쉽게 표현할 수 없는 문자열이 있는 경우(예: 시크릿이 파일 전체에 해당하는 경우) 데이터를 base64로 인코딩하는 것이 합리적이다. 다음 예제 코드는 예제 코드 11.4에 표시된 SECRET_KEY 시크릿 값의 base64로 인코딩된 값을 보여준다.

예제 코드 11.6 Chapter11/11.4.2_Base64Secrets/secret-base64.yaml

```
apiVersion: v1
kind: Secret
metadata:
name: secrets-production
type: Opaque
data:
SECRET_KEY: c2VjcmV0X3ZhbHVlCg==
```

유닉스 계열 시스템에서 인코딩과 디코딩을 수행하려면 다음과 같은 명령을 수행하면 된다.

```
$ echo "secret_value" | base64
c2VjcmV0X3ZhbHVlCg==
$ echo "c2VjcmV0X3ZhbHVlCg==" | base64 -d
secret_value
```

동일한 설정 파일에 **data**와 **stringData** 모두를 포함시킬 수 있다. 이는 일부 값은 Base64 인코딩이 필요하고, 다른 값은 필요하지 않을 때 유용하다. 또한, 각 쿠버네티스 시크릿 객체에 여러 개의 시크릿 값을 저장할 수도 있으며, 시크릿 값은 한 줄에 하나씩 정의된다. 아래 예제는 세 개의 시크릿 값을 정의하는 방법을 보여준다. 이 중 두 개는 일반 텍스트를 사용하고, 하나는 Base64를 통한 인코딩된 값을 사용한다.

예제 코드 11.7 Chapter11/11.4.2_Base64Secrets/secrets-multiple.yaml

```
apiVersion: v1
kind: Secret
metadata:
  name: secrets-production
type: Opaque
stringData:
  SECRET_KEY: secret_value
  ANOTHER_KEY: another_value
data:
  ENCODED_KEY:
    VGhpcyBzdHJpbmcKbWlnaHQgYmUgaGFyZCB0byByZXByZXNlbnQgaW4gWUFNTCDwn5iFCg==
```

명령행(command line)을 통해 서버에서 시크릿을 검색하면 base64로 인코딩된 값을 얻게 되며 이를 디코딩해 평문값을 확인해야 한다(그러나 애플리케이션 코드에는 이미 디코딩돼 제공되고 있다).

필자는 개인적으로 각 네임스페이스당 하나의 시크릿 객체를 갖도록 구성하며 각 시크릿 객체는 여러 개의 시크릿 값을 내포하게 작성한다. 또한 이러한 중요 정보는 나머지 설정 파일과 다른 리포지토리에 저장한다. 11.4.4항에서는 깃옵스 접근 방법을 사용하면서도 주요 설정 리포지토리와 별개로 시크릿을 저장하는 몇 가지 옵션을 살펴볼 것이다.

11.4.3 파일 기반 시크릿

때로는 환경 변수의 문자열이 아니라 파일을 통해 애플리케이션에서 접근하려는 시크릿을 처리해야 하는 경우도 있다. 쿠버네티스는 이러한 기능도 지원한다. 쿠버네티스의 시크릿 객체를 만든다는 결과는 동일하지만 YAML에서 이러한 데이터를 표현하는 방식에 미묘한 차이가 있기 때문에 시크릿 값으로 여러 줄의 텍스트 파일을 가지는 새로운 예제를 살펴보겠다.

저장이 필요한 개인키(private key)가 있다고 가정해 보자. 실습을 위해 `openssl genrsa --out example.key 256` 명령을 사용해 생성하면 키는 다음과 같다(일반적으로 2048비트 이상의 키를 사용하지만 간단하게 실습하기 위해 256비트를 사용한다). (주의: openssl 1.x 버전 사용 시 256비트의 키 생성이 가능하나 openssl 3.x 버전의 경우 최소 512비트로 설정해야 한다.)

예제 코드 11.8 Chapter11/11.4.3_FileSecrets/example.key

```
-----BEGIN RSA PRIVATE KEY-----
MIGsAgEAAiEA4TneQFg/UMsVGrAvsm1wkonC/5jX+ykJAMeNffnlPQkCAwEAAQIh
ANgcs+MgClkXFQAP0SSvmJRmnRze3+zgUbN+u+rrYNRlAhEA+K0ghKRgKlzVnOxw
qltgTwIRAOfb8LCVNf6FAdD+bJGwHycCED6YzfO1sONZBQiAWAf6Am8CEQDIEXI8
fVSNHmp108UNZcNLAhEA3hHFV5jZppEHHHLy4F9Dnw==
-----END RSA PRIVATE KEY-----
```

이 파일의 데이터를 다음과 같은 방식으로 YAML로 표현할 수도 있다. 데이터 값의 라인 끝을 보존하는 가장 중요한 파이프 문자에 주의한다.

예제 코드 11.9 Chapter11/11.4.3_FileSecrets/secret_file.yaml

```
apiVersion: v1
kind: Secret
metadata:
  name: secret-files
type: Opaque
stringData:
  example.key: |
    -----BEGIN RSA PRIVATE KEY-----
    MIGsAgEAAiEA4TneQFg/UMsVGrAvsm1wkonC/5jX+ykJAMeNffnlPQkCAwEAAQIh
    ANgcs+MgClkXFQAP0SSvmJRmnRze3+zgUbN+u+rrYNRlAhEA+K0ghKRgKlzVnOxw
    qltgTwIRAOfb8LCVNf6FAdD+bJGwHycCED6YzfO1sONZBQiAWAf6Am8CEQDIEXI8
    fVSNHmp108UNZcNLAhEA3hHFV5jZppEHHHLy4F9Dnw==
    -----END RSA PRIVATE KEY-----
```

지금까지 YAML 구문과 씨름하는 데 지쳤다면 `cat example.key | base64` 명령을 사용해 파일에 존재하는 데이터를 base64 값으로 인코딩하고 다음 예제 코드와 같이 표현할 수 있다(가독성을 위해 데이터는 일부 생략했다). Base64로 인코딩된 전체 문자열은 한 줄로 표현된다는 점에 유의하자(줄바꿈이 존재하지 않는다).

예제 코드 11.10 Chapter11/11.4.3_FileSecrets/secret_file_base64.yaml

```
apiVersion: v1
kind: Secret
metadata:
  name: secret-files
type: Opaque
data:
  example.key: LS0tLS1CRUdJTiBSU0EgUFJJVk...U0EgUFJJVkFURSBLRVktLS0tLQo=
```

수동으로 이러한 시크릿에 대한 설정 파일을 만드는 것은 다소 번거로운 작업이다. 보다 자동화된 접근 방식은 kubectl 명령을 사용한 파일 생성 방법이다. 다음 명령은 앞선 예제와 동일한 결과물을 출력한다(가독성을 위해 base64 문자열은 일부 생략).

```
$ cd Chapter11/11.4.3_FileSecrets
$ kubectl create secret generic secret-files \
     --from-file=example.key=./example.key --dry-run=client -o yaml
apiVersion: v1
data:
example.key: LS0tLS1CRUdJTiBSU0EgUFJJVk...U0EgUFJJVkFURSBLRVktLS0tLQo= kind: Secret
metadata:
    creationTimestamp: null
    name: secret-files
```

--dry-run=client -o yaml 부분은 실제로 서버에서 시크릿을 생성하지 않고 대신 YAML 파일로 출력하겠다는 의미다(이 출력물을 설정 파일에 저장하고 나중에 kubectl apply -f secret.yaml 명령을 통해 서버에 적용한다). --dry-run 옵션을 생략하면 클러스터에 직접 시크릿이 생성된다(이는 쿠버네티스 객체를 생성하는 명령형 스타일과 관련이 있다). 사실 이번 절에서 제공하는 모든 예제는 kubectl 명령으로도 가능하지만, 클러스터 운영에 선언적이고 설정 중심적인 접근 방식을 사용하면 11장의 앞부분에서 설명했던 바와 같이 지속적인 이점을 얻을 수 있다.

일단 생성되면 시크릿에 있는 모든 파일을 컨테이너의 디렉터리로 마운트할 수 있다. 다음 예제 코드는 secret-files 이름을 갖는 시크릿을 /etc/config 위치에 마운트한다. 각 데이터 키는 자체 파일로 마운트된다. 위 예제의 경우 example.key라는 파일 하나만 존재한다.

예제 코드 11.11 Chapter11/11.4.3_FileSecrets/deploy.yaml

```yaml
apiVersion: apps/v1
kind: Deployment
metadata:
  name: timeserver
spec:
  replicas: 1
  selector:
    matchLabels:
      pod: timeserver-pod
  template:
    metadata:
      labels:
        pod: timeserver-pod
    spec:
      containers:
      - name: timeserver-container
        image: docker.io/wdenniss/timeserver:5
        volumeMounts:
        - name: secret-volume
          mountPath: "/etc/config"        ◄── 시크릿 파일이 마운트될 경로
          readOnly: true
      volumes:
      - name: secret-volume
        secret:                           시크릿 객체에 대한 참조
          secretName: secret-files
```

모든 것이 제대로 동작하는지 확인하려면 시크릿 및 디플로이 객체를 생성하고 exec 명령을 사용해 디렉터리를 확인해봐야 한다. 이때 파일 example.key가 표시돼야 한다.

```
$ kubectl exec deploy/timeserver -- ls /etc/config
example.key
```

파일 자체의 내용을 살펴보려면 ls 명령을 cat /etc/config/example.key로 변경해 수행한다. 이제 시스템의 다른 파일과 마찬가지로 코드를 이 파일에 지정할 수 있다.

11.4.4 시크릿과 깃옵스

시크릿을 사용하는 것은 중요 정보를 설정 파일에서 분리하는 전체 과정의 일부에 불과하다. 이제 시크릿을 저장하는 방법을 알아볼 차례다. 시크릿을 설정 리포지토리와 동일한 곳에 저장하는 경우 이전 섹션에서 설명했던 단계를 스킵하고 일반 환경 변수를 사용한 것과 다를 바 없는 결과를 낳는다. 이 문제에 대한 만병통치약은 없지만 복잡성 순서에 따라 제시된 몇 가지 아이디어가 존재한다.

별도의 리포지토리

가장 간단한 옵션은 시크릿에 대해서 일반 리포지토리에 비해 접근 권한이 부여된 사용자만 볼 수 있는 별도의 설정 리포지토리를 사용하는 것이다. 코드형 설정(Configuration as Code)에 대한 모든 이점 (예: 코드 리뷰, 롤백 등)은 여전히 누리면서 접근 대상을 제한할 수 있다. 세분화된 접근 제어가 있는 리포지토리를 운영하는 경우 해당 리포지토리의 접근 제어 디렉터리에 시크릿 정보를 넣을 수 있다.

이러한 리포지토리를 배치하기에 적합한 위치는 클라우드 제공업체의 운영 리소스가 함께 있으며, 운영 환경과 동일한 접근 제어를 가지는 곳이다. 운영 환경에 접근할 수 있는 사람은 이러한 시크릿 정보를 함께 가지게 되므로 이 사용 모델은 누군가 계정을 침해당하더라도 추가적인 접근 권한을 제공하지 않는다.

봉인된 시크릿

봉인된 시크릿[5](Sealed Secret) 프로젝트는 흥미로운 접근 방식을 취한다. 깃에 저장하기 전에 시크릿을 암호화하고(그러면 아무도 읽을 수 없다) 클러스터의 컨트롤러가 개인키를 사용해 이 시크릿을 디코딩한다. 이는 개인키를 어디에 저장할지에 대해 여전히 문제가 발생하지만, 암호화된 시크릿은 롤백과 같은 모든 이점을 제공하며 기본 설정 리포지토리에 포함될 수 있다는 장점이 있다.

시크릿 서비스

또 다른 옵션은 클러스터에 시크릿을 주입할 수 있는 별도의 서비스를 실행하는 것이다. 해시코프 (HashCorp)의 볼트(Vault)[6]는 이러한 개념에 대한 인기 있는 구현체이며 오픈소스이므로 운영 환경에 직접 적용이 가능하다.

---

5 https://github.com/bitnami-labs/sealed-secrets
6 https://www.vaultproject.io/

요약

- 네임스페이스를 사용해 운영 및 검증과 같은 다양한 환경과 다양한 목적을 갖는 애플리케이션을 구분할 수 있다.

- 설정을 코드로 취급하면 여러 환경을 쉽게 복제하고 유지 및 관리할 수 있다.

- 코드형 설정 방법론을 따르면 쿠버네티스 설정을 코드처럼 버전 관리 시스템에 저장한다(코드 리뷰를 수행하는 경우 이러한 프로세스도 포함된다).

- 변경 사항을 라이브 클러스터에 직접 적용하는 대신, 먼저 설정을 변경하고 버전 관리 시스템에 커밋한 다음 적용한다.

- 배포 파이프라인을 사용하면 변경 사항이 커밋되며 설정 저장소에 푸시될 때 자동으로 롤아웃할 수 있다.

- 플럭스와 같은 깃옵스 오퍼레이터를 사용하면 설정 리포지토리에 지속적인 조정을 제공할 수 있다.

- 쿠버네티스 시크릿을 사용해 데이터베이스 키와 같은 민감한 정보를 별도의 쿠버네티스 객체에 저장한다. 접근을 제한하는 방식으로 해당 설정을 저장한다.

12장

쿠버네티스 보안 강화하기

12장에서 다루는 내용은 다음과 같다.

- 쿠버네티스 클러스터를 최신 및 패치된 상태로 유지하는 방법
- 중단을 관리하는 방법
- 데몬셋(DaemonSets)을 사용해 모든 노드에 에이전트를 배포하는 방법
- 루트가 아닌 사용자로 컨테이너 실행하는 방법
- 승인 컨트롤러(admission controller)를 사용해 쿠버네티스 객체에 대한 유효성 검증 및 수정하는 방법
- 파드 보안 표준을 강제화하는 방법
- RBAC를 사용해 네임스페이스에 대한 접근을 제어하는 방법

지금까지 이 책은 쿠버네티스 클러스터에 다양한 유형의 소프트웨어를 배포하는 데 초점을 맞춰 설명했다. 마지막 장에서는 모든 것을 안전하게 유지할 수 있도록 하기 위한 핵심 주제를 다룰 것이다. 보안은 일반적으로 매우 중요한 영역으로 쿠버네티스에서도 마찬가지다. 만약 다른 팀이 관리하는 쿠버네티스 클러스터에 코드를 배포하고 있다면 운이 좋다고 할 수 있다. 보안에 관한 주제를 걱정할 필요성이 줄어들기 때문이다. 그러나 클러스터 운영 담당 개발자나 클러스터 운영자라면 클러스터를 보호하고 업데이트하는 것은 필수적인 책임이다.

12장에서는 클러스터를 최신 상태로 유지하고, 중단을 처리하며, 노드 에이전트를 배포하고, 루트가 아닌 사용자 권한으로 컨테이너를 빌드하는 것 외에도 개발자 팀을 위한 전용 네임스페이스를 만드는 과정과 해당 네임스페이스에 접근 권한을 부여하는 방법을 설명할 것이다. 이는 여러 팀이 클러스터를 공유하는 회사에서 쓰이는 꽤 일반적인 패턴이다.

12.1 최신 상태로 유지하기

쿠버네티스는 매우 다양한 구성 요소를 갖추고 있다. 쿠버네티스는 리눅스 커널과 컨트롤 플레인 및 사용자 노드에서 실행되는 쿠버네티스 소프트웨어로 구성돼 있다. 그 위에 베이스 이미지를 포함하는 컨테이너와 모든 디펜던시가 존재한다. 구성 요소가 많다는 것은 이 모든 것을 최신 상태로 유지하고 취약점으로부터 보호해야 할 대상이 많다는 것을 의미한다.

12.1.1 클러스터 및 노드 업데이트

쿠버네티스 운영자에게 중요한 업무 중 하나는 클러스터 및 노드가 최신 상태인지 확인하는 것이다. 이는 쿠버네티스와 노드에서 실행되는 운영체제의 알려진 취약점을 완화시키는 데 도움이 된다.

지금까지 이 책에서 다뤄온 대부분의 주제들과 달리 클러스터 및 노드 업데이트는 실제 쿠버네티스 API의 일부가 아니다. 이는 플랫폼 수준에서 이루어지는 작업으로 쿠버네티스 플랫폼에 대한 문서를 참조해야 한다. 다행스럽게도 관리형 플랫폼을 사용하는 경우 클러스터 및 노드 업데이트는 매우 간단한 작업이다. 반면 VM에 수동 설치를 통해 힘들게 쿠버네티스를 운영하고 있다면(권장하지 않음) 이러한 업데이트 과정은 상당한 부담이 될 것이다(쿠버네티스 플랫폼 제공자 역할을 직접 맡고 있기 때문이다).

GKE(Google Kubernetes Engine) 업데이트하기

GKE를 사용하고 있다면 최신 상태를 유지하는 방법은 매우 쉽다. 단지 세 가지 릴리즈 채널(Stable, Regular, Rapid) 중 하나에 등록만 하면 된다. 보안 패치는 모든 채널을 통해 빠르게 배포된다. 이 각 릴리즈 채널의 차이점은 '쿠버네티스와 GKE 플랫폼에서 제공되는 여러 새로운 기능을 얼마나 빨리 제공받을 수 있는가'다. 릴리즈 채널에 등록하면 클러스터 버전과 노드가 모두 자동으로 최신 상태로 유지된다. 이전에 사용됐던 Static 버전이라는 옵션은 수동으로 업데이트를 최신 상태로 유지해야 하므로 권장되지 않는다.

12.1.2 컨테이너 업데이트하기

쿠버네티스 클러스터를 최신 상태로 유지하는 것만이 여러분이 해야 할 업데이트가 아니다. 보안 취약점은 주로 우분투와 같은 베이스 이미지 구성 요소에서 발견된다. 컨테이너화된 애플리케이션은 이러한 베이스 이미지를 기반으로 빌드되기 때문에 컨테이너화된 애플리케이션이 베이스 이미지에 존재하는 취약점을 상속받을 수도 있다.

해결책은 컨테이너를 정기적으로 재빌드하고 업데이트하는 것이다. 특히 사용 중인 베이스 이미지에서 취약점이 발견되는 경우는 더욱 그러하다. 대다수의 개발자와 기업은 **취약성 스캐너**(주로 CVE, Common Vulnerability and Exposures나 스캐너라고도 함)를 사용해 빌드된 컨테이너를 검시해 보고된 취약점이 존재하는지 확인해 재빌드 및 롤아웃의 우선순위를 결정한다.

컨테이너를 업데이트할 때는 최신 수정 사항이 포함된 베이스 이미지를 사용해야 한다. 일반적으로 특정 패치 버전이 아닌 사용 중인 베이스 이미지의 마이너 버전만 지정하면 된다. 이를 위해 최신 태그(latest 태그)를 사용할 수도 있지만, 그렇게 되면 원치 않는 기능 변경이 발생할 수도 있다.

예를 들어 파이썬 베이스 이미지[1]를 살펴보겠다. 파이썬 버전 v3.10.2를 살펴보면 **3.10.2-bullseye**, **3.10-bullseye**, **3-bullseye** 및 **bullseye**(bullseye는 사용하는 데비안 버전을 의미한다) 등 다양한 옵션이 존재한다. 물론 **latest** 버전을 사용할 수도 있다. 그러나 SemVer(Semantic Versioning) 원칙을 따르는 이미지의 경우 일반적으로 **major.minor** 버전을 사용하는 것이 좋다. 이번 장의 예제는 **3.10-bullseye**이다. 이렇게 하면 이전 버전과 호환성이 없는 변화를 피하면서 v3.10에 대한 패치를 자동으로 받을 수 있다. 단점은 v3.10에 대한 지원이 중단되는 시점이 되면 항상 주의를 기울이고 마이그레이션해야 한다는 것이다. 대신 메이저 버전을 사용하면(예를 들어 3-bullseye와 같이) 지원 기간(해당 이미지를 사용할 수 있는 기간)이 길어지지만 이미지 변경 시 이전 버전과 호환이 되지 않을 가능성이 높아진다. 이론적으로 SemVer 원칙을 따르는 이미지를 사용하면 변경 사항이 이전 버전과 호환돼야 하므로 메이저 버전을 사용해도 안전해야 하지만 실제로는 마이너 버전을 사용하는 편이 더 안전하다고 생각한다. 최신 버전(latest)를 사용하는 것은 보안 관점에서는 매우 좋지만, 이전 버전과 호환되지 않는 변경 사항이 있을 가능성이 매우 높기 때문에 일반적으로 권장되지 않는다.

어떤 방식으로 도커파일을 구성하든 간에 핵심 원칙은 자주 재빌드하고 최신 상태의 베이스 이미지를 참조하도록 하며, 워크로드에 대한 업데이트를 자주 수행하고, CVE 스캐닝을 사용해 오래된 컨테이너를 찾는 것이다. 애플리케이션 컨테이너의 잠재적 취약성을 줄이기 위한 또 다른 방법은 애플리케이션 및 디펜던시를 실행하는 데 필요한 최소한의 것만 포함하는 매우 경량화된 형태의 컨테이너로 빌드하는 것이다. 우분투와 같은 일반적인 베이스 이미지를 사용하면 패키지 관리자 및 다양한 소프트웨어 패키지가 포함돼 있어 사용이 편리할 수 있지만 취약점도 같이 늘어나게 된다. 컨테이너 내부에 다른 시스템의 코드가 적을수록 해당 코드에서 발견된 취약점으로 인해 업데이트할 필요성이 줄어들고 노출될 수 있는 버그가 줄어들게 된다.

---

1 https://hub.docker.com/_/python

2.1.8항에서 소개하는 다단계 빌드에 대한 도커파일은 하나의 컨테이너를 사용해 코드를 빌드하고 다른 컨테이너를 사용해 코드를 실행함으로써 이 원칙을 적용했다. 잠재적인 취약 지점을 줄이기 위한 핵심은 컨테이너 빌드 과정의 두 번째 단계에서 가능한 가장 슬림한 버전의 런타임 베이스 이미지를 선택하는 것이다. 구글은 초경량 런타임 컨테이너를 제공하는 데 도움이 되는 오픈 소스 프로젝트 Distroless[2]를 추진하고 있다. 다음 예제 코드는 컨테이너 빌드 중 두 번째 단계에서 구글에서 제공하는 Distroless 이미지를 사용해 자바 컨테이너를 빌드하는 Distroless 프로젝트의 한 예시이다.

예제 코드 12.1 https://github.com/GoogleContainerTools/distroless/tree/main/examples/java/Dockerfile

```
FROM openjdk:11-jdk-slim-bullseye AS build-env        ◀── 일반 OpenJDK 이미지는 코드를 빌드하는 데 사용된다.
COPY . /app/examples
WORKDIR /app
RUN javac examples/*.java
RUN jar cfe main.jar examples.HelloJava examples/*.class


FROM gcr.io/distroless/java11-debian11        ◀── distroless 자바 이미지는 코드를 실행하는 데 사용된다.
COPY --from=build-env /app /app
WORKDIR /app
CMD ["main.jar"]
```

12.1.3 중단 처리하기

이 모든 업데이트로 인해 실행 중인 워크로드에는 어떤 일이 일어날지 궁금할 것이다. 업데이트 과정에서 파드가 삭제되고 재생성되는 것은 불가피한 과정이다. 이는 분명히 해당 파드 내에서의 워크로드 실행에 중단(disruption)을 야기시킬 것이다. 그러나 쿠버네티스에는 다행스럽게도 이러한 중단을 줄이고 잠재적으로 모든 악영향을 제거할 수 있는 여러 방법이 존재한다.

준비성 검사

먼저, 준비성 검사(readiness check)를 아직 설정하지 않았다면(4장 참조) 이는 절대적으로 중요하기 때문에 지금 돌아가서 해 두자. 쿠버네티스는 컨테이너가 준비됐을 때를 보고하는 것에 의존하며, 이를 설정하지 않으면 프로세스가 실행되기 시작하는 순간(애플리케이션이 초기화 과정을 완료하고 실제로 운영 환경의 트래픽을 처리할 준비가 되기 **전**)에 준비 상태가 됐다고 가정한다. 업데이트 과정처럼 파

2　https://github.com/GoogleContainerTools/distroless

드의 상태가 더 많이 변경될수록 적절한 준비성 검사를 구현하지 않으면 준비되지 않은 상태의 파드로 요청을 전달해 더 많은 에러가 발생한다.

신호 처리 및 우아한 종료

준비성 검사가 애플리케이션이 시작할 준비가 됐는지 확인하는 데 사용되는 것처럼, 쿠버네티스에서 우아한 종료를 사용해 애플리케이션이 중지할 준비가 됐는지 확인한다. 완료까지 시간이 걸리는 프로세스가 있는 잡의 경우 웬만하면 해당 프로세스를 그냥 종료하고 싶지 않을 수 있다. 단기 요청이 있는 웹 애플리케이션의 경우도 요청 실패를 야기시키는 갑작스러운 종료로 인해 어려움을 겪을 수도 있다.

이러한 문제를 방지하려면 애플리케이션 코드에서 SIGTERM 이벤트를 처리해 종료 프로세스를 시작하고 종료 과정을 완료하기에 충분히 긴 우아한 종료 윈도우(terminationGracePeriodSeconds를 사용)를 설정하는 것이 중요하다. 웹 애플리케이션의 경우 처리하고 있는 현재의 모든 요청이 완료되면 SIGTERM 이벤트를 처리해 서버를 종료해야 한다. 또한 배치 작업은 수행 중인 모든 작업을 마무리하고 새로운 태스크를 시작하지 말아야 한다.

어떤 경우 인터럽트가 발생하면 진행 과정이 손실되는 장기 실행 태스크가 있을 수 있다. 이러한 경우 애플리케이션이 SIGTERM 이벤트를 수신하더라도 현재 태스크를 완료하기 위해 이전과 같이 계속 작업을 진행할 수 있는 매우 긴 시간을 갖는 우아한 종료 윈도우를 설정할 수 있다. 관리형 플랫폼에서는 시스템에서 발생한 중단에 대해 우아한 종료 기간 설정에 제한이 있을 수 있다.

10.1.2항은 잡 컨텍스트에서 SIGTERM 처리 및 terminateGracePeriodSeconds 설정의 예시 파일이다. 다른 유형의 워크로드에도 동일한 원칙이 제공된다.

롤링 업데이트

디플로이먼트나 스테이트풀셋에서 컨테이너를 업데이트할 때(예: 베이스 이미지 업데이트), 이 롤아웃은 롤아웃 전략에 따라 관리된다. 4장에서 다뤘던 롤링 업데이트는 애플리케이션을 사용 가능한 상태로 유지하면서 배치 형태로 파드를 업데이트해 워크로드를 업데이트할 때 중단을 최소화하기 위해 권장되는 전략이다. 디플로이먼트의 경우 디플로이먼트의 maxSurge 매개변수를 설정해야 한다. 이렇게 하면 파드 복제본의 수를 일시적으로 늘려 롤아웃을 수행하기 때문에 가용성을 위해서는 파드 복제본의 수를 줄이는 것보다 더 안전해진다.

파드 중단 허용 범위

노드가 업데이트되면 이 프로세스는 디플로이먼트에 대한 업데이트와 동일한 롤아웃 프로세스를 거치지 **않는다**. 동작 방식은 다음과 같다. 먼저, 노드가 커든(cordoned) 상태로 변경돼 새로운 파드가 배포되지 않는다. 그런 다음 노드가 드레인(drain) 상태로 변경되며 해당 노드가 비워진다(파드가 이 노드에서 삭제되고 다른 노드에 재생성된다). 기본적으로 쿠버네티스는 노드에서 모든 파드를 한 번에 삭제하고(디플로이먼트와 같은 워크로드 리소스에서 관리하는 파드의 경우) 다른 노드에서 생성되도록 스케줄링한다. 먼저 다른 노드에 파드가 생성되도록 스케줄링된 다음 삭제되는 순서가 아니라는 점을 유의하기 바란다. 만약 동일한 디플로이먼트의 여러 복제본이 동일한 노드에서 실행 중인 경우 그림 12.1처럼 동시에 축출되면서 사용할 수 없게 될 수도 있다.

동일한 디플로이먼트에 속하는 여러 개의 파드가 담긴 노드를 드레인 상태로 변경하면 디플로이먼트의 가용성을 감소시킬 수 있는 문제(실행 중인 파드의 복제본의 너무 적은 경우)를 해결하기 위해 쿠버네티스에는 파드 중단 허용 범위(Pod Disruption Budges, PDB)라는 기능이 존재한다. PDB를 사용하면 쿠버네티스에 워크로드가 설계한 대로 계속 동작하도록 사용할 파드의 수나 백분율을 설정할 수 있다.

예제 코드 12.2 Chapter12/12.1_PDB/pdb.yaml

```
apiVersion: policy/v1
kind: PodDisruptionBudget
metadata:
  name: timeserver-pdb
spec:
  maxUnavailable: 1      ◀── 중단 상태일 경우 사용하지 않을 파드의 최대 수를 설정한다.
  selector:
    matchLabels:              레이블을 통해 파드를 선택한다.
      pod: timeserver-pod
```

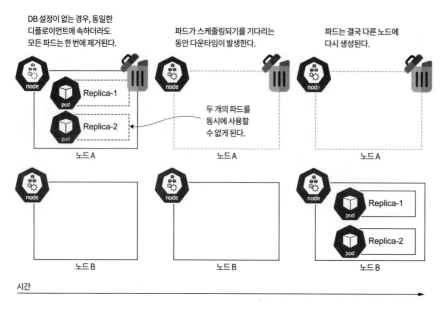

DB 설정이 없는 경우, 동일한
디플로이먼트에 속하더라도
모든 파드는 한 번에 제거된다.

파드가 스케줄링되기를 기다리는
동안 다운타임이 발생한다.

파드는 결국 다른 노드에
다시 생성된다.

두 개의 파드를
동시에 사용할
수 없게 된다.

시간

그림 12.1 파드 중단 허용 범위 설정이 없는 노드 삭제. 노드의 모든 파드가 한꺼번에 사용할 수 없게 된다.

이 PDB를 클러스터에 배포하면 그림 12.2와 같이 중단 과정에서 파드 중 한 번에 하나 이상의 파드가 비가용 상태가 되지 않게 보장한다. 또 다른 대안은 `minAvailable`을 사용해 필요한 복제본의 수를 설정하는 것이다. 필자의 경우 `maxUnavailable`을 선호하는데, 이는 확장(scaling)과 더 잘 동작하기 때문이다. 확장 과정에서 `maxAvailable`을 사용하는 경우 원하는 최소 가용성을 유지하기 위해 복제본의 수와 해당 값을 함께 증가시켜야 할 수 있으며, 이는 추가적인 작업이 필요하다.

> **메모**
>
> PDB는 파드를 노드 업그레이드 과정과 같은 자발적인 축출(voluntary evictions)로부터는 보호할 수 있지만 노드의 장애로 갑자기 실패가 발생하는 것과 같은 중단 사례로부터는 보호할 수 없다.

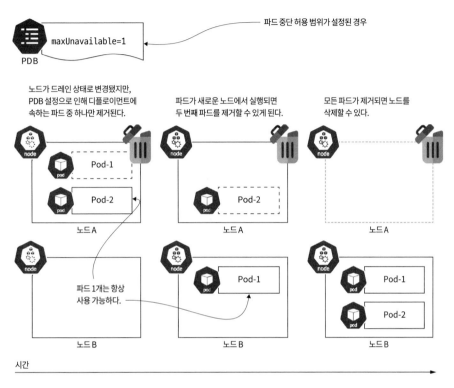

그림 12.2 PDB를 사용하면 쿠버네티스는 디플로이먼트에 요구되는 수의 파드가 사용 가능할 때까지 기다린 후에 다른 파드를 삭제해 중단을 줄일 수 있다.

PDB가 중단을 처리하는 프로세스는 롤링 업데이트 과정에서 동시에 너무 많은 파드를 세서하는 것을 방지하는 방법과 다소 유사하다. 클러스터 업데이트 및 애플리케이션 업데이트로 인한 중단이 발생하는 모든 경우에도 계속 사용할 수 있도록 하려면 롤링 업데이트와 PDB를 모두 설정해야 한다.

12.2 데몬셋을 사용해 노드 에이전트 배포하기

이 책에서는 애플리케이션 배포를 위한 디플로이먼트, 데이터베이스 배포를 위한 스테이풀셋, 특정 기간 동안 동작하는 태스크를 위한 크론잡과 같이 특정 목적을 가지는 파드를 캡슐화하는 여러 가지 상위 워크로드 설정을 다뤘다. 그리고 데몬셋(DaemonSet)은 모든 노드에서 파드를 실행할 수 있는 또 다른 워크로드 유형이다.

데몬셋은 언제 주로 사용할까? 대부분 로깅, 모니터링, 보안 등 클러스터 운영상의 이유로 필요한 경우가 많다. 애플리케이션 개발자에게 데몬셋은 일반적인 워크로드 구성 요소가 아니다. 클러스터 IP를 통해 내부적으로 서비스를 노출할 수 있기 때문에(클러스터 내의 모든 파드는 사용자가 생성한 모든 서비스와 통신할 수 있다) 모든 노드에 서비스를 실행할 필요가 없다. 또한 로컬 호스트에서 서비스에 연결해야 하는 경우 노드포트(NodePort) 유형의 서비스로 연결할 수 있다. 데몬셋은 일반적으로 노드의 로그를 읽거나 성능을 관찰하는 것과 같이 노드 수준에서 작업을 수행할 때 사용되며 시스템 관리 도메인에 직접 배치된다.

데몬셋은 일반적으로 로깅, 모니터링, 및 보안 업체가 공급하는 소프트웨어를 배포하는 방법이다. 이 소프트웨어는 노드에 위치해 로그를 읽어 중앙에 있는 로깅 솔루션에 업로드하고, 성능 메트릭(실행 중인 파드의 수, 부팅 시간 등)에 대해 쿠블릿 API 쿼리를 수행하고, 컨테이너 및 호스트의 동작을 모니터링하는 것과 같은 작업을 수행한다. 다음은 제품이 동작하는 데 필요한 데이터를 수집하기 위해 모든 노드에 실행돼야 하는 파드의 예이다.

다음은 GKE 클러스터의 kube-system 네임스페이스에서 실행되는 데몬셋의 목록이며 주로 로깅, 모니터링, 클러스터 DNS와 같은 기능을 제공한다.

```
$ kubectl get daemonset -n kube-system
  NAMESPACE      NAME
  kube-system    filestore-node
  kube-system    fluentbit-gke
  kube-system    gke-metadata-server
  kube-system    gke-metrics-agent
  kube-system    kube-proxy
  kube-system    metadata-proxy-v0.1
  kube-system    netd
  kube-system    node-local-dns
  kube-system    pdcsi-node
```

일반적으로 애플리케이션 개발자가 데몬셋을 직접 생성하지 않고 벤더의 상용 제품을 사용한다. 예를 들어 다음 예제 코드는 노드에서 로그를 표준 출력(stdout)으로 읽는 간단한 데몬셋이다.

예제 코드 12.3 Chapter12/12.2_DaemonSet/logreader.yaml

```yaml
apiVersion: apps/v1
kind: DaemonSet
```

```
metadata:
  name: logreader
spec:
  selector:
    matchLabels:
      pod: logreader-pod
  template:
    metadata:
      labels:
        ds: logreaderpod
    spec:
      containers:
      - image: ubuntu
        command:
        - bash                          노드에서 kube-system 컨테이너 로그를 읽고 출력한다.
        - "-c"
        - ¦
          tail -f /var/log/containers/*_kube-system_*.log
        name: logreader-container
        resources:
          requests:
            cpu: 50m        ←——— 데몬셋은 일반적으로 낮은 리소스 요청값을 사용한다.
            memory: 100Mi
            ephemeral-storage: 100Mi
        volumeMounts:
        - name: logpath
          mountPath: /var/log          볼륨 "logpath"를 /var/log에 마운트한다.
          readOnly: true
      volumes:
      - hostPath:
          path: /var/log               호스트의 /var/log에서 볼륨 "logpath"를 정의한다.
        name: logpath
```

데몬셋을 생성하려면 다음과 같은 명령을 사용한다.

```
$ kubectl create -f Chapter12/12.2_DaemonSet/logreader.yaml
daemonset.apps/logreader created
```

파드가 준비 상태가 되면 로그를 스트리밍할 수 있다.

```
$ kubectl get pods
NAME              READY  STATUS    RESTARTS  AGE
logreader-2nbt4   1/1    Running   0         4m14s

$ kubectl logs -f logreader-2nbt4 --tail 10
==> /var/log/containers/filestore-node_kube-system_gcp-filestore-1b5.log <== lock is held by
gk3-autopilot-cluster-2sc2_e4337a2e and has not yet expired
```

실제로 로깅, 모니터링 및 보안 솔루션을 배포할 때 데몬셋을 접하게 될 가능성이 크다.

12.3 파드 보안 컨텍스트

PodSpec에는 파드와 해당 컨테이너의 보안 속성이 정의된 securityContext 속성이 존재한다. 파드가 관리 기능을 수행해야 하는 경우(예: 노드 수준의 작업을 수행하는 데몬셋의 일부인 경우) securityContext에서 필요한 다양한 권한(privilege)을 정의한다. 예를 들어 다음은 노드에 권한을 요청하는 데몬셋의 파드이다.

예제 코드 12.4 Chapter12/12.3_PodSecurityContext/admin-ds.yaml

```
apiVersion: apps/v1
kind: DaemonSet
metadata:
  name: admin-workload
spec:
  selector:
    matchLabels:
      name: admin-app
  template:
    metadata:
      labels:
        name: admin-app
    spec:
      containers:
      - name: admin-container
```

```
    image: ubuntu
    command: ["sleep", "infinity"]
    securityContext:
      privileged: true
```

이 접근 권한을 통해 파드는 효과적으로 루트 접근 권한을 갖게 되고 다음과 같이 노드의 호스트 파일 시스템을 컨테이너에 마운트할 수 있다.

```
$ kubectl exec -it admin-workload-px6xg -- bash
root@admin-workload-px6xg:/# df
Filesystem    1K-blocks   Used       Available   Use%   Mounted on
overlay       98831908    4652848    94162676    5%     /
tmpfs         65536       0          65536       0%     /dev
/dev/sda1     98831908    4652848    94162676    5%     /etc/hosts
shm           65536       0          65536       0%     /dev/shm
root@admin-workload-px6xg:/# mkdir /tmp/host
root@admin-workload-px6xg:/# mount /dev/sda1 /tmp/host
root@admin-workload-px6xg:/# cd /tmp/host
root@admin-workload-px6xg:/tmp/host# ls
dev_image  etc  home  lost+found  var  var_overlay  vmlinuz_hd.vblock
root@admin-workload-px6xg:/tmp/host#
```

권한이 없는 컨테이너에서 동일한 작업을 시도할 경우 마운트가 실패한다. 쿠버네티스에서 실행되는 일반적인 애플리케이션의 개발자라면 파드가 사용할 수 있는 기능을 **제한**해 위험을 줄이기 위해 securityContext 속성을 더 많이 사용할 것이다. 이전 예제와 비교했을 때 다음은 비루트 사용자로 실행돼 권한을 상승시킬 수 없는 닫힌 권한을 가진 파드의 PodSpec에 대한 정의다.

예제 코드 12.5 Chapter12/12.3_PodSecurityContext/pod.yaml

```
apiVersion: v1
kind: Pod
metadata:
  name: ubuntu
  labels:
    pod: ubuntu-pod
spec:
  containers:
  - name: ubuntu-container
```

```
image: ubuntu
command: ["sleep", "infinity"]
securityContext:
  runAsNonRoot: true
  runAsUser: 1001
  allowPrivilegeEscalation: false
  capabilities:
    drop:
      - ALL
```

기본적으로 모든 파드는 원하는 권한을 자유롭게 요청할 수 있으며 루트 접근 권한도 요청할 수 있다 (일부 노드리스 플랫폼과 같이 쿠버네티스 플랫폼이 이를 제한하지 않는 한). 이는 기본적으로 클러스터의 kubectl 접근 권한이 있는 모든 사람이 루트 권한을 가짐을 의미하기 때문에 클러스터 운영자로서 제약을 두고 싶은 부분이 될 수 있다. 더욱이 클러스터 보안을 강화하기 위해 권장하는 원칙들이 있다. 예를 들어 컨테이너를 루트 사용자로 실행하지 않는 것(이는 노드에서의 루트 권한과 구별된다)이 있는데, 이는 이전 예제에서 사용된 것과 같이 runAsNonRoot: true 설정으로 강제된다.

다음 섹션에서는 이러한 보안 관련 주제를 다룰 것이다. 먼저 컨테이너가 루트 사용자로 실행될 필요가 없도록 빌드하는 방법을 설명하고, 클러스터 관리자로서 클러스터 사용자가 보안 설정에 대한 채택을 강제화하는 방법을 설명한다.

12.4 비루트 컨테이너

컨테이너를 배포할 때 일반적인 보안 권장사항 중 하나는 컨테이너를 루트가 아닌 사용자(non-root user)로 실행하는 것이다. 그 이유는 여러 기술이 적용된 컨테이너의 패키지 방식에도 불구하고 리눅스 컨테이너는 기본적으로 호스트에서 샌드박스 기술(예: 리눅스 cgroups 및 네임스페이스)이 적용된 프로세스일 뿐이기 때문이다. 컨테이너가 기본값인 루트 사용자로 실행되도록 빌드된 경우, 이는 실제로 노드에서 루트 사용자로 실행되지만 샌드박싱(격리)돼 있다. 컨테이너 샌드박싱(Container sandboxing)은 프로세스에 루트에 해당하는 접근 권한이 없지만 여전히 루트 사용자로 실행되는 것을 의미한다. 이때 문제가 되는 것은 샌드박싱이 프로세스가 루트 접근 권한을 가지지 못하도록 방지하더라도 기본 리눅스 컨테이너화 기술의 버그로 인해 **컨테이너 탈출(Container escape)** 취약점이 발생할 경우, 샌드박스(격리)된 컨테이너 프로세스가 자신이 실행되고 있는 사용자와 동일한 권한을 획

득할 수 있다는 점이다. 즉, 컨테이너가 루트 사용자로 실행되고 있다면 **컨테이너 탈출** 취약점 발생 시 노드 수준에서 루트 접근 권한을 완전히 가지게 될 수 있음을 의미한다. 이는 매우 좋지 않은 상황이다.

기본적으로 도커는 모든 프로세스를 루트 사용자로 실행하기 때문에 컨테이너 탈출 취약점이 발생할 경우 문제가 될 소지가 있다. 이러한 취약점은 비교적 드물지만 충분히 발생할 수 있으며 **심층 방어 (Defense in depth)**라는 보안 원칙에 따라 이를 방어하는 것이 최선이다. **심층 방어**란 애플리케이션 에 침해가 발생된 경우 컨테이너 격리 기술이 이 호스트를 보호하지만, 이상적으로는 이 보호가 뚫릴 경우를 대비해 추가적인 방어 계층을 마련하는 것을 의미한다. 이러한 측면에서 심층 방어는 컨테이너 를 비루트(non-root) 사용자로 실행하는 것이다. 이렇게 하면 공격자가 컨테이너를 침해하고 리눅스 의 컨테이너 탈출 취약점을 악용하더라도 노드에서 상승된 권한을 얻지 못하게 된다. 공격자가 권한 상 승을 위해 또 다른 취약점을 결합할 수 있기 때문에 방어를 위한 3개의 계층(애플리케이션, 리눅스 컨 테이너화, 및 리눅스 사용자 권한)이 필요하다.

> **메모**
>
> 과연 루트로 컨테이너 프로세스를 실행하지 않는 것이 최선의 방법일지 궁금할 수도 있다. 그렇다면 도커가 컨테 이너를 빌드할 때 기본적으로 루트 사용자를 사용하는 이유는 무엇일까? 답은 바로 개발자의 편의성 때문이다. 컨테이너에서는 루트 사용자로 행동하는 것이 편리하다. 루트 사용자는 특권 포트(privileged port)(기본 HTTP 포트 80번과 같이 0에서 1023 사이에 있는 네트워크 포트를 의미한다)를 사용할 수 있고 디렉터리 권한 문제를 처리할 필요가 없기 때문이다. 바로 뒤에서 살펴보겠지만, 비루트 사용자로 컨테이너를 빌드하고 실행하면 해결 해야 할 오류가 발생할 수 있다. 그러나 처음부터 이러한 원칙을 채택한다면 해당 오류가 발생할 때도 문제를 해 결하는 것이 그렇게 어렵지 않을 수 있으며 그 결과 시스템에 방어 계층을 하나 더 추가할 수 있게 된다.

쿠버네티스에서 컨테이너가 루트 사용자로 실행되지 않도록 막는 방법은 간단하다. 하지만 문제는(곧 살펴보겠지만) 모든 컨테이너가 이러한 방식으로 실행되도록 설계되지 않았기 때문에 종종 실패할 수 있다는 것이다. 쿠버네티스에서 파드에 애노테이션(annotation)을 달아 루트 사용자로 실행되는 것을 방지할 수 있다. 따라서 루트로 실행되지 않는다는 목표를 달성하기 위한 첫 번째 단계는 간단하게 이 애노테이션을 추가하는 것이다! 만약 다양한 팀을 위해 쿠버네티스 클러스터를 구성하거나 이러한 클 러스터를 사용하는 팀의 일원이라면, 쿠버네티스 승인 컨트롤러(admission controller)를 사용해 모 든 파드에 이 애노테이션을 자동으로 추가할 수 있다(12.5.1항 참조). 최종 결과는 동일하므로 다음 데 모에서는 수동으로 추가해 보겠다. 다음 디플로이먼트는 컨테이너가 루트로 실행되지 않게 하는 모범 사례를 다룬다.

예제 코드 12.6 Chapter12/12.4_NonRootContainers/1_permission_error/deploy.yaml

```yaml
apiVersion: apps/v1
kind: Deployment
metadata:
  name: timeserver
spec:
  replicas: 1
  selector:
    matchLabels:
      pod: timeserver-pod
  template:
    metadata:
      labels:
        pod: timeserver-pod
    spec:
      containers:
      - name: timeserver-container
        image: docker.io/wdenniss/timeserver:6
        securityContext:          이 컨테이너를 루트 사용자로 실행하는 것을 방지한다.
          runAsNonRoot: true
```

아직 작업이 완전히 끝나지 않았다. 불행하게도 컨테이너 자체는 비루트 사용자로 실행되게 설정되지 않았기 때문이다. 이 디플로이먼트를 생성하려고 하면 쿠버네티스가 securityContext를 적용해 컨테이너가 루트로 실행되지 않게 한다. 다음은 해당 디플로이먼트에 대한 생성을 시도할 때 출력되는 결과이다(일부 생략됨).

```
$ kubectl get pods
NAME                             READY   STATUS                     RESTARTS
timeserver-pod-fd574695c-5t92p   0/1     CreateContainerConfigError 0


$ kubectl describe pod timeserver-pod-fd574695c-5t92p
Name:           timeserver-pod-fd574695c-5t92p
Events:
Tye       Reason    Age             From      Message
----      ------    ----            ----      -------
Warning   Failed    10s (x3 over 23s)  kubelet   Error: container has
runAsNonRoot and image will run as root
```

이 문제를 해결하려면 파드가 실행될 사용자를 설정해야 한다. 루트 사용자는 항상 사용자 번호 0을 사용하기 때문에 다른 사용자 번호를 설정하면 된다. 이 예제에서는 사용자 번호 1001을 선택했다. 이는 도커파일에서 USER 1001로 선언하거나 쿠버네티스 설정에서 runAsUser:1001로 명시할 수 있다. 둘 다 존재할 경우 쿠버네티스 설정이 우선시되며, 이는 쿠버네티스 PodSpec의 command 매개변수가 도커파일에 있는 CMD를 덮어쓰는 방식과 유사하다. 이에 대한 도커파일 옵션은 다음과 같다.

```
FROM python:3
COPY . /app
WORKDIR /app
RUN mkdir logs
CMD python3 server.py
USER 1001
```

또는 보안 컨텍스트 섹션에 추가 필드를 사용해 PodSpec에 명시할 수 있다.

예제 코드 12.7 Chapter12/12.4_NonRootContainers/1_permission_error/deploy-runas.yaml

```
# ...
securityContext:
    runAsNonRoot: true
    runAsUser: 1001
```

두 접근 방식 모두 잘 동작하지만, 개발 환경과 운영 환경을 분리하는 것이 더 좋기 때문에 설정은 쿠버네티스 쪽에서 관리하는 것을 권장한다. 도커파일에서 실행할 사용자를 지정하고 쿠버네티스 외부에서 로컬로 컨테이너를 실행한 다음 볼륨을 마운트하려고 하면, 도커 문제 #2259[3]처럼 루트가 아닌 다른 사용자로 볼륨을 마운트할 수 없는 문제에 직면하게 된다. 이는 상당히 오래 전부터 직면한 문제이다. 원래 보안에 대한 우려사항은 컨테이너를 루트로 실행하는 것이 아니라 운영 환경에서 루트로 실행하는 것과 관련이 있다. 이러한 '루트가 아닌 사용자 및 권한으로 실행' 문제를 운영 환경에 위임하는 것은 어떨까? 로컬 도커 환경에서는 컨테이너를 루트로 실행해 최대한 편리하게 사용하고 쿠버네티스의 운영 환경에서는 루트가 아닌 권한으로 실행해 심층 방어 체계를 강화하는 것이 보다 쉬운 방법이다.

runAsUser: 1001을 지정하는 것만으로도 컨테이너를 비루트 사용자로 실행할 수 있게 된다. 컨테이너가 비루트 사용자로 실행된다면 여러분의 할 일은 모두 끝난 것이다. 대부분의 공용 및 잘 알려진

(well-known) 컨테이너는 비루트로 실행되도록 설계됐지만, 직접 작성 및 빌드한 컨테이너의 경우 그렇지 않을 가능성이 높다.

앞서 살펴본 예제 컨테이너의 경우, 비루트로 실행되도록 설계되지 않았기 때문에 일부 수정이 필요하다. 컨테이너를 비루트로 실행할 때의 두 가지 주요 차이점은 특권 포트(즉, 1번에서 1023번 사이의 포트)를 사용해 수신 대기를 할 수 없고, 기본적으로 컨테이너의 쓰기 가능한 계층에 대한 쓰기 권한이 없다는 것이다(파일을 쓸 수 없다는 것을 의미한다!). 이는 포트 80번을 사용해 수신 대기하고 /app/logs에 로그 파일을 쓰는 Timeserver 샘플 앱의 6버전(Chapter12/timeserver6/server.py) 같은 상황에서 문제를 야기한다.

컨테이너를 비루트로 실행하게 업데이트하기

예제 코드 12.7과 같이 runAsUser를 지정해 수정된 디플로이먼트를 배포하면 배포 시 CreateContainerConfigError 에러는 발생하지 않지만 컨테이너 자체에서 충돌이 발생한다. 사용자를 루트가 아닌 사용자로 변경한 후 컨테이너에서 충돌이 발생한다면 해당 변경 사항과 관련된 권한 문제일 가능성이 높다. 루트가 아닌 사용자에 대한 에러 디버깅을 시작하기 전에 컨테이너가 루트 권한으로 실행했을 때는 제대로 동작하는지 확인하자. 그렇지 않으면 전혀 관련 없는 문제로 골머리를 앓을 수 있다.

루트가 아닌 사용자로 실행되는 컨테이너의 권한 문제를 디버깅하는 단계는 다양하지만, 예제 앱에서 두 가지 일반적인 에러를 찾아 수정하는 방법을 살펴보겠다. 다음은 충돌이 발생한 컨테이너에서 발췌한 출력 결과 및 로그의 일부 내용이다.

```
$ kubectl get pods
NAME                              READY   STATUS            RESTARTS      AGE
timeserver-demo-774c7f5ff9-fq94k  0/1     CrashLoopBackOff  5 (47s ago)   4m4s

$ kubectl logs timeserver-demo-76ddf6d5c-7s9zc
Traceback (most recent call last):
  File "/app/server.py", line 23, in <module>
    startServer()
  File "/app/server.py", line 17, in startServer
    server = ThreadingHTTPServer(('',80), RequestHandler)
  File "/usr/local/lib/python3.9/socketserver.py", line 452, in __init__
    self.server_bind()
```

```
    File "/usr/local/lib/python3.9/http/server.py", line 138, in server_bind
        socketserver.TCPServer.server_bind(self)
    File "/usr/local/lib/python3.9/socketserver.py", line 466, in server_bind
        self.socket.bind(self.server_address)
PermissionError: [Errno 13] Permission denied
```

다행스럽게도 쿠버네티스에서 발생하는 포트 문제는 최종 사용자(end user)에게 영향을 주지 않는 손쉬운 수정 사항이다. 로드 밸런서의 서비스 포트를 표준 포트 80번으로 유지하면서 컨테이너가 사용하는 포트를 변경할 수 있다. 먼저 컨테이너가 사용하는 포트를 업데이트해 보겠다.

예제 코드 12.8 Chapter12/timeserver7/server.py

```python
//...
def startServer():
  try:
    server = ThreadingHTTPServer(('',8080), RequestHandler)
    print("Listening on " + ":".join(map(str, server.server_address))) server.serve_forever()
  except KeyboardInterrupt:
    server.shutdown()


if __name__== "__main__":
    startServer()
```

애플리케이션에서 포트를 변경하는 경우, `targetPort`를 업데이트해 쿠비네디스 서비스 설정을 새로운 포트와 일치하도록 업데이트해야 한다. 다행스럽게도 서비스의 외부 포트를 변경할 필요는 없다. 서비스 네트워킹 객체는 쿠버네티스에서 제공되며 특정 사용자로 실행되지 않기 때문에 1024번 미만의 포트를 사용할 수 있다.

예제 코드 12.9 Chapter12/12.4_NonRootContainers/2_fixed/service.yaml

```yaml
apiVersion: v1
kind: Service
metadata:
  name: timeserver
spec:
  selector:
    pod: timeserver-pod
  ports:
```

```
        - port: 80
          targetPort: 8080        ◄─── 새로운 컨테이너 포트를 타깃으로 한다.
          protocol: TCP
      type: LoadBalancer
```

소켓 관련 문제가 해결되고 애플리케이션을 재실행하면 앱이 디스크에 로그 파일을 쓰려고 할 때 또 다른 에러가 발생한다. 이 에러는 앱의 시작을 방해하지는 않고 요청이 있을 때 발생한다. 해당 로그를 살펴보면 다음과 같다.

```
$ kubectl logs timeserver-demo-5fd5f6c7f9-cxzrb
10.22.0.129 - - [24/Mar/2022 02:10:43] "GET / HTTP/1.1" 200 -
Exception occurred during processing of request from ('10.22.0.129', 41702)
Traceback (most recent call last):
  File  "/usr/local/lib/python3.10/socketserver.py", line 683, in
    process_request_thread
    self.finish_request(request, client_address)
  File "/usr/local/lib/python3.10/socketserver.py", line 360, in
    finish_request
    self.RequestHandlerClass(request, client_address, self)
  File "/usr/local/lib/python3.10/socketserver.py", line 747, in
    __init__
    self.handle()
  File "/usr/local/lib/python3.10/http/server.py", line 425, in
    handle
    self.handle_one_request()
  File "/usr/local/lib/python3.10/http/server.py", line 413, in
    handle_one_request
    method()
  File "/app/server.py", line 11, in do_GET
    with open("logs/log.txt", "a") as myfile:
 PermissionError: [Errno 13] Permission denied: 'logs/log.txt'
```

루트가 아닌 사용자로 실행할 때 파일에 쓰는 과정에서 권한 거부 에러가 표시된다면 루트가 아닌 사용자에 대한 디렉터리 권한이 올바르게 설정되지 않았다는 명확한 신호이다. 이를 해결하는 가장 간단한 방법은 해당 디렉터리에 그룹 권한을 설정하는 것이다. 필자는 그룹 권한을 사용하는 것을 좋아하는데, 동일한 그룹(예: 그룹 0)을 사용하면 도커를 사용해 로컬 환경에서 실행하거나 쿠버네티스를 통해 운영 환경에 배포할 때 환경별 변경 없이 사용할 수 있기 때문이다. 이제 도커파일을 업데이트해 그룹 0에 쓰기 권한을 부여해보자.

예제 코드 12.10 Chapter12/timeserver7/Dockerfile

```
FROM python:3.12
ENV PYTHONUNBUFFERED 1 COPY . /app
WORKDIR /app
RUN mkdir logs
RUN chgrp -R 0 logs \                로그 디렉터리에 대한 권한을 업데이트한다.
    && chmod -R g+rwX logs
CMD python3 server.py
```

쿠버네티스에 배포하기에 앞서 로컬 환경에서 도커를 통해 비루트 사용자로 컨테이너를 실행해 테스트하려면 런타임에 사용자를 설정할 수 있다: docker run --user 1001:0 $CONTAINER_NAME.

이제 수정된 컨테이너(버전 7로 게시됨)가 비루트 사용자로도 잘 실행될 것이다. Chapter12/12.4_NonRootContainers/2_fixed에 있는 설정을 배포해 정상적으로 실행되는지 확인한다. 컨테이너와 설정이 비루트로 동작할 수 있도록 변경한 모든 내용을 확인하려면 변경 전후의 설정 파일을 비교해보자.

```
cd Chapter12
diff -u timeserver6 timeserver7
diff -u 12.4_NonRootContainers/1_permission_error \
        12.4_NonRootContainers/2_fixed
```

12.5 승인 컨트롤러

이전 절에서는 파드가 루트로 실행되는 것을 방지하기 위해 runAsNonRoot를 파드에 수동으로 추가했다. 이 동작이 모든 파드에 대해 원하는 설정이라면 이상적으로는 해당 설정이 존재하지 않는 모든 파드의 생성을 거부하거나 자동으로 해당 설정을 추가하도록 클러스터를 구성할 수 있다.

이 부분이 바로 승인 컨트롤러(admission controller)의 역할이다. 승인 컨트롤러는 kubectl create와 같은 명령을 사용해 객체를 생성할 때(그림 12.3) 웹훅을 통해 실행되는 코드의 조각들이다. 승인 컨트롤러에는 두 가지 종류가 있다. 바로 검증(validating)과 변형(mutating)이다. 검증 승인 웹훅은 쿠버네티스 객체를 받아들이거나 거부할 수 있다. 예를 들어 runAsNonRoot 설정이 없는 파드의 생성을 거부할 수 있다. 변형 승인 웹훅은 객체를 수신할 때 해당 객체를 변경할 수 있다. 예를 들어, runAsNonRoot를 true로 설정하는 것이다.

원하는 동작을 구현하기 위해 자체적으로 승인 컨트롤러를 구현할 수 있지만, 원하는 목적에 따라 필요하지 않을 수도 있다. 쿠버네티스는 기본적으로 승인 컨트롤러와 함께 제공되며 추가로 사용할 수 있는 상용 또는 오픈 소스 형태의 승인 컨트롤러들도 존재한다.

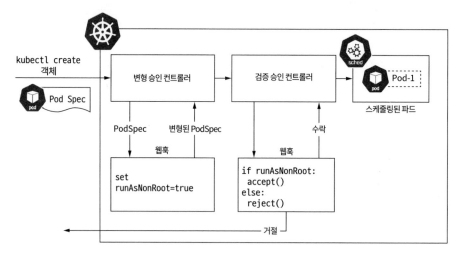

그림 12.3 파드가 스케줄링될 때 승인되는 과정

12.5.1 파드 보안 승인

승인 컨트롤러를 작성하는 일은 쉽지 않다. 인증서를 설정해야 하고 쿠버네티스의 요청/응답 API에 맞는 웹훅을 설정할 수 있는 애플리케이션을 작성해야 하며, 쿠버네티스가 자주 업데이트되기 때문에 이를 항상 최신 상태로 유지하는 개발 과정도 필요하다. 다행스럽게도 대부분의 개발자들은 직접 승인 컨트롤러를 작성할 필요가 없다. 보통 서드파티에서 제공하는 것들이나 쿠버네티스에 기본적으로 포함된 것들을 사용하게 된다.

쿠버네티스는 승인 컨트롤러에 runAsNonRoot 사용을 강제할 수 있는 보안 정책을 포함한다. 쿠버네티스 v1.25 이전에는 PodSecurityPolicy가 이러한 역할을 했지만, 정식 버전으로 채택되지 못하고 베타 버전 단계에서 사라졌다. 쿠버네티스 v1.25부터는 파드 보안 승인(Pod Security admission)이 보안 정책을 강제하는 권장 방법으로 사용되고 있다. 이 기능은 쿠버네티스 v1.25 이전 버전을 실행 중이거나 플랫폼 운영자가 해당 기능을 활성화하지 않은 클러스터에도 수동으로 배포 가능하다.

파드 보안 표준

파드 보안 표준(Pod Security Standards)[4]은 네임스페이스 수준에서 적용되는 세 가지 보안 정책 수준을 정의한다.

- **특권(Privileged)**: 파드는 제한 없는 관리자 권한을 가지며, 노드에서 루트 접근 권한을 얻을 수 있다.
- **기본(Baseline)**: 파드는 관리자 접근 권한을 얻기 위해 권한을 상승시킬 수 없다.
- **제한(Restricted)**: 강화를 위해 현재의 모범 사례(예: 심층 방어)를 강제해 기본(Baseline) 프로필에 '루트 사용자로 실행을 제한'하는 것과 같은 내용을 포함하는 보호 계층을 추가한다.

기본적으로 특권은 시스템 워크로드에만 부여돼야 한다. 기본은 보안과 호환성 사이의 균형을 잘 맞춰주며, 제한은 호환성의 일부를 희생하면서도(예를 들어 '모든 컨테이너가 비루트 사용자로 실행될 수 있게 해야 한다'는 등의 조건이 필요하다. 12.4절 참조) 추가적인 심층 방어를 제공한다.

파드 보안을 사용한 네임스페이스 생성하기

12장에서 살펴보는 예제를 사용해 가장 안전한 프로필을 구현하기 위해 제한된 정책(restricted policy)이 적용된 네임스페이스를 생성해 보자. 이 정책은 파드가 루트 사용자가 아닌 다른 사용자로 실행되도록 요구하며, 여러 가지 다른 모범 사례들도 강제한다.

먼저 제한된 정책이 적용된 새로운 네임스페이스를 생성하자. 이 새로운 네임스페이스의 이름은 **team1**으로 설정하겠다. 이 네임스페이스는 가상의 팀1이 자신들의 코드를 배포할 수 있는 공간으로 사용하고 있을 수 있다.

예제 코드 12.11 Chapter12/12.5_PodSecurityAdmission/namespace.yaml

```
apiVersion: v1
kind: Namespace
metadata:
```

---

4 https://kubernetes.io/docs/concepts/security/pod-security-standards/

```
name: team1
labels:
  pod-security.kubernetes.io/enforce: restricted
  pod-security.kubernetes.io/enforce-version: v1.28
```

위 예제에서 두 개의 레이블은 적용하고자 하는 정책과 적용될 정책의 버전을 설정한다. 정책이 실제로 시행하는 내용의 정의는 새로운 보안 위험이 발견됨에 따라 진화할 수 있기 때문에 enforce-version 레이블이 존재한다. 예를 들어 v1.28과 같이 특정 버전을 고정하는 대신 버전으로 latest를 지정해 최신 정책을 적용할 수 있다. 그러나 쿠버네티스 버전 간 정책 변경으로 인해 기존 워크로드가 중단 될 위험이 높기 때문에 항상 특정 버전을 명시하는 것이 좋다. 이상적으로는 운영 환경에서 enforce-version 레이블을 업데이트하기 전에, 먼저 검증 환경의 네임스페이스나 클러스터에서 최신 정책 버전을 테스트해 유효성을 검사하는 것이 좋다.

네임스페이스를 생성해 보겠다.

```
kubectl create -f Chapter12/12.5_PodSecurityAdmission/namespace.yaml
kubectl config set-context --current --namespace=team1
```

이제 3장에서와 같이 runAsNonRoot를 설정하지 않은 파드를 배포하려고 하면 파드 생성이 거부될 것이다.

```
$ kubectl create -f Chapter03/3.2.4_ThePodSpec/pod.yaml
Error from server (Forbidden): error when creating
"Chapter03/3.2.4_ThePodspec/pod.yaml": admission webhook
"pod-security-webhook.kubernetes.io" denied the request: pods "timeserver"
is forbidden: violates PodSecurity "restricted:v1.28":
allowPrivilegeEscalation != false (container "timeserver-container" must set
securityContext.allowPrivilegeEscalation=false), unrestricted capabilitie
  (container "timeserver-container" must set
  securityContext.capabilities.drop=["ALL"]), runAsNonRoot != true (pod or
  container "timeserver-container" must setsecurityContext.runAsNonRoot=true)
```

파드 보안 승인 정책을 충족하는 적절한 securityContext(예제 코드 12.12)를 추가하면 파드 생성이 승인될 것이다. 또한 이전 섹션에서 루트로 실행되도록 설계된 업데이트된 컨테이너를 사용해 이처럼 새로운 조건에서 올바르게 동작하는지 확인하는 것도 중요하다.

예제 코드 12.12 Chapter12/12.5_PodSecurityAdmission/nonroot_pod.yaml

```
apiVersion: v1
kind: Pod
metadata:
  name: timeserver-pod
spec:
  securityContext:
    seccompProfile:
      type: RuntimeDefault
  containers:
  - name: timeserver-container
    image: docker.io/wdenniss/timeserver:7
    securityContext:
      runAsNonRoot: true
      allowPrivilegeEscalation: false    제한된 프로필에 필요한 보안 컨텍스트
      runAsUser: 1001
      capabilities:
        drop:
          - ALL
```

이제 루트가 아닌 파드를 만드는 것에 성공해야 한다.

```
$ kubectl create -f Chapter12/12.5_PodSecurityAdmission/nonroot_pod.yaml
pod/timeserver-pod created
```

디플로이먼트에 대해 파드의 승인 거부 디버깅하기

이번 절의 두 예제에서는 디플로이먼트가 아닌 독립형 파드(standalone Pod)를 사용했다. 이렇게 한 이유는 파드의 승인이 거부될 때 디버깅하기가 더 쉽기 때문이다. 독립형 파드를 통해 예상대로 동작하는지 확인한 후 언제든지 원하는 디플로이먼트에 검증한 PodSpec을 포함시킬 수 있다.

보안 제약 조건을 위반하는 디플로이먼트를 생성하는 경우, 앞선 예제의 파드를 직접 생성하려고 했을 때와 달리 콘솔에 에러가 출력되지 않는다. 이는 쿠버네티스 디플로이먼트의 구현 방식에서 발생되는 아쉬운 부분이다. 디플로이먼트 객체 자체를 생성하는 것을 성공하기 때문에 콘솔에서는 에러를 확인할 수 없다. 그러나 디플로이먼트가 파드를 생성하려고 할 때 실패가 발생한다. 또한 디플로이먼트는 특정 버전의 파드를 관리하기 위해 내부적으로 레플리카셋이라는 객체를 생성하기 때문에 kubectl describe 명령을 통해 디플로이먼트를 확인하더라도 에러를 찾을 수 없고, 레플리카셋을 확인해야 한다.

이 책에서는 아직 레플리카셋에 대해 언급하지 않았다. 이는 본질적으로 세부적인 구현 사항이기 때문이다. 간단히 말해 레플리카셋은 파드의 집합을 관리하는 워크로드 구조이다. 디플로이먼트는 각 배포 버전에 대해 새로운 레플리카셋을 생성해 이를 사용한다. 예를 들어, 롤링 업데이트를 수행할 때 디플로이먼트는 실제로 두 개의 레플리카셋을 가지며 하나는 이전 버전, 다른 하나는 새로운 버전을 위한 객체가 된다. 이러한 레플리카셋은 롤링 업데이트를 달성하기 위해 점진적으로 확장된다. 보통은 이러한 구현에 대한 세부사항이 중요하지 않기 때문에 이 책에서는 지금까지 다루지 않았다. 그러나 이 경우에는 레플리카셋의 세부사항이 특정 오류가 숨은 곳이기 때문에 매우 중요해진다.

간단하지는 않지만, 이런 유형의 문제를 디버깅하는 방법은 다음과 같다. 보통 디플로이먼트를 생성하면 파드들이 생성된다. kubectl get pods 명령을 실행하면 여러 개의 파드가 표시돼야 한다. 한편 이 파드들은 항상 Ready 상태가 아닐 수도 있다. 여러 가지 이유로 인해 파드가 Pending 상태일 수 있으며 경우에 따라서는 영원히 Pending 상태에 머무를 수도 있다(3.2.3항에서 다뤘다). 하지만 이러한 파드 객체는 일반적으로 어떠한 상태로든 존재해야 한다. kubectl get pods 명령을 실행했을 때 디플로이먼트에 속하는 파드 객체가 전혀 표시되지 않는다면 이는 해당 파드가 승인 과정에서 거부됐을 수 있으며, 이것이 바로 파드 객체가 존재하지 않는 이유일 가능성이 크다.

실제로 파드 생성을 담당하는 객체는 디플로이먼트가 소유한 레플리카셋이므로 kubectl describe replicaset(줄여서 kubectl describe rs) 명령을 통해 레플리카셋에 대한 상세 내용을 확인해야 한다. 다음은 에러 메시지를 보여주기 위해 출력 결과를 요약한 예제이다.

```
$ kubectl create -f Chapter03/3.2_DeployingToKubernetes/deploy.yaml
deployment.apps/timeserver created
$ kubectl get deploy
NAME        READY  UP-TO-DATE  AVAILABLE  AGE
timeserver  0/3    0           0          12s


$ kubectl get pods
No resources found in myapp namespace.
$ kubectl get rs
NAME                  DESIRED  CURRENT  READY  AGE
timeserver-5b4fc5bb4  3        0        0      31s


$ kubectl describe rs
Events:
Type     Reason        Age   From                  Message
----     ------        ----  ----                  -------
Warning  FailedCreate  36s   replicaset-controller
Error creating: admission webhook "pod-security-webhook.kubernetes.io"
denied the request: pods "timeserver-5b4fc5bb4-hvqcm" is forbidden:
violates PodSecurity "restricted:v1.28": allowPrivilegeEscalation != false
(container "timeserver-container" must set
```

```
securityContext.allowPrivilegeEscalation=false), unrestricted capabilities
(container "timeserver-container" must set securityContext.capabilities.drop=["ALL"]),
runAsNonRoot != true (pod or container "timeserver-container" must set
securityContext.runAsNonRoot=true)
```

모든 실습이 완료되면 다음과 같이 네임스페이스 및 모든 리소스를 삭제할 수 있다.

```
$ kubectl delete ns team1
namespace "team1" deleted
```

12.5.2 보안과 호환성 균형 맞추기

이전 절에서는 제한된 파드 보안 프로필을 사용해 컨테이너를 루트가 아닌 사용자로 실행할 수 있도록 설정했다. 이를 통해 높은 보안 수준을 갖는 컨테이너를 실행할 수 있는 자신감을 얻었기를 바란다. 이러한 설정은 모범 사례이며 규제가 있는 산업 같은 상황에서 요구될 수 있지만, 개발의 용이성과 명확한 트레이드오프 관계에 있으며 항상 실용적이지는 않다. 궁극적으로 어떤 보안 프로필을 사용할지는 여러분과 보안팀, 그리고 필요하다면 규제 기관이 결정할 문제이다. 모든 쿠버네티스 워크로드를 제한된 프로필이 적용된 네임스페이스에 배치해야 한다고 권장하는 것은 아니다. 그러나 클러스터에 배포하는 모든 관리되지 않는 워크로드에 대해서는 기본(baseline) 프로필을 사용하는 것을 추천한다. 이렇게 하면 컨테이너 중 하나가 침해됐을 때 클러스터를 보호할 수 있으며, 일반적인 애플리케이션과의 호환성 문제도 발생하지 않는다. 특권(privileged) 프로필이 필요한 관리자 성격의 워크로드는 일반 워크로드와 분리된 자체 네임스페이스에서 실행하는 것이 좋다.

12.6 역할 기반 접근 제어

파드가 루트가 아닌 사용자로 실행돼야 한다는 요구사항이 있다고 가정해 보자(12.4절). 파드 보안 승인을 사용해 이 요구사항을 강제하기 위한 승인 컨트롤러를 설정하면 요구사항을 달성할 수 있다(12.5절). 이 설정은 클러스터의 모든 사용자가 이러한 제한을 실수 또는 고의로 제거하지 않는다고 믿을 수 있을 때 효과적이다. 그러나 승인 컨트롤러의 요구사항을 실제로 강제하고 네임스페이스와 컨트롤러를 구성할 수 있는 플랫폼 운영자와, 네임스페이스에 배포할 수 있지만 승인 컨트롤러를 제거할 수 없는 개발자 같이 역할로 계층화된 사용자 권한 설정을 만들려면 역할 기반 접근 제어(Role Based Access Control, RBAC)를 사용한다.

RBAC은 클러스터의 사용자가 어떤 접근 권한을 갖고 있는지 제어하는 방법이다. 일반적인 설정 중 하나는 팀의 개발자들에게 클러스터의 특정 네임스페이스에 대한 접근 권한을 부여하는 것이다. 이때 이 네임스페이스에는 필요한 모든 파드 보안 정책이 구성돼 있다. 이렇게 하면 개발자들은 사전에 설정된 보안 요구사항을 준수하는 네임스페이스 내에서 원하는 것을 자유롭게 배포할 수 있다. 이를 통해 개발자들이 배포를 직접 수행하면서도 안전한 가이드라인을 따르는 DevOps 원칙을 유지하게 된다.

RBAC는 네임스페이스 수준에서 두 가지 쿠버네티스 객체 유형을 통해 구성된다. 바로 롤(Role)과 롤바인딩(RoleBinding)이다. 롤은 특정 네임스페이스에서 역할(예: 개발자 역할)을 정의한다. 롤바인딩은 이 역할을 클러스터의 주체(즉, 개발자 계정)에 할당한다. 또한 클러스터 수준에서 동작하는 클러스터 롤(ClusterRole)과 클러스터 롤바인딩(ClusterRoleBinding)이라는 객체도 있는데, 이는 네임스페이스 수준에서 동작하는 롤과 동일하게 동작하지만 클러스터 전체에 대한 접근 권한을 부여한다는 차이점이 있다.

네임스페이스 롤

롤에서는 API 그룹, 해당 그룹 내의 리소스, 그리고 부여하려는 동작(verb)을 명시한다. 접근 권한은 추가적인 방식으로만 적용되며(제거 옵션은 없음), 정의된 모든 것에 접근 권한을 부여하는 방식이다. 우리의 목표는 개발자에게 네임스페이스 내에서 거의 모든 작업을 수행할 수 있는 권한을 부여하되, 네임스페이스 자체를 수정하거나 파드 보안 애노테이션(Pod Security annotation)을 제거하지 못하게 하는 것이다. 다음은 이러한 목표를 달성할 수 있는 롤의 예시다.

예제 코드 12.13 Chapter12/12.6_RBAC/role.yaml

```
apiVersion: rbac.authorization.k8s.io/v1
kind: Role
metadata:
  name: developer-access
  namespace: team1
rules:
  - apiGroups:
    - ""              ◄── 여기서 빈 문자열은 핵심 API 그룹을 나타낸다.
    resources:
    - namespaces      개발자가 네임스페이스 내의 리소스를 볼 수는 있지만
    verbs: ["get"]    편집하는 것은 불가능하다.
```

```
  - apiGroups:
    - ""
    resources:
    - events
    - pods
    - pods/log
    - pods/portforward
    - services
    - secrets
    - configmaps
    - persistentvolumeclaims
    verbs: ["*"]
  - apiGroups:
    - apps
    - autoscaling
    - batch
    - networking.k8s.io
    - policy
    resources: ["*"]
    verbs: ["*"]
```

개발자에게 핵심 워크로드 유형에 대한 전체 접근 권한을 부여한다.

← apps에는 디플로이먼트와 같은 리소스가 포함돼 있다.
← autoscaling에는 수평적 파드 오토스케일러와 같은 리소스가 포함돼 있다.
← 배치에는 잡 워크로드가 포함돼 있다.
← networking.k8s.io는 개발자가 인그레스를 구성할 수 있게 할 때 필요하다.
← policy는 파드 중단 허용 범위를 구성하는 데 필요하다.

위 예제에서 롤(Role)은 team1 네임스페이스에 대한 접근 권한을 부여하며, 사용자가 코어(Core) API 그룹 내에서 파드, 서비스, 시크릿, 그리고 컨피그맵을 수정할 수 있게 허용한다. 또한 apps, autoscaling, batch, networking.k8s.io, 그리고 policy 그룹에 속한 모든 리소스를 수정할 수 있는 권한도 부여한다. 이 특정 권한 집합은 개발자가 이 책에서 다루는 거의 모든 YAML 파일의 내용, 예를 들어 디플로이먼트, 스테이트풀셋, 서비스, 인그레스, 수평적 파드 오토스케일러, 그리고 잡 객체를 배포할 수 있게 허용해 준다. 중요한 점은 네임스페이스 리소스가 코어 API 그룹에 포함돼 있지 않기 때문에(빈 문자열 ""로 나열된 그룹) 사용자가 네임스페이스를 수정할 수 없다는 것이다.

롤이 생성된 후 이 롤을 개발자에게 부여하기 위해서는 롤바인딩(RoleBinding)을 사용할 수 있으며, 롤바인딩 과정에서 주체(subject)로 사용자를 지정하면 된다.

예제 코드 12.14 Chapter12/12.6_RBAC/rolebinding.yaml

```
kind: RoleBinding
apiVersion: rbac.authorization.k8s.io/v1
metadata:
```

```
name: developerA
  namespace: team1
roleRef:
  kind: Role
  name: developer-access          ◀─── 예제 코드 12.13의 롤을 참조한다.
  apiGroup: rbac.authorization.k8s.io
subjects:
# Google Cloud 의 사용자 계정
- kind: User
  name: example@gmail.com    ◀───    이 부분을 개발자의 ID로 설정한다. GKE의 경우 프로젝트에 대해 쿠버네티스
                                     엔진 클러스터 뷰어 IAM 역할 접근 권한이 있는 구글 사용자.
```

사용자 주체(subjects) 내에서 허용되는 값은 사용 중인 쿠버네티스 플랫폼과 구성된 인증 시스템에 따라 결정된다. 구글 클라우드의 경우 여기서 name 값은 이메일 주소를 통해 참조되는 모든 구글 사용자가 된다. RBAC는 롤에 지정된 동작에 따라 사용자를 승인하지만, 우선 사용자가 클러스터에 인증을 성공해야 한다. 구글 클라우드의 경우 사용자가 IAM을 통해 쿠버네티스 엔진 클러스터 뷰어와 같은 역할을 할당받으면 가능하다. 이 역할에는 container.clusters.get 권한이 포함돼 있어서 사용자가 클러스터 내에서 별도의 권한을 부여받지 않고도 클러스터에 인증할 수 있게 해준다(RBAC을 통해 세밀하게 권한을 설정할 수 있다). 구체적인 단계는 플랫폼 제공업체에 따라 달라질 수 있다.

인증 vs 인가

인증(Authentication, AuthN)은 사용자가 자신의 신원 자격 증명을 시스템에 제시하는 방법을 의미한다. 쿠버네티스 플랫폼의 경우 클러스터에 인증할 수 있다는 것은 사용자가 kubectl을 통해 클러스터에 접근하기 위한 자격 증명을 얻을 수 있음을 의미한다. 인가(Authorization, AuthZ)는 클러스터 내에서 사용자가 접근에 대한 권한을 얻는 과정이다. 플랫폼의 IAM 시스템에 따라 사용자가 클러스터에 인증할 수 있지만(예: kubectl을 사용하기 위한 자격 증명을 얻는 것) 실제로는 어떠한 작업도 수행할 수 없다(권한 부여 없이 인증만 돼 있는 경우). 이후 RBAC를 사용해 원하는 정확한 권한을 부여할 수 있다. GKE(Google Kubernetes Engine)의 경우, IAM 권한(쿠버네티스 외부)으로 쿠버네티스 엔진 클러스터 뷰어 역할을 부여받으면 인증이 가능하며, 이후 RBAC과 여기서 제시된 예제를 통해 특정 리소스에 대한 접근 권한을 부여할 수 있다. 다시 말해 현재 사용중인 쿠버네티스 플랫폼에 따라 GKE의 경우처럼 일부 IAM 역할이 여기에 있는 RBAC 규칙 외에도 특정 리소스에 대한 사용자 권한을 부여할 수도 있다. GKE에서 프로젝트 전역 뷰어 역할이 대표적 예시다. 특정 RBAC 규칙을 생성하지 않아도 사용자가 클러스터의 대부분의 리소스를 확인할 수 있도록 허용한다.

클러스터 관리자로서 네임스페이스와 다음 두 객체를 생성한다.

```
$ cd Chapter12/12.6_RBAC/
$ kubectl create ns team1
namespace/team1 created
$ kubectl create -f role.yaml
krole.rbac.authorization.k8s.io/developer-access created
$ kubectl create -f rolebinding.yaml
rolebinding.rbac.authorization.k8s.io/developerA created
```

위 명령을 통해 롤과 롤바인딩이 클러스터에 배포되면 개발자 역할의 사용자는 **team1** 네임스페이스 내에 이 책의 대부분 코드를 배포할 수 있게 된다. 하지만 다른 네임스페이스를 변경하거나 **team1** 네임스페이스 자체를 수정하는 것은 불가능하다. 의미 있는 실험을 하기 위해 롤바인딩의 사용자 주체를 실제 사용자(예: 테스트 개발자 계정)로 설정해 주자.

RBAC 설정이 올바르게 구성됐는지 확인하려면 **subjects** 필드에 지정된 사용자로 클러스터에 인증해 테스트 개발자 계정으로 전환한다. 개발자 역할을 갖는 사용자로 인증된 후 **default** 네임스페이스에 무언가를 배포하려는 시도를 해보자. RBAC 권한이 부여되지 않았기 때문에 이 시도는 실패할 것이다.

```
$ kubectl config set-context --current --namespace=default
$ kubectl create -f Chapter03/3.2_DeployingToKubernetes/deploy.yaml
Error from server (Forbidden): error when creating
"Chapter03/3.2_DeployingToKubernetes/deploy.yaml": deployments.apps is
forbidden: User "example@gmail.com" cannot create resource "deployments" in
API group "apps" in the namespace "default": requires one of
["container.deployments.create"] permission(s).
```

team1 네임스페이스 컨텍스트를 전환한 후, 이전에 설정한 롤을 사용해 이 테스트 사용자에게 권한을 부여한 상태라면 이제 디플로이먼트를 생성할 수 있을 것이다.

```
$ kubectl config set-context --current --namespace=team1
Context "gke_project-name_us-west1_cluster-name" modified.
$ kubectl create -f Chapter03/3.2_DeployingToKubernetes/deploy.yaml
deployment.apps/timeserver created
```

이제 이 개발자는 해당 네임스페이스에서 배포 작업을 수행할 수 있지만, 네임스페이스 리소스에 대한 편집 권한이 없기 때문에 가장 높은 수준의 권한을 가진 파드를 통해 네임스페이스를 수정하려 할 때에 는 제한을 받게 된다.

```
$ kubectl label --overwrite ns team1 pod-security.kubernetes.io/enforce=privileged
Error from server (Forbidden): namespaces "team1" is forbidden: User "example@gmail.com" cannot
patch resource "namespaces" in API group "" in the namespace "team1": requires one of ["container.
namespaces.update"] permission(s).
```

클러스터 롤

지금까지는 개발자에게 특정 네임스페이스에 대한 권한을 부여하기 위해 롤과 롤바인딩을 설정했다. 이 롤을 통해 개발자는 이 책에서 살펴봤던 대부분의 설정을 배포할 수 있다. 그러나 아직 몇 가지 작 업은 불가능하다. 예를 들어 우선순위 클래스(6장), 스토리지 클래스(9장)를 생성하거나 클러스터 내 의 영구 볼륨을 조회해보는 것(9장)이 이에 속한다. 이러한 리소스는 클러스터 전반에 걸친 객체로 간 주되므로 이전에 생성한 네임스페이스 전용 롤만 수정해서는 해당 권한을 부여받을 수 없다. 대신 이 러한 추가적인 접근 권한을 부여하기 위해 별도의 클러스터 롤(ClusterRole) 및 클러스터 롤바인딩 (ClusterRoleBinding)이 필요하다.

어떤 권한을 부여해야 하는지 파악하기

지금까지 살펴봤던 예제에서는 이 책의 코드를 배포하는 데 필요한 모든 권한을 포함하는 롤에 대한 정의를 제공했지 만, 여러분의 워크로드 배포와 관련해 개발자에게 추가적으로 부여해야 할 다른 권한이 있을 수 있다. 어떤 그룹, 리소 스, 그리고 동작을 부여해야 할지 알아내기 위해서는 API 문서를 참조할 수 있다. 권한 관련 에러를 디버깅할 때, 예를 들어 개발자가 필요한 접근 권한이 없다고 불평할 경우, 에러 메시지를 확인하는 것이 도움이 된다. 다음은 이에 대한 예시를 보여준다.

```
$ kubectl create -f Chapter06/6.3.2_PlaceholderPod/placeholder-priority.yaml
Error from server (Forbidden): error when creating "placeholder-priority.yaml": priorityclasses.
scheduling.k8s.io is forbidden: User "example@gmail.com"
cannot create resource "priorityclasses" in API group "scheduling.k8s.io"
at the cluster scope: RBAC: clusterrole.rbac.authorization.k8s.io "developer-cluster-access" not
found requires one of ["container.priorityClasses.create"] permission(s).
```

위와 같은 에러 메시지를 통해 필요한 권한을 롤에 추가하기 위해 그룹은 scheduling.k8s.io, 리소스는 priorityClasses, 동작은 create, 그리고 RBAC의 범위는 clusterRole임을 확인할 수 있다. 따라서 이러한 값을 포 함하는 규칙을 클러스터롤 정의에 추가해야 한다.

다음 예제는 스토리지 클래스(StorageClass)와 우선순위 클래스(PriorityClass) 객체를 생성하는 데
필요한 추가적인 권한을 제공하는 클러스터롤을 보여준다.

예제 코드 12.15 Chapter12/12.6_RBAC/clusterrole.yaml

```
apiVersion: rbac.authorization.k8s.io/v1
kind: ClusterRole
metadata:
  name: developer-cluster-access
rules:
- apiGroups:
  - scheduling.k8s.io        개발자에게 클러스터의 모든 우선순위 클래스를
  resources:                 수정할 수 있는 권한을 부여한다.
  - priorityclasses
  verbs: ["*"]
- apiGroups:
  - storage.k8s.io           개발자에게 클러스터의 모든 스토리지 클래스를
  resources:                 수정할 수 있는 권한을 부여한다.
  - storageclasses
  verbs: ["*"]
- apiGroups:
  - ""
  resources:                 개발자에게 영구 볼륨 및 네임스페이스를
  - persistentvolumes        확인하고 조회해볼 수 있는 읽기 전용 권한을 부여한다.
  - namespaces
  verbs: ["get", "list"]
```

다음 예제는 앞선 예제에서 작성한 클러스터 롤을 테스트 사용자에게 바인딩하기 위한 클러스터 롤바
인딩 작성 방법이다. 이는 앞서 사용해봤던 롤바인딩과 매우 유사하다.

예제 코드 12.16 Chapter12/12.6_RBAC/clusterrolebinding.yaml

```
kind: ClusterRoleBinding
apiVersion: rbac.authorization.k8s.io/v1
metadata:
name: developerA
  namespace: team1
roleRef:
  kind: ClusterRole
  name: developer-cluster-access     예제 코드 12.15의 클러스터 롤을 참조한다.
```

```
    apiGroup: rbac.authorization.k8s.io
subjects:
- kind: User
    name: example@gmail.com
```

이것을 개발자의 ID로 설정한다. GKE의 경우, 이는 프로젝트에 대한 쿠버네티스 엔진 클러스터 뷰어 IAM 역할 접근 권한을 갖고 있는 구글 사용자다.

이 추가적인 클러스터 롤과 클러스터 롤바인딩을 통해 개발자들은 이 책에서 다루는 모든 작업을 수행할 수 있게 될 것이다.

ID 페더레이션(federation)

RBAC에서 개발자의 ID를 사용자 및 그룹으로 참조하려면 클러스터가 개발자의 ID를 인증하는 방법을 이해해야 한다. GKE의 경우, Google Groups for RBAC 기능이 활성화되면 User 필드에서 구글 사용자뿐 아니라 구글 그룹도 인식할 수 있다. 사용 중인 플랫폼과 회사의 ID 제공자에 따라 여러분은 이미 유사한 접근 권한을 가지고 있을 수 있으며, 그렇지 않다면 설정이 필요할 수 있다. 설정은 이 책의 범위를 벗어나지만, RBAC에서 ID 시스템이 제공하는 ID를 참조할 수 있도록 OpenID Connect(OIDC) 통합을 구성하는 것을 고려해 볼 수 있다.

또한 그룹 지원을 제공하는 ID 시스템 플러그인을 사용하는 경우, 모든 사용자를 롤바인딩의 주체로 일일이 나열할 필요 없이 하나의 그룹만 지정하면 된다.

파드 보안 프로필 적용하기

이번 섹션에서 생성된 네임스페이스는 파드 보안을 사용하지 않고 생성됐다. 만약 다시 돌아가서 12.5절에서 살펴봤던 파드 보안 레이블을 사용해 네임스페이스를 구성한다면 이 네임스페이스는 제한된 파드 보안 프로필(Restricted Pod Security Profile)로 잠기게 된다. 그리고 RBAC을 통해 개발자는 그 제한을 수정할 수 없게 된다. 이로써 목표한 바를 달성했다.

서비스 계정을 위한 RBAC

이번 예제에서는 사용자 주체를 사용해 RBAC을 구성했다. 개발자들이 클러스터의 실제 사용자가되기 때문이다. RBAC의 또 다른 일반적인 사용 사례는 서비스에 접근 권한을 부여하는 것이다. 즉, 클러스터 내에서 실행되는 코드에 대한 접근 권한을 부여하는 경우이다.

예를 들어 클러스터 내의 특정 디플로이먼트에 속한 파드가 쿠버네티스 API에 접근해야 하는 상황을 가정해 보자. 이 파드가 디플로이먼트의 다른 파드의 상태를 모니터링하고 있는 경우가 대표적인 사용 사례다.

머신 사용자에게 접근 권한을 부여하려면, 쿠버네티스 서비스 계정(ServiceAccount)을 생성한 후 RBAC 바인딩의 주체로 사용자를 대신해 서비스 계정을 참조하게 하면 된다.

종종 서비스 계정을 인간 사용자로 설정한 문서를 볼 수 있다. 이 경우 사용자가 서비스 계정의 인증서를 다운로드해 쿠버네티스와 상호작용하게 된다. 개발자를 위한 환경을 구성하고 ID 페더레이션을 설정하지 않기 위한 한 가지 방법이지만 ID 시스템과 연동해 동작하지 않기 때문에 권장되는 방식은 아니다. 예를 들어 개발자가 퇴사해 ID 시스템에서 계정이 정지됐을 때에도 그들이 사전에 다운로드한 서비스 계정 토큰은 여전히 유효하게 남아있기 때문이다. 따라서 ID 페더레이션을 적절하게 구성하고, 인간 사용자에게는 User 주체만 사용하는 것이 좋다. 이렇게 하면 사용자가 ID 시스템에서 정지되는 경우 쿠버네티스에 대한 접근도 함께 철회된다. 구글 클라우드와 같은 관리형 플랫폼에서는 이러한 통합이 매우 쉽지만, 다른 플랫폼에서는 이 방식을 구현하기 위해 약간의 설정이 필요할 수도 있다.

쿠버네티스 서비스 계정은 클러스터 내에서 쿠버네티스 API에 접근할 필요가 있는 파드를 위해 사용된다. 예를 들어, 다른 디플로이먼트를 모니터링하는 파드를 생성하려는 경우, 해당 파드에 사용할 서비스 계정을 생성하고, 이를 롤바인딩의 주체로 설정할 수 있다. 그런 다음, 이 서비스 계정을 파드에 할당하면 파드는 API를 호출할 때(kubectl을 사용할 때를 포함한다) 해당 자격 증명을 활용할 수 있다.

12.7 다음 단계

파드 보안 승인(Pod Security admission)은 파드가 노드에서 어떠한 권한을 가질지에 대해 제어하는 데 사용되며, RBAC는 사용자가 클러스터 내에서 어떤 리소스를 관리할 수 있는지 제어한다. 이는 좋은 시작점이지만, 네트워크 및 컨테이너 수준에서 추가적인 격리가 필요한 경우에는 더 많은 조치가 필요하다.

12.7.1 네트워크 정책

기본적으로 클러스터 내의 모든 파드는 다른 모든 파드와 통신할 수 있다. 이는 서로 다른 네임스페이스에서 서비스를 운영하는 팀들 사이에 통신을 가능하게 해 유용하지만, 잠재적으로는 침해된 파드를 포함한 다른 내부 서비스에 접근할 수 있다는 문제를 야기시킨다. 네트워크 및 다른 파드로의 트래픽을 제어하고, 네임스페이스 내의 파드가 다른 네임스페이스의 파드에 접근하지 못하도록 제한하려면 네트워크 정책(Network Policy)[5]를 구성해야 한다.

네트워크 정책의 동작 방식은 파드에 적용되는 네트워크 정책이 없을 경우 모든 트래픽이 허용되는 방식이다. 기본적으로 네트워크 정책이 없기 때문에 모든 트래픽이 허용된다. 그러나 일단 특정 파드에 대해 인그레스(들어오는 트래픽) 또는 이그레스(나가는 트래픽)를 대상으로 한 네트워크 정책이 적용되면 명시적으로 허용한 트래픽을 제외한 모든 트래픽이 선택된 방향에서 차단된다. 즉, 특정 목적지로 나가는 트래픽을 차단하려면 파드의 요구사항을 이해하고 허용할 항목의 목록을 철저하게 작성해야 한다.

예를 들어 다른 네임스페이스에 있는 파드로의 트래픽을 제한하려면 네임스페이스 내에서의 트래픽과 공용 인터넷으로의 트래픽만 허용하는 규칙을 생성할 수 있다. 이 규칙 집합은 다른 네임스페이스의 파드로 향하는 트래픽을 제외시키기 때문에 해당 트래픽은 차단되며, 이렇게 해서 목표를 달성한다. 명시적으로 허용된 트래픽을 제외한 모든 트래픽을 차단하는 네트워크 정책의 이러한 특성은 어떤 접근이 필요한지(플랫폼의 특정 요구사항을 포함해) 신중하게 분석해야 함을 의미한다. 올바르게 동작하도록 설정하려면 약간의 시행착오가 필요할 수도 있다. 이 주제에 대해 필자가 작성한 일련의 게시물이 있다. 추천 링크인 필자의 사이트(https://wdenniss.com/networkpolicy)에서 확인할 수 있으며 네트워크 정책에 대해 시작하는 데 많은 도움이 될 것이다.

12.7.2 컨테이너 격리

컨테이너화(Containerization)는 프로세스를 노드로부터 어느 정도 격리해 주며, 파드 보안 승인은 컨테이너의 접근 권한을 제한할 수 있게 해준다. 그러나 때로는 컨테이너 탈출 취약점이 발생해 프로세스가 노드 수준의 접근 권한을 얻을 수 있는 경우가 있다. 이러한 상황을 방지하기 위해 컨테이너화 제공 외에도 컨테이너와 호스트 사이에 추가적인 격리 계층을 추가해 심층 방어를 강화한다. 이러한 격리 기술은 일반적으로 성능 저하를 동반하기 때문에 기본값으로 설정되지 않는 경우가 많다. 그러나 예를 들어, 여러 사용자들이 함께 사용하는 멀티 테넌트(multi-tenant) 시스템에서는 추가적인 격리 계층이 거의 필수적이다. 이는 각 사용자의 컨테이너가 서로 영향을 미치지 않도록 하고, 보안 사고가 발생하더라도 다른 테넌트나 호스트 시스템 전체에 피해가 확산되는 것을 방지하기 위해 필요하다.

---

5 https://kubernetes.io/docs/concepts/services-networking/network-policies/

추가적인 격리를 위해 RuntimeClass[6]를 사용해 파드에 보안이 강화된 런타임을 정의할 수 있다. 런타임 클래스(RuntimeClass)로 구글이 개발하고 오픈소스로 공개한 gVisor가 인기 있는 선택지 중 하나다. gVisor[7]는 리눅스 커널 API를 구현해, 컨테이너와 시스템 커널 사이의 시스템 호출을 가로채 격리된 샌드박스를 제공한다. 이를 통해 컨테이너와 호스트 시스템 간에 추가적인 격리 계층을 구성할 수 있다.

12.7.3 클러스터 강화하기

12장이 쿠버네티스에 애플리케이션을 개발하고 배포하는 과정에서 실질적인 보안과 관련된 고려사항을 이해했기를 바란다. 특히 RBAC 권한과 루트가 아닌 사용자 권한으로 컨테이너 실행과 같은 제한된 승인 규칙이 적용된 클러스터에서 운영하게 될 경우 큰 도움이 될 것이다. 클러스터 운영자에게는 클러스터와 운영 환경(네트워크, 노드, 및 클라우드 리소스 등)을 강화하는 보다 광범위한 주제가 있으며, 이러한 고려사항들은 선택한 특정 플랫폼에 따라 달라질 수 있다.

클러스터의 보안을 강화할 수 있는 주제와 관련해 'Kubernetes hardening Guide'를 검색해 읽어보는 것을 추천한다. 또한 앞서 설명했던 바와 같이 운영 환경에 따라 많은 것이 달라지기 때문에 GKE의 "Harden your cluster's security"[8]와 같은 특정 플랫폼에 대한 보안 강화 가이드를 읽어보는 것도 좋은 출발점이 될 것이다. 보안 분야는 계속 발전하고 있기 때문에 권위있는 출처를 통해 최신 모범 사례를 지속적으로 확인하는 것이 중요하다.

요약

- 클러스터와 노드를 최신 상태로 유지하는 것은 보안 취약점을 완화하는 데 있어 중요하다.

- 도커 베이스 이미지는 자체적으로 취약점이 있을 수 있기 때문에 배포된 컨테이너를 지속적으로 모니터링하고 업데이트해야 한다. 이때 CI/CD 시스템을 사용하면 도움이 된다.

- 가능한 가장 작은 단위(슬림한)의 베이스 이미지를 사용하는 것은 취약점을 줄이는 데 도움이 되며, 보안 취약점을 완화하기 위한 애플리케이션의 업데이트 빈도를 줄인다.

6　https://kubernetes.io/docs/concepts/containers/runtime-class/
7　https://gvisor.dev/
8　https://cloud.google.com/kubernetes-engine/docs/how-to/hardening-your-cluster

- 데몬셋은 모든 노드에서 파드를 실행하는 데 사용되며, 일반적으로 클러스터에서 로깅, 모니터링 및 보안 소프트웨어를 구성하는 데 사용된다.

- 파드 보안 컨텍스트는 파드가 상승된 권한이나 제한된 권한을 갖도록 구성하는 방법이다.

- 승인 컨트롤러는 쿠버네티스 객체가 생성될 때 변경 사항을 적용하고, 파드 보안 컨텍스트를 포함한 요구사항을 강제할 수 있다.

- 쿠버네티스에는 파드 보안 프로필을 강제할 수 있도록 하는 파드 보안 승인이라는 승인 컨트롤러가 기본적으로 제공되며 기본 프로필은 대부분의 알려진 공격을 완화시키고, 제한 프로필은 파드에 대한 모범 사례를 강제할 수 있다.

- RBAC는 역할 기반 권한 시스템으로, 클러스터 관리자 역할을 가진 사용자가 시스템 내 개발자에게 특정 네임스페이스로 팀의 역할을 제한하는 등 세밀한 접근 권한을 부여할 수 있다.

- 기본적으로 파드는 클러스터 내의 모든 파드와 통신할 수 있다. 네트워크 정책을 사용해 파드에 대한 네트워크 접근을 제어할 수 있다.

- 특히 신뢰할 수 없는 코드를 클러스터에서 실행하는 경우, gVisor와 같은 런타임 클래스를 적용해 추가적인 격리 계층을 제공할 수 있다.

- 포괄적이고 플랫폼별 보안 고려사항을 확인하려면 사용 중인 플랫폼에 대한 쿠버네티스 보안 강화 가이드를 검토하자.

찾아보기

ㅊ - ㅌ

Memo